2022
삼봉 행정법총론

2022 삼봉 행정법총론 ❶

발행일	2021년 10월 13일			

지은이	김유환		
펴낸이	손형국		
펴낸곳	(주)북랩		
편집인	선일영	편집	정두철, 배진용, 김현아, 박준, 장하영
디자인	이현수, 한수희, 김윤주, 허지혜, 안유경	제작	박기성, 황동현, 구성우, 권태련
마케팅	김회란, 박진관		
출판등록	2004. 12. 1(제2012-000051호)		
주소	서울특별시 금천구 가산디지털 1로 168, 우림라이온스밸리 B동 B113~114호, C동 B101호		
홈페이지	www.book.co.kr		
전화번호	(02)2026-5777	팩스	(02)2026-5747

ISBN	979-11-6539-998-6 14360 (종이책)	979-11-6539-999-3 15360 (전자책)
	979-11-6539-031-0 14360 (세트)	

김유환 지음

2022

삼봉 행정법총론

①

북랩 book Lab

2015년에 노량진 강의를 그만두고 인문학을 공부하기 시작한 지 7년이란 시간이 지났다. 그간 동양철학, 서양철학, 심리학, 사회학, 여성학을 폭넓게 공부했고, 한국방송통신대학교 국어국문학과에 입학해서 국문학에 관한 공부도 원없이 했다. 3학년 1학기를 끝으로 국문학 공부는 잠시 중단된 상태이지만.

그간 『삼봉 공부법』과 『성적 자기결정권 1』이라는 책도 출간했다. 아직 출판하지 못한 원고도 2개 더 있다. 여건이 맞을 때 출판할 예정이다. 『삼봉 공부법』은 수천 년간 우리 조상들이 공부를 해 온 방법이고, 특히나 법학과 같이 체계적인 과목을 단기간에 정복하는 데 가장 적합한 공부법이다. 『성적 자기결정권 1』은 성에 관한 기본권인 성적 자기결정권에 관해 다룬 대중서이다. 쉴 때 읽어두면 교양에 많은 도움이 될 것이다.

노량진 강의를 떠나면서 『삼봉 행정법총론』 개정판을 쓰게 될 줄은 몰랐다. 그러나 삶은 의도한 대로 흘러가지 않을 때도 많다. 우연한 계기가 삶의 진로를 바꾸기도 한다. 다시 행정법 교재를 쓰게 된 동기도 극히 우연한 사건이 계기가 되었다. 법대 선배께서 공인노무사가 전망도 좋고 보람도 크다고 자꾸 권해서서, 올해부터 공인노무사시험을 준비하게 되었다. 2차 논술 과목 가운데 행정쟁송법이라는 과목이 있다. 그 과목을 공부하기 위해 개정작업을 하다가, 기왕에 행정쟁송법을 쓰려면 아예 총론 전 범위를 개정하자고 계획을 변경한 것이다.

국민의 권리의식이 많이 향상되면서 판례가 엄청난 분량으로 쏟아지고 있다. 앞으로 쏟아져 나올 판례까지 생각할 때 행정법의 중심은 판례일 수밖에 없다. 그간의 기출경향도 학설은 거의 출제되지 않고, 주로 판례 위주로 출제되고 있다. 그래서 이번 개정판에서는 시험에 출제되지 않는 학문적 논의는 과감하게 삭제했다.

시험에 출제될 수 있는 판례는 모두 반영했다. 그러나 분량 문제 때문에 논거가 없는 판례는 결론만 소개하고, 논거를 알아야 판례의 결론을 이해할 수 있는 판례는 가능한 한 논거를 살리려고 노력했다. 최신판례는 2021년 6월 판례까지 반영했다. 그럼에도 엄청난 판례의 양 때문에 전체적인 분량은 2015년판에 비해 늘어날 수밖에 없었다.

강의는 유튜브에 무료로 게재할 예정이다. 유튜브 주소는 https://www.youtube.com/channel/UCZMRW5LImv7iLLGN7yrUPxg 이며, 채널명은 '삼봉과 함께 하는 세상'이다.

2022년은 이 책을 읽는 독자와 나 모두 수험생의 지위이다. 서로 응시하는 시험에 좋은 결과가 있기를 바란다.

원고를 멋지게 편집해 교재로 만들어준 출판사 편집부 직원 여러분에 대해 감사의 뜻을 전한다.

끝으로 치우천황의 가호가 수험생 여러분과 함께 하길 기원한다.

수험시장의 현실은 7급의 경우 평균경쟁률이 50:1 가까이 된다. 이는 새로운 수험생의 유입이 없다는 전제 아래 계속 공부해도 꼴찌가 합격할 때까지 50년이나 걸린다는 의미이다. 그러나 알다시피 매년 새로운 수험생이 유입되고, 단기간에 기존 수험생을 추월해서 합격하는 것 또한 현실이다.

구 분	선 발 예정인원	출원인원	경쟁률
국가직 9급	5,662	198,110	35.0:1
국가직 7급	815	38,947	47.8:1

결국 시험에 언제 합격할 수 있느냐보다 시험에 합격할 수 있냐 없냐가 절대적으로 중요하다. 아무리 오래 공부해도 합격할 수 없는 수험생들이 대부분이라는 것을 통계가 말해주고 있기 때문이다. 그럼에도 노량진 수험문화는 잘못된 신화에 매어 합격을 스스로 포기하는 수험생들이 너무 많다. 따라서 이번 개정판 머리말에 덧붙여 노량진의 잘못된 믿음과 진실을 제시하고자 한다. 이러한 잘못된 믿음을 깨고 진실을 깨달아 공부한다면 누구나 합격생이라는 자랑스런 반열에 들어갈 수 있을 것이다.

노량진의 잘못된 믿음	진 실
7급은 9급과 다르다. 7급만큼 할 필요가 없다?	1. 7급 수험생의 2/3가 복수합격자이다. 결국 7급 수험생이 가지도 않을 9급을 1개 내지는 2개 이상 합격한다는 말이다. 따라서 결국 7급 수험생도 9급수험생의 경쟁자이다. 2. 행정고시에서 전환해서 공무원시험에 유입되는 고시수험생들이 7급합격생의 많은 비중을 차지한다. 이들도 7급시험만이 아니라 9급시험에도 응시한다. 결국 고시수험생도 9급수험생의 경쟁자이다.

80점만 받으면 합격한다?	100점을 받는 학생들에 비해 평균 4점을 깎이고 시작하는 것이다. 다른 과목은 득점이 보장되지 않는다. 만점이 보장되는 행정법에서 평균 4점을 깎이고 시작하는 것은 만점을 스스로 96점으로 낮춰놓고 공부를 시작하는 것과 같다.
쉬운 강의니까 3번씩 들어라?	1. 어려운 내용을 쉽게 강의하는 것이 아니라 쉬운 내용만 강의한다는 의미이다. 강의는 혼자 읽어서는 독해가 되지 않는 어려운 부분에 대한 설명을 듣기 위해서다. 그런데 혼자 봐도 알 수 있는 내용만 강의한다면 그런 강의는 불필요한 강의이다. 2. 쉬운 강의라고 강조하고 단과는 3번 듣는 게 좋다고 강조한다. 이 얼마나 무순인가? 쉬운 강의를 3번씩 들어야 할 필요가 있는지, 어려운 강의를 3번씩 들어야 할 필요가 있는지는 삼척동자도 조금만 생각하면 다 알 수 있을 것이다. 내 강의는 한 번 들으면 다시 들을 필요가 없이 한 번으로 100점이 보장되는 강의이다. 3. 이렇게 강조하는 강사들의 공통점은 질문에 제대로 답하지 못한다는 점이다. 질문에 답도 못하면서 쉬운 강의라고 강조하는 것은 자신의 실력이 없다는 것을 스스로 강조하는 것이 아닌가?
국어와 영어는 매일 하지 않으면 감이 유지되지 않는다?	1. 이는 감이 단 하루밖에 가지 않는 가장 비효율적인 방법이란 말이다. 시험날 하루에 여러 과목을 동시에 가장 많이 암기하고 있는 수험생이 합격하는 것이다. 감이 하루밖에 가지 않는 방법으로 여러 과목을 시험당일날 암기하고 점수로 연결하는 것은 불가능이다. 문제는 얼마나 장기저장이 가능한가에 달려 있다. 한 번 공부로 장기저장이 되지 않고 계속 잊어버리면 공부하는 의미가 없는 것이다. 지금 방법론은 최근에 본 내용만 기억하는 단기저장밖에 되지 않는 비효율적인 방법론이다. 2. 장기저장이 가능한 유일한 방법은 한 과목을 10회독 이상씩 집중적으로 공부함으로써 까먹고 외우고 까먹고 외우는 과정을 여러 번 거치는 방법뿐이다. 고승덕씨는 한과목을 공부할 때 이론서로 10회독, 문제집 10회독을 집중적으로 공부했다. 그것도 매일 공부 실시간 16시간 이상을 투자하면서. 그런 방법으로 재학 중에 고시3관왕을 달성했다. 이보다 쉬운 공무원시험에 이 방법론으로 접근한다면 공무원3관왕은 식은죽먹기일 것이다.

1 개설

삼봉
기본행정법

삼봉
행정법총론

삼봉
행정법총론
판례

삼봉
행정법총론
기출문제

삼봉
행정법총론
객관식

삼봉
행정법총론
핵심정리

삼봉
행정법각론

삼봉
행정법각론
객관식

삼봉
행정법각론
핵심정리

2 이론서를 통한 충실한 실력의 확보

모든 과목이 마찬가지겠지만 실력의 원천은 문제집이 아닌 이론서에 있다. 따라서 먼저 이론서를 충실히 공부하는 것이 수험기간을 단축시키는 핵심적인 과정이라는 것을 강조하고 싶다.

3 문제집을 통한 실전능력배양

이론적 기초가 충실히 닦인다면 이제 문제를 통해 확인하고 복습하는 과정이 뒤따른다. 문제집도 일단 난도가 낮은 기출문제집부터 정리하고 난도가 높은 객관식문제집순으로 접근하는 것이 무난하다.

4 핵심정리를 통한 완벽한 정리

오랜 수험생활을 해 온 수험생의 경우 한두문제 차이로 불합격하는 가장 큰 이유가 정리를 제대로 못해서라고 생각한다. 시험을 앞둔 한 달의 시간은 그 전의 세 달에 해당할 정도로 중요한 시간이다. 따라서 마지막 한달을 얼마나 효율적으로 정리하느냐는 서브노트의 준비가 절대적으로 중요하다. 핵심정리서는 지금까지 고시를 포함한 모든 시험에서 100점을 받을 수 있기에 충분한 내용을 검증받은 바 있다.

제3장 행정상 법률관계

제4장 행정법상의 법률요건과 법률사실

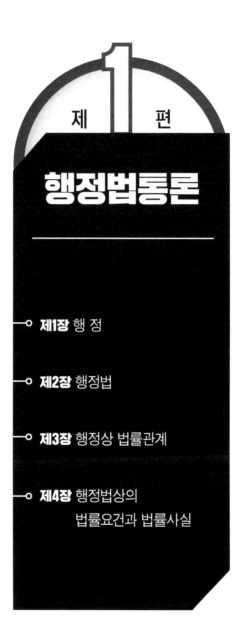

제1장 행 정

제1절 형식적 의미의 행정과 실질적 의미의 행정

행정의 개념은 각 '기관에 분배된 권한'을 표준으로 한 형식적 의미의 행정과 '국가작용의 성질'을
표준으로 한 실질적 의미의 행정으로 나누어진다.

I 형식적 의미의 행정과 실질적 의미의 행정의 의의

1. 형식적 의미의 행정(제도상의 행정)

형식적 의미의 행정이란 '실정법에 의해 행정부에 부여된 모든 작용'으로서 '성질(내용)을 불문'
한다. 즉, 어떤 기관(예 행정부, 입법부, 사법부)에 분배된 권한이냐, 행위주체가 누구냐에 의한
분류이다.

2. 실질적 의미의 행정(이론상의 행정)

실질적 의미의 행정이란 '성질(내용)'상 입법·사법과 구별되는 국가작용을 말하는데 이에 대해서
는 아래와 같이 학설이 대립하고 있다.

3. 양자의 관계

실정법상 행정부에 맡겨진 모든 작용(형식적 의미의 행정)이 모두 실질적 의미의 행정에 해당
하는 것은 아니고, 형식적 의미의 행정에는 실질적 의미의 입법과 실질적 의미의 사법도 존재
한다. 예컨대, 행정입법이나 행정심판은 실정법상 모두 행정기관에 맡겨져 있으므로 형식적 의
미에서는 행정이지만, 실질적 의미에서는 전자는 입법이고, 후자는 사법에 해당한다. 또한 실질
적 의미의 행정이 모두 행정부에 맡겨진 것(형식적 의미의 행정)은 아니고 입법부나 사법부에
의해서도 행해지고 있다.

Ⅱ 행정의 개념적 징표

1. 행정주체의 작용

2. 적극적·능동적·미래지향적 사회형성활동(법의 기계적 집행이 아니라 정책결정과 가치창조기 능도 수행), 계속성과 통일성 ⇔ 사법 : 소극적·수동적·과거회고적·일회적·개별적·법선언작용

3. 공익(국가목적)실현을 목적

    (1) 입법과 사법도 공익실현과 무관한 것은 아니지만, 행정이 계속적이고 적극적으로 공익실현을 추구한다는 점에서 상대적 특성

    (2) 행정의 우월적 지위와 특권(예 공정력, 자력집행력, 일방적 의무부과 등)의 인정근거(이론적). 다만, 법률의 근거 필요

4. 다종다양한 행위형식 : 법률, 행정입법(예 법규명령·행정규칙·조례·규칙), 행정행위 등

5. 포괄적 지도와 통제(주로 침익적 행정). 그러나 광범한 활동의 자유도 인정(주로 수익적 행정과 계획재량). 행정법의 규율대상이 광범위하기 때문에 영역에 따라 다름.

6. 개별적·구체적 사안에 대한 규율 ⇔ 일반적·추상적 사안에 대한 규율(실질적 입법)

Ⅲ 형식적·실질적 의미의 입법·사법·행정 사례

구 분	실질적 입법	실질적 사법	실질적 행정
형식적 입법	1. 법률제정 2. 국회규칙제정		1. 국회사무총장의 소속 직원(공무원)임명 2. 국회예산의 집행
형식적 사법	대법원규칙의 제정	법원의 재판	1. 대법원장·법원행정처장의 직원(공무원)임명 2. 일반법관의 임명(대법원장이 임명) 3. 등기사무(지방법원, 지원, 등기소) 4. 법원예산의 집행 5. 법원에서의 집행문 발부

| 형식적
행정 | 1. 법규명령(대통령령·총리령·부령)의
제정·개정
2. 행정규칙의 제정
3. 조례·규칙의 제정
■ 법(규범)정립작용. 명령이나 규칙이라는 용어는 실질적 입법에 해당 | 1. 행정심판위원회의 재결
2. 토지수용위원회의 이의재결(확인행위)
■ 토지수용재결은 대리행위임(실질적 의미의 행정).
3. 징계위원회의 징계의결
4. 소청심사위원회의 재결·결정
5. 국가배상심의회의 배상결정
6. 귀속재산소청심의회의 판정(결정)
7. 통고처분
8. 검사의 공소제기(검사는 행정부인 법무부소속)
■ 법확인·판단·선언작용. 위원회나 재결이라는 용어에 실질적 사법이 많음. | 1. 각종 허가(공물의 사용허가, 운전면허·인가·특허(광업허가)
2. 각종 처분 : 징계처분, 조세부과(과세)처분·군당국의 징발처분·조세체납처분
3. 취소·철회(운전면허취소, 영업허가취소)
4. 공증(각종 증명서의 발급)
5. 공무원 신규임명
6. 대법원장·대법관 임명(대통령이 국회의 동의를 얻어 임명)
7. 예산편성·집행
8. 병력의 취득·관리
9. 토지수용
10. 행정대집행
■ 법집행작용. 인사(직원임명)와 예산(예산편성, 예산집행)은 실질적 행정에 해당 |

 제2절 통치행위

I 개 설

1. 통치행위의 의의

통치행위란 국가최고기관의 고도의 정치적·국가지도적 행위로서, 사법심사의 대상으로 하기에 부적합할 뿐 아니라, 그에 대한 판결이 있는 경우에도 집행이 곤란한 국가작용을 말한다. 협의의 행정은 사법심사의 대상이 되는 반면에, 통치행위는 사법심사가 배제된다는 점에서 차이가 있다. 통치행위는 입법도 사법도 또한 통상적인 행정도 아니기 때문에(광의의 행정에 해당) '제4종의 국가작용' 또는 '제4의 권력'이라고도 한다(O. Mayer). 또한 연혁적으로 전제군주국가에서 군주의 자의적인 권력행사를 합리화하는 도구로 활용되었다.

2. 제도적 전제(논의의 실익)

통치행위가 현실적인 문제로 논의되기 위해서는 그 전제로 공권력 행사에 대한 사법심사가 고도로 발달되어 있어야 한다. 따라서 통치행위가 성립하기 위한 전제로 ① 실질적 법치주의와

② 행정소송에 있어서의 개괄주의, ③ 손해배상제도의 인정 등을 들 수 있다. 사법심사제도가 불완전하게 보장되고 있는 경우에는 일반적인 행정작용에 대해서도 권리보호가 제대로 인정되지 못하기 때문에 별도로 통치행위의 사법심사가능성을 논의할 실익이 없다.

3. 통치행위의 주체

통치행위는 행정부에 의해 행해지는 것이 일반적이나 국회에 의해 행해질 수도 있다. 그러나 일반적으로 정부에 의한 통치행위가 중심적인 지위에 놓인다. 사법부는 정치적 중립을 생명으로 하는 기관이기 때문에 사법부에 의한 통치행위는 불가능하다. 다만, 사법부가 판결로써 통치행위 해당 여부를 판단하는 것은 사법작용에 해당하므로 당연히 가능하다.

Ⅱ 통치행위 인정범위(사례)

1. 통치행위에 해당하는지 여부에 대한 판단주체(법원)

형사재판을 예로 들면 처벌을 면하려고 하는 피고는 자신의 행위가 통치행위에 해당하므로 사법심사의 대상이 되지 않는다고 주장하게 될 것이고, 처벌을 하려고 하는 검사의 입장에서는 통치행위가 아니므로 당연히 사법심사의 대상이 된다고 주장하게 된다. 이처럼 소송당사자 간에 특정한 행위가 통치행위에 해당하는가의 여부에 대해 견해가 대립될 때 이를 판단하는 최종적인 권한은 법을 해석·적용하는 법원에 속한다.

2. 가분(可分)행위의 이론

가분행위의 이론이란 통치행위는 사법심사가 배제되지만, 통치행위로부터 분리될 수 있는 행정작용은 사법심사의 대상이 된다는 이론이다. 예를 들면, 어느 나라와 국교관계를 수립할지는 고도의 정치적 작용으로서 통치행위에 해당하지만, 일단 국교관계가 수립되고 난 후 대사관을 짓기 위한 건축허가신청에 대한 건축허가 또는 건축허가의 거부는 통치행위로부터 분리될 수 있는 행정작용이다. 또한 계엄선포 여부는 통치행위이지만, 계엄관련 집행행위는 통치행위가 아니다. 대법원판례도 '남북정상회담의 개최'는 통치행위이지만, '대북송금행위'는 통치행위가 아니라고 판시함으로써 가분행위의 이론을 반영하고 있다. 한편, 헌법재판소결정례도 '신행정수도건설이나 수도이전의 문제를 국민투표에 부칠지 여부에 관한 대통령의 의사결정'은 통치행위이지만, '신행정수도건설이나 수도이전'은 통치행위가 아니라고 판시함으로써 가분행위의 이론을 간접적으로 반영하고 있다(헌재결 2004.10.21, 2004헌마554·566).

1. '남북정상회담의 개최'는 통치행위이다

   남북정상회담의 개최는 고도의 정치적 성격을 지니고 있는 행위라 할 것이므로 특별한 사정이 없는 한 그 당부를 심판하는 것은 사법권의 내재적·본질적 한계를 넘어서는 것이 되어 적절하지 못하다(대판 2004.3.26, 2003도7878).

2. '대북송금행위'(남북정상회담의 개최과정에서 북한 측에 사업권의 대가명목으로 송금한 행위) 자체는 사법심사 내상이 뫼나

   남북정상회담의 개최과정에서 재정경제부장관(현 기획재정부장관)에게 신고하지 아니하거나 통일부장관의 협력사업 승인을 얻지 아니한 채 북한 측에 사업권의 대가명목으로 **송금한 행위 자체는 헌법상 법치국가의 원리와 법 앞에 평등원칙 등에 비추어 볼 때 사법심사의 대상이 된다**(대판 2004.3.26, 2003도7878).

3. '신행정수도건설이나 수도이전의 문제, 법률'은 통치행위가 아니다

   신행정수도건설이나 수도이전의 문제가 정치적 성격을 가지고 있는 것은 인정할 수 있지만, 그 자체로 고도의 정치적 결단을 요하여 사법심사의 대상으로 하기에는 부적절한 문제라고까지는 할 수 없다. 더구나 이 사건 심판의 대상은 이 사건 법률의 위헌 여부이고 대통령의 행위의 위헌 여부가 아닌바, 법률의 위헌 여부가 헌법재판의 대상으로 된 경우 당해 법률이 정치적인 문제를 포함한다는 이유만으로 사법심사의 대상에서 제외된다고 할 수는 없다(헌재결 2004.10.21, 2004헌마554·566).

4. '신행정수도건설이나 수도이전의 문제를 국민투표에 부칠지 여부에 관한 대통령의 의사결정'은 통치행위에 해당한다

   이 사건 법률의 위헌 여부를 판단하기 위한 선결문제로서 **신행정수도건설이나 수도이전의 문제를 국민투표에 부칠지 여부에 관한 대통령의 의사결정이 사법심사의 대상이 될 경우 위 의사결정은 고도의 정치적 결단을 요하는 문제여서 사법심사를 자제함이 바람직하다**고는 할 수 있고, 이에 따라 그 의사결정에 관련된 흠을 들어 위헌성이 주장되는 법률에 대한 사법심사 또한 자제함이 바람직하다고는 할 수 있다(헌재결 2004.10.21, 2004헌마554·566).

3. 통치행위 인정사례

(1) 헌법

현행 헌법은 국회의원의 징계·제명·자격심사에 대해서만 명시적으로 법원제소 금지규정을 두고 있다. 국회는 의원의 자격을 심사하며, 의원을 징계할 수 있다(헌법 제64조 제2항). 의원을 제명하려면 국회재적의원 3분의 2 이상의 찬성이 있어야 한다(같은 조 제3항). 제2항과 제3항의 처분에 대하여는 법원에 제소할 수 없다(같은 조 제4항).

(2) 학설

1. 대통령의 행위 : 국가원수로서의 일정행위
   ① 국제관계
      ㉠ 대통령의 외교에 관한 행위(조약·협정체결)(헌법 제73조, 이하 헌법 조문임)
      ㉡ 군사에 관한 행위(제74조)
      ㉢ 선전포고(전쟁의 개시)·강화(제73조)
   ② 국가긴급사태
      ㉠ 긴급재정·경제명령 및 처분권의 행사와 긴급명령발동(제76조)
      ㉡ 계엄선포(제77조)
   ③ 고도의 정치적 논란
      ㉠ 사면권의 행사(제79조) : 내란수괴 전두환에 대한 사면
      ㉡ 영전의 수여(제80조) : 내란수괴 전두환에 대한 훈장치탈
      ㉢ 국무총리·국무위원의 임면(제86·87조)
      ㉣ 법률안거부권의 행사(제53조 제2항) : 여소야대정부(노태우정권) 시절 대통령의 법률안
        거부권 남발
      ㉤ 중요정책의 국민투표 부의(제72조) : 수도이전에 대한 국민투표 여부
2. 국회의 행위 : 자율권[국회의원의 징계·제명·자격심사(제64조), 국무위원 해임건의(제63조) 등]
3. 법원의 행위는 통치행위가 아님.

(3) 대법원 판례

인정사례	부정사례 (통치행위이지만 예외적으로 사법심사대상이라는 견해 존재)
1. 국회자율권(대판 1972.1.18, 71도1845) 2. 대통령의 긴급조치권(대판 1978.5.23, 78도813), 계엄선포행위[대판(전합) 1997.4.17, 96도3376] 3. 군사시설보호법에 의한 군사시설보호구역의 설정·변경 또는 해제행위(대판 1985.1.22, 83누279) 4. 남북정상회담의 개최(대판 2004.3.26, 2003도7878) 5. 대통령이 행하는 사면권 행사(대판 2006. 12.7, 2005두241)	1. 비상계엄의 선포나 확대가 당연무효, 즉 국헌문란의 목적을 달성하기 위해 행하여진 군사반란행위인 경우[대판(전합) 1997.4.17, 96도3376] 2. 남북정상회담의 개최과정에서 북한 측에 사업권의 대가 명목으로 송금한 행위(대북송금행위)(대판 2004.3.26, 2003도7878) 3. 서훈취소(대판 2015.4.23, 2012두26920)

관련 판례

1. 군사시설보호법에 의한 군사시설보호구역의 설정·변경 또는 해제행위는 행정입법행위 또는 통치행위이다(대판 1985.1.22, 83누279).
2. 대통령의 비상계엄의 선포나 확대행위는 통치행위이다
   대통령의 비상계엄의 선포나 확대행위는 고도의 정치적·군사적 성격을 지니고 있는 행위라 할 것이므로,

그것이 **누구에게도 일견하여 헌법이나 법률에 위반되는 것으로서 명백하게 인정될 수 있는 등 특별한 사정이 있는 경우라면 몰라도**, 그러하지 아니한 이상 그 **계엄선포의 요건 구비 여부나 선포의 당·부당을 판단할 권한이 사법부에는 없다**[대판(전합) 1997.4.17, 96도3376].

3. 서훈취소는 법원이 사법심사를 자제해야 할 고도의 정치성을 띤 행위라고 볼 수 없다

구 상훈법 제8조는 서훈취소의 요건을 구체적으로 명시하고 있고 절차에 관하여 상세하게 규정하고 있다. 그리고 **서훈취소는 서훈수여의 경우와는 달리 이미 발생된 서훈대상자 등의 권리 등에 영향을 미치는 행위로서 관련 당사자에게 미치는 불이익의 내용과 정도 등을 고려하면 사법심사의 필요성이 크다.** 따라서 기본권의 보장 및 법치주의의 이념에 비추어 보면, 비록 서훈취소가 대통령이 국가원수로서 행하는 행위라고 하더라도 법원이 사법심사를 자제하여야 할 고도의 정치성을 띤 행위라고 볼 수는 없다(대판 2015.4.23, 2012두26920).

4. 특별사면이 있은 후 행정청이 그 이전의 범죄사실에 따른 입찰참가자격 제한처분을 한 경우, 처분이 지연되지 않았다면 특별사면 대상이 될 수 있었다는 사정만으로 입찰참가자격 제한처분이 위법하다고 볼 수 없다

특별사면은 사면권자의 고도의 정치적·정책적 판단에 따른 시혜적인 조치이고, 특별사면 진행 여부 및 그 적용 범위는 사전에 예상하기 곤란할 뿐 아니라, 처분청에 처분상대방이 특별사면 대상이 되도록 신속하게 절차를 진행할 의무까지 인정된다고 보기도 어렵다. 따라서 처분이 지연되지 않았다면 특별사면 대상이 될 수 있었다는 사정만으로 입찰참가자격 제한처분이 위법하다고 볼 수는 없다. 다만 법원으로서는 처분이 지연된 경위, 지연된 처분에 따른 사면 대상 제외 이외에 처분상대방이 입게 된 특별한 불이익이 있는지, 그 밖의 감경사유는 없는지, 처분상대방에 대한 제재의 필요성, 처분상대방이 처분 지연으로 인하여 특별사면의 혜택을 누리게 되지 못한 점이 처분 양정에 고려되었는지, 처분 결과가 비례와 형평에 반하는지 등을 종합적으로 고려하여 입찰참가자격 제한처분에 관한 재량권 일탈·남용이 인정되는지를 판단할 수 있을 따름이다(대판 2018.5.15, 2016두57984).

(4) 헌법재판소 결정례

인정사례	부정사례
1. 대통령의 긴급재정·경제명령(헌재결 1996.2.29, 93헌마186) 2. 사면(헌재결 2000. 6.1. 97헌바74) : 명시적 인정사례는 아님. 3. 외국에의 국군의 파견결정과 같이 성격상 외교 및 국방에 관련된 고도의 정치적 결단이 요구되는 사안에 대한 국민의 대의기관의 결정(헌재결 2004.4.29, 2003헌마814) 4. 신행정수도건설이나 수도이전의 문제를 국민투표에 부칠지 여부에 관한 대통령의 의사결정(헌재결 2004.10.21. 2004헌마554·566)	1. 신행정수도건설이나 수도이전의 문제, 법률(헌재결 2004.10.21. 2004헌마554·566) 2. 중앙선거관리위원회 위원장(피청구인)이 청구인(노무현대통령)에게 한 2007. 6. 7.자의 '대통령의 선거중립의무 준수요청 조치'와 2007. 6. 18.자의 '대통령의 선거중립의무 준수 재촉구 조치'(헌재결 2008.1.17, 2007헌마700) 3. 대통령이 한·미연합 군사훈련의 일종인 2007년 전시증원연습을 하기로 한 결정(헌재결 2009.5.28, 2007헌마369)

1. 대통령 긴급재정·경제명령에서 통치행위 개념·사례 인정

통치행위란 고도의 정치적 결단에 의한 국가행위로서 사법적 심사의 대상으로 삼기에 적절하지 못한 행위라고 일반적으로 정의되고 있는바, **이 사건 긴급명령이 통치행위로서 헌법재판소의 심사대상에서 제외되는지에 관하여 살피건대, 고도의 정치적 결단에 의한 행위로서 그 결단을 존중하여야 할 필요성이 있는 행위라는 의미에서 이른바 통치행위의 개념을 인정할 수 있다**(헌재결 1996.2.29, 93헌마186).

2. 사면은 통치행위이다

사면은 형의 선고의 효력 또는 공소권을 상실시키거나, 형의 집행을 면제시키는 **국가원수의 고유한 권한을** 의미하며, 사법부의 판단을 변경하는 제도로서 **권력분립의 원리에 대한 예외가 된다. 사면제도는 역사적으로 절대군주인 국왕의 은사권(恩赦權)에서 유래**하였으며, 대부분의 근대국가에서도 유지되어 왔고, 대통령제국가에서는 미국을 효시로 대통령에게 사면권이 부여되어 있다(헌재결 2000.6.1, 97헌바74).

3. 외국에의 국군의 파견결정과 같이 성격상 외교 및 국방에 관련된 고도의 정치적 결단이 요구되는 사안에 대한 국민의 대의기관의 결정은 사법심사의 대상이 되지 아니한다

외국에의 국군의 파견결정은 파견군인의 생명과 신체의 안전뿐만 아니라 국제사회에서의 우리나라의 지위와 역할, 동맹국과의 관계, 국가안보문제 등 궁극적으로 국민 내지 국익에 영향을 미치는 복잡하고도 중요한 문제로서 국내 및 국제정치관계 등 제반상황을 고려하여 **미래를 예측하고 목표를 설정하는 등 고도의 정치적 결단이 요구**되는 사안이다. 따라서 그와 같은 결정은 그 문제에 대해 **정치적 책임을 질 수 있는 국민의 대의기관이 관계분야의 전문가들과 광범위하고 심도 있는 논의를 거쳐 신중히 결정하는 것이 바람직**하며 우리 헌법도 그 권한을 국민으로부터 직접 선출되고 국민에게 직접 책임을 지는 대통령에게 부여하고 그 권한행사에 신중을 기하도록 하기 위해 국회로 하여금 파병에 대한 동의여부를 결정할 수 있도록 하고 있는바, 현행 헌법이 채택하고 있는 대의민주제 통치구조 하에서 **대의기관인 대통령과 국회의 그와 같은 고도의 정치적 결단은 가급적 존중되어야** 한다(헌재결 2004.4.29, 2003헌마814).

(5) 통치행위와 무관한 것

1. 행정입법
   ① 부령제정
   ② 행정규칙 제정행위
2. 행정행위
   ① 영업허가
   ② 과세처분
   ③ 국회의 소속공무원 임면
3. 학설상으로는 인정되지만 현행 법령상 부정되는 것
   ① 대통령의 국회해산 : 현재는 폐지
   ② 대통령의 긴급조치, 비상조치 : 현재는 긴급명령, 긴급재정·경제명령만 인정
   ③ 국회의 국무위원 해임의결 : 현재는 해임건의만 인정

        4. 우리나라의 법원에서 통치행위로 인정된 적이 없는 것
            ① 국무총리의 총리령 제정행위
            ② 대통령의 조약 체결행위
            ③ 국회의 국무위원 해임의결
            ④ 법원의 사법심사
        5. 기 타
            ① 헌법재판소의 위헌법률심사
            ② 복리국가성
            ③ 대통령선거 : 공직선거법상 선거무효확인소송(민중소송의 일종) 인정
            ④ 계엄관련 집행행위
            ⑤ 국민투표 실시에 관한 세부적 사항 : 국민투표소송(민중소송의 일종)의 대상

Ⅲ 통치행위라는 이유로 사법심사를 배제할지 여부에 관한 학설

1. 문제의 소재

특정한 국가작용이 통치행위에 해당하지 않는다면 다른 소송요건이 충족되는 한 바로 본안판단을 하게 된다. 그러나 통치행위에 해당한다면 통치행위라는 이유로 사법심사를 배제할지 아니면 통치행위라 하더라도 사법심사를 배제할 수는 없고 당연히 사법심사를 해야 할지에 대해 견해가 대립한다.

2. 학 설

(1) 부정설

① 내용 : 부정설(김성수, 김철용)은 '사법심사배제를 부정'하는 견해, 즉 '사법심사를 긍정'하는 견해이다.

② 논거 : 부정설은 ㉠ 실질적 법치주의, ㉡ 국민의 재판청구권이라는 기본권보장정신, ㉢ 행정소송사항에 대한 개괄주의(개괄주의는 긍정설이 아닌 부정설의 논거라는 지문은 맞지만, 개괄주의를 채택하면 필연적으로 부정설을 취할 수밖에 없다는 지문은 틀린 지문이라는 점에 유의. 즉, 개괄주의를 채택한 대다수의 국가에서 긍정설을 취하는 현실이 이를 말해줌), ㉣ 명령·규칙·처분의 위헌·위법심사권이 법원에게 있다는 점(헌법 제107조 제2항), ㉤ 법원조직법이 일체의 법률상의 쟁송을 심판한다고 규정하고 있는 점(같은 법 제2조 제1항), ㉥ 독재권력의 발호를 허용하게 되는 결과가 된다는 점 등을 논거로 한다.

③ 평가:부정설은 논리적으로는 가장 타당하지만, 대부분의 국가가 통치행위를 인정하는 게 현실이라는 비판이 제기된다.

(2) 긍정설

긍정설은 '사법심사배제를 긍정', 즉 '사법심사를 부정'하는 견해로서, 이론적 근거에 대해서는 여러 가지 견해가 제시되고 있다. 긍정설은 법정책적인 관점에서 출발하는 사법자제설과 법이론적인 관점에 기초하고 있는 내재적 한계설(권력분립설), 재량행위설로 구분된다.

① 내재적 한계설(권력분립설)(다수설)

㉠ 내용:내재적 한계설은 사법권에는 그에 내재하는 일정한 한계가 있다고 보아 사법심사를 부정하는 견해(김도창, 이상규, 정하중)로서, 정치문제는 정치적으로 책임을 지지 않는 법원이 심사할 것이 아니라 그에 대한 최종적인 판단을 행정부나 국회 또는 국민의 여론에 맡기는 것이 적절하므로 정치문제에 대한 불개입이 바로 법원의 내재적 한계라고 한다. 정치문제에 대한 판단권은 헌법상 법원이 아니라 정치부문(국회와 국민)에 맡겨져 있다고 보아 권력분립설이라고도 부른다.

㉡ 비판:이 견해에 대해서는 각 권한 간의 상호견제를 통한 권력의 독점과 남용을 막는 것이 3권분립의 궁극적인 제도적 취지로서, 다소 정치적 성격의 사안임에도 불구하고 법률적 판단이 필요한 경우에 이루어지는 재판작용은 오히려 본연의 사법권 행사로서 행정부에 대한 견제라는 점을 간과하고 있다는 점과 정치적 행위에 대한 기준이 없다는 비판을 받는다.

② 사법자제설

㉠ 내용:통치행위도 행정부의 작용으로서 그것이 법률적인 문제일 경우에는 법원에 의한 사법통제를 받을 수밖에 없지만, 사법심사로 인해 막대한 국가적 손실이 발생하거나, 단지 정치적인 문제일 경우에 사법부가 개입함으로써 정치기관화하는 것을 막기 위해서 스스로 자제한다는 견해이다. 프랑스의 법학자 기조(Guizot)는 "만일 사법권이 정치간섭을 하게 되면 정치는 얻는 것이 아무것도 없게 되나 사법은 모든 것을 잃는다."라고 표현한 바 있다.

㉡ 비판:사법심사가 가능함에도 불구하고 법원이 심사를 포기하는 것은 헌법의 명문규정에 위배될 뿐만 아니라, 고의적인 심사의 기피는 어느 한 쪽의 입장을 대변한다는 점에서 비판을 받는다.

③ 재량행위설

㉠ 내용:통치행위는 정치적 문제이고, 정치적 문제는 국가최고기관의 정치적 자유재량행위이므로 사법심사가 배제된다는 견해이다.

㉡ 비판:통치행위는 재량권의 한계를 벗어난 경우이든 아니든 처음부터 사법심사의 대상에서

제외되는 행위인데, 재량의 일탈·남용은 사법심사의 대상이 된다는 점에서 비논리적이라는 비판을 받는다.

3. 판 례

(1) 대법원판례(긍정설 중 내재적 한계설)

대법원판례를 종합적으로 해석하면 통치행위에 대한 사법심사배제에 대한 긍정설이 일반적이고, 긍정설의 논거로 내재적 한계설 내지는 권력분립설이 주류적이며 사법자제설을 취하기도 한다. 그러나 예외적으로 사법심사를 인정하기도 한다. 따라서 대법원판례의 입장을 한정적 긍정론으로 이해하는 견해(홍정선)도 제기된다.

1. 긍정설 중 내재적 한계설
   대통령의 계엄선포행위는 고도의 정치적·군사적 성격을 띠는 행위라고 할 것이어서, **그 선포의 당·부당을 판단할 권한은 헌법상 계엄의 해제요구권이 있는 국회만이 가지고 있다**(권력분립설) 할 것이고 그 선포가 **당연무효의 경우라면 모르되**, 사법기관인 법원이 계엄선포의 요건 구비 여부나 선포의 당·부당을 심사하는 것은 사법권의 내재적인 본질적 한계를 넘어서는 것(내재적 한계설)이 되어 적절한 바가 못된다(대판 1981.9.22, 81도1833).
2. 비상계엄의 선포나 확대가 국헌문란의 목적을 달성하기 위하여 행하여진 경우에는 법원은 그 자체가 범죄행위에 해당하는지의 여부에 관하여 심사할 수 있다[대판(전합) 1997.4.17, 96도3376].
3. 고도의 정치성을 띤 국가행위인 이른바 통치행위도 사법심사의 대상이 될 수 있다(사법자제설에 입각한 판례)
   이른바 통치행위라 하여 법원 스스로 사법심사권의 행사를 억제하여 그 심사대상에서 제외하는 영역이 있으나, 이와 같이 통치행위의 개념을 인정한다고 하더라도 과도한 사법심사의 자제가 기본권을 보장하고 법치주의 이념을 구현하여야 할 법원의 책무(책임과 의무)를 태만히 하거나 포기하는 것이 되지 않도록 그 인정을 지극히 신중하게 하여야 하며, 그 판단은 오로지 사법부만에 의하여 이루어져야 한다(대판 2004.3.26, 2003도7878).
4. 유신헌법 제53조에 근거한 대통령긴급조치의 위헌심판기관은 대법원이다
   위헌심사의 대상이 되는 '법률'이라 함은 '국회의 의결을 거친 이른바 형식적 의미의 법률'을 의미하고, 위헌심사의 대상이 되는 규범이 형식적 의미의 법률이 아닌 때에는 그와 동일한 효력을 갖는 데에 국회의 승인이나 동의를 요하는 등 국회의 입법권 행사라고 평가할 수 있는 실질을 갖춘 것이어야 한다. 유신헌법 제53조 제3항은 대통령이 긴급조치를 한 때에는 지체 없이 국회에 통고하여야 한다고 규정하고 있을 뿐, 사전적으로는 물론이거니와 사후적으로도 긴급조치가 그 효력을 발생 또는 유지하는 데 국회의 동의 내지 승인 등을 얻도록 하는 규정을 두고 있지 아니하고, 실제로 국회에서 긴급조치를 승인하는 등의 조치가 취하여진 바도 없다. 따라서 **유신헌법에 근거한 긴급조치는 국회의 입법권 행사라는 실질을 전혀 가지지 못한 것으로서, 헌법재판소의 위헌심판대상이 되는 '법률'에 해당한다고 할 수 없고, 긴급조치의 위헌 여부에 대한 심사권은 최종적으로 대법원에 속한다**[대판(전합) 2010.12. 16, 2010도5986].
5. 긴급조치 제1호는 위헌이다
   긴급조치 제1호는 그 발동 요건을 갖추지 못한 채 목적상 한계를 벗어나 국민의 자유와 권리를 지나치게

제한함으로써 헌법상 보장된 국민의 기본권을 침해한 것이므로, 긴급조치 제1호가 해제 내지 실효되기 이전부터 유신헌법에 위반되어 위헌이고, 나아가 긴급조치 제1호에 의하여 침해된 위 각 기본권의 보장 규정을 두고 있는 **현행 헌법에 비추어 보더라도 위헌이다**[대판(전합) 2010.12.16, 2010도5986].

6. 이른바 유신헌법 제53조에 근거하여 발령된 '대통령긴급조치 제9호'는 헌법에 위배되어 위헌·무효이다

구 대한민국헌법(유신헌법) 제53조에 근거하여 발령된 국가안전과 공공질서의 수호를 위한 대통령 긴급조치(긴급조치 제9호)는 그 **발동 요건을 갖추지 못한 채 목적상 한계를 벗어나 국민의 자유와 권리를 지나치게 제한**함으로써 헌법상 보장된 국민의 기본권을 지나치게 제한하거나 침해한 것이므로, 긴급조치 제9호가 해제 내지 실효되기 이전부터 이는 **유신헌법에 위배되어 위헌·무효**이고, 나아가 긴급조치 제9호에 의하여 침해된 기본권들의 보장 규정을 두고 있는 **현행 헌법에 비추어 보더라도 위헌·무효**라 할 것이다[대판(전합) 2013.4.18, 2011초기689].

7. 이른바 유신헌법 제53조에 근거를 둔 '대통령긴급조치 제4호'는 그 폐지 이전부터 헌법에 위배되어 무효이다

구 대한민국헌법(유신헌법) 제53조에 기한 대통령긴급조치 제4호는 그 **발동 요건을 갖추지 못한 채 목적상 한계를 벗어나 민주주의의 본질적 요소인 표현의 자유를 침해하고, 영장주의에 위배되며, 법관에 의한 재판을 받을 권리와 학문의 자유 및 대학의 자율성 등 헌법상 보장된 국민의 기본권을 침해**하는 것이므로, 그것이 폐지되기 이전부터 **유신헌법은 물론 현행 헌법에 비추어 보더라도 위헌·무효이다**[대판(전합) 2013.5.16, 2011도2631].

8. 1979. 10. 18.자 비상계엄 선포에 따른 계엄포고 제1호는 형벌에 관한 법령의 일부이고, 재심이 개시된 사건에서 재심판결 당시 폐지된 형벌 관련 법령이 당초부터 위헌·무효인 경우, 그 법령을 적용하여 공소가 제기된 피고사건에 대하여 법원이 취하여야 할 조치는 무죄의 선고이다(대판 2018.11.29, 2016도14781).

9. 1979. 10. 18.자 비상계엄 선포에 따른 계엄포고 제1호의 위헌·위법 여부에 대한 최종적 심사기관은 대법원이다(대판 2018.11.29, 2016도14781).

10. 1979. 10. 18.자 비상계엄 선포에 따른 계엄포고 제1호는 해제 또는 실효되기 이전부터 이미 유신헌법, 구 계엄법에 위배되어 위헌·위법한 것으로서 무효이다(대판 2018.11.29, 2016도14781).

---

(2) 헌법재판소 결정례

통치행위에 대한 사법심사 배제 여부에 관한 헌법재판소의 입장은 일관되지 않다.

1. 대통령의 긴급재정·경제명령(부정설)

헌법재판소는 헌법의 수호와 국민의 기본권보장을 사명으로 하는 국가기관이므로 비록 고도의 정치적 결단에 의하여 행해지는 국가작용(통치행위)이라고 할지라도 그것이 **국민의 기본권침해**(헌법수호가 아님)**와 직접 관련되는 경우에는 당연히 헌법재판소의 심판대상이 된다**(헌재결 1996. 2.29, 93헌마186).

2. 자이툰부대이라크파병결정(긍정설 중 사법자제설)

이 사건 파견결정은 그 성격상 국방 및 외교에 관련된 고도의 정치적 결단을 요하는 문제로서, 헌법과 법률이 정한 절차를 지켜 이루어진 것임이 명백하므로(적법절차를 논거), 대통령과 국회의 판단은 존중되어야 하고 헌법재판소가 사법적 기준만으로 이를 심판하는 것은 자제되어야 한다(헌재결 2004.4.29,

2003헌마814).

3. 긴급조치에 대한 위헌심사권한

일정한 규범이 위헌법률심판 또는 헌법재판소법 제68조 제2항에 의한 헌법소원심판의 대상이 되는 '법률'인지 여부는 그 제정 형식이나 명칭이 아니라 그 규범의 효력을 기준으로 판단하여야 한다. 따라서 헌법이 법률과 동일한 효력을 가진다고 규정한 긴급재정경제명령(제76조 제1항) 및 긴급명령(제76조 제2항)은 물론, 헌법상 형식적 의미의 법률은 아니지만 국내법과 동일한 효력이 인정되는 '헌법에 의하여 체결·공포된 조약과 일반적으로 승인된 국제법규'(제6조)의 위헌 여부의 심사권한은 헌법재판소에 전속한다. 이 사건 긴급조치들은 유신헌법 제53조에 근거한 것으로서 그에 정해진 요건과 한계를 준수해야 한다는 점에서 헌법과 동일한 효력을 갖는 것으로 보기는 어렵지만, 표현의 자유 등 기본권을 제한하고, 형벌로 처벌하는 규정을 두고 있으며, 영장주의나 법원의 권한에 대한 특별한 규정 등을 두고 있는 점에 비추어 보면, **이 사건 긴급조치들은 최소한 법률과 동일한 효력을 가지는 것으로 보아야 하므로, 그 위헌 여부 심사권한은 헌법재판소에 전속한다**(헌재결 2013.3.21, 2010헌바132).

4. 이 사건 긴급조치들에 대한 위헌심사 준거규범

이미 폐기된 유신헌법에 따라 이 사건 긴급조치들의 위헌 여부를 판단하는 것은, 유신헌법 일부 조항과 긴급조치 등이 기본권을 과도하게 침해하고 자유민주적 기본질서를 훼손한다는 반성에 기초하여 헌법 개정을 결단한 주권자인 국민의 의사와 기본권 강화와 확대라는 헌법의 역사성에 반하는 것으로 허용할 수 없다. 그러므로 이 사건 긴급조치들의 위헌성을 심사하는 준거규범은 유신헌법이 아니라 현행헌법이라고 봄이 타당하다. 유신헌법 제53조 제4항은 '긴급조치는 사법적 심사의 대상이 되지 아니한다.'라고 규정하고 있었다. 그러나 비록 고도의 정치적 결단에 의하여 행해지는 국가긴급권의 행사라고 할지라도 그것이 국민의 기본권 침해와 직접 관련되는 경우에는 헌법재판소의 심판대상이 될 수 있고, 이러한 사법심사 배제조항은 근대입헌주의에 대한 중대한 예외로 기본권보장 규정이나 위헌법률심판제도에 관한 규정 등 다른 헌법 조항들과 정면으로 모순·충돌되며, 현행헌법이 반성적 견지에서 긴급재정경제명령·긴급명령에 관한 규정(제76조)에서 사법심사 배제 규정을 삭제하여 제소금지조항을 승계하지 아니하였으므로, 이 사건에서 유신헌법 제53조 제4항의 적용은 배제되고, 현행헌법에 따라 이 사건 긴급조치들의 위헌성을 다툴 수 있다(헌재결 2013.3.21, 2010헌바132).

5. 긴급조치 제1호, 제2호, 제9호는 위헌이다(헌재결 2013.3.21, 2010헌바132).

IV 통치행위의 한계

1. 헌법상의 한계

통치행위라 하더라도 헌법과 법률이 규정한 절차에 의해 행사되어야 하고, 헌법과 법률의 명문 규정과 실체적 내용에 위배될 수 없으며, 기본권의 본질적 내용을 침해할 수 없고, 헌법 형성의 기본결단이나 헌법상의 일반원칙인 과잉금지의 원칙, 평등의 원칙 등에 저촉될 수 없는 한계를 지닌다.

2. 합목적성의 한계

농지행위는 복적에 의한 한계 내에서 행사되어야 한다. 즉, 합목적성의 구속은 합목적적인 수단을 선택할 것을 요구하고(적합성), 일반공공의 의사와 역사에 구속될 것을 요구한다.

3. 정치적 한계

통치행위에 대한 사법적 통제가 배제될 뿐, 국회나 국민에 의한 정치적 통제로부터 자유롭지는 못하다.

제2장 행정법

제1절 **행정법의 의의**

행정법은 행정에 고유한 법으로 행정의 조직과 작용 및 구제에 관한 국내공법이다. 따라서 행정법의 개념의 요소는 ① 행정에 관한 법, ② 공법, ③ 국내법이라는 점에 있다.

1. '행정'에 관한 법

행정법은 '행정'의 조직·작용 및 구제에 관한 법이라는 점에서, '국가'의 조직과 작용에 관한 법인 헌법과, '입법권'의 조직·작용에 관한 법인 입법법(예 국회법, 국회사무처법, 국회예산정책처법)과, '사법권'의 조직·작용에 관한 법인 사법법(예 법원조직법)과 구별된다.

2. 공법(公法)

행정법은 행정에 관한 모든 법을 의미하는 것이 아니고, 행정에 관한 사법(私法)을 제외한 오직 '행정에 특수 고유한 법', 즉 공법만을 의미한다. 따라서 행정주체가 재산권의 주체로서 행하는 국고행정에 적용되는 사법은 행정법이 아니다.

3. 국내법

행정법은 행정에 관한 공법 중에서 국내법만을 의미한다. 다만, 헌법에 의하여 체결·공포된 조약과 일반적으로 승인된 국제법규도 국내법과 같은 효력을 가지므로 그 한도 내에서는 국제법도 행정법의 일부가 된다(헌법 제6조 제1항).

●제2절 행정법의 특수성

1. 내용적 특수성

구 분	내 용
행정주체의 우월성	1. 행정주체의 지배권의 승인 : 명령권(일방적 명령·강제)+형성권[일방적인 의사표시에 의해 법률관계(권리의 무관계)를 발생·변경·소멸] 2. 공정력·존속력·자력강제력 3. 행정권에 내재된 성질은 아니고, 공익상 필요에 의해 법률에 의해서만 인정
공익우선성	공익목적의 달성을 위해 사법과는 다른 특별한 취급(사법원리나 사법규정이 그대로 적용되지 않고 수정·제한)
집단성·평등성	불특정 다수인을 규율대상으로 하므로, 그들 간의 평등대우가 요청
형성 중의 법	사법인 민법은 법체계가 로마법 이래 확립되어 있지만, 행정법은 법체계가 아직 확립되어 있지 못하고 형성 중에 있다.

2. 형식의 특수성

구 분	내 용
성문성	일방적인 명령·강제 ⇨ 예측가능성, 법적 안정성 도모를 위해 문자로 이루어짐.
형식의 다종· 다양성	규율대상의 다양성·유동성, 전문성·기술성 ⇨ 법률, 명령(예 대통령령·총리령·부령, 조례·규칙, 행정규칙), 행정행위 등 ■통상 시행령(대통령령)과 시행규칙(부령)이 존재한다면 행정법으로 보아도 무방
단일법전의 부존재	① 행정법의 규율대상의 광범위성·다양성, 시간적인 면에서의 유동성·수시가변성, 내용의 전 문성·기술성으로 통일법전의 규율대상으로 하기 어렵다는 점, ② 행정법의 역사가 짧아 아 직 일반법원칙이 확립되지 못한 점, ③ 조직과 작용에 관한 법규는 상호 간의 관련성의 결 여로 통일이 곤란하다는 점 등의 이유로 행정법이라는 단일의 법전이 존재하지 않는다. 그러나 최근에는 행정법의 통일적 해석·운용을 기하기 위한 단일법전화의 노력이 행정절차법 분야를 중심으로 전개(독일 연방행정절차법)되고 있다.

3. 성질의 특수성

구 분	내 용
재량성	공공복리나 구체적 합목적성(타당성)의 실현을 위해 행정청에 재량(복수행위 간의 선택의 자유)을 부여
획일·강행성	공공의 견지에서 개개인의 의사를 불문하고 획일·강행적으로 적용. 사적 자치원칙(임의성)의 배제 구 「도시 및 주거환경정비법」 제11조 제1항 본문의 법적 성격은 강행규정이고, 위 조항을 위반하 여 경쟁입찰의 방법이 아닌 방법으로 이루어진 입찰과 시공자 선정결의의 효력은 무효이다(대판 2017.5.30, 2014다61340).

기술성	행정목적의 합목적적 실현 ■ 헌법은 정치성·이념성을 특질
명령규정성 (단속법규성)	사법은 능력규정(효력규정 : 위반 시 법률상의 효력은 부인되나, 처벌이나 강제를 받지 않음)이 많은 데 비해, 행정법은 명령규정(단속규정 : 위반 시 법률적 효력은 인정되나 처벌이나 강제를 받음)성이 강하다.

4. 기타

   (1) 행위규범성 : 사법관계는 사적 자치원칙이 지배하기 때문에 사법은 재판규범성

   (2) 합목적성

   (3) 민주성과 복리성

 제3절 행정법의 지도원리

I 헌법의 집행법으로서의 행정법

1. 오토 마이어(O. Mayer)

   오토 마이어는 "헌법은 변해도(사라져도) 행정법은 존속한다."라고 표현하고 있다. 이는 행정
법은 행정목적의 효율적 달성을 위한 기술적·수단적 성격을 특징으로 하기 때문에 헌법에 비
해 정치적 이데올로기에 의한 영향을 적게 받는다는 의미(기술성·수단성, 무감수성·무관계성)
이다.

2. 프리츠 베르너(F. Werner)

   헌법은 국가 및 국민생활에 관한 기본법이며, 행정법은 헌법의 집행법으로서의 성격과 내용을
가진다. 이러한 의미에서 베르너(F. Werner)는 행정법이 구체화된 헌법임을 강조했다.

   프리츠 베르너는 '구체화된 헌법으로서의 행정법' 이라고 표현하고 있는데, 이는 헌법과 행정법
간의 가장 밀접한 관련성을 강조하는 것으로서 오늘날 일반적 견해(통설)이다. 그러나 행정법
의 기술성·수단성을 부정한다는 의미는 아니다. '헌법의 구체화법으로서의 행정법'이라는 말은
오늘날의 행정법이 헌법형성적 가치나 기본이념과 무관하게 존재하는 것이 아니고, 이러한 가

치나 기본이념은 일정한 실정법원리로 구체화되어 행정을 구속하는 행정법의 기본원리를 구성한다는 의미로 해석할 수 있다.

Ⅱ 민주국가원리

1. 헌법규정

헌법은 "대한민국은 민주공화국이다."(제1조 제1항), "대한민국의 주권은 국민에게 있고, 모든 권력은 국민으로부터 나온다."(제1조 제2항)라고 규정함으로써 민주국가원리가 헌법상의 구조적 원리(기본원리)임을 천명하고 있다. 따라서 행정조직 및 행정작용도 민주적이어야 한다.

2. 행정법상 구체화(주체성 표지, 참여표지)

(1) 공무수탁사인의 행정주체성 인정

(2) 개인적 공권의 인정과 확대

(3) 사인의 공법행위

(4) 비공식적 행정작용(국민과의 협의, 합의에 의한 행정작용)

(5) 행정절차에의 주민참가(청문, 공청회)

(6) 지방자치법상 주민의 권리

지방자치법상 보장되는 주민의 권리로는 선거권(제13조 제2항), 주민투표권(제14조 제1항), 조례제정·개폐청구권(제15조 제1항), 감사청구권(제16조 제1항), 주민소송제기권(제17조 제1항), 청원권(제73조 제1항), 주민소환투표권(제20조) 등을, 그 밖에 피선거권(공직선거법 제16조 제3항)을 보장하고 있다.

Ⅲ 법치국가원리

모든 국가작용은 국민의 대표기관인 의회가 제정한 법에 따라 행해야 한다는 것이 법치주의이다. 특히 행정이 법에 따라 행해져야 한다는 것을 법치행정의 원리라고 하며, 행정법상 가장 중요한 지도원리이다. 독일기본법과 달리 우리나라 헌법에서는 명문규정이 없다.

Ⅳ 사회국가원리

사회국가란 모든 사람이 인간다운 생활을 할 수 있는 사회적 정의가 실현되는 국가체제를 의미한다. 우리 헌법 제34조는 "모든 국민은 인간다운 생활을 할 권리를 가진다."(제1항), "국가는 사회보장·사회복지의 증진에 노력할 의무를 진다."(제2항)라고 규정함으로써 사회국가의 원리를 채택하고 있다. 사회국가에서의 행정은 소극적 질서유지에 머무르지 않고 국민의 복리증진을 위한 적극적 기능까지 담당한다. 사회국가는 복리국가, 사회복지국가 등과 동의어로도 사용된다.

Ⅴ 문화국가원리

문화국가란 인간의 정신적·문화적 활동을 보장하고 창달함을 헌법적 과제로 정하고 있는 국가를 말한다. 국가는 전통문화의 계승·발전과 민족문화의 창달에 노력하여야 한다(헌법 제9조).

Ⅵ 지방분권주의 ⇔ 중앙집권주의

헌법은 제117조 제1항에서 "지방자치단체는 주민의 복리에 관한 사무를 처리하고, 재산을 관리하며, 법령의 범위 안에서 자치에 관한 규정을 제정할 수 있다."라고 규정하여 지방자치제도를 제도적으로 보장하고 있다.

Ⅶ 사법국가주의

우리는 프랑스처럼 행정사건을 행정권 내부의 행정법원에서 관할하고 있는 행정국가주의가 아니라 행정사건도 일반법원에서 관할하는 사법국가주의를 채택하고 있다.

Ⅷ 기 타

1. 책임행정

행정법의 지도원리가 아닌 것
1. 행정조직의 자유로운 설정 ⇔ 행정조직법정주의
2. 지방자치단체를 전면적으로 부인·중앙집권주의 ⇔ 지방자치의 제도적 보장, 지방분권주의
3. 행정국가주의, 일반법원으로부터 독립한 행정법원을 설치
   ⇔ 사법국가

 제4절 법치행정의 원리

제1항 **개설**

I 법치행정의 의의와 근거

법치국가원리(법치주의)란 국가작용이 헌법과 법률에 의해 행해지며 불이익을 입은 국민의 구제제도가 정비되어 있어야 한다는 원리이다. 한편, 법치국가원리는 입법·행정·사법 모두를 지배하는 원리이고, 행정에의 반영을 특히 법치행정의 원리라고 한다. 법치행정의 원리나 권력분립의 원칙은 국민의 자유와 권리를 보장하기 위한 수단이지 그 자체가 목적은 아니다.

법치행정의 원리는 국민의 대표기관인 의회가 제정한 법률에 행정이 기속되어야 한다는 것을 의미하기 때문에 권력분립의 원리를 전제(바탕)로 한다.

:: **법과 법률**

구분	법	법률
의의	1. 일체의 법형식(광의의 개념) 2. 헌법+의회에서 제정한 형식적 의미의 법률+명령(대통령령·총리령·부령·조례·규칙)+불문법원(관습법과 일반법원칙) 포함	의회에서 제정한 형식적 의미의 법률만을 의미(협의의 개념)
범례	1. 법치주의 2. 국내법	1. 법률의 법규창조력 2. 법률유보 3. 성문법원으로서의 법률 　■ 법률우위의 경우는 법률이라는 말을 사용하면서도 유일하게 불문법원인 일반법원칙을 포함

명확성의 원칙은 헌법상 내재하는 법치국가의 원리에서 파생된다(대판 2007.12.27, 2005두9651).

Ⅱ 법치주의의 내용

1. 개 설

법치주의원칙은 법률적합성과 법적 안정성을 내용으로 한다. 법률적합성의 원칙은 O. Mayer에 의해 체계화되었는데, O. Mayer는 법치행정의 내용으로 ① 법률의 법규창조력, ② 법률우위, ③ 법률유보원칙을 들고 있다. 한편, 법적 안정성은 O. Mayer와는 무관하고, 현대국가에서 인정되었다.

1. 모든 국가기관과 공무원은 헌법과 법률에 의하여 부여된 권한을 행사함에 있어 그 권한을 남용해서는 안 된다는 원칙은 법치국가원리 내지 법치주의에 기초한 것이다(대판 2016.12.15, 2016두47659).
2. 세무조사의 적법 요건으로 객관적 필요성, 최소성, 권한 남용의 금지 등을 규정한 국세기본법 제81조의4 제1항은, 법치국가원리를 조세절차법의 영역에서도 관철하기 위한 것으로서 그 자체로 구체적인 법규적 효력을 가진다(대판 2016.12.15, 2016두47659).
3. 법문언에 모호함이 내포되어 있으나 법관의 보충적인 가치판단을 통해서 법문언의 의미 내용을 확인할 수 있고 그러한 보충적 해석이 해석자의 개인적인 취향에 따라 좌우될 가능성이 없는 경우, 명확성원칙에 반한다고 할 수 없다(대판 2019.10.17, 2018두104).

2 법률적합성(합법률성)

(1) 법률의 법규창조력

① 의의: 법규를 창조하는 것은 국민의 대표기관인 의회의 전속적 권한에 속하며, 따라서 의회에서 제정한 법률만이 법규로서의 구속력을 갖는다는 것을 의미한다.

② 헌법규정: 입법권은 원칙적으로 국회에 있고(제40조), 예외적으로 행정부는 법률의 구체적 위임이 있는 경우 법규명령을 제정할 수 있다(제75·제95조). 한편, 대통령은 법률의 효력을 가지는 긴급명령을 제정할 수 있으나(제76조), 국가비상시에 한하여 엄격한 요건하에 헌법에 의하여 인정된다.

③ **법률유보와의 구별**: 법률의 법규창조력은 법률유보와 같은 내용이라는 견해도 있지만, 법률의 법규창조력은 법률유보와의 관계 및 위임입법과의 관계에서 독자적인 의미를 갖는다는 견해가 나수설이다.

(2) 법률우위와 법률유보

구분	법률우위	법률유보
의 의	1. 헌법과 법률이 행정에 우월하며 행정은 헌법과 법률에 위반돼서는 안 된다는 것을 의미 2. 법치주의의 소극적 측면(소극적 통제)	1. 행정작용을 하기 위해서는 법률의 근거(조직법적 근거가 아닌 작용법적 근거)가 있어야 한다는 것을 의미. 권한(권능, 수권)규정 ∴ 법률유보위반＝무권한＝무효사유 2. 법치주의의 적극적 측면(적극적 통제)
징 표	'법률의 범위 내(안)', "법률에 위반(저촉)돼서는 안 된다."	'법률의 근거
내 용	1. 법률규정이 존재하는 한 행정작용은 그에 위반되어서는 안 된다는 것을 의미하므로 행정작용에 관한 법률의 근거가 존재하는 경우에 중요한 의미 2. 법의 단계질서의 문제	1. 법률의 규정이 없는 경우에 행정작용을 할 수 있는지와 관련하여 의미 2. 입법과 행정 사이의 권한배분의 문제
적용범위	법률우위원칙은 법치주의의 소극적 측면으로서 행정의 모든 영역에 적용	법률유보원칙은 행정에 대한 의회의 적극적 통제로서 행정의 전 영역에 적용되면 권력분립위반의 소지가 크므로 일정한 영역에만 적용되는데, 구체적인 적용범위에 관하여는 학설이 대립
위반시 효과	법률의 우위원칙에 위반된 행정작용의 법적 효과는 행위형식에 따라 상이하여 일률적으로 말할 수 없다(무효 또는 취소사유).	원칙적으로 무권한의 행위로서 무효사유에 해당한다.

3. 법적 안정성

법적 안정성은 예측가능성·예견가능성을 내용으로 하는 것으로서 신뢰보호원칙의 헌법적 근거이고 실질적 법치주의(현대국가)에서 비로소 인정되었다. 법치행정의 목적은 행정작용의 예견가능성을 보장하는 데 있다.

관련 판례

1. 법치주의는 정의의 실현과 법적 안정성 내지 신뢰보호를 목표로 한다(헌재결 1995.10.26, 94헌바12).
2. 실질적 법치주의의 실현을 위해서는 국가작용이 법률에 근거하여 행해져야 한다는 것 못지않게 그 과정에 있어서 법적 안정성 또한 중요하게 고려되어야 한다[대판(전합) 2006.11.16, 2003두12899].

Ⅲ 형식적·실질적 법치주의

구 분	형식적 법치주의	실질적 법치주의
의 의	1. 의회에서 제정된 법률이라는 형식에 의하기만 하면 내용적 타당성을 묻지 않고 법치주의에 부합(변질된 법치주의, 법률만능주의). 악법도 법이다. 2. 의회에서 제정된 법률에 의한 행정을 강조하기 때문에 '행정부에 대한 입법부의 우위'를 의미 3. 특별권력관계이론과 마찬가지로 독일에 특유한 이론	1. 법치주의의 형식적 요소를 경시하는 것이 아니라, 형식적 요소 외에 내용까지도 타당한 법률을 강조 2. 의회가 제정한 법률의 내용적 타당성 여부에 대한 사법심사(위헌법률심사)를 전제로 하기 때문에 '입법부에 대한 사법부의 우위'를 의미
법률의 법규 창조력	1. 군주의 독립명령권(의회로부터 독립하여 법규 정립)·긴급명령권 넓게 인정 2. 행정권에의 포괄적 위임 3. 일반조항에 의한 광범위한 재량권 부여, 행정재량의 확대	1. 원칙적으로 독립명령 부정, 예외적으로 독립명령인 긴급명령의 발동요건 강화 2. 법률의 구체적 위임에 의해서만 법규명령 제정 3. 행정재량의 한계와 통제 강화[84검찰9급]
법률우위의 원칙	1. 비상조치(헌법을 정지시킬 수 있는 효력도 인정)나 긴급칙령에는 적용 안 됨. 2. 조리법의 기속의 축소 3. 국민의 준법정신 강조	1. 비상조치 부정 2. 합헌적 법률의 우위(헌법재판제도) 3. 인권보장의 이념 중시 : 자유권 외에 생활권 보장 4. 행정입법에 대한 구체적 규범통제제도 5. 행정작용에 대한 절차적 통제의 강화 6. 조리상 한계 강조
법률유보 원칙	침해행정에만 적용	법률유보의 범위 확대
권리구제	1. 행정소송의 열기주의 2. 국가배상책임 부정	권리구제확대 1. 행정소송의 개괄주의, 의무이행소송의 인정 2. 국가배상책임 인정 : 무과실책임·위험책임 인정
법치주의의 적용영역	1. 행정조직(행정조직권)에는 법치주의 적용 배제 2. 공무원의 근무관계(특별권력관계)에는 법치주의 적용 배제 3. 특별권력관계의 영역을 확대[98 관세사]	1. 행정조직법정주의(헌법 제96조) 2. 특별권력관계에도 법치주의가 전면적으로 적용 3. 특별권력관계의 영역 축소

법률유보의 원칙

Ⅰ 개 설

1. 의 의

법률유보의 원칙이란 중요한 행정권을 발동하려면 법률에 근거가 있어야 한다는 원칙으로서 적극적 의미의 법률적합성을 말한다. 그러나 법률유보의 원칙은 국가작용의 모든 부문을 빠짐없이 법제화할 것을 요구하지는 않는다. 즉, 법률유보란 법률의 직접적 근거 또는 법률의 위임에 근거해 제정된 명령(위임명령)에 근거가 있어야 한다는 원칙을 말한다.

관련 판례

기본권 제한에 있어 법률유보원칙의 의미

국민의 기본권은 헌법 제37조 제2항에 의하여 국가안전보장, 질서유지 또는 공공복리를 위하여 필요한 경우에 한하여 이를 제한할 수 있으나 그 제한은 원칙적으로 법률로써만 가능하며, 제한하는 경우에도 기본권의 본질적 내용을 침해할 수 없고 필요한 최소한도에 그쳐야 한다. 이러한 **법률유보의 원칙은 '법률에 의한' 규율만을 뜻하는 것이 아니라 '법률에 근거한' 규율을 요청하는 것이므로 기본권 제한의 형식이 반드시 법률의 형식일 필요는 없고 법률에 근거를 두면서 헌법 제75조가 요구하는 위임의 구체성과 명확성을 구비하기만 하면 위임입법에 의하여도 기본권 제한을 할 수 있다** 할 것이다(헌재결 2005.2.24, 2003헌마289).

한편, 법률유보의 원칙에서 말하는 법률은 국회에서 제정한 형식적 의미의 법률을 뜻한다. 따라서 관습법에 의한 법규명령은 인정되지 않는다. 행정은 모든 경우에 조직법적 근거가 있어야 한다. 즉, 행정은 모든 경우에 소관사무 내에서만 가능하다. 따라서 법률유보의 원칙에서 문제되는 것은 조직법적 근거(임무규정)가 아니라 행정의 작용법적 근거(수권규범, 권능규정, 권한규정)이다.

판례도 "여신전문금융회사의 임원에 대한 문책경고의 경우 적어도 그 제한의 본질적인 사항에 관한 한 법률에 근거를 두어야 한다는 전제하에, 금융감독기구의설치등에관한법률(감독기구설치법) 제17조 제1호, 제3호, 제37조 제1호, 제2호의 각 규정은 금융감독위원회(금감위) 또는 금융감독원의 직무범위를 규정한 조직규범에 불과하여 이들이 당연히 법률유보원칙에서 말하는 법률의 근거가 될 수 없고……(대판 2005.2.17, 2003두14765)."라고 판시함으로써 같은 입장이다.

2. 법률우위와의 관계

법률우위원칙은 소극적으로 기존법률의 침해를 금지하는 것이나, 법률유보원칙은 적극적으로 행정기관이 행위를 할 수 있게 하는 법적 근거의 문제라는 점에서 차이가 있다.

또한 법률우위원칙은 법의 단계질서의 문제이지만, 법률유보의 원칙은 입법과 행정 사이의 권한배분의 문제이다.

3. 근 거

(1) 이론적 근거

법률유보원칙은 헌법상 기본원리인 ① 자유주의원리, ② 기본권보장원리, ③ 민주주의원리, ④ 법치국가원리에서 도출된다.

(2) 실정법적 근거

현행 헌법상 법률유보의 원칙을 선언하고 있는 명문의 규정은 없고, 개별조문에서 입법사항을 규정하고 있는데, 이는 간접적으로 법률유보원칙을 정하고 있는 것이다.

Ⅱ 법률유보원칙의 적용범위

1. 문제의 소재

헌법에서 입법사항으로 규정하고 있지 아니한 영역에도 법률유보원칙이 적용되는가가 문제된다. 즉, 법률우위의 원칙은 모든 행정영역에 적용되지만, 법률유보원칙의 적용범위에 대해서는 학설상 다툼이 있다.

2. 학 설

(1) 침해유보설(침해행정만)

① 행정이 개인의 자유와 권리를 침해·제한하는 데에는 반드시 법률의 수권을 필요로 하지만 수익적 행정작용이나 개인의 권리나 의무에 직접 관계되지 않는 영역 및 특별권력관계를 포함한 국가 내부의 영역에는 법률유보원칙이 적용되지 않는다는 견해이다. 법률의 유보범위를 지나치게 확대하면 오히려 국민에게 불리한 결과를 야기시킬 수도 있다는 점(예 급부행정 등 수익적 행정작용 등에 법적 근거가 없는 경우 급부를 중단해야 하는 문제)을 논거로 한다.

② 침해유보설은 그 이론이 생성된 당시, 즉 19세기 후반 입헌주의의 발흥시기에 있어서의 기본권관과 밀접한 관계가 있다. 즉, 당시의 기본권은 자유권적 기본권이 전부였는데, 자유권은 국가권력에 의한 개인의 생활영역의 침해에 대한 방어권 내지 침해배제청구권(행정에 대한 자유, 행정으로부터의 자유)으로서의 의미를 가졌다. 침해유보설은 오늘날에도 침해행정에서는 법률유보이론의 최소한의 의미와 기능을 여전히 갖고 있다.

③ 그러나 ⊙ 행정작용의 중점이 소극적인 침해행정에서 적극적인 급부행정으로 옮겨지게 되고 행정에 대한 국민의 의존도가 증대된 오늘날 현대복리국가하에서는 국민의 권익보호에 불충분하다는 점, ⓒ 법률로부터 자유로운 영역을 군주에게 확보해 주려는 학설이라는 점에서 비판을 받는다.

(2) 신침해유보설(침해행정만)

침해행정 이외의 영역(특히, 급부행정)에 있어서 법률유보가 필수적인 것은 아니라고 보는 점에서는 전통적 침해유보설과 유사하나, 특별권력관계에 있어서도 구성원의 자유와 권리를 침해하려면 법률의 근거를 필요로 한다고 하는 점에서 전통적 침해유보설과 견해를 달리하고 있다.

(3) 전부유보설(모든 행정작용)

① 내용 : 모든 행정작용은 그 성질이나 종류를 불문하고 법률의 근거가 필요하다는 견해로서 입헌군주제로부터 민주법치국가로 헌법구조가 변경되면서 제기되었다.

② 비판 : ⊙ 헌법원리 가운데 국민주권주의·의회민주주의만을 강조하고 권력분립주의를 망각하고 있다는 점, ⓒ 탄력적이고 신속한 행정활동을 저해하고, ⓒ 현대행정의 양적 범위나 다양성을 고려하면 이상론에 불과하고 행정의 실제와 전혀 부합되지 않는다는 점, ② 법률의 수권이 없는 한, 국민에게 필요한 급부를 할 수 없게 되는 문제가 있다는 점에서 비판을 받는다.

(4) 급부행정유보설(사회유보설)(침해행정 + 급부행정도)

① 내용 : 침해행정뿐만 아니라 급부행정에도 원칙상 법률의 근거가 있어야 한다는 견해이다. 모든 급부행정이 아니라 급부행정 가운데 사회보험·공적 부조 등과 같이 권리성을 띤 사회보장행정의 경우에만 법률의 근거를 요한다고 하는 학설을 특히 사회유보설이라고 하는 견해(다

수설은 급부행정유보설과 사회유보설을 구별하지 않고 동일한 것으로 보는데, 한견우 교수는 양설을 구별하고 '본질사항유보설의 내용을 포함한 사회적 유보설'을 취한다)도 존재한다.

② **논거**: 급부행정유보설은 ㉠ 개인의 생활이 국가로부터의 침해의 방지만이 아니라 국가로부터의 공정한 급부나 배려에 의존하는(행정을 통한 자유) 현대 사회복지국가(급부국가, 복지국가, 복리국가, 사회적 법치국가, 적극국가)로 변화했다는 것과 ㉡ 현대급부국가에서는 근대질서국가에서와는 달리 개인이 국가에 절대적으로 의손해야 하는 상황이기 때문에 급부의 거부는 실질적으로 침해행정과 다를 바 없으므로 급부행정의 경우에도 법률유보의 원칙이 적용되어야 한다는 점, ㉢ 법 앞의 평등을 논거로 한다.

③ **비판**: ㉠ 법률의 수권이 없는 경우에 행정기관은 국민에게 급부를 행할 수 없게 되므로 국민의 지위를 오히려 악화시킨다는 점, ㉡ 오늘날 국가의 급부제공이 예산의 형식이나 조직법적 근거만으로도 행해지는 현실을 간과하고 있다는 점에서 비판이 제기된다.

(5) 중요사항유보설(본질사항유보설, 본질성설, 단계설)

① **내용**: 헌법상의 법치주의 원칙, 민주주의 원칙 및 기본권 규정과 관련해서 각 행정부문의 본질적 사항에 관한 규율은 침해행정뿐만 아니라 급부행정에 있어서도 법률의 근거를 요한다고 보는 견해(김철용, 류지태, 박균성, 박윤흔, 홍준형)이다. 중요사항유보설은 침해행정에는 당연히 법률유보가 적용되고, 급부행정에 있어서도 본질적 사항에 관한 규율에 대해서는 법률의 근거를 요한다고 보는 견해이므로 침해유보설보다 법률유보의 적용범위를 확장하고 있다. 독일의 헌법재판소의 판례(1978. 8. 8.의 이른바 Kalkar 결정)를 통하여 학설로 정립된 이론으로 현재 독일의 통설이고, 우리나라에서도 점점 많은 지지를 받고 있다.

② **중요성의 판단기준**: 다른 학설들이 당해 행정부문 또는 행정작용의 속성(예 침해행정·급부행정·권력행정·비권력행정)을 기준으로 획일적으로 판단하는데, 본질사항유보설은 본질적 사항 여부의 판단은 개인과의 관계에 있어 당해 사항에 대한 법적 규율이 가지는 의미·효과·중요성(기본권관련성) 등에 의존해서 개별적·상대적으로 판단한다.

법률유보의 범위와 강도에 여러 단계가 존재한다. 1단계로 법률유보의 횡적 범위를 결정함에 있어 기준을 기본권과의 관련성에서 찾기 때문에 횡적인 측면을 기본권관련유보라고 부를 수 있다. 2단계로 종적인 측면에서는 법률유보의 강도(종적 범위)를 정한 것이며, 매우 중요한 사항에 대해서는 모든 사항이 법률로만 정해져야 하고 보다 덜 중요한 사항은 행정입법권에 위임될 수도 있고, 중요하지 않은 사항은 법률의 근거를 요하지 않게 되므로, 법률과 법규명령의 규율사항을 구분하는 원리로서의 위임입법의 한계로서 작용한다.

③ **평가**: 이 견해는 ㉠ 구체적 타당성 있는 해결을 가능하게 하고, ㉡ 의회입법의 원칙과 개별행정작용의 특성도 모두 고려할 수 있다는 점에서 장점이 있다. 그러나 본질사항의 구체적 기

준을 제시하고 있지 못한다(모호하다)는 점에서 비판을 받는다. 즉, 어떤 사항을 행정부에 위임해서는 안 되고 입법자 스스로가 규율해야 하는지(의회유보), 규율하는 경우에도 법률은 어느 정도의 구체성과 명확성을 가져야 하는지, 어떤 사항을 행정부의 법규명령에 위임하는 게 가능한지 등이 문제가 되고 있다.

④ 의회유보설 : 일정한 사항은 법률로 정해야 하며 명령에 위임할 수 없다는 견해이. 의회유보는 법률에 의해 규율해야 하는 사항과 명령에 위임할 수 있는 사항을 구분하는 것에 관한 것뿐 아니라 규율밀도의 문제이기도 하다(규율장소로서의 의회와 규율밀도로서의 명확성). 본질성설이 본질사항에 대한 법적 근거의 필요성을 강조함에 비해, 의회유보설은 위임금지사항을 강조하는 점에 상대적 차이가 있을 뿐 상호 밀접한 관련을 갖는다.

⑤ 행정유보론

㉠ 의의 : 행정유보란 행정권이 법률의 수권을 요하지 아니하고 스스로 활동할 수 있는 행정의 고유한 영역을 의미한다. ⓐ 행정의 민주적 정당성의 증대, ⓑ 임기응변의 필요성, ⓒ 법률의 경직성을 논거로 한다. 법률유보원칙의 적용하에서도 공백으로 남게 되는 영역에 대해 행정기관이 독자적으로 규율을 할 수 있음을 의미하는 것이므로 법률유보원칙과 서로 보충적인 관계를 갖는다.

㉡ 내용 : 행정유보는 내용적으로 배타적 행정유보와 허용적 행정유보로 나뉜다. 배타적 행정유보란 일정한 사항에 대해서는 법률의 제정이 허용되지 않고 전적으로 행정권에 의한 입법만을 인정하는 것을 말한다(예 프랑스 제5공화국 헌법 제37조상의 독립명령). 한편, 허용적 행정유보란 법률이 없는 경우에도 행정권이 독자적으로 행정입법을 할 수 있으나, 의회는 언제든지 이에 대해서도 법률로 규율할 수 있는 것을 말한다. 배타적 행정유보는 현행 헌법상 인정되지 않는다.

㉢ 비판 : 행정권의 민주적 정당성은 국회에 비해 크지 못하며, 행정입법과정이 공개성·토론절차의 공개라는 관점에서 국회의 입법과정에 비해 미비할 뿐만 아니라 실제에 있어서도 행정입법권이 적정하게 행사되지 못하고 있으므로 행정유보론은 확대·적용될 수는 없고 한정적으로만 인정된다.

㉣ 사례 : 헌법이 명시적으로 행정유보를 인정한 경우로는 긴급재정경제명령권·긴급명령권(헌법 제76조)이 있다. 그 외에 해석상 행정유보에 관한 사례로는 ⓐ 지방자치행정의 영역에서 자치행정기관의 독자적 규율(조례)이나, ⓑ 행정기관이 행하는 법률보완적인 행정규칙(법령보충규칙)의 발령, 대통령령제정권(헌법 제75조) 및 총리령·부령제정권(같은 법 제95조) 등을 들 수 있다.

(6) 권력행정유보설(권력행정만)

① 내용 : 침해행정, 수익행정을 막론하고 모든 권력적 행정작용에는 법률의 근거를 요한다는 견해 (김도창)이다.

② 비판 : 이 견해는 ㉠ 침해유보설과 급부(사회)유보설을 합친 이론에 불과하다거나, ㉡ 기본적으로 침해유보설의 틀을 벗어나지 못했다는 평가를 받는다.

(7) 개별·구체적 검토설(다수설)

위의 어느 견해나 침해행정의 경우에 법률의 근거를 필요로 한다는 점과 침해행정의 경우에만 법률의 근거를 요한다는 것이 더 이상 타당할 수 없다는 점에 대해서는 의견이 일치하고 있다. 그러나 법률유보의 범위에 관한 어느 견해도 아직은 완벽한 이론이 되지 못하고 어느 정도의 문제점과 약점을 가지고 있으므로, 민주주의의 요청과 행정의 탄력성을 조화시키며 국민의 기본권의 보장을 고려하면서 행위형식과 행정유형별(행정분야별)로 개별적으로 결정해야 한다는 견해(김남진, 김동희, 석종현, 유상현, 장태주, 정하중, 홍정선)이다.

3. 판례

본질사항 인정사례	본질사항 부정사례
1. 병(兵)의 복무기간(대판 1985. 2.28, 85초13) 2. 교육받을 권리와 관련해서 교육에 관한 기본정책 또는 기본방침(헌재결 1991.2.11. 90헌가27) 3. 재산권 관련 　① 토지초과이득세법상의 기준시가(헌재결 1994. 7.29, 92헌바49·52) 　② 취득세가 중과세되는 고급주택과 고급오락장의 의미(헌재결 1998.7.16, 96헌바52, 97헌바40, 97헌바52·53·86·87, 98헌바23) 　③ 교통안전분담금의 분담방법 및 분담비율에 관한 사항(헌재결 1999.1.28, 97헌가8) 　④ 텔레비전방송수신료 납부의무자의 범위와 수신료금액(헌재결 1999.5.27, 98헌바70) 　⑤ 법인세법상의 특별부가세의 과세대상의 범위(헌재결 2000.1.27, 96헌바95, 97헌바1·36·64) 4. 도시환경정비사업의 시행자인 토지등 소유자가 사업시행인가를 신청하기 전에 얻어야 하는 토지등 소유자의 동의요건(헌재결 2012.4.24, 2010헌바1) 5. 지방의회의원에 대하여 유급보좌인력을 두는 것(대판 2013.1.16, 2012추84) 6. 납세의무자에게 조세의 납부의무 외에 과세표준과 세액을 계산하여 신고해야 하는 의무까지 부과하는 경우, 신고의무 이행에 필요한 기본적인 사항과 신고의무불이행 시 납세의무자가 입게 될 불이익 등[대판(전합) 2015.8.20, 2012두23808] 7. 법외노조 통보[대판(전합) 2020.9.3, 2016두32992]	1. 국가유공자 단체의 대의원 선출에 관한 사항(헌재결 2006.3.30, 2005헌바31) 2. 「도시 및 주거환경정비법」 제28조 제4항이 사업시행자의 정관에 위임한 사업시행인가 신청 시의 토지등 소유자의 동의요건(대판 2007.10.12, 2006 두14476):단순한 절차적 요건에 불과 3. 징수업무를 한국방송공사가 직접 수행할 것인지 제3자에게 위탁할 것인지 여부(헌재결 2008.2.28, 2006헌바70) 4. 「도시 및 주거환경정비법」상 경쟁입찰의 실시를 위한 절차 등 세부적 내용(대판 2017.5.30, 2014다61340)

(1) 대법원(본질성설)

1. 본질사항유보설

   법률이 공법적 단체 등의 정관에 자치법적 사항을 위임한 경우에는 헌법 제75조가 정하는 포괄적인 위임입법의 금지는 원칙적으로 적용되지 않는다고 봄이 상당하고, 한편 법률이 자치적인 사항을 정관에 위임한 경우 원칙적으로 헌법상의 포괄위임입법금지 원칙이 적용되지 않는다 하더라도 그 사항이 **국민의 권리의무에 관련되는 것일 경우에는 적어도 국민의 권리의무에 관한 기본적이고 본질적인 사항은 국회가 정하여야** 할 것이다(대판 2007.10.12, 2006두14476).

2. 어떤 사안이 국회가 형식적 법률로 스스로 규정해야 하는 본질적 사항에 해당하는지 판단하는 기준

   어떠한 사안이 국회가 형식적 법률로 스스로 규정하여야 하는 본질적 사항에 해당되는지는, 구체적 사례에서 관련된 이익 내지 가치의 중요성, 규제 또는 침해의 정도와 방법 등을 고려하여 개별적으로 결정하여야 하지만, 규율대상이 국민의 기본권 및 기본적 의무와 관련한 중요성을 가질수록 그리고 그에 관한 공개적 토론의 필요성 또는 상충하는 이익 사이의 조정 필요성이 클수록, 그것이 국회의 법률에 의해 직접 규율될 필요성은 더 증대된다[대판(전합) 2015.8.20, 2012두23808].

3. 「도시 및 주거환경정비법」 제28조 제4항 본문이 사업시행자의 정관에 위임한 사업시행인가 신청 시의 토지등 소유자의 동의요건은 토지소유자의 사전 통제를 위한 절차적 요건에 불과하므로 본질적 사항이 아니다

   조합의 사업시행인가 신청 시의 토지등 소유자의 동의요건이 비록 토지등 소유자의 재산상 권리의무에 영향을 미치는 사업시행계획에 관한 것이라고 하더라도, 그 **동의요건은 사업시행인가 신청에 대한 토지등 소유자의 사전 통제를 위한 절차적 요건에 불과하고 토지등 소유자의 재산상 권리의무에 관한 기본적이고 본질적인 사항이라고 볼 수 없으므로** 법률유보 내지 의회유보의 원칙이 반드시 지켜져야 하는 영역이라고 할 수 없고, 따라서 개정된 「도시 및 주거환경정비법」 제28조 제4항 본문이 법률유보 내지 의회유보의 원칙에 위배된다고 할 수 없다(대판 2007.10.12, 2006두14476).

4. 지방의회의원에 대하여 유급보좌인력을 두는 것

   지방의회의원에 대하여 유급보좌인력을 두는 것은 지방의회의원의 신분·지위 및 그 처우에 관한 현행 법령상의 제도에 중대한 변경을 초래하는 것으로서, 이는 개별 지방의회의 조례로써 규정할 사항이 아니라 국회의 법률로써 규정하여야 할 입법사항이다(대판 2013.1.16, 2012추84).

5. 납세의무자에게 조세의 납부의무 외에 과세표준과 세액을 계산하여 신고해야 하는 의무까지 부과하는 경우, 신고의무 이행에 필요한 기본적인 사항과 신고의무불이행 시 납세의무자가 입게 될 불이익 등은 납세의무를 구성하는 기본적, 본질적 내용으로서 법률로 정해야 한다[대판(전합) 2015.8.20, 2012두23808].

6. 정비사업의 시공자를 조합총회에서 국토해양부장관이 정하는 경쟁입찰의 방법으로 선정하도록 규정한 구 「도시 및 주거환경정비법」 제11조 제1항 본문은 법률유보의 원칙에 반하지 않는다

   구 「도시 및 주거환경정비법」 제11조 제1항 본문은 계약 상대방 선정의 절차와 방법에 관하여 조합총회에서 '경쟁입찰'의 방법으로 하도록 규정함으로써, **계약 상대방 선정의 방법을 법률에서 직접 제한하고 제한의 내용을 구체화**하고 있다. 다만 **경쟁입찰의 실시를 위한 절차 등 세부적 내용만을 국토해양부장관이 정하도록 규정**하고 있을 뿐이고, 이것이 **계약의 자유를 본질적으로 제한하는 사항으로서 입법자가 반드시 법률로써 규율하여야 하는 사항이라고 보기 어렵다**(대판 2017.5.30, 2014다61340).

7. 헌법상 법치주의의 핵심적 내용인 법률유보원칙에 내포된 의회유보원칙에서 어떠한 사안이 국회가 형식적 법률로 스스로 규정하여야 하는 본질적 사항에 해당하는지 결정하는 방법

헌법상 법치주의는 법률유보원칙, 즉 행정작용에는 국회가 제정한 형식적 법률의 근거가 요청된다는 원칙을 핵심적 내용으로 한다. 나아가 오늘날의 법률유보원칙은 단순히 행정작용이 법률에 근거를 두기만 하면 충분한 것이 아니라, 국가공동체와 그 구성원에게 기본적이고도 중요한 의미를 갖는 영역, 특히 국민의 기본권 실현에 관련된 영역에 있어서는 행정에 맡길 것이 아니고 국민의 대표자인 입법자 스스로 그 본질적 사항에 대하여 결정하여야 한다는 요구, 즉 의회유보원칙까지 내포하는 것으로 이해되고 있다. 여기서 어떠한 사안이 국회가 형식적 법률로 스스로 규정하여야 하는 본질적 사항에 해당되는지는, 구체적 사례에서 관련된 이익 내지 가치의 중요성, 규제 또는 침해의 정도와 방법 등을 고려하여 개별적으로 결정하여야 하지만, **규율대상이 국민의 기본권과 관련한 중요성을 가질수록 그리고 그에 관한 공개적 토론의 필요성 또는 상충하는 이익 사이의 조정 필요성이 클수록, 그것이 국회의 법률에 의하여 직접 규율될 필요성은 더 증대된다**[대판(전합) 2020.9.3, 2016두32992].

8. 국민의 권리·의무에 관한 기본적이고 본질적인 사항 및 헌법상 보장된 국민의 자유나 권리를 제한할 때 그 제한의 본질적인 사항에 관하여 국회가 법률로써 스스로 규율하여야 한다[대판(전합) 2020.9.3, 2016두32992].

9. 「노동조합 및 노동관계조정법 시행령」 제9조 제2항은 법률의 위임 없이 법률이 정하지 아니한 법외노조 통보에 관하여 규정함으로써 헌법상 노동3권을 본질적으로 제한하여 그 자체로 무효이다
   법외노조 통보는 적법하게 설립된 노동조합의 법적 지위를 박탈하는 중대한 침익적 처분으로서 원칙적으로 국민의 대표자인 입법자가 스스로 형식적 법률로써 규정하여야 할 사항이고, 행정입법으로 이를 규정하기 위하여는 반드시 법률의 명시적이고 구체적인 위임이 있어야 한다. 그런데 「노동조합 및 노동관계조정법 시행령」(노동조합법 시행령) 제9조 제2항은 법률의 위임 없이 법률이 정하지 아니한 법외노조 통보에 관하여 규정함으로써 헌법상 노동3권을 본질적으로 제한하고 있으므로 그 자체로 무효이다[대판(전합) 2020.9.3, 2016두32992].

(2) 헌법재판소(본질성설)

1. 중요사항유보설(의회유보설)
   오늘날 법률유보원칙은 단순히 행정작용이 법률에 근거를 두기만 하면 충분한 것이 아니라, 국가공동체와 그 구성원에게 기본적이고도 중요한 의미를 갖는 영역, 특히 **국민의 기본권실현과 관련된 영역에 있어서는 국민의 대표자인 입법자가 그 본질적 사항에 대해서 스스로 결정하여야 한다는 요구까지 내포하고 있다(의회유보원칙)**(헌재결 1999.5.27, 98헌바70).

2. 국회입법권의 의미
   우리 헌법 제40조(입법권은 국회에 속한다)의 의미는 적어도 **국민의 권리와 의무의 형성에 관한 사항을 비롯하여 국가의 통치조직과 작용에 관한 기본적이고 본질적인 사항은 반드시 국회가 정하여야 한다**는 것이다(헌재결 1998.5.28, 96헌가1).

3. 텔레비전방송수신료 납부의무자의 범위와 수신료금액은 본질사항에 해당한다(헌법불합치)
   텔레비전방송수신료는 대다수 국민의 재산권 보장의 측면이나 한국방송공사에게 보장된 방송자유의 측면에서 국민의 기본권실현에 관련된 영역에 속하고, 수신료금액의 결정은 납부의무자의 범위 등과 함께 수신료에 관한 본질적인 중요한 사항이므로 국회가 스스로 행하여야 하는 사항에 속하는 것임에도 불구

하고 한국방송공사법 제36조 제1항에서 **국회의 결정이나 관여를 배제한 채 한국방송공사로 하여금 수신료금액을 결정해서 문화관광부장관의 승인을 얻도록 한 것은 법률유보원칙에 위반된다**(헌재결 1999. 5.27, 98헌바70).

4. 도시환경정비사업의 시행자인 토지등 소유자가 사업시행인가를 신청하기 전에 얻어야 하는 토지등 소유자의 동의요건을 토지등 소유자가 자치적으로 정하여 운영하는 규약에 정하도록 한 구 「도시 및 주거환경정비법」 제28조 제5항 본문의 '사업시행자' 중 제8조 제3항에 따라 도시환경정비사업을 토지등 소유자가 시행하는 경우 '정관등이 정하는 바에 따라' 부분은 법률유보원칙에 위반된다(위헌)

토지등 소유자가 도시환경정비사업을 시행하는 경우 **사업시행인가 신청 시 필요한 토지등 소유자의 동의**는, 개발사업의 주체 및 정비구역 내 토지등 소유자를 상대로 수용권을 행사하고 각종 행정처분을 발할 수 있는 **행정주체로서의 지위를 가지는 사업시행자를 지정하는 문제로서, 그 동의요건을 정하는 것은 국민의 권리와 의무의 형성에 관한 기본적이고 본질적인 사항**이므로 국회가 스스로 행하여야 하는 사항에 속하는 것임에도 불구하고, **사업시행인가 신청에 필요한 동의정족수를 토지등 소유자가 자치적으로 정하여 운영하는 규약에 정하도록 한 것은 법률유보원칙에 위반된다**(헌재결 2012.4.24, 2010헌바1).

Ⅲ 주요 행정작용별 법률유보 적용 여부

구 분			적용 여부	구 분		적용 여부
행정입법	법규명령	위임명령	○	행정계획	구속적 행정계획	○
		집행명령	×		비구속적 행정계획	×
	행정규칙	일반적인 행정규칙	×	사실행위	권력적 사실행위	○
		법령보충규칙(다수설·판례)	○		비권력적 사실행위(행정지도, 비공식적 행정작용)	×
	조례	원칙은 적용 안 됨(자주법).	×	기타	공법상의 계약 (비권력적 공법행위)	×
		주민의 권리제한·의무부과· 벌칙·포괄적 위임도 가능	○		가행정행위, 확약	× (본처분권한내재설)
행정행위	침익적	원 칙	○		명단공표(비권력적 사실행위 이면서 유일하게 법률유보 적용)	○
		수익적 행정행위의 거부· 취소·철회(판례)	×			
	수익적		×			

1. 지방자치단체가 주민의 '권리제한 또는 의무부과에 관한 사항'이나 벌칙에 해당하는 조례를 제정하는 경우 법률의 위임이 필요하다

지방자치법 제22조, 제9조 제1항, 구 지방자치법 제9조 제1항, 제15조, 행정규제기본법 제4조 제3항에 의하면 지방자치단체는 그 고유사무인 자치사무와 개별법령에 의하여 지방자치단체에 위임된 단체위임

사무에 관하여 자치조례를 제정할 수 있지만 그 경우라도 **주민의 권리제한 또는 의무부과에 관한 사항이나 벌칙은 법률의 위임이 있어야 하며**, 기관위임사무에 관하여 제정되는 이른바 위임조례는 개별법령에서 일정한 사항을 조례로 정하도록 위임하고 있는 경우에 한하여 제정할 수 있으므로, **주민의 권리제한 또는 의무부과에 관한 사항이나 벌칙에 해당하는 조례를 제정할 경우에는 그 조례의 성질을 묻지 아니하고 법률의 위임이 있어야 하고 그러한 위임 없이 제정된 조례는 효력이 없다**(대판 2007.12.13, 2006추52).

2. 법률의 위임 없이 주민의 권리제한 또는 의무부과에 관한 사항을 정한 조례의 효력은 무효이다

지방자치법 제22조, 행정규제기본법 제4조 제3항에 의하면 지방자치단체가 조례를 제정함에 있어 그 내용이 주민의 권리제한 또는 의무부과에 관한 사항이나 벌칙인 경우에는 법률의 위임이 있어야 하므로, 법률의 위임 없이 주민의 권리제한 또는 의무부과에 관한 사항을 정한 조례는 효력이 없다[대판(전합) 2012.11.22, 2010두19270].

 제5절 **행정법의 법원(法源)**

I 개 설

1. 법원의 의의

구분	내용
존재형식설	법의 존재형식(성문, 불문), 정태적·형식적 법원개념
인식근거설	무엇이 법인가를 인식하는 법의 인식근거, 실질적·기능적·동태적 법원개념

법원의 문제는 성문법계 국가에서는 물론이고 불문법계 국가에서도 문제가 된다.

2. 법원의 범위

구분	내용	특징(논의의 실익)	비고
협의설	법규만이 법원	행정규칙의 법원성 부인	판례, 소수설
광의설 (행정기준설)	법규는 물론 행정사무의 기준이 되는 법규범(행정규칙)까지 법원	행정규칙의 법원성 인정	다수설

3. 행정법의 성문법주의

(1) 의 의

성문법이란 절차적으로 규율되는 법정립행위를 통해 문서상으로 확정된 법을 말하고, 성문법주의란 성문법이 중심적인 법이 되는 입법주의를 말한다. 행정법은 성문법주의가 원칙이다. 오늘날 성문법주의를 취하는 대륙법계는 물론 불문법주의를 취하고 있는 영·미법계에서도 성문법이 대량으로 제정되는 경향이다.

(2) 필요성(명확성)

① 행정권의 발동에 대한 국민의 예측가능성 및 법적 안정성의 보장
② 행정작용의 획일성·공정성 확보(행정권 발동 근거의 소재와 한계를 명확히)
③ 국가적 급부활동의 계속성 보장
④ 국가적 규제·지도, 조성·보호의 목적·수단의 명백성
⑤ 행정구제절차를 명백히 하여 국민의 권익을 보장
⑥ 행정권의 소재를 명시함으로써 국민에게 행정조직을 주지(민원신청, 피고적격과 관련)

(3) 법적 근거

헌법은 성문법주의에 대해 명시적으로 규정하고 있지는 않지만, 국민의 기본권에 관한 사항을 대부분 법률에 유보하고(제12조~제37조), 중요한 행정작용을 법률에 유보(제33조 제3항 등)함으로써 행정법의 성문법주의를 뒷받침하고 있다.

(4) 한 계

현대행정의 양적인 확대로 인해 규율대상이 광범위하고 유동적이기 때문에 모든 것을 성문법으로 규율하기는 불가능에 가깝다. 따라서 행정법의 영역에 있어서도 관습법 등 불문법의 필요성은 여전히 인정된다.

Ⅱ 행정법의 성문법원(成文法源)

1. 헌 법

헌법은 통치권 전반에 걸친 근본조직과 작용을 규율하는 국가의 최고법(근본법·기본법·최상위법)이므로, 그중에 행정조직·작용·구제에 관한 규정은 행정법의 최고법원이다.

2. 법 률

법률이란 국민의 대표기관인 의회에서 소정의 절차에 따라 제정된 법형식으로서 행정법의 가장 중요한 법원이다. 법률은 헌법이념에 적합해야 하고, 명령이나 자치법규보다 상위의 효력을 갖는다(법률-우위의 원칙).

1. 특별법이 일반법에 우선하고 신법이 구법에 우선한다는 원칙이 적용되는 경우 및 이때 법률이 상호 모순·저촉되는지 판단하는 기준
   일반적으로 특별법이 일반법에 우선하고 신법이 구법에 우선한다는 원칙은 동일한 형식의 성문법규인 법률이 상호 모순·저촉되는 경우에 적용된다. 이때 법률이 상호 모순·저촉되는지는 법률의 입법목적, 규정사항 및 적용범위 등을 종합적으로 검토하여 판단하여야 한다(대판 2016.11.25, 2014도14166).
2. 구 「공공기관의 운영에 관한 법률」에 따른 준정부기관인 도로교통공단의 임직원에 대하여 도로교통법 제129조의2가 특별법 내지 신법으로 우선하여 적용되고 구 「공공기관의 운영에 관한 법률」 제53조의 적용이 배제된다고 할 수 없다(대판 2016.11.25, 2014도14166).

3. 국제조약·국제법규

(1) 의의 및 종류

① 조약의 의의 : 조약·협정·협약·약정·의정서·규약 등 명칭을 불문하고 국가와 국가 사이 또는 국가와 국제기관 사이의 문서에 의한 합의를 말한다.

조약의 의의

조약은 '국가·국제기구 등 국제법 주체 사이에 권리의무관계를 창출하기 위하여 서면형식으로 체결되고 국제법에 의하여 규율되는 합의'라고 할 수 있다(헌재결 2008.3.27, 2006헌라4).

> 헌법에 의하여 체결·공포된 조약과 일반적으로 승인된 국제법규는 국내법(국내법률이 아님)과 같은 효력을 가진다(헌법 제6조 제1항).

② 헌법에 의해 체결·공포된 조약(우리나라가 조약당사국)
ㄱ. **별도입법 불요** : 조약이 체결·공포되면 당연히 법원으로 편입되고 별도입법을 요하지 않는다.

ⓒ 국회동의 필요 : 일부 조약의 경우에는 국회의 동의를 얻어야 한다. 국회의 동의를 요하는 조약이 동의 없이 체결·공포된 경우 국내법으로서의 효력은 인정될 수 없지만, 국제법으로서의 효력에는 영향이 없다.

1. '남북 사이의 화해와 불가침 및 교류협력에 관한 합의서'는 법적 구속력이 있는 것은 아니어서 국가 간의 조약으로 볼 수 없고 국내법과 동일한 효력이 인정되지 않는다(대판 1999.7.23, 98두14525).
2. 남북기본합의서는 공동성명 또는 신사협정에 불과하여 법률 또는 조약으로 볼 수 없다(헌재결 2000.7.20, 98헌바63).
3. 'WTO 설립을 위한 마라케시협정'은 적법하게 체결·공포된 조약으로 국내법과 같은 효력을 가지므로 처벌이 가중된다 하더라도 법률에 의하지 아니한 형사처벌이라고 할 수 없다(헌재결 1998.11.26, 97헌바65).
4. '대한민국과 아메리카합중국 간의 상호방위조약 제4조에 의한 시설과 구역 및 대한민국에서의 합중국군대의 지위에 관한 협정'은 국회의 동의를 요하는 조약에 해당한다(헌재결 1999. 4.29, 97헌가14).
5. '관세 및 무역에 관한 일반협정'과 '정부조달에 관한 협정'은 국내법령과 동일한 효력을 가지므로 이에 위반하는 전라북도 학교급식조례는 무효이다
   '1994년 관세 및 무역에 관한 일반협정'(General Agreement on Tariffs and Trade 1994)은 1994. 12. 16. 국회의 동의를 얻어 같은 달 23. 대통령의 비준을 거쳐 같은 달 30. 공포되고 1995. 1. 1. 시행된 조약인 '세계무역기구(WTO) 설립을 위한 마라케시협정' (Agreement Establishing the WTO)(조약 1265호)의 부속 협정(다자 간 무역협정)이고, '정부조달에 관한 협정'(Agreement on Government Procurement, AGP)은 1994. 12. 16. 국회의 동의를 얻어 1997. 1. 3. 공포·시행된 조약(조약 1363호, 복수국가 간 무역협정)으로서 각 **헌법 제6조 제1항에 의하여 국내법령과 동일한 효력을 가지므로 지방자치단체가 제정한 조례가 GATT나 AGP에 위반되는 경우에는 그 효력이 없다.** 특정 지방자치단체의 초·중·고등학교에서 실시하는 **학교급식을 위해 위 지방자치단체에서 생산되는 우수 농수축산물과 이를 재료로 사용하는 가공식품을 우선적으로 사용하도록 하고 그러한 우수농산물을 사용하는 자를 선별하여 식재료나 식재료 구입비의 일부를 지원하며 지원을 받은 학교는 지원금을 반드시 우수농산물을 구입하는 데 사용하도록 하는 것을 내용으로 하는 위 지방자치단체의 조례안은 내국민대우원칙을 규정한 '1994년 관세 및 무역에 관한 일반협정'(General Agreement on Tariffs and Trade 1994)에 위반되어 그 효력이 없다**(대판 2005.9.9, 2004추10).
6. 반덤핑부과처분이 WTO협정에 위반된다는 이유만으로 사인이 직접 국내법원에 회원국 정부를 상대로 처분의 취소를 구할 수는 없고 WTO 분쟁해결기구에서 해결해야 한다(대판 2009.1.30, 2008두17936).

ⓒ 행정법의 법원이 되기 위한 요건 : 국내행정에 관한 사항이어야 한다. 국제행정은 국제법의 법원이고, 행정 이외의 사항은 기타법률의 법원이 될 뿐이다.

ⓓ 체결·공포될 것 : 조약이 체결되었더라도 공포되지 않으면 효력을 발생하지 아니한다.

③ 일반적으로 승인된 국제법규(우리나라가 당사국이 아닌 조약)

ⓐ 의의 : 일반적으로 승인된 국제법규란 우리나라가 당사국이 아닌 조약이지만 국제사회에서

일반적으로 규범성이 승인된 국제조약과 국제관습법을 말한다.

ⓛ **국내적 효력**: 국제법규도 원칙적으로 국내법적 효력을 갖는다. 그러나 헌법재판소는 국제연합(UN)의 '인권에 관한 세계선언'과 이를 뒷받침하기 위한 '경제적·사회적 및 문화적 권리에 관한 국제규약', '시민적 및 정치적 권리에 관한 국제규약', 국제연합교육과학문화기구와 국제노동기구가 채택한 '교원지위에 관한 권고', 우리나라가 회원이 아닌 국제노동기구의 조약(헌재결 1991.7.22, 89헌가106), 우리나라가 비준하지 않은 강제노동의 폐지에 대한 국제노동기구의 조약(헌재결 1998.7.16, 97헌바23)은 국내적으로 효력을 가지지 못하는 것으로 본다.

ⓒ **국회관여 불가**: 별도입법 불요, 국회동의 불가

(2) 국내법과 국제법과의 관계

① **일원설**

㉠ **국제법우위설**: 국제법이 국내법보다 우선한다는 견해

㉡ **국내법우위설**: 국내법이 국제법보다 우선한다는 견해

㉢ **동위설**: 동위설에는 ⓐ 국내법률과 같은 효력이라는 견해(김동희, 한건우), ⓑ 법률 또는 법규명령과 같은 효력이라는 견해(다수설; 김남진, 류지태, 박균성, 박윤흔, 박종국, 유상현, 정하중)가 있다. 다수설에 의하면 입법사항에 관한 국제조약·국제법규(국회의 동의를 받은 조약)는 법률과 동일한 효력을 갖지만, 입법사항과 관계없는 국제조약·국제법규(국회의 동의를 받지 않은 조약)는 명령적 효력(행정입법)을 갖는다.

헌법 제6조 제1항의 국제법존중주의는 우리나라가 가입한 조약과 일반적으로 승인된 국제법규가 국내법과 같은 효력을 가진다는 것으로서 조약이나 국제법규가 국내법에 우선한다는 것은 아니다 (헌재결 2001.4.26, 99헌가13).

양자의 충돌 시 해결방법으로는 ⓐ 법단계구조의 원리(상위법우선의 원칙, 헌법이 조약보다 우선, 법률과 명령적 조약이 충돌할 경우 법률이 우선, 명령과 법률적 조약이 충돌할 경우 조약이 우선), ⓑ 특별법우선의 원칙과 ⓒ 신법우선의 원칙에 의해 해결한다.

> ① 상위법우선의 원칙 ⇨ ② 특별법우선의 원칙 ⇨ ③ 신법우선의 원칙

법률에서 조약이 국내법과 다른 경우 조약을 우선 적용하는 것으로 규정하는 경우도 존재한다.

1. 일반법

일반국민에 적용되거나 법이 적용되는 범위에 있어 널리 일반적 사항을 저율히는 법. 민법, 형법

2. 특별법

국민의 일부에만 적용되거나, 특별한 사항을 적용하는 법. 상법, 「특정범죄가중처벌에 관한 법률」「폭력행위 등 처벌에 관한 법률」

국제항공운송에 관한 법률관계에 대하여는 1955년 헤이그에서 개정된 「국제항공운송에 있어서의 일부규칙의 통일에 관한 협약」이 일반법인 민법이나 상법에 우선하여 적용된다(대판 2006.4.28, 2005다30184).

② 이원설 : 국제법과 국내법을 전혀 별개의 법질서로 보아 각각 별도로 효력을 갖는다는 견해이다. 따라서 국제법은 국내질서에서 직접 적용될 수 없고 국제법을 국내질서에 적용하려면 수용절차를 거쳐 국내법을 제정해야 한다.

4. 명령

(1) 의 의

명령이란 행정기관에 의해 제정되는 법형식을 의미하는데 법규명령과 행정규칙(행정명령)으로 구분된다. 현대복리국가에 있어 행정기능이 확대·강화됨에 따라 행정입법이 증가하게 됨으로써 명령의 중요성이 커지고 있다.

(2) 법규명령

법규명령이란 법규의 성질을 가지는 명령으로서 대통령령·총리령·부령·중앙선거관리위원회규칙 등이 있다. 법규명령의 법원성에 대해서는 의문이 없다.

(3) 행정규칙(행정명령)

행정규칙이란 상급행정기관이 하급행정기관에 대해 법령의 수권 없이 행정조직 내부사항에 관하여 발하는 명령이다. 행정규칙의 법적 성질에 대해서는 ① 행정규칙의 법규성은 부정하지만 법원성은 인정하는 견해(다수설 ; 김남진, 류지태, 박윤흔, 박종국, 석종현, 이명구), ② 행정규칙의 법규성과 법원성을 모두 부정하는 견해(판례, 김도창, 김성수, 박균성, 장태주), ③ 행정규칙의 법규성을 부정하지만 법원성은 유형에 따라 인정(행정규칙이 국민의 권리와 자유에 영향을 미치는 내용으로서 그 유효성이 인정되는 경우에만 법원성을 긍정)하는 견해(한견우), ④ 행정

규칙의 법규성과 법원성을 모두 인정하는 견해가 대립한다.

(4) 자치법규

지방자치단체가 법령의 범위 안에서 제정하는 자치에 관한 규정으로서 ① 지방의회에서 제정하는 조례와 ② 지방자치단체장이 제정하는 규칙, ③ 교육감이 제정하는 교육규칙으로 구분된다. 조례가 규칙보다 상위의 효력이다. 자치법규도 법규명령의 일종이나.

> **법원이 아닌 것**
> 1. 사실상 관습 ⇔ 관습법
> 2. 행정처분 : 경찰하명·토지수용권의 설정
> 3. 행정규칙 : 훈령·행정명령
> ■ 다수설에 의하면 행정규칙의 법원성 인정

Ⅲ 불문법원(不文法源)

1. 관습법

(1) 의 의

관습법이란 행정의 영역에 있어서의 오랜 관행이 국민일반의 법적 확신을 얻어 법적 규범으로 승인받은 것으로서, 국민의 법적 확신에 이르지 못한 사실인 관습과 구별된다.

(2) 법원성(긍정)

① 긍정설(통설) : 현대행정은 복잡다기(다양)하고 변화무쌍하여 성문법이 미비한 분야가 있을 수 있으므로 모든 행정법관계가 성문법에 의해 빠짐없이 규율될 수는 없고, 성문법이 불비되어 있는 경우에 행정관습법이 성립할 수 있음을 인정하는 견해로서 통설이다.
② 부정설 : 과거 법률에 의한 행정을 강조하는 학자들은 행정의 영역에는 관습법이 성립할 여지가 없다고 주장한 바 있다(Otto Mayer).
③ 법률규정 : 법률상 명문으로 관습법의 성립을 인정하는 경우가 있다.

1. 행정선례법

① **행정절차법** : 행정청은 법령등의 해석 또는 행정청의 관행이 일반적으로 국민들에게 받아들여졌을 때에는 공익 또는 제3자의 정당한 이익을 현저히 해칠 우려가 있는 경우를 제외하고는 새로운 해석 또는 관행에 따라 소급하여 불리하게 처리하여서는 아니 된다(제4조 제2항).
- 신의성실의 원칙은 제4조 제1항에 별도로 규정

② **국세기본법** : 세법의 해석이나 국세행정의 관행이 일반적으로 납세자에게 받아들여진 후에는(행정선례법) 그 해석이나 관행에 의한 행위 또는 계산은 정당한 것으로 보며(신뢰보호의 원칙), 새로운 해석이나 관행에 의하여 소급하여 과세되지 아니한다(조세불소급의 원칙)(제18조 제3항).
- 신의성실의 원칙은 제15조에 별도로 규정

2. 민 중적 관습법

어업권과 이를 목적으로 하는 권리의 설정·보존·이전·변경·소멸 및 처분의 제한·지분 또는 입어에 관한 사항(입어권)은 어업권원부에 등록한다(수산업법 제17조 제1항).

(3) 성립요건

① **문제의 소재** : 관습법이 성립하기 위해서는 행정에 관한 사실이 장기간 되풀이되어 관행이 성립되어야 하고(객관적 요건), 관행이 국민일반의 법적 확신을 얻어야 하는데(주관적 요건), 이 중 법적 확신이 객관적 관행보다 더 중요한 요건이다. 그러나 이 두 가지 요건 외에 국가에 의한 승인(법원에 의한 판결)이 추가적인 요건으로 필요한가에 대해 학설이 대립한다.

② **법적 확신설(통설)** : 별도로 국가의 승인은 필요하지 않다는 견해로서 통설이다.

③ **국가승인설** : 별도로 국가의 승인이 필요하다는 견해로서 소수설이다.

④ **판례(법적 확신설)** : 다수설과 마찬가지로 대법원과 헌법재판소도 법적 확신설을 취하고 있다.

관련판례

1. 법적 확신설

행정관행이 오랜 기간 동안 존재하여 왔고(객관적 관행), 지형도상 해상경계선이 해상에서의 행정구역 경계선이라는 점에 대한 지방자치단체들과 일반국민들의 법적 확신이 존재한다고 할 것이므로(주관적 법적 확신), 국립지리원이 간행한 지형도상의 해상경계선(육지의 경우에는 지형도가 아닌 지적공부가 기준)은 **행정관습법상 해상경계선으로 인정될 뿐만 아니라 행정판례법상으로도 인정되고 있기 때문에, 불문법상의 해상경계가 된다**(헌재결 2004.9.23, 2000헌라2).

2. 관습헌법의 성립요건

관습헌법이 성립하기 위하여서는 관습법의 성립에서 요구되는 일반적 성립 요건이 충족되어야 한다. 첫째, 기본적 헌법사항에 관하여 어떠한 **관행 내지 관례가 존재**하고, 둘째, 그 관행은 국민이 그 존재를 인식하고 사라지지 않을 관행이라고 인정할 만큼 충분한 기간 동안 반복 내지 계속되어야 하며(**반복·계속성**), 셋째, 관행은 지속성을 가져야 하는 것으로서 그 중간에 반대되는 관행이 이루어져서는 아니 되고(**항상성**), 넷째, 관행은 여러 가지 해석이 가능할 정도로 모호한 것이 아닌 명확한 내용을 가진 것이어야 한다(**명료성**). 또한 다섯째, 이러한 관행이 헌법관습으로서 국민들의 승인 내지 확신 또는 폭넓은 컨

센서스를 얻어 국민이 강제력을 가진다고 믿고 있어야 한다**(국민적 합의)**(헌재결 2004.10.21, 2004헌마 554·566).

3. '우리나라의 수도가 서울인 점'은 관습헌법이다(헌재결 2004.10.21, 2004헌마554·566).

(4) 종 류

① **민중적 관습법** : 공법관계에 관한 일정한 관행이 민중(일반국민) 사이에서 오랫동안 계속됨으로써 법적 확신에 이른 것으로서, 종류로는 ⊙ 입어권, ⓒ 용수권[관습상의 물에 대한 사용권, 유수사용권, 관개용수리권, 식용(음용수)용수권, 공유수면이용 및 인수·배수권, 유지사용권, 하천용수권, 지하수사용권) 등이 있다.

> 입어권(관행어업권)은 관습법상의 권리이지만, 어업권은 수산업법상의 권리로서 성문법상의 권리임. 또한 광업권도 광업법상의 권리로서 성문법상의 권리임.

1. 입어권 : 법적 확신설
구 수산업법 제40조 소정의 '입어의 관행에 따른 권리'(관행어업권)란 일정한 공유수면에 대한 공동어업권 설정 이전부터 어업의 면허(특허) 없이 그 공유수면에서 오랫동안 계속 수산동식물을 포획 또는 채취하여 옴으로써(객관적 관행) 그것이 대다수 사람들에게 일반적으로 시인될 정도에 이른 것(주관적 법적 확신)을 말한다(대판 2001.3.13, 99다57942).

2. 하천용수권
농지소유자들이 수백년 전부터 공유(公有)하천에 보를 설치하여 그 연안의 논에 관개를 하여 왔고 원고도 그 논 중 일부를 경작하면서 위 보로부터 인수(引水)를 하여 왔다면, 공유하천으로부터 용수를 함에 있어서 하천법에 의하여 하천관리청으로부터 허가를 얻어야 한다고 하더라도 그 허가를 필요로 하는 법규 시행 이전부터 원고가 **위 보에 의하여 용수할 수 있는 권리를 관습에 의하여 취득하였음이 뚜렷**하므로 원고는 하천법에 관한 법규에 불구하고 그 기득권이 있는 것이다(대판 1972.3.31, 72다78).

3. 종래 인정되던 관행어업권에 대하여 2년 이내에 등록하여야 입어할 수 있도록 한 구 수산업법 제2조 제7호 등은 신뢰보호의 원칙에 위배되지 않는다(합헌)(헌재결 1999.7.22, 97헌바76).

② **행정선례법** : 행정선례법이란 행정청의 선례가 반복되어 국민일반의 법적 확신에 이른 것으로서 국세기본법 제18조 제3항 및 행정절차법 제4조 제2항에서 행정선례법의 성립가능성을 규정하고 있다. 판례도 국세행정상 비과세의 관행을 일종의 행정선례법으로 인정하고 있다.

1. 국세행정의 관행의 의미
국세기본법 제18조 제3항이 규정하고 있는 '일반적으로 납세자에게 받아들여진 세법의 해석 또는 국세

행정의 관행'이란 **비록 잘못된 해석 또는 관행이라도 특정납세자가 아닌 불특정한 일반납세자에게 정당한 것으로 이의 없이 받아들여져 납세자가 그와 같은 해석 또는 관행을 신뢰하는 것이 무리가 아니라고 인정될 정도에 이르는 것을 말한다**[대판 2000.12.24, 2000두15350].

2. 국세기본법 제18조 제3항의 비과세관행의 성립요건

국세기본법 제18조 제3항에서 말하는 비과세관행이 성립되었다고 하려면 **상당한 기간에 걸쳐 그 사항에 대하여 과세하지 아니하였다는 객관적 사실이 존재**하여야 할 뿐 아니라 **과세관청이 그 사항에 대하여 과세할 수 있음을 알면서도 어떤 특별한 사정에 의하여 과세하지 않는다는 의사가 있고 이와 같은 의사가 명시적 또는 묵시적으로 표시되어야** 하는 것이고, 과세관청이 **비과세대상에 해당하는 것으로 잘못 알고 일단 비과세결정을 하였으나 그 후 과세표준과 세액의 탈루 또는 오류가 있는 것을 발견한 때에는, 이를 조사하여 경정할 수 있다**[대판(전합) 1991.10.22, 90누9360].

3. 구 관세법 제5조 제2항 소정의 비과세관행의 의사표시

의사표시는 과세물건에 대한 비과세의 사실상태가 장기간에 걸쳐 지속된 경우 '묵시적인 의향의 표시'라고 볼 수 있는 정도이면 족하다(대판 2011.5.13, 2008두18250).

4. 관세청장이 4년 간 보세운송면허세를 단 한 건도 부과한 적이 없고 주무관청인 관세청장도 수출확대라는 공익상의 필요 등에서 관계법조문의 삭제를 건의하였었다면 비과세관행이 인정된다(대판 1982.6.8, 81누38).

5. 착오로 인한 장기간의 과세누락에 대한 비과세관행 부정

어느 사항에 대하여 비록 장기간에 걸쳐 과세하지 아니한 상태가 계속되었다 하더라도 그것이 착오로 인한 것이라면, 그와 같은 비과세는 일반적으로 납세자에게 받아들여진 국세행정의 관행으로 되었다 할 수 없다(대판 1985.3.12, 84누398).

6. 사업소세 도입 이래 20년 이상 사업소세를 부과하지 않으면서, 다른 과세관청의 유사 사례에 대한 사업소세 과세 시도를 보면서도 같은 조치를 취하지는 않은 경우 묵시적으로 비과세관행이 성립하였다고 볼 여지가 있다(대판 2009.12.24, 2008두15350).

7. 비과세관행 인정사례

대법원 1983.12.27, 선고 83누409 판결에서 구 '부가가치세법 시행령' 제26조 제1항의 '대금을 외국환은행에서 원화로 받는 것'이란 단순히 세무행정의 편의를 위하여 훈시적으로 대금지급방법을 예시한 것이 아니므로 엄격히 해석하여야 할 것이라고 선고하였음에도 불구하고, 국세청은 그 이후 1983년부터 거듭되는 예규 및 1985년 이후의 기본통칙 3-5-2...11(11-26-4)을 통하여 **국내사업장이 없는 '외국법인 등에게' 용역 등을 제공하고 그 대가를 외국환은행에서 원화로 받는 것이 아니라 '당해 외국법인 등에 대한 채무와 상계하는 방식'으로 지급받는 경우에도 영세율을 적용한다는 의사를 대외에 표시하여 왔고, 1989. 11.경 이후** 이 사건 처분 시까지 이 사건 거래(원고가 국내사업장이 없는 외국법인인 미국 오라클과의 공급계약에 따라 1996년 제2기부터 2001년 제1기까지 사이에 국내에 있는 머크 주식회사에게 오라클 프로그램설치 등 오라클 서비스를 제공한 다음 미국 오라클의 중앙결제계정을 통하여 미국 오라클에게 지급할 금액과 차감·정산하는 방법으로 미국 오라클로부터 위 서비스제공의 대가를 받은 거래)와 같은 거래를 영세율 적용대상으로 신고하여 온 원고에 대하여도 지속적으로 **영세율 적용**대상 거래로 보아 과세하지 **아니하였으므로**, 이로써 '외국법인 등에게 용역 등을 공급하고 상계방식으로 대금을 지급받는 경우'에도 영세율 적용대상 거래가 된다는 것은 원고뿐만 아니라 일반납세자에게도 정당한 것으로 이의 없이 받아들여져 납세자가 그와 같은 해석 또는 관행을 신뢰하는 것이 무리가 아니라고 인정될 정도에 이르렀다(대판 2010.4.15, 2007두19294).

③ 추세 : 현대사회는 유동이 심한 다원적 사회이므로 관행의 영속이나 일반인의 법적 확신과 같은 관습법 성립을 위한 요건의 충족이 매우 어렵다.

④ 소 멸

일단 성립한 비과세관행이 소멸하는 시절

일단 성립한 비과세관행이 소멸하였다고 하기 위하여는 **종전의 비과세관행을 시정하여 앞으로 당해 과세물건에 대하여 과세하겠다는 과세관청의 확정적인 의사가 명시적으로 표시되어야** 하며, 그러한 의사표시는 반드시 전체 과세관청에 의하여 이루어지거나 처분, 결정과 같이 구체적인 행정작용을 통하여 이루어질 필요는 없지만, 적어도 공적 견해의 표명으로서 그로 인하여 납세자가 더 이상 종전의 비과세관행을 신뢰하는 것이 무리라고 여겨질 정도에 이르러야 한다(대판 2011.5.13, 2008두18250).

(5) 효 력

성문법과 관습법이 모순(저촉, 충돌=내용이 서로 다른 경우)될 때 관습법이 성문법을 개폐(개정·폐지)하는 효력을 가질 수 있는지와 관련해서는 논란이 있다.

① **보충적 효력설(통설)** : 행정관습법은 성문법의 규정이 불비된 경우에 그것을 보충하는 효력을 가질 뿐이고 성문법과 저촉되는 행정관습법은 인정될 수 없다는 견해로서 통설이다.

② **개폐적(변경적) 효력설** : 성문법과 저촉되는 행정관행이 장기간 계속되어 국민일반의 법적 확신을 얻었다면 행정관습법이 우선적으로 적용된다는 견해이다.

③ **절충설** : 원칙적으로 관습법은 보충적 효력을 갖지만, 예외적으로 일정법률이 장기간 적용되지 않거나 관계여건의 변화 등으로 효력이 상실되었다는 일반인의 법적 확신이 존재하는 경우 개폐적 효력이 인정된다는 견해이다.

④ **대법원판례(보충적 효력설)**

1. 보충적 효력설(처가 먼저 사망한 경우에는 그 부가 망실의 제사를 통제하는 제주가 되는 것이 관습이라고 주장한 사건)

「가정의례에 관한 법률」에 따라 제정된 가정의례준칙(성문법원인 대통령령) 제13조는 사망자의 배우자와 직계비속이 상제가 되고 주상은 장자가 되나 장자가 없는 경우에는 장손이 된다고 정하고 있으므로 원심인정의 관습이 관습법이라는 취지라면 **관습법의 제정법에 대한 열후적, 보충적 성격**에 비추어 그와 같은 관습법의 효력을 인정하는 것은 관습법의 법원으로서의 효력을 정한 위 민법 제1조의 취지에 어긋나는 것이다(대판 1983.6.14, 80다3231).

2. 사회의 기듭된 관행으로 생성한 어떤 사회생활규범이 법적 규범으로 승인되기에 이르렀다고 하기 위하여는 그 사회생활규범은 헌법을 최상위 규범으로 하는 전체 법질서에 반하지 아니하는 것으로서 정당성과 합리성이 있어야 한다[대판(전합) 2003.7.24, 2001다48781].

⑤ 헌법재판소(동위설)

1. 관습헌법은 성문헌법과 동등한 효력을 가진다
   관습헌법도 성문헌법과 마찬가지로 주권자인 국민의 헌법적 결단의 의사의 표현이며 성문헌법과 동등한 효력을 가진다고 보아야 한다(헌재결 2004.10.21, 2004헌마554·566).
2. '우리나라의 수도가 서울인 점'에 대한 관습헌법을 폐지하기 위해서는 헌법개정이 필요하다
   우리나라의 수도가 서울이라는 점에 대한 관습헌법을 폐지하기 위해서는 헌법이 정한 절차에 따른 헌법개정이 이루어져야 한다. 이 경우 성문의 조항과 다른 것은 성문의 수도조항이 존재한다면 이를 삭제하는 내용의 개정이 필요하겠지만 관습헌법은 이에 반하는 내용의 새로운 수도설정조항을 헌법에 넣는 것만으로 그 폐지가 이루어지는 점에 있다. 다만 헌법규범으로 정립된 관습이라고 하더라도 세월의 흐름과 헌법적 상황의 변화에 따라 이에 대한 침범이 발생하고 나아가 그 위반이 일반화되어 그 법적 효력에 대한 국민적 합의가 상실되기에 이른 경우에는 관습헌법은 자연히 사멸하게 된다(헌법변천). 이와 같은 사멸을 인정하기 위하여서는 국민에 대한 종합적 의사의 확인으로서 국민투표 등 모두가 신뢰할 수 있는 방법이 고려될 여지도 있을 것이다. 그러나 이 사건의 경우에 이러한 사멸의 사정은 확인되지 않는다. 따라서 **우리나라의 수도가 서울인 것은 우리 헌법상 관습헌법으로 정립된 사항이며 여기에는 아무런 사정의 변화도 없다고 할 것이므로 이를 폐지하기 위해서는 반드시 헌법개정의 절차에 의하여야 한다**(헌재결 2004.10.21, 2004헌마554·566).

2. 판례법

(1) 의 의

행정사건에 대한 법원의 판결은 직접적으로는 당해 사건의 분쟁해결을 목적으로 하는 것이지만, 판결에 나타난 법의 해석·운용의 기준은 동종의 다른 사건에 있어서 하나의 지침이 될 수 있다.

(2) 법원성

① 영·미법계 : '판례법주의'에 입각한 영·미법계 국가에 있어서는 상급법원의 판결(선례)은 장래에 발생되는 '같은 성질의 사건(동종사건)'에 대해 하급법원을 구속하는 효력을 가진다. 영·미법계 국가에서는 이러한 '선례구속성의 원리'(doctrine of stare decisis)에 따라 판례법의 법원성을 인정하는 데 의문이 없다.

② 대륙법계 : 선례구속성의 원리가 인정되지 않으므로 상급법원의 판결(선례)은 '당해 사건' 이외에는 하급법원을 구속하는 효력이 인정되지 않으며, 상급법원도 자신의 판결을 변경할 수 있기 때문에 판례법의 법원성이 인정되지 않는다.

③ 우리나라

　㉠ 대법원판결의 법원성 : 상급법원 재판에서의 판단은 '해당 사건'에 관하여 하급심을 기속한다(법원조직법 제8조). 따라서 '동종사건'에 관하여 대법원의 판례가 있더라도 하급법원은 그 판례와 다른 판단을 하는 것이 가능하다.

환송판결의 하급심에 대한 기속력의 범위

상고법원으로부터 사건을 환송받은 하급심 법원은 그 사건을 다시 재판함에 있어서 상고법원이 파기이유로 한 사실상과 법률상의 판단에 기속을 받는 것이나, **파기의 이유로 된 잘못된 견해만 피하면 다른 가능한 견해에 의하여 환송 전의 판결과 동일한 결론을 가져온다고 하여도 환송판결의 기속을 받지 아니한 위법을 범한 것이라고는 할 수 없다**(대판 2001.6.15, 99두5566).

　　ⓐ 긍정설 : 대법원의 판례변경은 대법관 전원의 3분의 2 이상의 전합에서 과반수로 결정하도록 하고 있어(법원조직법 제7조 제1항) 경성(경직성)이 부여되고, 하급법원이 상급법원의 판례와 달리 판결하는 경우 상소심에서 파기될 위험이 존재할 뿐만 아니라, 소액사건심판법에서는 대법원판례에 대한 위반을 상고이유로 규정하고 있기 때문에 법관은 대법원의 판결을 존중하지 않을 수 없으며, 따라서 판례법은 성문법에 대한 보충적인 법원으로서 인정되어야 한다는 견해(김철용, 박균성, 장태주, 정하중, 한견우, 홍정선), 법적인 구속력은 인정할 수 없지만, 사실상의 구속력은 인정되므로 법원성이 인정된다는 견해(김동희, 박윤흔, 유상현, 홍준형)가 이에 해당한다.

　　ⓑ 부정설 : 대법원판례에 대해 법적인 구속력을 갖는다는 의미에서는 법원성을 인정할 수 없고, 사실상의 구속력만이 인정되므로 법원성이 부정된다는 견해(김남진, 류지태, 석종현)이다. 대법원판례도 같은 입장이다.

하급심법원이 유사사건의 대법원판례와 다른 견해를 취하여 재판한 경우 재심사유에 해당하지 않는다

대법원의 판례가 법률해석의 일반적인 기준을 제시한 경우에 유사한 사건을 재판하는 하급심법원의 법관은 판례의 견해를 존중하여 재판하여야 하는 것이나, 판례가 사안이 서로 다른 사건을 재판하는 하급심법원을 직접 기속하는 효력이 있는 것은 아니므로, 하급심법원이 판례와 다른 견해를 취하여 재판한 경우에 상고를 제기하여 구제받을 수 있음은 별론(본 사건의 논점이 아닌 별개의 논점)으로 하고 민사소송법 제422조 제1항 제1호 소정의 재심사유인 법률에 의하여 판결법원을 구성하지 아니한 때에 해당한다고 할 수 없다(대판 1996. 10.25, 96다31307).

　㉡ 헌재결정의 법원성(긍정) : 법률의 위헌결정은 법원과 그 밖의 국가기관 및 지방자치단체를 기

속한다(헌법재판소법 제47조 제1항). 위헌으로 결정된 법률 또는 법률의 조항은 그 결정이 있는 날부터 효력을 상실한다(같은 조 제2항). 제2항에도 불구하고 형벌에 관한 법류 또는 법률의 소상은 소급하여 그 효력을 상실한다. 다만, 해당 법률 또는 법률의 조항에 대하여 종전에 합헌으로 결정한 사건이 있는 경우에는 그 결정이 있는 날의 다음 날로 소급하여 효력을 상실한다(같은 조 제3항). 따라서 대법원판례와 달리 헌법재판소의 결정은 법원성이 인정된다.

 관련판례

1. 형벌법규 이외의 법률 또는 법률조항에 대한 위헌결정에 대해 소급효를 인정하지 아니하는 헌법재판소법 제47조 제2항 본문은 합헌이다

   헌법재판소에 의하여 위헌으로 선고된 법률 또는 법률의 조항이 제정 당시로 소급하여 효력을 상실하는가 아니면 장래에 향하여 효력을 상실하는가의 문제는 특단의 사정이 없는 한 헌법적 합성의 문제라기보다는 입법자가 법적 안정성과 개인의 권리구제 등 제반이익을 비교형량하여 가면서 결정할 입법정책의 문제로 보인다. 우리의 **입법자는 헌법재판소법 제47조 제2항 본문의 규정을 통하여 형벌법규를 제외하고는 법적 안정성을 더 높이 평가하는 방안을 선택하였**는바, 이에 의하여 구체적 타당성이나 평등의 원칙이 완벽하게 실현되지 않는다고 하더라도 헌법상 법치주의의 파생인 법적 안정성 내지 신뢰보호의 원칙에 의하여 이러한 선택은 정당화된다 할 것이고, **특단의 사정이 없는 한 이로써 헌법이 침해되는 것**은 아니라 할 것이다(헌재결 2008. 9.25, 2006헌바108).

2. 당해 사건＋동종사건＋병행사건＋일반사건[13 서울7급, 13 변호사, 07 국가7급, 96 입시, 96 행시]

   헌법재판소의 위헌결정의 효력은 위헌제청을 한 **당해 사건**, 위헌결정이 있기 전에 이와 동종의 위헌 여부에 관하여 헌법재판소에 위헌여부심판제청을 하였거나 법원에 위헌여부심판제청신청을 한 **동종사건**과 따로 위헌제청신청은 아니하였지만 당해 법률 또는 법률 조항이 재판의 전제가 되어 법원에 계속 중인 **병행사건**뿐만 아니라, 위헌결정 이후에 위와 같은 이유로 제소된 일**반사건에도 미친다**고 할 것이나, 위헌결정의 효력은 그 미치는 범위가 무한정일 수는 없고 다른 법리에 의하여 그 소급효를 제한하는 것까지 부정되는 것은 아니라 할 것이며, 법적 안정성의 유지나 당사자의 신뢰보호를 위하여 불가피한 경우에 위헌결정의 소급효를 제한하는 것은 오히려 법치주의의 원칙상 요청되는 바라 할 것이다(대판 2006.6.9, 2006두1296).

3. 헌법재판소가 법률의 위헌 여부를 판단하기 위하여 한 법률해석에 법원이 구속되지 않는다

   구체적 분쟁사건의 재판에 즈음하여 법률 또는 법률조항의 의미·내용과 적용범위가 어떠한 것인지를 정하는 권한, 곧 법령의 해석·적용 권한은 사법권의 본질적 내용을 이루는 것이고, 법률이 헌법규범과 조화되도록 해석하는 것은 법령의 해석·적용상 대원칙이다. 따라서 **합헌적 법률해석을 포함하는 법령의 해석·적용 권한은 대법원을 최고법원으로 하는 법원에 전속하는 것이며, 헌법재판소가 법률의 위헌 여부를 판단하기 위하여 불가피하게 법원의 최종적인 법률해석에 앞서 법령을 해석하거나 그 적용범위를 판단하더라도 헌법재판소의 법률해석에 대법원이나 각급 법원이 구속되는 것은 아니다**(대판 2009.2.12, 2004두10289).

4. 구 군인연금법 제21조 제5항 제3호에 대해 이중의 위헌결정이 있었던 경우 위헌결정의 소급효가 당해 사건으로 제한된다(대판 2009.6.11, 2008두21577).

5. 군인연금법 개정과 헌법불합치결정의 소급효는 당해 사건과 법원에 계속 중인 사건에 대해 미친다(대판 2011.9.29, 2008두18885).

6. 구 지방공무원법 제61조 중 제31조 제5호 부분에 대한 헌법재판소의 위헌결정의 소급효가 그 결정 이후 제소된 일반사건에 관하여 적용이 제한된다고 한 사례

원심이 적법하게 확정한 사실과 기록에 의하여 인정되는 다음과 같은 사정, 즉 이 사건 위헌결정이 이 사건 법률조항이 위헌이라고 한 취지는 공무원이 저지른 범죄의 종류나 내용을 가리지 않고, 금고 이상의 형의 선고유예를 받게 되면 공무원에서 당연히 퇴직하는 것으로 규정되어 과잉금지의 원칙에 위반된다는 것이었는데, 원고는 직무와 관련하여 허위공문서작성 및 동행사죄 등으로 징역 8월의 선고유예판결을 받고 당연퇴직한 점, 원고가 당연퇴직될 당시 국가공무원법, 경찰공무원법, 군인사법 등 다수의 공무원 관련 법령이 금고 또는 자격정지 이상의 형의 선고유예를 받은 경우 구 지방공무원법 제61조, 제31조 제5호와 같은 내용의 당연퇴직규정을 두고 있어 금고 또는 자격정지 이상의 형의 선고유예를 받는 등 당연퇴직사유가 있으면 공무원의 신분이 상실(당연퇴직)된다고 일반적으로 받아들여졌는데, 새삼스럽게 **위헌결정의 소급효를 인정하여 이미 발생한 당연퇴직의 효력을 소멸시키고 공무원의 신분을 회복하게 하여 그 근무기간을 경력과 호봉의 산정에 있어 재직기간으로 산입하게 되면 공무원 조직에 상당한 혼란을 주게 될 뿐 아니라 공무원연금에 상당한 재정적 부담을 주게 되어 결국에는 국가 또는 지방자치단체의 사무의 적정한 행사 및 조직의 안정은 물론 재정에도 악영향을 미칠 것으로 보이는 점**, 특별채용된 모든 당연퇴직공무원에 대하여 일률적으로 경력 및 호봉을 불산입하도록 규정한 「임용결격공무원 등에 대한 퇴직보상금지급 등에 관한 특례법」 제7조 제5항 본문이 '선고유예'를 받은 경우를 달리 취급하지 않음으로써 당연퇴직사유의 경중을 고려하지 않고 그 사유발생 이후의 사실상의 근무경력을 기준으로 하여 퇴직보상금의 지급액, 특별채용 시 반영할 호봉을 정하였다고 하더라도 그 기준이 지나치게 불합리하거나 자의적이어서 청구인의 평등권을 침해한 것이라고 할 수 없는 점 등을 종합하여 보면, 이 사건 **위헌결정 이후 제소된 일반사건인 이 사건에 대하여 위헌결정의 소급효를 인정할 경우 그로 인하여 보호되는 원고의 권리구제라는 구체적 타당성 등의 요청에 비하여 종래의 법령에 의하여 형성된 공무원의 신분관계에 관한 법적 안정성과 신뢰보호의 요청이 현저하게 우월하므로 이 사건 위헌결정의 소급효는 제한되어 이 사건에는 미치지 아니한다**고 할 것이다(대판 2006.6.9, 2004두9272).

7. 헌법재판소가 법률의 위헌 여부를 판단하기 위하여 한 법률해석에 법원은 구속되지 않는다

구체적 분쟁사건의 재판에 즈음하여 법률 또는 법률조항의 의미·내용과 적용범위가 어떠한 것인지를 정하는 권한, 곧 법령의 해석·적용 권한은 사법권의 본질적 내용을 이루는 것이고, 법률이 헌법규범과 조화되도록 해석하는 것은 법령의 해석·적용상 대원칙이다. 따라서 **합헌적 법률해석을 포함하는 법령의 해석·적용 권한은 대법원을 최고법원으로 하는 법원에 전속**하는 것이며, 헌법재판소가 법률의 위헌 여부를 판단하기 위하여 불가피하게 법원의 최종적인 법률해석에 앞서 법령을 해석하거나 그 적용범위를 판단하더라도 헌법재판소의 법률해석에 대법원이나 각급 법원이 구속되는 것은 아니다(대판 2009.2.12, 2004두10289).

8. 비형벌조항에 대해 잠정적용 또는 적용중지 헌법불합치결정이 선고되었으나 위헌성이 제거된 개선입법이 이루어지지 않은 채 개정시한이 지난 경우, 그 법률조항의 효력이 상실되는 시점

비형벌조항에 대해 잠정적용 헌법불합치결정이 선고되었으나 위헌성이 제거된 개선입법이 이루어지지 않은 채 개정시한이 지남으로써 그 법률조항의 효력이 상실되었다고 하더라도 그 효과는 장래에 향해서만 미칠 뿐이고, 당해 사건이라고 하여 이와 달리 취급할 이유는 없다. 한편 비형벌조항에 대한 적용중지 헌법불합치결정이 선고되었으나 위헌성이 제거된 개선입법이 이루어지지 않은 채 개정시한이 지난 때에는 헌법불합치결정 시점과 법률조항의 효력이 상실되는 시점 사이에 아무런 규율도 존재하지 않는 법적 공백을 방지할 필요가 있으므로, 그 법

률조항은 헌법불합치결정이 있었던 때로 소급하여 효력을 상실한다(대판 2020.1.30, 2018두 49154).

9. 비형벌조항에 대해 잠정적용 헌법불합치결정이 선고되었으나 해당 법률조항의 잠정적용을 명한 부분의 효력이 미치는 사안이 아니라 적용중지 상태에 있는 부분의 효력이 미치는 사안인 경우, 그 법률조항 중 적용중지 상태에 있는 부분은 헌법불합치결정이 있었던 때로 소급하여 효력을 상실한다(대판 2020.1.30, 2018두49154).

10. 세무사 자격을 보유하고 있는 변호사 甲이 국세청장에게 세무대리업무등록 갱신을 신청하였으나 국세청장이 세무사법 제6조 제1항, 제20조 제1항에 따라 甲의 신청을 반려하는 처분을 하자, 甲이 처분의 취소를 구하는 소송 계속 중 위 법률조항에 대하여 위헌법률심판제청을 신청하였고 원심법원이 위헌법률심판제청을 하였는데, 헌법재판소가 위 법률조항이 세무사 자격 보유 변호사의 직업선택 자유를 침해한다며 위 법률조항에 대한 헌법불합치를 선언하면서 2019. 12. 31.을 시한으로 입법자가 개정할 때까지 위 법률조항의 계속 적용을 결정하였으나 국회가 개정시한까지 위 법률조항을 개정하지 않은 사안에서, 위 법률조항 가운데 **세무사 자격 보유 변호사의 세무대리를 전면적·일률적으로 금지한 부분은 헌법불합치결정이 있었던 때로 소급하여 효력을 상실하였으므로 헌법불합치결정을 하게 된 해당 사건에 대해서는 위 법률조항이 그대로 적용될 수 없다는 이유로, 위 법률조항이 적용됨을 전제로 甲의 세무대리업무등록 갱신 신청을 반려한 국세청장의 처분이 위법하다고 한 사례**(대판 2020.1.30, 2018두 49154).

11. 헌법재판소가 2018. 8. 30. 선고한 '구 「민주화운동 관련자 명예회복 및 보상등에 관한 법률」 제18조 제2항의 민주화운동과 관련하여 입은 피해 중 불법행위로 인한 정신적 손해에 관한 부분은 헌법에 위반된다.'는 결정은 법원에 대하여 기속력이 있고, **위 위헌결정의 효력은 그 결정 선고 전 구 「민주화운동 관련자 명예회복 및 보상 등에 관한 법률」 제18조 제2항에 관하여 위헌여부심판제청이 이루어진 사건에 미친다**(대판 2020.11.26, 2019다276307).

12. 헌법재판소가 2018. 8. 30. 선고한 '민법 제166조 제1항, 제766조 제2항 중 「진실·화해를 위한 과거사정리 기본」법 제2조 제1항 제3호(민간인 집단 희생사건), 제4호(중대한 인권침해사건·조작의혹사건)에 적용되는 부분은 헌법에 위반된다.'는 **위헌결정의 효력은 위 제3호, 제4호 사건에서 공무원의 위법한 직무집행으로 입은 손해에 대한 배상을 구하는 소송이 위헌결정 당시까지 법원에 계속되어 있는 경우에도 미치고, 위 손해배상청구권에 대하여 민법 제766조 제2항이나 국가재정법 제96조 제2항에 따른 소멸시효가 적용되지 않는다**(대판 2020.11.26, 2019다276307).

13. 헌법재판소가 2018. 8. 30. 선고한 '구 「민주화운동 관련자 명예회복 및 보상 등에 관한 법률」 제18조 제2항의 민주화운동과 관련하여 입은 피해 중 불법행위로 인한 정신적 손해에 관한 부분은 헌법에 위반된다.'는 결정은 법원에 대하여 기속력이 있고, **일부위헌결정이 선고된 사정이 그 결정 선고 전 헌법소원의 전제가 된 해당 소송사건에서 이미 확정된 판결에 대하여 헌법재판소법 제75조 제7항에서 정한 재심사유가 된다**(대판 2020.12.10, 2020다205455).

제6절 행정법의 일반법원칙(불문법원의 일종)

:: **일반법원칙의 종류**

구 분	내 용

공통적인
법원칙
	헌법에 근거한 헌법적 효력
	1. 평등의 원칙과 자기구속의 원칙
	  ■ 자기구속의 원칙을 제외하는 견해(평등원칙만으로 해결) : 류지태, 박균성, 박윤흔, 정하중
	2. 과잉금지의 원칙
	3. 신뢰보호의 원칙
	4. 부당결부금지원칙
	  ■ 부당결부금지원칙의 헌법원리성 부정(법률적 효력에 불과) : 박균성
	  ■ 부당결부금지원칙의 독자적 법원리성 부정(과잉금지원칙 중 적합성의 원칙으로 이해) : 김성수

특수한 법원칙	1. 신의성실의 원칙·권리남용금지의 원칙·실권의 법리 2. 공익의 원칙·공공복지관련의 원칙 3. 보충성(최후수단성)의 원칙 4. 적법절차의 원칙 5. 공역무계속성의 원칙 6. 방어권의 원칙 7. 수인성의 원칙 8. 효율성의 원칙
일반법원칙이 아닌 사례	1. 부당처분금지원칙 2. 소극목적의 원칙 : 경찰행정에 특유한 법원리로서 일반법원칙은 아님. 3. 합목적성의 원칙

행정법의 일반원칙의 상당부분은 헌법원칙의 구체화이다. 물론 법률적 효력을 갖는 일반법원칙도 있다. 그렇다고 행정법의 기본원칙과 모든 제도는 포괄적으로 법률로 정해져 있는 것은 아니다. 법의 흠결이 적지 않고 총칙규정이 없는 행정법에서 일반법원칙은 특히 중요한 법원이 되고 있다.

구분	내용
법적 근거	1. 헌법에 근거 2. 과잉금지원칙(기본권제한입법의 한계) : 국민의 모든 자유와 권리(기본권)는 국가안전보장·질서유지 또는 공공복리를 위하여(목적상의 한계) 필요한 경우에 한하여(정도상의 한계, 과잉금지원칙) 법률로써 제한할 수 있으며(일반적 법률유보), 제한하는 경우에도 자유와 권리의 본질적인 내용을 침해할 수 없다(본질적 내용 침해금지)(헌법 제37조 제2항). 3. 평등원칙 : 모든 국민은 법 앞에 평등하다. 누구든지 성별·종교 또는 사회적 신분에 의하여 정치적·경제적·사회적·문화적 생활의 모든 영역에 있어서 차별을 받지 아니한다(헌법 제11. 제1항). 4. 자기구속의 원칙 : 평등원칙 5. 신뢰보호의 원칙 : 법치국가원리 중 법적 안정성 6. 부당결부금지원칙 : 법치국가원리와 자의의 금지
법적 효력	헌법적 효력(불문헌법)
적용 영역	1. 행정의 전 영역에 적용. 연혁상의 이유로 법원칙마다 밀접한 영역 존재 2. 과잉금지원칙 : 경찰행정(경찰비례의 원칙) 3. 신뢰보호원칙 : 확약(확실한 약속의 줄임말) 4. 부당결부금지원칙 : 행정행위의 부관인 부담의 한계, 음주운전으로 인한 복수운전면허취소, 전기·수도·가스의 공급거부, 명단공표, 관허사업의 제한
위반 시 효과	1. 위헌·위법 : 단순히 부당에 그치는 것이 아님. 2. 행정행위 : 하자의 정도에 따라 무효 또는 취소사유 3. 기타 행정작용 : 무효(처분성이 인정될 경우에만 예외적으로 취소사유)
기 능	1. 재량행위 통제법리(재량행위의 내적 한계로서 이에 위반 시 재량의 남용) : 기속행위의 통제법리가 아님. 2. 재판규범성(위법성 심사의 기준)
권리구제	1. 일반법원칙에 위반한 처분에 대한 행정쟁송(행정심판, 행정소송) 2. 행정상 손해전보(예 손해배상과 손실보상) 3. 공법상 결과제거청구권(예 원상회복청구권) 4. 헌법소원 : 기본권침해에 대한 권리구제수단

Ⅰ 개 설

1. 평등원칙의 의의

평등원칙은 행정청이 행정작용을 함에 있어서 특별한 '합리적 사유(이유, 근거)'가 존재하지 않는 한 상대방인 국민을 공평하게 대우해야 한다는 원칙(공평의 원칙·형평의 원칙)을 말한다.

2. 자기구속원칙과의 관계

평등원칙은 헌법상의 원칙이고, 자기구속의 원칙은 평등원칙의 행정법상 구현으로서 자기구속원칙의 독자성을 인정하는 것이 다수설이다.

Ⅱ 평등원칙의 근거

행정법의 일반원칙으로서의 평등원칙은 헌법상 평등조항으로부터 그 법적 근거를 둔다. 그런데 헌법 제11조는 단지 '법 앞의 평등원칙'만을 규정하고 있을 뿐 '공역무 앞의 평등원칙' 등에 대해 직접적으로 규정하고 있지 않기 때문에 불문법원칙이라고 하는 견해가 다수설이다. 그러나 불문법원칙으로 보는 견해에 의하더라도 헌법 제11조의 기본이념에서 도출되는 것이기 때문에 헌법적 효력을 갖는다는 점은 동일하다.

Ⅲ 평등원칙의 내용

1. 상대적 평등

오늘날 헌법상 평등원칙은 절대적 평등을 의미하는 것은 아니며 합리적 사유(이유, 근거)가 있는 한 차별적인 조치가 가능하고(예 생리휴가를 여성에게만 주는 경우) 경우에 따라서는 반드시 의무적으로 차별적인 조치를 해야 하는(예 일정한 근로소득수준 이하의 자에 대해서 이루어지는 면세조치) 소위 상대적 평등을 의미한다. 상대적 평등은 흔히 '자의의 금지원칙' 또는 '같은 것은 같게, 다른 것은 다르게'로 표현되기도 한다.

1. 평등원칙은 절대적 평등이 아니라 상대적 평등을 의미한다

헌법 제11조 제1항의 평등의 원칙이란, 모든 국민이 모든 경우에 모든 점에서 똑같이 취급되어야 한다는 절대적 평등을 뜻하는 것이 아니라 규율대상의 차이를 전제로 한 상대적 평등을 말하는 것이므로, 위와 같은 차이가 있는 경우에 그에 상응하는 합리적 차별까지 배제되는 것은 아니라고 할 것이다(대판 2008.5.15, 2005두11463).

2. 헌법 제11조 제1항에 근거를 둔 평등원칙은 본질적으로 같은 것을 자의적으로 다르게 취급함을 금지하는 것으로서, 법령을 적용할 때뿐만 아니라 입법을 할 때에도 불합리한 차별취급을 하여서는 안 된다는 것을 뜻한다[대판(전합) 2007.10.29, 2005두14417].

3. 합리적 근거 없는 차별이란 정의에 반하는 자의적인 차별을 의미한다(헌재결 2002.9.19, 2000헌바84).

2. 엄격한 심사척도(비례심사)와 완화된 심사척도(자의의 심사, 합리적 사유 유무)

1. 헌법재판소에서는 평등위반 여부를 심사함에 있어 엄격한 심사척도와 완화된 심사척도의 두 가지 척도를 구별하고, 어떤 심사척도를 적용할 것인가를 결정하는 기준으로서 헌법에서 특별히 평등을 요구하고 있는 경우(즉, 헌법이 스스로 차별의 근거로 삼아서는 아니 되는 기준을 제시하거나 차별을 특히 금지하고 있는 영역을 제시하고 있는 경우)와 차별적 취급으로 인하여 관련 기본권에 대한 중대한 제한을 초래하게 되는 경우에는 엄격한 심사척도가 적용되어야 하고, 그렇지 않은 경우에는 완화된 심사척도에 의한다는 원칙을 적용하고 있다. 이 경우 엄격한 심사를 한다는 것은 자의금지원칙에 따른 심사 즉, 합리적 이유의 유무를 심사하는 것에 그치지 아니하고 비례성원칙에 따른 심사 즉, 차별취급의 목적과 수단 간에 엄격한 비례관계가 성립하는지를 기준으로 한 심사를 행함을 의미하며, 완화된 심사척도 즉, 자의심사의 경우에는 차별을 정당화하는 합리적인 이유가 있는지만을 심사하기 때문에 그에 해당하는 비교대상 간의 사실상의 차이나 입법목적(차별목적)을 발견하고 확인하여, 그 차별이 인간의 존엄성 존중이라는 헌법원리에 반하지 아니하면서 정당한 입법목적을 달성하기 위하여 필요하고도 적정한 것인가를 기준으로 판단되어야 한다(헌재결 2002.9.19, 2000헌바84).

2. 여성 근로자들이 전부 또는 다수를 차지하는 분야의 정년을 다른 분야의 정년보다 낮게 정한 것이 여성에 대한 불합리한 차별에 해당하는지 판단하는 방법

여성 근로자들이 전부 또는 다수를 차지하는 분야의 정년을 다른 분야의 정년보다 낮게 정한 것이 여성에 대한 불합리한 차별에 해당하는지는, 헌법 제11조 제1항에서 규정한 평등의 원칙 외에도 헌법 제32조 제4항에서 규정한 '여성근로에 대한 부당한 차별 금지'라는 헌법적 가치를 염두에 두고, 해당 분야 근로자의 근로 내용, 그들이 갖추어야 하는 능력, 근로시간, 해당 분야에서 특별한 복무규율이 필요한지 여부나 인력수급사정 등 여러 사정들을 종합적으로 고려하여 판단하여야 한다(대판 2019.10.31, 2013두20011).

3. 평등원칙 관련사례

(1) 평등원칙위반 인정사례

1. 함께 화투놀이를 한 3명은 견책처분, 특정 공무원에게만 파면처분한 경우(대판 1972.12.26, 72누194)
2. 사회단체등록신청에 형식상의 요건불비가 없는데 등록청이 이미 설립목적 및 사업내용을 같이 하는 선등록단체가 있다 하여 등록신청을 반려한 경우[대판(전합) 1989.12.26, 87누308]
3. 특별전형에서 외교관, 공무원의 자녀에 대하여만 획일적으로 과목별 실제 취득점수에 20%의 가산점을 부여한 경우(대판 1990.8.28, 89누8255)
4. 영업허가에 관련된 공무원 중 기안담당자는 불문에, 담당과장은 견책에, 담당국장은 경고 등 가벼운 처분을 받은 경우, 담당계장에게만 감봉처분을 한 경우(대판 1991.5.10, 91누2090)
5. 국유잡종재산에 대한 시효취득을 부인하는 국유재산법 제5조 제2항(헌재결 1991.5.13, 89헌가97)
6. 지방의회의 조사·감사를 위해 채택된 증인의 불출석 등에 대한 과태료를 증인이 5급 이상 공무원인지 여부, 기관(법인)의 대표나 임원인지 여부 등 증인의 사회적 신분에 따라 차등 부과할 것을 규정한 조례(대판 1997.2.25, 96추213)
7. 제대군인지원에 관한 가산점제도(헌재결 1999. 12.23, 98헌마363)
8. 청원경찰의 인원감축을 위한 면직처분대상자를 선정함에 있어 초등학교 졸업 이하 학력소지자 집단과 중학교 중퇴 이상 학력소지자 집단으로 나누어 각 집단별로 같은 감원비율 상당의 인원을 선정한 것은 평등원칙 위반이지만 취소사유(대판 2002.2.8, 2000두4057)
9. 변호사, 공인회계사 등 여타 전문직과 의약품제조업자 등 약사법의 규율을 받는 다른 직종들에 대하여는 법인을 구성하여 업무를 수행할 수 있도록 하면서, 약사에게만 합리적 이유 없이 이를 금지하는 것(헌재결 2002.9.19, 2000 헌바84)
10. 다른 지방선거 후보자와는 달리 기초의회의원선거의 후보자에 대해서만 정당표방을 금지한 공직선거법(헌재결 2003.1.30, 2001 헌가4)
11. 지방자치단체의 장으로 하여금 당해 지방자치단체의 관할구역과 같거나 겹치는 선거구역에서 실시되는 지역구 국회의원선거에 입후보하고자 하는 경우 당해 선거의 선거일 전 180일까지 그 직을 사퇴하도록 규정하고 있는 「공직선거 및 선거부정방지법」(헌재결 2003.9.25, 2003헌마106) : 다른 공무원의 경우 선거일 전 60일까지 사퇴하도록 규정
12. 국·공립학교의 채용시험에 국가유공자와 그 가족이 응시하는 경우 만점의 10퍼센트를 가산하도록 규정하고 있는 「국가유공자 등 예우 및 지원에 관한 법률」 제31조 제1항·제2항(헌재결 2006. 2.23, 2004헌마675·981·1022)
13. 개인택시운송사업면허의 우선순위 기준으로 무사고운전 등의 성실의무를 반드시 동일회사에서 이행하였을 것을 정하고 있는 지방자치단체(경기도 고양시)의 '개인택시운송사업면허 사무처리규정'(대판 2007.2.8, 2006두13886) : 성실의무를 하나의 회사에서 이행하였는지 또는 둘 이상의 회사에서 이행하였는지에 따라 차등을 두는 것은 위 규정의 목적에 비추어 보더라도 합리적 근거 없이 차별대우를 하는 것으로서 평등의 원칙에 반하고 직장선택의 자유를 침해
14. 개발제한구역 훼손부담금의 부과율을 규정함에 있어서 전기공급시설 등과는 달리 집단에너지공급시설에 차등을 두는 구 '개발제한구역의 지정 및 관리에 관한 특별조치법 시행령' 제35조 제1항 제3호의 규정[대판(전합) 2007.10.29, 2005두14417] : 집단에너지공급시설과 전기공급시설 등은 공급하는 물질(에너지)만 다를 뿐, 그 설치공사의 내용과 방법이나 그에 관한 기술적 측면의 규제 내용 등이 동일하거나 유사하고, 그 외 도로법 등 다른 각종 행정법규에서도 점용료나 원인자부담금 등의 산정·부과 및 감면 등에서 같게 취급
15. 플라스틱제품의 폐기물부담금의 산출기준이 제조업자는 합성수지 kg당 7.6원 또는 3.8원(종량제)임에 반하여 수입업자는 수입가의 0.7%(종가제)로 규정 [대판(전합) 2008.11.20, 2007두8287] : 폐기물부담금은 정책목적 실현 부담금인 동시에 원인자부담금으로서 정책목적과 그 부과대상 사이에 긴밀한 상관관계가 있어야 하고, 제조업자와 수입업자 모두 행정청의 조사·확인에 응하여 합성수지 투입량에 관한 자료를 제출하여야 한다는 점에서 본질적 차이가 없으므로

관련 판례

1. 제대군인지원에 관한 가산점 제도는 평등원칙에 위반된다

제대군인에 대하여 여러 가지 사회정책적 지원을 강구하는 것이 필요하다 할지라도, 그것이 사회공동체의 다른 집단에게 동등하게 보장되어야 할 균등한 기회 자체를 박탈하는 것이어서는 아니 되는데, 가산점 제도는 **아무런 재정적 뒷받침 없이 제대군인을 지원하려 한 나머지 결과적으로 여성과 장애인 등 이른바 사회적 약자들의 희생을 초래**하고 있으며, 각종 국제협약, 실질적 평등 및 사회적 법치국가를 표방하고 있는 우리 헌법과 이를 구체화하고 있는 전체 법체계 등에 비추어 **우리 법체계 내에 확고히 정립된 기본질서라고 할 '여성과 장애인에 대한 차별금지와 보호'에도 저촉되므로 정책수단으로서의 적합성과 합리성을 상실한 것이다.** 가산점 제도는 수많은 여성들의 공직진출에의 희망에 걸림돌이 되고 있으며, 공무원채용시험의 경쟁률이 매우 치열하고 합격선도 평균 80점을 훨씬 상회하고 있으며 그 결과 불과 영점 몇 점 차이로 당락이 좌우되고 있는 현실에서 각 과목별 득점에 각 과목별 만점의 5퍼센트 또는 3퍼센트를 가산함으로써 합격 여부에 결정적 영향을 미쳐 **가산점을 받지 못하는 사람들을 6급 이하의 공무원 채용에 있어서 실질적으로 거의 배제하는 것과 마찬가지의 결과**를 초래하고 있고, 제대군인에 대한 이러한 **혜택을 몇 번이고 아무런 제한 없이 부여함으로써 한 사람의 제대군인을 위하여 몇 사람의 비(非)제대군인의 기회가 박탈**당할 수 있게 하는 등 차별취급을 통하여 달성하려는 입법목적의 비중에 비하여 **차별로 인한 불평등의 효과가 극심하므로 가산점 제도는 차별취급의 비례성을 상실하고 있다.** 그렇다면 가산점 제도는 제대군인에 비하여, 여성 및 제대군인이 아닌 남성을 부당한 방법으로 지나치게 차별하는 것으로서 헌법 제11조에 위배되며, 이로 인하여 청구인들의 평등권이 침해된다(헌재결 1999.12.23, 98헌마363).

2. 국·공립학교의 채용시험에 국가유공자와 그 가족이 응시하는 경우 만점의 10퍼센트를 가산하도록 규정하고 있는 「국가유공자 등 예우 및 지원에 관한 법률」 제31조 제1항·제2항은 기타 응시자들의 평등권과 공무담임권을 침해한다

이 사건 조항의 경우 명시적인 헌법적 근거[국가유공자·상이군경 및 전몰군경의 유가족은 법률이 정하는 바에 의하여 우선적으로 근로의 기회를 부여받는다(헌법 제32조 제6항)] 없이 국가유공자의 가족들에게 만점의 10%라는 높은 가산점을 부여하고 있는바, 그러한 가산점 부여 대상자의 광범위성과 가산점 10%의 심각한 영향력과 차별효과를 고려할 때, 그러한 입법정책만으로 헌법상의 공정경쟁의 원리와 기회균등의 원칙을 훼손하는 것은 부적절하며, **국가유공자의 가족의 공직 취업기회를 위하여 매년 많은 일반 응시자들에게 불합격이라는 심각한 불이익을 입게 하는 것은 정당화될 수 없다.** 이 사건 조항의 차별로 인한 불평등 효과는 입법목적과 그 달성수단 간의 비례성을 현저히 초과하는 것이므로, **이 사건 조항은 청구인들과 같은 일반 공직시험 응시자들의 평등권을 침해한다.** 이 사건 조항이 공무담임권의 행사에 있어서 일반 응시자들을 차별하는 것이 평등권을 침해하는 것이라면, **같은 이유에서 이 사건 조항은 그들의 공무담임권을 침해**하는 것이다(헌재결 2006.2.23, 2004헌마675·981·1022).

(2) 평등원칙위반 부정사례

1. 국가를 우대하는 규정

   국유잡종재산을 무단으로 점유한 자에 대하여 변상금을 부과하도록 한 국유재산법 조항은 평등원칙과 비례원칙 위반이 아님(대판 2008.5.15, 2005두11463).

2. 공무원을 공공단체 직원이나 국민보다 우대

   ① 공무원이 법령에 의하여 시급받는 퇴직수당 중 연 100만 원에 상당하는 금액에 대해서만 비과세하도록 하고 농지개량조합의 직원에게 지급하는 정근수당은 비과세대상에서 제외한 소득세법(대판 1990.10.10, 89누3816)

   ② 국가보위비상대책위원회의 정화계획에 의한 해직공무원만을 보상대상자로 규정한 「1980년 해직공무원의 보상 등에 관한 특별조치법」(대판 1992.8.14, 91누940)

   ③ 통근재해에 관하여 공무상 재해(공무원연금법상의 공무상 재해에 관하여는 출근 중의 부상을 공무상 재해로 인정)와 산업재해의 재해 기준이 다르게 규정된 경우(대판 1995.3.14, 94누15523)

3. 개인택시운전면허 관련

   ① 유예기간 없이 개인택시운송사업면허기준을 변경하고 그에 기하여 한 행정청의 면허신청접수거부처분은 신뢰보호의 원칙이나 평등원칙 위반이 아님(대판 1996.7.30, 95누12897).

   ② 해당 지역에서 일정기간 거주하여야 한다는 요건 이외에 해당 지역 운수업체에서 일정기간 근무한 경력이 있는 경우에만 개인택시운송사업면허신청 자격을 부여한다는 청주시 '개인택시운송사업면허업무규정'은 비례원칙·평등원칙 위반이 아님(대판 2005. 4.28, 2004두8910).

   ③ 행정청이 개인택시운송사업의 면허를 하면서, 버스 등 다른 차종의 운전경력보다 택시의 운전경력을 다소 우대하는 내용의 '2007년도 구리시 개인택시운송사업면허 모집공고'에 따라 면허발급대상 인원보다 후순위인 사람에게 개인택시운송사업면허 발급제외처분을 한 것(대판 2009.11.26, 2008두16087) : 운송사업자가 직접 운전을 하는 개인택시운송사업은 특성상 검증된 안전운행능력을 갖춘 자가 하여야 승객들의 생명과 신체의 안전을 확보할 수 있을 것인데, 그 징표로서 가장 중요한 것이 동종차량의 운전경험이라는 점에서 택시운전경력이 다른 운송수단의 운전경력보다 비교우위에 있을 수 있다는 점

4. 중학교의무교육의 순차적 실시를 대통령령에 위임한 법률규정(헌재결 1991.2.11, 90헌가27)

5. 65세대의 주택건설사업에 대한 사업계획승인 시 '진입도로 설치 후 기부채납, 인근 주민의 기존 통행로 폐쇄에 따른 대체 통행로 설치 후 그 부지 일부 기부채납'을 조건으로 붙인 것은 비례원칙이나 평등원칙 위반이 아님(대판 1997.3.14, 96누16698).

6. 일반직 직원의 정년을 58세로 규정하면서 전화교환직렬 직원만은 정년을 53세로 규정하여 5년 간의 정년차등(대판 1996.8.23, 94누13589) : 교환직렬에서의 인력의 잉여 정도, 연령별 인원구성, 정년 차이의 정도, 차등정년을 실시함에 있어서 노사 간의 협의를 거친 점, 신규채용을 하지 못한 기간, 현재의 정년에 대한 교환직렬 직원들의 의견

7. 도시계획구역 내의 농지를 기타 지역의 농지와는 달리 비과세대상에서 제외한 '소득세법 시행령'(대판 1997.7.8, 95누9822)

8. 다양한 지하수 사용자 중에서 주류·청량음료 제조업자 등 지하수를 사용하는 다른 경우와 달리 특별히 먹는샘물제조업자에 대해서만 수질개선부담금을 부과하는 내용의 구 먹는물관리법(헌재결 1998.2.24, 98헌가1)

9. 터키탕 업소에 이성의 입욕보조자를 둘 수 없도록 규정하면서 시행규칙 부칙 제4조 제1항이 종전의 규정에 의하여 허가를 받은 터키탕 업소는 시행일로부터 2년 간 이성의 입욕보조자를 둘 수 있도록 규정한 '공중위생법 시행규칙'(헌재결 1998. 2.27, 97헌마64) : 종전의 규정에 의하여 이성의 입욕보조자를 둘 수 있다고 믿고 허가를 받은 터키탕업자의 신뢰이익을 보호하고 임대기간, 투자회수기간 등을 감안하여 손해를 최소화하기 위한 조치로서 합리적인 이유

10. 같은 정도의 비위를 저지른 자들 사이에서도 그 직무의 특성 등에 비추어 개전의 정이 있는지 여부에 따라 징계의 종류의 선택과 양정을 달리하는 경우(대판 1999.8.20, 99두2611)

11. 비변호사에 대하여 법률사무 전반을 금지함으로써 변호사가 아닌 다른 법률사무관련직종에 종사하는 자에게는 법률사무의 일부만을 허용하는 내용의 변호사법(헌재결 2000.4.27, 98헌바95·96, 99헌바2, 2000헌바4)

12. 대법원장 70세, 대법관 65세, 그 이외의 법관은 63세로 법관의 정년을 달리 규정하고 있는 법원조직법(헌재결 2002.10.31, 2001헌마557)

13. 먹는샘물 수입판매업자에 대한 수질개선부담금 부과(헌재결 2004.7.15, 2002헌바42) : 수돗물 우선징책에 반하는 수입 먹는샘물의 보급 및 소비를 억제하도록 간접적으로 유도함으로써 궁극적으로는 수돗물의 질을 개선하고 이를 국민에게 저렴하게 공급하려는 정당한 국가정책이 원활하게 실현될 수 있게 하기 위한 것으로서, 부과에 합리적인 이유

14. 지방의회의원 등 다른 선출직 공직자의 경우에는 계속 재임을 제한하지 않으면서 지방자치단체 장의 계속 재임은 3기로 제한하는 지방자치법(헌재결 2006.2.23, 2005헌마403)

15. 잠수기어업의 조업구역과 허가의 정수에 관한 구 수산자원보호령 제17조 제1항 [별표 16]의 규정(대판 2006.2.24, 2004두13592) : 어업허가의 정수를 정할 때에는 수산자원의 상태뿐만 아니라 현재 당해 어업을 경영하는 자의 수, 기타 자연적·사회적 조건, 다른 어업과의 관계 등도 참작하여야 하는 점

16. 사법시험 제2차시험에 과락제도를 적용하고 있는 구 사법시험령 제15조 제2항(대판 2007.1.11, 2004두10432) : 비례의 원칙, 과잉금지의 원칙 및 평등의 원칙 등 위반이 아니다.

17. 「폭력행위 등 처벌에 관한 법률」 제3조 제4항의 누범에 대하여 같은 조 제3항의 상습범과 같은 법정형을 정한 것(대판 2007.8.23, 2007도4913)

18. 영종도 주민에게만 혜택을 부여하는 내용의 '인천광역시 공항고속도로 통행료지원 조례안'(대판 2008.6.12, 2007추42)

19. 외국군에 소속되거나 소속이 없는 유격대의 경우를 적용대상에서 제외하고 있는 '특수임무수행자 보상에 관한 법률 시행령' 제2조(대판 2008.11.13, 2007두13302)

20. 미신고 집회의 주최자를 미신고 시위 주최자와 동등하게 처벌하는 구 집시법 제19조 제2항(헌재결 2009.5.28, 2007헌바22)

21. 원주혁신도시 및 기업도시 편입지역 주민지원 조례안이 원주 혁신 및 기업도시 주민들에 대해서만 지원 대책을 수립하여 시행하도록 한 것(대판 2009.10.15, 2008추32) : 국가나 지방자치단체가 국민이나 주민을 수혜 대상자로 하여 재정적 지원을 하는 정책을 실행하는 경우 그 정책은 재정 상태에 따라 영향을 받을 수밖에 없다.

22. 복수·부전공 가산점 적용시한을 규정하고 있는 교육공무원법 부칙 제2조(대판 2009.11.26, 2009두6759)

23. 구 「지방세법 시행령」 제131조의2가 과세기준일 현재 법령상 규제로 인하여 건축물의 건축 등이 제한된 경우를 별도합산과세대상으로 규정하지 않고 있는 것(대판 2011.1.27, 2010두6793) : 지방세법상 토지분 재산세의 별도합산과세는 그 이용 상황에 비추어 사업 내지 경제활동에 정상적으로 활용되고 있는 토지로서 과다보유의 우려가 없는 한도 내의 토지에 대하여 예외적으로 별도로 합산함으로써 종합합산과세의 획일적 적용에서 오는 불합리를 보완하고자 하는 데 그 취지

24. '이미 장해를 가진 사람'에서 '장해'의 발생사유가 업무상 재해에 한정된 것이 아니라는 내용의 '산업재해보상보험법 시행령' 제53조 제4항(대판 2011.10.27, 2011두15640) : 기존 장해가 없는 사람과 기존 장해가 있는 사람은 장해 유무에서 본질적으로 다르나 업무상 재해로 기존 장해가 있는 사람과 업무상 재해와 무관하게 기존 장해가 있는 사람 사이에는 본질적 차이가 있다고 할 수 없는 점

25. 청주시장이 청주시 소재 버스회사에서 일정기간 근속한 자에 대하여 면허발급우선순위를 부여하고 있는 '청주시 개인택시운송사업면허 업무규정'에 따라 화성시에 본점을 둔 버스회사의 청주영업소에 소속되어 근무한 운전경력을 청주시 소재 버스회사에서 근속한 경력으로 볼 수 없다는 이유로 이를 제외한 경력만을 근거로 우선순위를 계산하여 갑을 개인택시운송사업면허발급대상에서 제외하는 처분을 한 사안(대판 2012.11.29, 2011두9812)

26. 「정신건강증진 및 정신질환자 복지서비스 지원에 관한 법률」 제19조 제1항 및 의료법이 정신병원 등의 개설에 관하여는 허가제로 규정한 것과 달리 정신과의원 개설에 관하여는 신고제로 규정하고 있는 것(대판 2018.10.25, 2018두44302) : 각 의료기관의 개설 목적 및 규모 등 차이를 반영한 합리적 차별

1. **유예기간 없이 개인택시운송사업면허기준을 변경하고 그에 기하여 한 행정청의 면허신청접수거부처분은 신뢰보호의 원칙이나 평등원칙 위반이 아니다**

   매년 그때의 상황에 따라 적절히 면허 숫자를 조절해야 할 필요성이 있는 개인택시면허제도의 성격상 그 자격요건이나 우선순위의 요건을 일정한 범위 내에서 강화하고 그 요건을 변경함에 있어 유예기간을 두지 아니하였다 하더라도 그러한 점만으로는 행정청의 면허신청접수거부처분이 신뢰보호의 원칙이나 형평의 원칙, 재량권의 남용에 해당하지 아니한다(대판 1990.7.30, 89누12897).

2. **해당 지역에서 일정기간 거주해야 한다는 요건 이외에 해당 지역 운수업체에서 일정기간 근무한 경력이 있는 경우에만 개인택시운송사업면허신청 자격을 부여한다는 '청주시 개인택시운송사업면허업무규정'은 비례원칙·평등원칙 위반이 아니다**

   매년 상황에 따라 적절히 면허 숫자를 조절하여야 할 필요성이 있는 개인택시면허제도의 성격, 택시운송사업 및 시내버스운송사업의 공익성, **지역실정에 따라 근로자의 이동을 억제하고 지역에서의 장기간 근속을 장려함으로써 안정적인 여객운송서비스를 제공할 필요성**, 기준의 명확성 요청 등의 제반 사정에 비추어 이는 합리적인 제한이라고 보아야 할 것이므로, 수단·방법이 적절하지 아니하여 비례의 원칙 내지 과잉금지의 원칙에 위배되거나 헌법 제37조 제2항에 반한다고 볼 수 없으며, **개인택시면허발급 여부는 해당 지방자치단체가 처한 교통수급상황 등 지역적 여건을 고려하여 정하지 않을 수 없는 이상 필연적으로 다른 지역과 차이가 있을 수밖에 없으므로** 원고가 다른 지역에 거주하였다면 이 사건 면허신청 자격이 있었을 것이라는 사유만으로 이를 형평성에 반한다고 볼 수도 없다(대판 2005.4.28, 2004두8910).

3. **복수·부전공 가산점 적용시한을 규정하고 있는 교육공무원법 부칙 제2조는 헌법상 공무담임권, 직업선택의 자유, 행복추구권 등 기본권을 제한하거나 신뢰보호의 원칙, 평등의 원칙에 위배되지 않는다**

   복수·부전공 가산점 적용시한을 규정하고 있는 교육공무원법 부칙 제2조는 침해받은 신뢰이익의 보호가치, 침해의 중한 정도 및 방법, 이를 통하여 실현하고자 하는 공익적 목적을 종합적으로 비교형량할 때, 헌법상의 신뢰보호원칙에 위배된다고 볼 수 없고, 복수·부전공 가산점은 그 적용대상에서 제외된 자의 공무담임권을 제한하는 성격이 중대하므로 복수·부전공 가산점을 폐지하기로 하면서, **복수·부전공 이수 예정자 또는 이수자에 대한 신뢰이익을 보호하기 위하여 이 사건 가산점 조항에서 경과규정을 둔 것이므로, 헌법상의 공무담임권, 직업선택의 자유 및 행복추구권 등 기본권이 제한된다고 보기 어려우며, 임용시험에서 복수·부전공자에게 가산점을 부여할 것인지 여부 및 가산점 적용시한을 어떻게 규정할 것인지는 입법자에게 광범위한 재량이 부여되는 영역으로서**, 입법자가 각 개인마다 가산점 부여 여부가 복잡하게 적용되는 것을 방지하고 제도의 한시적 운영이라는 취지에 따라 복수전공 가산점 부여 여부를 병역의무의 이행을 위한 경우를 제외한 휴학이나 복수·부전공 가산점을 받기 위한 학점 취득 등과 같은 개인적인 사정을 감안하지 않고 일률적으로 입학년도라는 기준에 따라 결정하였다고 하여 이를 두고 재량의 범위를 넘어서는 합리적 이유 없는 차별에 해당한다고 보기 어려울 뿐만 아니라, 이 사건 가산점조항이 신설되기 전의 2001학년도 입학생에게는 2006년도에 공고되는 공개전형까지만 가산점을 부여하면서도, **이 사건 가산점 조항이 신설된 이후에 복수전공을 시작한 2004학년도 및 2005학년도 입학생들을 가산점 제도의 적용대상에 포함시키고 부여 횟수 또한 이 사건 가산점 조항이 신설되기 전에 복수전공을 시작한 응시자들과 동일하게 규정하였다고 하여 이를 두고 재량의 범위를 넘어서는 합리적 이유 없는 차별에 해당한다고 보기 어려우므로, 이 사건 가산점 조항이 헌법상의 평등의 원칙에 위배된다고 할 수도 없다**(대판 2009.11.26, 2009두6759).

4. **'이미 장해를 가진 사람'에서 '장해'의 발생사유가 업무상 재해에 한정된 것이 아니라는 내용의 '산업재해보상보험법 시행령' 제53조 제4항은 평등의 원칙 및 과잉금지의 원칙에 위배되지 않는다**

   이 사건 규정은 업무상 재해 여부를 불문하고 이미 장해가 있는 부위에 업무상 재해로 그 정도가 더 심해진 경우 그 부분에 한하여 장해보상을 한다는 데 그 취지가 있는 점, 기존 장해와 업무상 재해로 인한 신규 장해 사이의 정도의 차이를 기준으로 한다는 점에서 **기존 장해가 없는 사람과 기존 장해가 있는 사람은 장해 유무에서 본질적으로 다르나 업무상 재해로 기존 장해가 있는 사람과 업무상 재해와 무관하게 기존 장해가 있는 사람 사이에는 본질적 차이가 있다고 할 수 없는 점**, 사회보장급여의 하나인 산업재해보험급여의 기준이나 내용 등을 구체적으로 확정하는 문제는 산업재해보험기금의 상황, 국가의 재정부담능력, 전체적인 사회보장수준과 국민감정 등 사회정책적인 측면 및 보험기술적 측면과 같은 제도 자체의 특성 등 여러 가지 요소를 고려할 필요에서 입법자에게 광범위한 입법형성의 자유가 주어진 영역인 점 등에 비추어 보면, 이 사건 규정의 목적이 합리적이고, 정당하며 그 방법도 적절하다고 할 수 있다. 따라서 이 사건 규정이 평등의 원칙이나 과잉금지의 원칙에 위배되지 아니한다(대판 2011.10.27, 2011두15640).

Ⅳ 평등원칙의 기능

평등원칙과 자기구속의 원칙은 비법규인 행정규칙을 법규 내지 준법규로 전환시키는 '전환규범(매개규범)'의 기능을 수행한다. 또한 평등원칙은 합리적 사유 없이 다른 수단을 선택하지 못하게 함으로써 '재량행위의 통제법리'로도 기능한다.

Ⅴ 위반의 효과

평등원칙은 헌법상의 원칙이므로 이에 위반한 국가작용은 위헌·위법이 된다.

제3항 **자기구속의 원칙**

Ⅰ 개 설

1. 의 의

행정의 자기구속의 원칙은 행정청이 행정결정에 있어서 동종의 사안에서 이전에 제3자에게 행한 결정의 기준(행정규칙이지 법규명령이 아님)에 스스로 구속당하는 원칙을 말한다. 헌법상 평등원칙의 행정법적 표현이다.

2. 유사개념과의 구별(성질)

행정의 자기구속은 ① 자기구속인 점에서 행정의 법률에의 구속인 '타자구속(외부구속)'과, ② 미래지향적인 준칙에 구속되는 것을 의미하는 점에서 이미 결정된 것에 회고적으로 구속되는 경우인 '행정행위의 불가변력'과, ③ 국민에 대한 대외적 구속이라는 점에서 행정기관의 내부에 대해서만 적용되는 '직무명령 등의 내부적 구속'과, ④ 과거의 특정한 결정 또는 행위에 구속되는 것이 아니라 그들 결정에 내포되어 있는 준칙에 구속됨을 의미하는 '일반적·추상적 자기구속'이라는 점에서, '개별·구체적 자기구속'인 '행정계약 및 확약'과 구별된다.

Ⅱ 자기구속의 법적 근거

1. 다수설(평등원칙)

행정의 자기구속의 원칙을 인정하는 논거로 종래에는 신뢰보호원칙 내지 신의성실의 원칙이 언급되기도 하였으나, 최근에는 평등의 원칙에서 구하는 것이 통설이다. 왜냐하면 행정의 자기구속은 행정이 스스로 설정한 기준으로부터 특별한 사유가 없으면 이탈할 수 없다는 의미인데, 만약 이탈한다면 상대방의 신뢰 유무를 불문하고 바로 불합리한 차별로서 평등원칙에 위반되기 때문이다.

2. 판 례

(1) 대법원판례(평등원칙과 신뢰보호원칙)

대법원판례도 최신판례에서 다수설·헌법재판소와 마찬가지로 자기구속원칙을 명시적으로 인정하고 있고, 평등원칙이나 자기구속의 원칙을 매개로 행정규칙의 준법규성을 인정한 바 있으며(법규로의 전환기능·매개기능), 다만 그 근거로 학설과 달리 평등원칙 외에 신뢰보호원칙을 함께 원용하고 있다.

관련판례 상급행정기관이 하급행정기관에 발하는 이른바 '행정규칙이나 내부지침'을 위반한 행정처분이 위법하게 되는 경우(자기구속원칙을 인정한 판례)

상급행정기관이 하급행정기관에 대하여 업무처리지침이나 법령의 해석적용에 관한 기준(법령해석규칙)을 정하여 발하는 이른바 '행정규칙이나 내부지침'은 일반적으로 행정조직 내부에서만 효력을 가질 뿐 대외적인 구속력을 갖는 것은 아니므로 행정처분이 그에 위반하였다고 하여 그러한 사정만으로 곧바로 위법하게 되는 것은 아니다. 다만, 재량권 행사의 준칙인 행정규칙이 그 정한 바에 따라 되풀이 시행되어 행정관행이 이루어지게 되면(선례필요설) **평등의 원칙이나 신뢰보호의 원칙에 따라 행정기관은 그 상대방에 대한 관계에서 그 규칙에 따라야 할 자기구속을 받게 되므로**, 이러한 경우에는 특별한 사정이 없는 한 그를 위반하는 처분은 평등의 원칙이나 신뢰보호의 원칙에 위배되어 재량권을 일탈·남용한 위법한 처분이 된다(대판 2009.12.24, 2009두7967).

(2) 헌법재판소 결정례(평등원칙과 신뢰보호원칙)

헌법재판소는 자기구속원칙을 명시적으로 인정하고 있고, 평등원칙이나 자기구속의 원칙을 매개로 행정규칙의 준법규성을 인정한 바 있으며(법규로의 전환기능·매개기능), 다만 그 근거로서는 학설과 달리 평등원칙 외에 신뢰보호원칙을 함께 원용하고 있다.

행정규칙은 일반적으로 행정조직 내부에서만 효력을 가지는 것이나(원칙적으로 법규성 부정), 행정규칙이 법령의 규정에 의하여 행정관청에 법령의 구체적 내용을 보충할 권한을 부여한 경우(법령보충규칙)나 재량권 행사의 준칙인 규칙(재량준칙)이 그 정한 바에 따라 되풀이 시행되어 행정관행이 이룩되게 되면(행정선례필요), 평등의 원칙이나 신뢰보호의 원칙(이론적 근거)에 따라 행정기관은 그 상대방에 대한 관계에서 그 규칙에 따라야 할 자기구속을 당하게 되는 경우에는 대외적인 구속력을 가지게 되는바(법규로 전환), 이러한 경우에는 헌법소원의 대상이 될 수도 있다(헌재결 1990.9.3, 90헌마13).

Ⅲ 기 능

1. 재량행위 통제

행정의 자기구속의 법리는 재량권의 행사에 있어서 행정권의 자의를 방지하여 적정한 행사가 이루어지도록 하고 국민의 권리를 보호하는 기능을 갖는다.

2. 법적 구속의 결여 내지 불충분을 보충

행정의 자기구속의 원칙은 비단 행정재량의 영역에만 한정되지 아니하며 법률 및 법의 구속이 결여되어 있거나 충분하지 못한 영역(예 특별행정법관계 내부, 자금지원행정)에 있어서 법적 구속의 결여 내지 불충분을 보충하는 기능을 한다.

3. 행정규칙의 법규로의 전환기능(재량준칙과의 관계)

평등원칙에 근거한 행정의 자기구속원리는 행정조직의 내부규범에 불과한 행정규칙을 국가와 국민 간에도 적용되는 법규로 전환시키는 전환규범(매개규범)의 역할을 한다는 것이 일반적인 견해(통설)이다.

Ⅳ 적용영역(자기구속과 행정규칙)

1. 재량영역일 것

행정청이 스스로 정해 놓은 준칙에 구속된다고 함은 자기구속의 법리가 행정의 재량영역에서 적용되는 것임을 말해 준다. 행정에 결정재량, 선택재량 등 재량이 전혀 허용되지 않고 전적으로 법이 정한 대로만 행동해야 하는 기속행위에 있어서는 행정이 스스로 행동준칙을 정할 여지가 없기 때문이다. 한편, 기속행위의 관행이 위법한 경우 법률적합성원칙에 반하므로 자기구속의 원칙이 적용될 수 없고, 기속행위의 관행이 적법한 경우에는 법률적합성의 원칙상 관행처럼 행정권이 행사돼야 하므로 기속행위에 자기구속의 원칙을 인정할 실익이 없다.

2. 행정규칙(재량준칙)

행정청이 재량준칙을 마련하여 시행하는 경우, 행정청은 같은 사안에 대해서는 당해 행정규칙이 정하는 바에 따라 동일하게 재량권을 행사해야 할 자기구속을 받는다. 그러나 법률의 최종적인 유권해석의 권한은 법원에게 있기 때문에 규범해석규칙에는 자기구속의 법리가 적용되지 않는다.

3. 수익적·침익적 행위

자기구속의 원칙은 수익적인 행위에서 평등의 보장을 위해 발전된 것이지만, 침익적 행위의 경우에도 적용된다.

Ⅴ 성립요건 및 한계

1. 성립요건

(1) 행정선례의 존재
① 선례불요설(예기관행설) : 재량준칙의 최초적용의 경우 행정선례가 없더라도 재량준칙의 존재로 행정관행(선취된 행정관행 또는 예기관행)이 성립된다고 보는 견해로서 독일연방행정법원이 행정규칙을 선취된 행정관행으로 평가하면서 자기구속을 인정한 바 있다.
② 선례필요설(통설) : 자기구속의 원칙이 적용되기 위해서는 적어도 1회 이상의 선례가 필요하다는 견해(박균성)도 있다. 그러나 선례가 되풀이되어 행정관행이 성립된 경우에 한해 인정된다

는 견해가 대법원·헌법재판소의 입장이다.

(2) 사안의 동종성

동일한 법적용은 동일한 상황에서만 가능하기 때문에 전혀 이질적인 사안에서는 적용될 수 없다.

2. 한 계

(1) 종전 행정관행이 위법적인 경우(불법에의 평등대우)

불법에의 평등대우를 인정한다면 사인의 국가에 대한 위법행위의 요구에 국가가 위법행위를 승인하여 법치주의를 붕괴시키는 결과를 초래하고 법률적합성의 원칙에 반하게 되기 때문에 통설·판례는 부정한다. 국민이 행정청에 불법(위법)에의 평등대우를 요구할 수는 없으므로 위법행위에 있어서는 적용이 배제된다는 점이, 위법한 행정작용에 대한 신뢰도 보호하는 신뢰보호원칙과 구별된다.

위법한 처분에 대한 자기구속을 부정(행정청이 조합설립추진위원회의 설립승인 심사에서 위법한 행정처분을 한 선례가 있다고 하여 그러한 기준을 따라야 할 의무가 없는 점 등에 비추어, 평등의 원칙이나 신뢰보호의 원칙 또는 자기구속의 원칙 등에 위배되고 재량권을 일탈·남용하여 자의적으로 조합설립추진위원회 승인처분을 한 것으로 볼 수 없다고 한 사례)

평등의 원칙은 본질적으로 같은 것을 자의적으로 다르게 취급함을 금지하는 것이고, **위법한 행정처분이 수차례에 걸쳐 반복적으로 행하여졌다 하더라도 그러한 처분이 위법한 것인 때에는 행정청에 대하여 자기구속력을 갖게 된다고 할 수 없다**(대판 2009.6.25, 2008두13132).

(2) 자기구속으로부터 이탈(합리적 사유)

종래 동종사안에서 행한 결정과 다른 결정을 하는 것이 객관적으로 납득할 만한 명백한 이유(합리적 사유)가 있는 경우에는 종래의 결정과 다른 행정결정도 적법하다. 재량준칙을 개정하는 등 행정관행과 다른 처분의 가능성을 미리 예고하고 시차를 두어 공익상 행정관행과 다른 처분을 하는 것은 가능하다. 또한 새로운 사정변경이 있는 경우에는 행정관행과 다른 처분을 할 공익상 필요가 심히 큰 경우에 한해 행정관행과 다른 처분을 하는 것이 가능하다. 결론적으로 말하면 자기구속력이 인정된 재량준칙은 통상의 재량준칙보다 더 강한 구속력을 갖는다.

시장이 농림축산식품부에 의하여 공표된 '2008년도 농림사업시행지침서'에 명시되지 않은 '시·군별 건조저장시설 개소당 논 면적' 기준을 충족하지 못하였다는 이유로 신규 건조저장시설 사업자 인정신청을 반려한 사안에서, 그 처분이 행정의 자기구속의 원칙 및 행정규칙에 대한 신뢰보호의 원칙에 위배되거나 재량권을 일탈·남용한 위법이 없다고 한 사례

위 지침이 되풀이 시행되어 행정관행이 이루어졌다거나 그 공표만으로 신청인이 보호가치 있는 신뢰를 갖게 되었다고 볼 수 없고, 쌀 시장 개방화에 내비한 깅겡력 깅회 등 우월한 곰이산 오천에 따라 위 지침상의 요건 외에 '시·군별 건조저장시설 개소당 논 면적 1,000ha 이상' 요건을 추가할 만한 특별한 사정을 인정할 수 있어, 그 처분이 행정의 자기구속의 원칙 및 행정규칙에 관련된 신뢰보호의 원칙에 위배되거나 재량권을 일탈·남용한 위법이 없다(대판 2009.12.24, 2009두7967).

(3) 사실상 한계

행정관행이 존재하지 않는 최초적용의 경우에는 사실상의 한계를 갖게 된다.

Ⅵ 행정의 자기구속의 범위와 정도

법률의 타자구속은 개별적인 경우에 있어서의 면제가 허용되지 않는 엄격한 구속임에 비해, 자기구속은 개별적인 경우에 예외가 인정될 수 있는 탄력적 구속으로서의 성질을 가진다. 또한 시간적 한계도 타자구속보다 짧은 것이 보통이다.

Ⅶ 효 과

1. 적극적 이행청구권 부정

국민이 행정청에 대해 직접적으로 당해 처분을 청구할 수 있는 적극적 효력(이행청구권)은 인정되지 않고, 행정청이 국민을 합리적 이유 없이 차별해서는 안 된다는 소극적 효력(방해배제청구권)만 인정된다는 견해가 일반적이다.

2. 행정작용의 위법사유

행정의 자기구속의 원칙에 위반한 행정작용은 위헌·위법이 되므로 행정쟁송이나 손해배상에 의한 권리구제가 가능하다.

I 개 설

1. 과잉금지원칙의 의의

과잉금지원칙은 일반적으로 행정작용에 있어 목적실현을 위한 수단과 당해 목적 사이에 합리적인 비례관계가 있어야 한다는 것을 말한다. 광의의 비례원칙을 과잉금지의 원칙이라고 한다.

과잉금지원칙의 의의

비례의 원칙(과잉금지의 원칙)이란 어떤 행정목적을 달성하기 위한 수단은 그 목적달성에 유효·적절하고, 또한 가능한 한 최소침해를 가져오는 것이어야 하며 아울러 그 수단의 도입으로 인한 침해가 의도하는 공익을 능가하여서는 아니 된다는 헌법상의 원칙을 말한다(대판 1997.9.26, 96누10096).

2. 기 능

과잉금지원칙은 재량행위의 일탈·남용 여부의 심사기준의 하나로서 재량행위를 통제하는 기능을 수행한다.

II 과잉금지원칙의 근거

1. 헌 법

과잉금지원칙의 근거에 대해서는 헌법 제37조 제2항에서 도출하는 견해가 일반적이다. 헌법재판소도 과잉금지원칙의 근거를 같은 법 제37조 제2항에서 바로 찾는다(헌재결 1997.9.25, 96헌가16).

2. 법 률

과잉금지원칙을 규정하고 있는 법률도 적지 아니하다. 예컨대, 「경찰관 직무집행법」 제1조 제2항, 행정규제기본법 제5조 제3항, 행정소송법 제28조상의 사정판결, 행정대집행법 제2조, 국세기본법 제81조의4, 식품위생법 제79조 제4항 등이 그 예이다. 그러나 이는 헌법에 의해 인정되는 당연한 것을 규정한 '확인적 규정'에 불과하고, '창설적 규정'이 아니다.

Ⅲ 과잉금지원칙의 내용

1. 일반적 내용

일반적으로 과잉금지원칙의 내용에 관해서 학설은 ① 적합성, ② 필요성(최소침해의 원칙), ③ 상당성(협의의 비례원칙)을 들고 있다. 그러나 헌법재판소는 과잉금지원칙의 내용에 관해 ① 목적의 정당성, ② 방법의 적정성, ③ 침해의 최소성, ④ 법익의 균형성(권형성)을 제시하고 있다.

1. 과잉금지원칙의 내용

토지재산권에 대한 제한입법 역시 다른 기본권을 제한하는 입법과 마찬가지로 과잉금지의 원칙(비례의 원칙)을 준수해야 하고, 재산권의 본질적 내용인 사용·수익권과 처분권을 부인해서는 아니 된다. 요컨대, 공익을 실현하기 위하여 적용되는 구체적인 수단은 그 목적이 정당(목적의 정당성)해야 하며 법치국가적 요청인 비례의 원칙에 합치해야 한다. 즉, 입법자가 선택한 수단이 의도하는 입법목적을 달성하고 촉진하기에 적합해야 하고(방법의 적정성), 입법목적을 달성하기에 똑같이 효율적인 수단 중에서 가장 기본권을 존중하고 적게 침해하는 수단을 사용해야 하며(침해의 최소성), 법률에 의하여 기본권이 침해되는 정도와 법률에 의하여 실현되는 공익의 비중을 전반적으로 비교형량하였을 때 양자 사이의 적정한 비례관계가 성립해야 한다(법익의 균형성)(헌재결 1998.12.24, 89헌마214·90헌바16·97헌바78).

2. 헌법상의 기본원리로서 비례의 원칙의 내용

비례의 원칙은 법치국가 원리에서 당연히 파생되는 헌법상의 기본원리로서, 모든 국가작용에 적용된다. 행정목적을 달성하기 위한 **수단은 목적달성에 유효·적절**하고, **가능한 한 최소침해**를 가져오는 것이어야 하며, 아울러 그 **수단의 도입에 따른 침해가 의도하는 공익을 능가하여서는 안 된다**(대판 2019.7.11, 2017두38874).

2. 적합성의 원칙

행정작용이 목적달성에 적합한 수단이어야 한다는 원칙이다. 즉, 행정목적과 수단 간에 합리적인 관련성이 존재하여야 한다는 것을 내용으로 한다. 적합성의 원칙은 가장 적합한 수단일 것을 요구하지는 않는다(가장 낮은 단계의 비례심사).

1. 변호사로 개업하고자 하는 판사나 검사 등의 개업지 제한규정은 적합성 위반이다(헌재결 1989. 11.20, 89헌가102).
2. 수돗물에 대한 불안감 방지 내지 식수공급행정에 대한 혼란 방지를 위하여 보존음료수의 국내판매를 금지하는 것은 적합성과 필요성에 위반되므로 식품제조영업허가기준고시는 무효이다[대판(전합) 1994.3.8, 92누1728].

3. 필요성의 원칙(최소침해의 원칙)

목적달성을 위한 당해 행정작용은 상대방과 일반국민에 대하여 필요 최소한으로 침해적인 것을 선택해야 한다는 원칙이다. 즉, 목적달성에 적합한 수단 가운데 국민의 권리나 이익침해가 가장 적은 수단을 선택해야 한다.

예컨대, ① 위험한 건물에 대해 보수명령으로써 목적을 달성할 수 있음에도 불구하고 철거명령을 발하는 경우나 ② 경찰봉의 사용으로 범죄를 예방할 수 있는데 총기를 사용하는 경우에는 필요성의 원칙에 반한다. 또한 ③ 영업에 따르는 위험은 가능하다면 부관을 통해 극복되어야 하고, 영업금지를 통해 극복되어서는 아니 된다는 요청도 필요성의 요청이다.

(1) 필요성위반 인정사례

1. 단지 1회 훈령에 위반하여 요정(캬바레)출입을 하다가 적발된 공무원에 대한 파면처분(대판 1967. 5.2, 67누24)

2. 출입시킨 미성년자가 성년에 가까운 자이고 성년자로 오인할 수 있는 사정도 엿보이는데다가(선의·무과실) 단 1회 위반에 대해 가장 중한 영업취소(대판 1977.9.13, 77누15)

3. 주유소의 관리인(외삼촌)이 부정휘발유를 구입 판매하였으나 원고 자신은 그 사실을 알지 못한 경우에(선의) 이를 이유로 위험물취급소설치허가를 취소한 행정처분(대판 1989. 3.28, 87누436)

4. 공정한 업무처리에 대한 사의로 두고 간 돈 30만 원을 피동적으로 수수하였다가 돌려 준 20여 년 근속의 경찰공무원에 대한 해임처분(대판 1991.7.23, 90누8954)

5. 보존음료수의 국내판매를 완전히 금지하는 것[대판(전합) 1994.3.8, 92누1728]

6. 단원에게 지급될 급량비를 바로 지급하지 않고 모아두었다가 지급한 시립 무용단원에 대한 해촉처분(대판 1995.12.22, 95누4636)

7. 교통사고를 일으킨 후 구호조치 없이 도주한 수사 담당 경찰관에 대한 해임처분(대판 1999.10.8, 99두6101)

8. 청소년유해매체물로 결정·고시된 만화인 사실을 모르고 있던 도서대여업자가 그 고시일로부터 8일 후에 청소년에게 그 만화를 대여한 것을 사유로 도서대여업자에게 금 700만 원의 과징금이 부과된 경우(대판 2001. 7.27, 99두9490)

9. 여권발급 신청인이 북한 고위직 출신의 탈북 인사(황장엽)로서 신변에 대한 위해 우려가 있다는 이유로 신청인의 미국 방문을 위한 여권발급을 거부한 것(대판 2008.1.24, 2007두10846)

관련 판례

1. 다른 합법적인 대체수단 존재 시 비례원칙 위반

   목적달성을 위하여 최소한의 범위로 국한시켜야 하며 다른 합법적인 대체수단(대체가능성이 있는 경우 적합성은 충족하지만, 필요성에 위배되어 결과적으로 비례원칙위배가 된다는 판시임 ; 필자 주)이 없는 필요 부득이한 제한이어야 한다. 「화재로 인한 재해보상과 보험가입에 관한 법률」 제5조의 '특수건물' 부분에 동법 제2조 제3항 (가)목 소정의 **'4층 이상의 건물'을 포함시켜 보험가입을 강제하는 것은 개인의 경제상의 자유와 창의의 존중을 기본으로 하는 경제질서와 과잉금지의 원칙에 합치되지 아니하여 헌법에 위반된다**(헌재결 1991.6.3, 89헌마204).

2. 경찰관이 범인 검거를 위하여 가스총을 사용할 때의 주의의무

   경찰관은 범인의 체포 또는 도주의 방지, 타인 또는 경찰관의 생명·신체에 대한 방호, 공무집행에 대한 항거의 억제를 위하여 필요한 때에는 최소한의 범위 안에서 가스총을 사용할 수 있으나, 가스총은 통상의 용법대로 사용하는 경우 사람의 생명 또는 신체에 위해를 가할 수 있는 이른바 위해성 장비로서 그 탄환

은 고무마개로 막혀 있어 사람에게 근접하여 발사하는 경우에는 고무마개가 가스와 함께 발사되어 인체에 위해를 가할 가능성이 있으므로, 이를 사용하는 **경찰관으로서는 인체에 대한 위해를 방지하기 위하여 상대방과 근접한 거리에서 상대방의 얼굴을 향하여 이를 발사하지 않는 등 가스총 사용시 요구되는 최소한의 안전수칙을 준수함으로써 장비 사용으로 인한 사고 발생을 미리 막아야 할 주의의무가 있다**(대판 2003.3.14, 2002다57218).

3. 의무규정에 대한 최소침해성 판단 방법

어떤 법률의 입법목적이 정당하고 그 목적을 달성하기 위해 국민에게 의무를 부과하고 그 불이행에 대해 제재를 가하는 것이 적합하다고 하더라도 입법자가 그러한 수단을 선택하지 아니하고도 **보다 덜 제한적인 방법을 선택하거나, 아예 국민에게 의무를 부과하지 아니하고도 그 목적을 실현할 수 있음에도 불구하고 국민에게 의무를 부과하고 그 의무를 강제하기 위하여 그 불이행에 대해 제재를 가한다면 이는 과잉금지원칙의 한 요소인 '최소침해성의 원칙'에 위배된다**(헌재결 2006.6.29, 2002헌바80·87·88, 2003헌가22).

4. 기본권을 제한당하는 국민이 그 기본권을 실현할 다른 수단이 있다고 하여 그것만으로 기본권의 제한이 정당화되지 않는다(적반하장)

국민의 자유와 권리를 제한함에 있어서는 규제하려는 쪽에서 국민의 기본권을 보다 덜 제한하는 다른 방법이 있는지를 모색하여야 할 것이지, 제한당하는 국민의 쪽에서 볼 때 그 기본권을 실현할 다른 수단이 있다고 하여 그와 같은 사유만으로 기본권의 제한이 정당화되는 것은 아니다[대판(전합) 1994.3.8, 92누1728].

5. 단지 1회 훈령에 위반하여 요정(카바레)출입을 하다가 적발된 공무원에 대한 파면처분은 비례원칙위반이다

단지 1회 훈령에 위반하여 요정출입을 하다가 적발된 것만으로는 공무원의 신분을 보유케 할 수 없을 정도로 공무원의 품위를 손상케 한 것이라 단정키 어려운 한편, 원고를 면직에 처함으로써만 위와 같은 훈령의 목적을 달할 수 있다고 볼 사유를 인정할 자료가 없고, **오히려 원고의 비행 정도라면 이보다 가벼운 징계처분으로써도 능히 위 훈령의 목적을 달할 수 있다**고 볼 수 있는 점 등에 비추어 생각하면 이 사건 파면처분은 이른바 비례의 원칙에 어긋난 것으로서 심히 그 재량권의 범위를 넘어서 한 위법한 처분이라고 아니할 수 없다(대판 1967.5.2, 67누24).

6. 식품제조영업허가기준고시가 기본권을 침해하여 무효인 경우 위 고시에 따른 의무불이행을 이유로 하는 제재적 행정처분인 과징금을 부과하는 것은 위법이고, 헌법 제37조 제2항에 위반된다[대판(전합) 1994.3.8, 92누1728].

(2) 필요성위반 부정사례

1. 교통사고를 일으킨 후 구호조치 없이 도주한 수사 담당 경찰관에 대한 해임처분(대판 1999.10.8, 99두6101)
2. 교통경찰관이 법규위반자에게 만 원권 지폐 한 장을 두 번 접어서 면허증과 함께 달라고 한 경우에 내려진 해임처분(대판 2006.12.21, 2006두16274)

4. 상당성의 원칙(협의의 비례원칙)

당해 작용에 의한 침해의 정도와 추구하는 목적 사이에는 합리적인 비례관계가 있어야 한다는 원칙이다. 즉, 적합하고 필요한 수단을 통해 달성하려는 공익과 침해되는 사익 사이에 적절한

균형이 이루어져야 하고, 이를 위해서 이익형량(비교형량, 비교교량)이 요구된다. 독일에서는 흔히 "대포로 참새를 쏘아서는 아니 된다. 그것이 유일한 수단이라도"라는 말로 표현되기도 하나. 협의의 비례원칙인 상당성의 원칙은 재량권 행사의 적법성의 기준에 해당한다.

 수익적 행정처분을 취소하거나 중지시킬 사유가 있더라도 그 취소권 등의 행사는 기득권의 침해를 정당화할 만한 중대한 공익상의 필요 또는 제3자의 이익보호의 필요가 있는 때에 한하여 상대방이 받는 불이익과 비교교량하여 결정하여야 하고, 그 처분으로 인하여 공익상의 필요보다 상대방이 받게 되는 불이익 등이 막대한 경우에는 재량권의 한계를 일탈한 것으로서 그 자체가 위법임을 면치 못한다(대판 1990.10.10, 89누6433).

(1) 상당성위반 인정사례

 1. 석회석 채굴을 위한 산림훼손허가를 받은 임야에 대해 국제행사(88올림픽 성화봉송)를 위한 미관보호를 이유로 한 산림훼손중지처분은 재량권을 일탈한 위법한 것이다(대판 1990.10.10, 89누6433).
2. 주유소 영업의 양도인이 등유가 섞인 유사휘발유를 판매한 바를 모르고 양수한 양수인에게 대하여 한 6월의 석유판매업영업정지처분은 재량권을 일탈한 위법한 것이다(대판 1992.2.25, 91누13106).
3. 자신이 마시고 싶은 음료수를 자유롭게 선택할 수 있는 것은 행복추구권에 포함되고, 보존음료수의 국내판매 금지로 인하여 행복추구권이 제한되는 손실은 수돗물에 대한 불안감의 방지라는 공공의 목적보다 더 크다[대판(전합) 1994.3.8, 92누1728].

(2) 상당성위반 부정사례(공익중시)

① 보건위생

 1. 수입 녹용 중 전지 3대를 절단부위로부터 5cm까지의 부분을 절단하여 측정한 회분함량이 기준치를 0.5% 초과하였다는 이유로 수입 녹용 전부에 대해 전량 폐기 또는 반송처리를 지시한 처분은 재량권을 일탈·남용한 경우에 해당하지 않는다(대판 2006.4.14, 2004두3854).[13 국회9급]
2. 생물학적 동등성 시험자료에 조작이 있음을 이유로 의약품의 회수 및 폐기를 명한 행정처분은 재량권의 일탈·남용이 아니다(대판 2008.11.13, 2008두8628).
3. 태국에서 수입하는 냉동새우에 유해화학물질인 말라카이트그린이 들어 있음에도 수입신고서에 말라카이트그린이 사용된 사실을 기재하지 않았음을 이유로 행정청이 영업정지 1개월의 처분을 한 것은 재량권을 일탈·남용한 것이 아니다(대판 2010.4.8, 2009두22997).

② 문화재

1. 자연녹지지역으로 지정하는 절차가 진행 중인 통도사 인근임야에 고층아파트를 건축하는 내용의 임대주택 사업계획 승인신청을 국토 및 자연의 유지와 환경의 보존 등 중대한 공익상의 필요를 이유로 거부한 경우, 재량권의 일탈·남용이 아니다(대판 2002.6.14, 2000두10663).
2. 문화재청장이, 국가지정문화재의 보호구역에 인접한 나내시에 건물을 신축하기 위한 국가지정문화재 현상변경신청을 허가하지 않은 경우
   문화재청장이, 국가지정문화재의 보호구역에 인접한 나대지에 건물을 신축하기 위한 국가지정문화재 현상변경신청을 허가하지 않은 경우, 상당한 규모의 건물이 나대지에 들어서는 경우 보호구역을 포함한 국가지정문화재의 경관을 저해할 가능성이 상당히 클 뿐만 아니라, 위 국가지정문화재 현상변경신청 불허가처분이 취소되는 경우 향후 주변의 나대지에 대한 현상변경허가를 거부하기 어려워질 것으로 예상되는 점 등에 비추어, 위 국가지정문화재 현상변경신청에 대한 불허가처분이 재량권을 일탈·남용한 위법한 처분이라고 단정하기 어렵다(대판 2006.5.12, 2004두9920).

5. 3원칙 상호 간의 관계(단계적 심사)

어느 하나의 원칙에 위반해도 즉시 과잉금지원칙에 대한 위반으로서 위법의 효과가 발생한다. 또한 적합성의 원칙·필요성의 원칙·상당성의 원칙은 단계구조를 이루므로 적합한 수단은 필요성에 의한 검증을, 필요한 수단은 상당성에 의한 검증을 요한다(단계적 심사).

Ⅳ 적용영역

1. 개 설

과잉금지원칙은 본래 경찰법의 영역에서 경찰권 행사의 조리상 원칙의 하나로서 발전했지만, 오늘날은 행정청의 재량권의 한계를 설정해 주는 행정법의 일반원리로서 모든 행정작용에 적용된다.

2. 침익적(제재적) 행정처분

(1) 경찰행정

연혁적으로 과잉금지원칙은 경찰행정상(특히 총기사용) 경찰비례의 원칙으로 시작되었다. 경찰 행정작용은 전형적인 재량행위로서, 이를 통제하고 제한하기 위한 법원리로 발전되었다. 「경찰

관 직무집행법」 제1조 제2항에 명문화되어 있다.

(2) 수익적 행정행위의 취소·철회 제한

① 개설 : 수익적 행정행위의 직권취소나 철회의 경우 행정행위의 취소와 철회를 하고자 하는 공익상의 요구가 취소나 철회로 인해 받는 사인의 불이익보다 크지 않다면 취소나 철회는 하자 있는 것이 된다.

수익적 행정처분의 취소와 관계이익의 교량

수익적 행정처분을 취소하거나 중지시키는 경우에는 이미 부여된 그 국민의 기득권(사익)을 침해하는 것이 되므로, 비록 취소 등의 사유가 있다고 하더라도 그 취소권 등의 행사는 기득권의 침해를 정당화할 만한 중대한 공익상의 필요(공익) 또는 제3자의 이익보호의 필요가 있는 때에 한하여 상대방이 받는 불이익과 비교교량하여 결정하여야 하고, 그 처분으로 인하여 공익상의 필요보다 상대방이 받게 되는 불이익 등이 막대한 경우에는 재량권의 한계를 일탈한 것으로서 그 자체가 위법하다(대판 1991.5.14, 90누9780).

② 음주운전으로 인한 운전면허취소사례 : 일반적으로 수익적 행정행위의 취소·철회가 제한되는 것과는 달리 음주운전으로 인한 운전면허취소·정지처분에 대한 최신 판례의 경향은 공익(일반예방적 측면)을 중시하여 인적·물적 피해가 없더라도 재량권의 일탈·남용을 거의 인정하지 않는 추세이다.

음주운전으로 인한 교통사고를 방지할 공익상의 필요는 매우 크므로 음주운전으로 인한 운전면허취소에 있어서는 사익보다 공익이 강조되고, 특히 자동차 운전을 업으로 삼고 있는 경우 더욱 그러하다

운전면허의 취소(강학상 철회) 여부가 행정청의 재량행위라 하여도 오늘날 자동차가 대중적인 교통수단이고 그에 따라 대량으로 자동차운전면허가 발급되고 있는 상황이나 음주운전으로 인한 교통사고의 증가 및 그 결과의 참혹성 등에 비추어 볼 때, 음주운전으로 인한 교통사고를 방지할 공익상의 필요는 매우 크다 아니할 수 없으므로, 음주운전 내지 그 제재를 위한 음주측정 요구의 거부 등을 이유로 한 자동차운전면허의 취소에 있어서는 일반의 수익적 행정행위의 취소와는 달리 그 취소로 인하여 입게 될 당사자의 개인적인 불이익(사익)보다는 이를 방지하여야 하는 일반예방적인 측면(공익)이 더욱 강조되어야 할 것이고, **특히 당해 운전자가 영업용 택시를 운전하는 등 자동차 운전을 업으로 삼고 있는 자인 경우에는 더욱 그러하다**(대판 1995.9.26, 95누6069).

(3) 징계처분

공무원에 대한 징계처분에 있어서 재량권 남용 여부의 판단기준

공무원인 피징계자에게 징계사유가 있어서 징계처분을 하는 경우 **어떠한 처분을 할 것인가는 징계권자의 재량에 맡겨진 것이고(결정재량은 부정되고 선택재량만 인정)**, 다만 징계권자가 재량권의 행사로서 한 징계처분이 사회통념상 **현저하게 타당성을 잃어 징계권자에게 맡겨진 재량권을 남용한 것이라고 인정되는 경우에 한하여 그 처분을 위법**하다고 할 수 있고, 공무원에 대한 징계처분이 사회통념상 현저하게 타당성을 잃었다고 하려면 구체적인 사례에 따라 징계의 원인이 된 비위사실의 내용과 성질, 징계에 의하여 달성하려고 하는 행정목적, 징계양정의 기준 등 여러 요소를 종합하여 판단할 때에 그 징계내용이 객관적으로 명백히 부당하다고 인정할 수 있는 경우라야 한다(대판 1998.11.10, 98두12017).

(4) 제재적 처분

1. 제재적 행정처분이 사회통념상 재량권의 범위를 일탈하였거나 남용하였는지 여부는 처분사유인 위반행위의 내용과 당해 처분행위에 의하여 달성하려는 공익목적 및 이에 따르는 제반 사정 등을 객관적으로 심리하여 공익침해의 정도와 그 처분으로 인하여 개인이 입게 될 불이익을 비교형량하여 판단하여야 한다(대판 2006.4.14, 2004두3854).
2. 처분상대방의 의무위반을 이유로 한 제재처분이 의무위반의 내용에 비하여 과중하여 사회통념상 현저하게 타당성을 잃은 경우, 재량권 일탈·남용에 해당하여 위법하다(대판 2019.7.11, 2017두38874).

(5) 공용수용

공용수용은 공익사업을 위하여 타인의 특정한 재산권을 법률의 힘에 의하여 강제적으로 취득하는 것이므로 수용할 목적물의 범위는 원칙적으로 사업을 위하여 필요한 최소한도에 그쳐야 하고 수용할 토지의 구역이 그 공익사업을 위하여 필요한 최소한도의 것인가의 여부는 토지수용위원회의 직권조사 사항에 속한다(대판 1989.9.12, 88누11216).

(6) 기타 과잉금지원칙 위반 관련사례

1. 미결수용자가 수감되어 있는 동안 구치소 등 수용시설 안에서 사복을 입지 못하게 하고 재소자용 의류를 입게 한 행위는 기본권침해가 아니다(헌재결 1999.5.27, 97헌마137·98헌마5).
2. 미결수용자가 수감되어 있는 동안 수사 또는 재판을 받을 때에도 사복을 입지 못하게 하고 재소자용 의

류를 입게 한 행위는 인격권과 행복추구권, 재판받을 권리를 침해하는 것이다(헌재결 1999. 5.27, 97헌마137·98헌마5).

3. 자동차를 이용하여 동종의 범죄를 재범할 위험이 그다는 이유도 한 운선면허취소처분은 적법하다(대판 1997.10.24, 96누17288).

4. 운전면허를 받은 사람이 자동차 등을 이용하여 범죄행위를 한 때 범죄의 경중을 가리지 않고 필요적 면허취소사유로 규정한 도로교통법 제78조 제1항 단서 제5호는 위헌이다(헌재결 2005.11.24, 2004헌가28).

5. 도로교통법 제148조의2 제1항 제1호의 '도로교통법 제44조 제1항을 2회 이상 위반한' 것에 구 도로교통법 제44조 제1항 위반 음주운전 전과도 포함된다고 해석하는 것이 형벌불소급원칙이나 일사부재리원칙 또는 비례원칙에 위배된다고 할 수 없다(대판 2012.11.29, 2012도10269).**[13 국가9급]**

3. 급부행정(과잉급부금지원칙)

과잉금지원칙은 침익적 작용뿐만 아니라 수익적 작용으로서의 급부행정에도 적용될 수 있다. 과잉급부금지원칙은 과잉금지원칙의 급부행정에서의 구체적 표현으로서 행정청은 목적달성에 적합한 정도의 급부만을 행해야 한다는 원칙이다.

Ⅴ 위반의 효과와 권리구제

1. 위법성

과잉금지원칙은 헌법적 원칙이므로 이에 위반한 국가작용의 경우 위헌·위법의 작용이 된다.

2. 권리구제

과잉금지원칙에 위반된 행정작용에 의해 법률상의 이익이나 권리를 침해받은 자는 행정쟁송, 행정상 손해배상의 청구를 통해 권리구제를 도모할 수 있다. 이외에 동 원칙에 위반되는 행정작용의 결과로서 남아 있는 상태로 인해 법률상 이익을 침해받은 자는 행정주체를 상대로 행정상 결과제거청구권을 행사할 수 있다.

I 개 설

1. 신뢰보호원칙의 의의

신뢰보호의 원칙이란, 행정기관의 일정한 언동(명시적·묵시적, 적극적·소극적)의 정당성 또는
존속성에 대한 개인의 보호가치 있는 신뢰는 보호되어야 한다는 헌법상 원칙을 말한다.

2. 취 지

질서유지가 행정의 중심을 이루고 있던 근대 법치국가와는 달리 국민의 생존배려가 국가의 우
선적인 책무(책임과 의무)로 부각되고 있는 현대 복지국가(급부국가)에 있어서 행정의 법률적
합성의 원칙은 더 이상 유일한 척도가 될 수 없고, 여타의 다른 법원칙(법적 안정성)과의 비교
형량이 불가피하게 되었다. 이러한 견지에서 행정에 대한 신뢰보호가 또 다른 중요한 법원칙으
로 등장하게 되었다.

II 신뢰보호원칙의 인정근거

1. 실정법적 근거

행정절차법 제4조 제2항과 국세기본법 제18조 제3항이 신뢰보호원칙을 규정하고 있다 . 그러
나 이 규정은 행정법의 불문법원리로 통용되고 있던 원칙을 확인한 데 그치는 것이지(확인적
규정), 이 규정에 의해 비로소 법적 효력이 부여된 것(창설적 규정)은 아니다.

2. 이론적 근거

(1) 신의칙설

신뢰보호의 근거를 사법에서 발달한 신의성실의 원칙에서 구하는 견해이다. 독일 연방행정법
원은 미망인사건에서 신의성실의 원칙을 근거로 신뢰보호원칙을 최초로 인정하는 판결을 내린
바 있다.

(2) 법적 안정성설(통설)

법치국가원리의 내용(법률적합성과 법적 안정성) 가운데 하나인 법적 안정성에 근거한다는 견해로서 통설이다.

3. 판례

판례는 행정절차법이 제정되기 전부터 신뢰보호의 원칙을 인정해 왔다. 그러나 판례는 신의성실의 원칙과 신뢰보호의 원칙을 구별하지 않는다(대판 2002.11.26, 2001두9103). 한편, 판례도 신뢰보호원칙의 근거를 법적 안정성에 두고 있다.

법적 안정성에 근거

어떤 법령이 장래에도 그대로 존속할 것이라는 합리적이고 정당한 신뢰를 바탕으로 국민이 그 법령에 상응하는 구체적 행위로 나아가 일정한 법적 지위나 생활관계를 형성하여 왔음에도 국가가 이를 전혀 보호하지 않는다면, 법질서에 대한 국민의 신뢰는 무너지고 현재의 행위에 대한 장래의 법적 효과를 예건할 수 없게 되어 법적 안정성이 크게 저해된다 할 것이므로, 입법자는 법령을 개정함에 있어서 이와 같은 신뢰를 적절하게 보호하는 조치를 취함으로써 법적 안정성을 도모하여야 한다는 것이 법치주의 원리가 요청하는 바라 할 것이다[대판(전합) 2006.11.16, 2003두12899].

Ⅲ 신뢰보호원칙의 적용요건

1. 행정기관의 선행조치의 존재(신뢰의 대상)

(1) 선행조치의 의의

① 학설 : 신뢰보호원칙이 성립하기 위해서는 개인의 신뢰보호의 대상이 되는 행정기관의 선행조치가 있어야 한다. 선행조치에는 법령·행정규칙·행정행위(처분)·합의·확약·행정계획과 같은 법적 행위만이 아니라 행정지도 등의 사실행위, 기타 국가의 모든 행정작용이 포함되며, 문서에 의한 형식적 행위에 한정되지 않고 또한 반드시 명시적·적극적 언동에 국한되지 않고 묵시적·소극적 견해표명으로도 가능하다. 부작위가 묵시적 견해표시가 되기 위해서는 일정한 의사표시를 한 것으로 볼 수 있는 특별한 사정이 있어야 한다.

선행조치가 적법행위인가 위법행위인가도 가리지 않는다. 다만, 무효행위나 아직 처분행위가 존재하지 않는 기대이익이나 예상이익의 경우에는 신뢰의 대상이 되지 아니한다.

② 판례: 판례는 신뢰의 대상이 되는 공적인 견해표명에 국한하고 있다는 점에서 학설보다 인정 범위가 좁다. 그러나 대법원도 명시적 표시 외에 묵시적 표시도 공적 견해표명으로 인정한다는 점에서는 같다(대판 2001.4.24, 2000두5203).

(2) 공적 견해표명의 판단기준

① 원칙적으로 일정한 책임 있는 지위에 있는 공무원에 의하여 이루어져야 한다.

과세관청의 공적인 견해표명은 원칙적으로 일정한 책임 있는 지위에 있는 세무공무원에 의하여 이루어짐을 요한다(대판 1996.1.23, 95누13746).

② 예외적으로 행정조직상의 형식적인 권한분장에 구애될 것은 아니고 담당자의 조직상의 지위와 임무, 당해 언동을 하게 된 구체적인 경위 및 그에 대한 상대방의 신뢰가능성에 비추어 실질에 의하여 판단하므로 행정청이 아닌 소속공무원(보조기관, 담당 공무원)이 해도 무방하다.

행정청의 공적 견해표명이 있었는지의 여부를 판단하는 데 있어 반드시 행정조직상의 형식적인 권한분장에 구애될 것은 아니고 담당자의 조직상의 지위와 임무, 당해 언동을 하게 된 구체적인 경위 및 그에 대한 상대방의 신뢰가능성에 비추어 실질에 의하여 판단하여야 한다(대판 2006.4.28, 2005두9644).

③ 묵시적 표시도 가능

공적 견해나 의사는 명시적 또는 묵시적으로 표시되어야 하지만, 묵시적 표시가 있다고 하기 위하여는 단순한 과세 누락과는 달리 과세관청이 상당기간 불과세 상태에 대하여 과세하지 않겠다는 의사표시를 한 것으로 볼 수 있는 사정이 있어야 한다(대판 2001.4.24, 2000두5203).

④ 의사표시가 추상적인 질의에 대한 일반론적인 견해표명에 불과한 경우(대판 2001.4.24, 2000두5203)와 담당 공무원이 은혜적으로 행정청의 단순한 정보제공 내지는 일반적인 법률상담 차원에서 이루어진 경우(대판 1997.9.12, 96누18380)에는 부정된다.

⑤ 과세관청이 납세자에게 신뢰의 대상이 되는 공적인 견해를 표명하였다는 사실에 대한 입증책임은 신뢰이익 주장자인 국민이 부담한다(대판 1992.3.31, 91누9824).

(3) 행정기관의 공적 견해표명에 관한 판례

① 공적 견해표명 인정사례

1. 형식적 권한이 있는 행정청이 한 경우
   ① 국세청장이 훈련교육용역의 제공이 사업경영상담업에 해당하는 것으로 본다는 회신(대판 1994. 3.22, 93누22517)
   ② 폐기물처리사업계획서 적정통보(대판 1998.5.8, 98두4061) : 폐기물처리업허가에 대한 공적 견해표명
   ③ 노태우대통령이 담화를 발표하고 이에 따라 국방부장관이 삼청교육 관련 피해자들에게 그 피해를 보상하겠다고 공고(대판 2001.7.10, 98다38364)
   ④ 구 지방세법 제288조 제2항에 정한 '기술진흥단체'인지 여부에 관한 질의에 대해 건설교통부장관과 내무부장관이 비과세 의견으로 회신한 경우(대판 2008.6.12, 2008두1115)
   ⑤ 외교부 소속 전·현직 공무원을 회원으로 하는 비영리 사단법인인 甲 법인이 재외공무원 자녀들을 위한 기숙사 건물을 신축하면서, 甲 법인과 외무부장관이 과세관청과 내무부장관에게 취득세 등 지방세 면제 의견을 제출하자, 내무부장관이 '甲 법인이 학술연구단체와 장학단체이고 甲 법인이 직접 사용하기 위하여 취득하는 부동산이라면 취득세가 면제된다.'고 회신하였고, 이에 과세관청은 약 19년 동안 甲 법인에 대하여 기숙사 건물 등 부동산과 관련한 취득세·재산세 등을 전혀 부과하지 않았는데, 그 후 과세관청이 위 부동산이 학술연구단체가 고유업무에 직접 사용하는 부동산에 해당하지 않는다는 등의 이유로 재산세 등의 부과처분을 한 사안(대판 2019.1.17, 2018두42559)

2. 보조기관(담당자)이 한 경우
   ① 세무서 직원들이 골절치료기구의 수입판매업자에게 명시적으로 골절치료기구가 부가가치세 면제대상이라는 세무지도(대판 1990.10.10, 88누5280) : 행정지도에 대해서도 공적 견해표명 인정
   ② 구청장의 지시에 따라 그 소속직원이 적극적으로 나서서 대체 부동산 취득에 대한 취득세 면제를 제의함에 따라 그 약속을 그대로 믿고 구에 대하여 그 소유 부동산에 대한 매각의사를 결정한 경우(대판 1995.6.16, 94누12159) : 구청장은 지방세법 제4조 및 서울특별시세조례 제6조 제1항의 규정에 의하여 서울특별시세인 취득세에 대한 부과징수권을 위임받아 처리하는 과세관청의 지위에 있으므로 부동산 매매계약을 체결함에 있어 표명된 취득세 면제약속은 과세관청의 지위에서 이루어진 것이라고 볼 여지가 충분하고, 또한 위 직원이 비록 총무과에 소속되어 있다고 하더라도 그가 한 언동은 구청장의 지시에 의한 것이므로
   ③ 동사무소 직원이 행정상 착오로 국적이탈을 사유로 주민등록을 말소한 것을 신뢰하여 만 18세가 될 때까지 별도로 국적이탈신고를 하지 않았던 사람이, 만 18세가 넘은 후 동사무소의 주민등록 직권 재등록 사실을 알고 국적이탈신고를 하자 "병역을 필하였거나 면제받았다는 증명서가 첨부되지 않았다."는 이유로 이를 반려한 처분(대판 2008.1.17, 2006두10931) : 행정청이 대외적으로 공신력 있는 주민등록표상 국적이탈을 이유로 원고의 주민등록을 말소한 행위는 원고에게 간접적으로 국적이탈이 법령에 따라 이미 처리되었다는 견해를 표명한 것
   ④ 안산시의 도시계획과장과 도시계획국장이 도시계획사업의 준공과 동시에 사업부지에 편입한 토지에 대한 완충녹지 지정을 해제함과 아울러 당초의 토지소유자들에게 환매하겠다는 약속(대판 2008.10.9, 2008두6127)

3. 실질적 신뢰가능성
   ① 무권한자인 보건사회부장관이 '의료취약지 병원설립운영자 신청공고'를 하면서 국세 및 지방세를 비과세하겠다고 발표했지만, 지방세 주무장관인 내무부장관이나 시·도지사가 도 또는 시·군에 대해 지방세 감면조례제정을 지시하여 그 조례에 대한 승인의 의사를 미리 표명한 경우(대판 1996.1.23, 95누13746)
   ② 충주시청의 토지거래계약허가 담당 공무원이 종교법인인 대순진리회의 종교회관에 대한 토지형질변경과 건축허가가 가능하다는 견해표명(대판 1997.9.12, 96누18380)

판례

1. 보건사회부장관(현 보건복지부장관)이 '의료취약지 병원설립운영자 신청공고'를 하면서 국세 및 지방세를 비과세하겠다고 발표했지만, 내무부장관(현 행정안전부장관)이나 시·도지사가 지방세 감면조례제정을 지시한 경우

   보건사회부장관이 '의료취약지 병원설립운영자 신청공고'를 하면서 국세 및 지방세를 비과세하겠다고 발표하였고, 그 후 **내무부장관이나 시·도지사가 도 또는 시·군에 대하여 지방세 감면조례제정을 지시하여 그 소례에 대한 승인의 의사를 미리 표명하였다면**, 보건사회부장관에 의하여 이루어진 **위 비과세의 견해표명은 당해 과세관청의 그것과 마찬가지로 볼 여지가 충분하다**고 할 것이고, 또한 납세자로서는 위와 같은 정부의 일정한 절차를 거친 공고에 대하여서는 보다 고도의 신뢰를 갖는 것이 일반적이다(대판 1996.1.23, 95누13746).

2. 충주시청의 토지거래계약허가 담당 공무원이 종교법인인 대순진리회의 종교회관에 대한 토지형질변경과 건축허가가 가능하다는 견해표명[13 국가9급, 08 지방7급, 08 지방9급, 06 국회8급]

   토지거래계약의 허가(인가)과정에서 이 사건 토지형질변경이 가능하다는 피고 측의 견해표명은 원고의 요청에 의하여 우연히 피고의 소속 '담당 공무원이 은혜적으로 행정청의 단순한 정보제공 내지는 일반적인 법률상담 차원'에서 이루어진 것이라고 보이기보다는, 이 사건 토지거래계약의 허가와 같이 그 이용목적이 토지형질변경을 거쳐 건축물을 건축하는 것인 경우 그러한 이용목적이 관계 법령상 허용되는 것인지를 개별적·구체적으로 검토하여 그것이 가능할 경우에만 거래계약허가를 하여 주도록 하는 것이 당시 피고 시청의 실무처리관행이거나 내부업무처리지침이어서 그에 따라 이루어진 것으로 볼 여지가 더 많고, 나아가 위 토지거래허가신청과정에서 그 허가 담당 공무원으로부터 이용목적대로 토지를 이용하겠다는 각서까지 제출할 것을 요구받아 이를 제출한 원고로서는 피고 측의 위와 같은 견해표명에 대하여 보다 고도의 신뢰를 갖게 되었다고 할 것이다(대판 1997.9.12, 96누18380).

② 공적 견해표명 부정사례

1. 일반론적 견해표명인 경우

   ① 콘도미니엄의 시설관리료 수입의 실질을 파악할 수 있는 내용을 사실에 따라 구체적으로 밝히지 아니하고 단지 추상적으로 분양목적인 '콘도미니엄' 자산의 관리와 부대시설 및 서비스 제공에 대한 대가로 지급받는 일정한 관리기간의 시설관리료 수납액이라고 표시하여 질의한 데 대한 국세청장의 "콘도미니엄 시설관리료는 그 관리기간에 따라 안분계산한 금액만을 각 사업연도별 귀속수입으로 계상하여야 한다."는 취지의 회신(대판 1992.1.21, 91누254)

   ② 건설교통부장관의 기초자치단체 도시기본계획승인과 건축제한의 해제(대판 1997.9.26, 96누10096) : 기초자치단체의 특정지구가 도시계획구역 또는 어떤 지역·지구·구역으로 지정되거나 어떤 도시계획시설로 지정됨으로써 어떠한 행위제한이 가해질지 여부는 광역자치단체장과 기초자치단체장의 도시계획(변경)결정·고시 및 지적승인·고시에 의하여 비로소 확정

   ③ 재정경제부가 1998. 6. 9. 신문 등 언론매체를 통해 '법인이 구조조정을 위해 1999. 12. 31. 이전에 부동산을 매각하는 경우 그 부동산을 비업무용 부동산에서 제외하는 것으로 '법인세법 시행규칙'을 개정하여 법제처의 심의를 거쳐 6월 말경 공포·시행할 예정'이라고 발표한 경우(대판 2002.11.26, 2001두9103) : 시행규칙을 시기적으로 반드시 6월 말경까지 공포·시행하겠다는 내용의 공적 견해를 표명한 것으로 보기 어렵고, 부동산의 양도 이전에 위 시행규칙의 관계규정이 실제 공포·시행되고 있는지 여부를 확인하지 않은 데 귀책사유가 있다.

2. 조세관련

   ① 지방해운항만청장이 도세인 지역개발세의 과세관청이나 그 상급관청과 아무런 상의 없이 이를 면제한다는 취지의 공적인 견해를 표명(대판 1997.11.28, 96누11495)

② 과세관청이 납세의무자에게 면세사업자등록증을 교부하고 수년 간 면세사업자로서 한 부가가치세 예정신고 및 확정신고를 받은 행위(대판 2002.9.4, 2001두9370) : 부가가치세법상의 사업자등록은 과세관청으로 하여금 부가가치세의 납세의무자를 파악하고 그 과세자료를 확보케 하려는 데 입법 취지가 있는 것으로서, 이는 단순한 사업사실의 신고로서 사업자가 소관 세무서장에게 소정의 사업자등록신청서를 제출함으로써 성립되는 것이고, 사업자등록증의 교부는 이와 같은 등록사실을 증명하는 증서의 교부행위에 불과

3. 착오로 인한 경우

① 과세관청이 공한지에 대하여 중과세율을 적용하지 아니하고 그 지상의 무허가건물에 대해 재산세를 부과징수(대판 1990.6.26, 89누862) : 그 토지가 공한지에 해당하지 않는다는 공적인 견해표명을 하였다고 볼 수 없다.

② 실제의 공원구역(화랑공원)과 다르게 경계측량 및 표지를 설치한 십수 년 후 착오를 발견하여 지형도를 수정한 조치(대판 1992.10.13, 92누2325) : 경주시장이 한때 실제의 공원구역과 다르게 경계측량 및 표지를 설치함으로 인하여 원고들이 그 잘못된 경계를 믿고 행정청으로부터 초지조성허가를 받아 초지를 조성하고 축사를 신축하여 그러한 상태가 십수 년이 경과하였다 하여도, 이 사건 토지가 당초 화랑공원구역 안에 있는 것으로 적법하게 지정·공고된 이상 여전히 이 사건 토지는 그 공원구역 안에 있는 것이고, 따라서 그 후 위와 같은 착오를 발견한 피고가 이 사건 토지는 그 공원구역 안에 있는 것으로 지형도를 수정한 조치를 가리켜 신뢰보호의 원칙에 위배된다거나 행정의 자기구속의 법리에 반하는 것이라고도 할 수 없다.

③ 단순히 착오로 어떠한 처분(도로점용료 부과처분)을 계속한 경우(대판 1993.6.11, 92누14021) : 처분청이 그 사항에 관해 다른 내용의 처분을 할 수 있음을 알면서도 어떤 특별한 사정 때문에 그러한 처분을 하지 않는다는 의사가 있고 이와 같은 의사가 명시적 또는 묵시적으로 표시되어야 한다 할 것이므로, 단순히 착오로 어떠한 처분을 계속한 경우는 이에 해당되지 않는다.

④ 토지의 양도로 인한 소득이 사업소득에 해당하는 사실을 알지 못하고 양도소득세 등 부과처분을 한 경우 종합소득세를 부과하지 않겠다는 견해를 표명한 것이 아님(대판 2001.4.24, 99두5412).

⑤ 지방병무청장이 일본에서 거주하는 자로 잘못 알고 징병검사를 연기한 것이고, 사정이 비슷한 형들에 대해 제2국민역 처분을 한 경우(대판 2001.11.9, 2001두7251) : 동생에 대한 병역의무가 면제된다는 공적 견해를 표명한 것이 아님.

⑥ 등록세 중과 대상인 부동산등기에 대해 담당 공무원으로부터 통상의 세율을 적용한 등록세 고지서를 교부받은 사유(대판 2005.8.19, 2004두7634) : 과세관청이 위 부동산등기에 대하여 등록세를 중과하지 않겠다는 공적인 견해표명을 한 것으로 볼 수 없다.

⑦ 납세의무자에게 징수유예된 체납세금이 있음에도, 국가 산하 세무서장이 납세의무자에게 '징수유예 또는 체납처분유예의 내역'란을 공란으로 한 납세증명서를 발급하였고, 납세의무자는 그 납세증명서를 금융기관에 제출하여 금융기관이 납세의무자 소유의 부동산들에 근저당권을 설정하고 납세의무자에게 대출을 하였는데, 이후 금융기관의 신청에 의하여 개시된 위 부동산들에 대한 임의경매절차에서 국가가 위 징수유예된 체납세금에 대한 교부청구를 한 사안(대판 2006.5.26, 2003다18401)

⑧ 국가나 국가로부터 국유재산의 관리·처분에 관한 사무를 위탁받은 자가 국유재산의 무단 점유·사용을 장기간 방치한 후에 한 변상금부과처분(대판 2008.5.15, 2005두11463)

⑨ 행정청이 적법한 대표권이 없는 종중의 대표자를 당사자로 하여 소송을 수행한 경우, 그 종중의 대표자에게 적법한 대표권이 있는지 여부에 관한 공적 견해표명이 아님(대판 2010.5.27, 2010두2609).

4. 폐기물처리사업계획 적정통보 관련

① 폐기물처리업사업계획 적정통보(조건부 통지임)에 '토지형질변경허가'취지는 불포함[12 지방7급](대판 1998.9.25, 98두6494) : 일반적으로 폐기물처리업사업계획에 대한 적정통보에 당해 토지에 대한 형질변경허가신청을 허가하는 취지의 공적 견해표명이 있는 것으로는 볼 수 없다고 할 것이고, 더구나 토지의 지목변경 등을 조건으로 그 토지상의 폐기물처리업사업계획에 대한 적정통보를 한 경우에는 위 조건부적정통보에 토지에 대한 형질변경허가의 공적 견해표명이 포함되어 있었다고 볼 수 없다.

② 폐기물처리업 사업계획에 대해 적정통보를 한 것만으로 그 사업부지 토지에 대한 '국토이용계획변경신청을 승인'해 주겠다는 취지의 공적인 견해표명을 한 것으로 볼 수 없다(대판 2005.4.28, 2004두8828) : 폐기물관리법령에 의한 폐기물처리업 사업계획에 대한 적정통보와 국토이용관리법령에 의한 국토이용계획변경은 각기 그 제도적 취지와 결정단계에서 고려해야 할 사항들이 다르기 때문

5. 계획보장청구권 관련

① 당초 정구장 시설을 설치한다는 도시계획결정을 했다가 정구장 대신 청소년 수련시설을 설치한다는 도시계획 변경결정 및 지적승인을 한 경우(대판 2000.11.10, 2000두727) : 당초의 도시계획결정만으로는 도시계획사업의 시행자 지정을 받게 된다는 공적인 견해를 표명하였다고 할 수 없다.

② 행정청이 용도지역을 자연녹지지역으로 지정결정했다가 그보다 규제가 엄한 보전녹지지역으로 지정결정하는 내용으로 도시계획을 변경한 경우(대판 2005.3.10, 2002두5474) : 용도지역을 종래와 같이 자연녹지지역으로 유지하거나 부전녹지지역으로 변경하지 않겠다는 취지의 공적인 견해표명을 한 것이라고 볼 수 없다.

6. 권한의 주체가 다른 경우

① 경주시장의 종합의료시설의 도시계획사업 시행자지정 및 실시계획인가처분을 한 경우 고분발굴허가를 받을 수 있다는 공적 견해표명이 아니다(대판 2000.10.27, 99두264) : 고분의 발굴을 허가할 수 있는 처분청은 문화체육부장관의 위임을 받은 피고(문화재국장)이고 위 처분 및 종합의료시설에 관한 건축허가의 처분청은 경주시장이어서 그 주체가 다르고 그 처분의 목적도 달리하므로

② 관광숙박업사업계획 승인 시 부대시설에 대한 사업계획을 포함하여 승인한 경우(대판 1992.12.8, 92누13813) : 부대시설의 영업에 대하여는 관계 법령이 정하는 바에 따라 그 허가조건을 갖추어 각 소관 행정청으로부터 별도의 영업허가를 받아야

7. 행정청이 환지확정되기 이전의 종전토지에 대해 건축허가를 한 바 있지만 원고가 소유권을 취득하기 이전의 종전토지를 대상으로 한 경우(대판 1992.5.26, 91누10091) : 원고가 소유권을 취득하기 이전의 종전토지를 대상으로 하여 한 것이므로 이것이 원고에 대하여 환지확정된 대지의 건축허가에 관한 공적인 견해표명을 한 것이라고 할 수 없다.

8. 국회에서 법률안을 심의하거나 의결한 사정(대판 2008.5.29, 2004다33469) : 법률로 확정되지 아니한 이상 국가가 이해관계자들에게 위 법률안에 관련된 사항을 약속하였다고 볼 수 없으며, 이러한 사정만으로 어떠한 신뢰를 부여하였다고 볼 수도 없다.

9. 헌법재판소의 위헌결정4(대판 2003.6.27, 2002두6965) : 행정청이 개인에 대하여 신뢰의 대상이 되는 공적인 견해를 표명한 것이라고 할 수 없으므로

10. "「관광숙박시설지원 등에 관한 특별법」의 유효기간까지 관광호텔업 사업계획 승인신청을 한 경우에는 그 유효기간이 경과한 이후에도 특별법을 적용할 수 있다."는 내용의 문화관광부장관의 지방자치단체장에 대한 회신내용을 담당 공무원이 알려주었다는 사정(대판 2006.4.28, 2005두6539) : 문화관광부장관이 피고에게 한 것이어서 이를 원고에 대한 공적인 견해표명으로 보기 어렵고, 회신이 있기 전에 담당 공무원 자신의 추측을 이야기한 것에 불과하고, 원고가 증축부지에 대한 건축특례지역 고시 이후 2년여 동안 별다른 사업추진을 하지 않고 있다가 특별법의 실효가 임박한 시점에 이르러 뒤늦게 이 사건 승인신청을 하는 등 시간을 지연했던 점에 귀책사유

11. 甲 주식회사가 교육환경보호구역에 해당하는 사업부지에 콘도미니엄을 신축하기 위하여 교육환경평가승인신청을 한 데 대하여, 관할 교육지원청 교육장이 甲 회사에 '관광진흥법 제3조 제1항 제2호 (나)목에 따른 휴양 콘도미니엄업이 교육환경 보호에 관한 법률에 따른 금지행위 및 시설로 규정되어 있지는 않으나 성매매 등에 대한 우려를 제기하는 민원에 대한 구체적인 예방대책을 제시하시기 바람'이라고 기재된 보완요청서를 보낸 후 교육감으로부터 '콘도미니엄업에 관하여 교육환경보호구역에서 금지되는 행위 및 시설에 관한 「교육환경 보호에 관한 법률」 제9조 제27호를 적용하라'는 취지의 행정지침을 통보받고 甲 회사에 교육환경평가승인신청을 반려하는 처분을 한 사안에서, 위 처분은 신뢰의 대상이 되는 교육장의 공적 견해표명이 있었다고 보기 어렵고, 교육장의 교육환경평가승인이 공익 또는 제3자의 정당한 이익을 현저히 해할 우려가 있는 경우에 해당하므로 신뢰보호원칙에 반하지 않는다고 한 사례

교육장이 보완요청서에서 '휴양 콘도미니엄업이 교육환경법 제9조 제27호에 따른 금지행위 및 시설로 규정되어 있지 않다'는 의견을 밝힌 바 있으나, 이는 **교육장이 최종적으로 교육환경평가를 승인해 주겠다는 취지의 공적 견해를 표명한 것이라고 볼 수 없고 오히려 수차례에 걸쳐 甲 회사에 보낸 보완요청서에 의하면 현 상태로는 교육환경평가승인이 어렵다는 취지의 견해를 밝힌 것에 해당**하는 점, 甲 회사는 사업 준비 단계에서 휴양 콘도미니엄업을 계획하고 교육장의 보완요청에 따른 추가 검토를 진행한 정도에 불과하여 위 처분으로 침해받는 甲의 이익이 그다지 크다고 보기 어려운 반면 **교육환경보호구역에서 휴양 콘도미니엄이 신축될 경우 학생들의 학습권과 교육환경에 미치는 부정적 영향이 매우 큰 점** 등에 비추어, 위 처분은 신뢰의 대상이 되는 교육장의 공적 견해표명이 있었다고 보기 어렵고, 교육장의 교육환경평가승인이 공익 또는 제3자의 정당한 이익을 현저히 해할 우려가 있는 경우에 해당하므로 신뢰보호원칙에 반하지 않는다고 한 사례(대판 2020.4.29, 2019두52799).

2. 보호가치 있는 신뢰

(1) 보호가치의 판단기준

행정청의 선행조치에 대한 사인의 신뢰는 보호할 만한 것이어야 한다. 이때의 보호가치 유무의 판단은 신뢰를 얻기까지의 과정에서 당사자가 귀책사유(책임귀속사유) 있는 행위를 했는가에 의해 결정된다. 예컨대, 당사자가 사기나 사위(詐僞)·신청서의 허위기재, 강박·뇌물제공, 악의·중과실 등에 의해 선행조치를 받은 경우에는 이 요건을 충족하지 못한다.

1. 귀책사유가 없어야 한다

행정상의 법률관계에 있어서 행정청의 행위에 대하여 신뢰보호의 원칙이 적용되기 위하여는, … 둘째, 행정청의 견해표명이 정당하다고 신뢰한 데에 대하여 그 **개인에게 귀책사유가 없어야 한다**(대판 2002. 11.8, 2001두1512).

2. 귀책사유의 의미와 판단기준

귀책사유라 함은 행정청의 견해표명의 하자가 상대방 등 관계자의 사실은폐나 기타 사위의 방법에 의한 신청행위 등 부정행위에 기인한 것이거나 그러한 부정행위가 없다고 하더라도 하자가 있음을 알았거나(악의) 중대한 과실(중과실)로 알지 못한 경우 등을 의미한다고 해석함이 상당하고, 귀책사유의 유무는 상대방과 그로부터 신청행위를 위임받은 수임인 등 관계자 모두를 기준으로 판단하여야 한다(대판 2002.11.8, 2001두1512).

(2) 귀책사유의 유형

① 상대방의 사기나 사위(詐僞)·허위, 사실은폐, 증수뢰(뇌물수수) 등 부정행위

1. 사실은폐나 사위

처분의 하자가 당사자의 **사실은폐나 기타 사위의 방법에 의한 신청행위에 기인한 것이라면 당사자는 그 처분에 의한 이익이 위법하게 취득되었음을 알아 그 취소가능성도 예상하고 있었다**고 할 것이므로 그 자신이 위 처분에 관한 신뢰이익을 수용할 수 없음은 물론 행정청이 이를 고려하지 아니하였다고 하여도 재량권의 남용이 되지 않는다(대판 1990.2.27, 89누2189).

2. 과거 개인택시운송사업면허(특허)를 취득했다가 양도한 후 10년이 경과되지 아니하여 '자동차운수사업법 시행규칙'에 따라 면허자격이 없음에도 불구하고 이를 숨긴 채 면허신청을 하여 면허를 받은 경우

그 처분의 하자가 **당사자의 사실은폐나 기타 사위의 방법에 의한 신청행위에 기인한 것이라면 당사자는 그 처분에 의한 이익이 위법하게 취득되었음을 알아 그 취소가능성도 예상하고 있었다**고 할 것이므로 그 자신이 위 처분에 관한 신뢰이익을 수용할 수 없음은 물론 행정청이 이를 고려하지 아니하였다고 하여도 재량권의 남용이 되지 않는다(대판 1990.2.27, 89누2189).

3. 충전소설치예정지로부터 100미터 내에 있는 건물주의 동의를 모두 얻지 아니하였음에도 불구하고 이를 갖춘 양 허가신청을 한 경우(대판 1992.5.8, 91누13274)

4. 허위의 고등학교 졸업증명서를 제출하는 사위의 방법에 의한 하사관 지원의 하자를 이유로 하사관 임용일로부터 33년이 경과한 후에 행정청이 행한 하사관 및 준사관 임용취소처분은 적법하다(대판 2002.2.5, 2001두5286).

5. 준농림지역에서 레미콘 공장을 설립하여 운영하던 甲 주식회사가 아스콘 공장을 추가로 설립하기 위하여 관할 시장(용인시장)으로부터 공장설립 변경승인을 받고 아스콘 공장 증설에 따른 대기오염물질 배출시설 설치 변경신고를 마친 다음 아스콘 공장을 운영하였는데, 위 공장에 대하여 실시한 배출검사에서 내기환경보전법상 특정대기유해문진에 해당하는 푸름알데히드 등이 검출되자 시장이 자연녹지지역 안에서 허가받지 않은 특정대기유해물질 배출시설을 설치·운영하였다는 사유로 대기환경보전법 제38조 단서에 따라 위 공장의 대기오염물질 배출시설 및 방지시설을 폐쇄하라는 명령을 한 사안에서, 위 처분이 신뢰보호원칙, 행정의 자기구속 법리, 실효의 원칙에 위배되지 않는다고 본 원심판단을 수긍한 사례 위 **공장설립 당시의 관계 법령에 따르면 준농림지역 안에서 특정대기유해물질이 발생하는 위 공장의 설치가 금지**되어 있었고, **위 공장은** 「국토의 계획 및 이용에 관한 법률 시행령」 제71조 제1항 제16호 [별표 17] 제2호 (차)목에 따라 **처분 당시 변경된 자연녹지지역에 설치가 금지된 경우에 해당**하므로 대기환경보전법 제38조 단서에 따른 **폐쇄명령의 대상**이며, 공장설립 당시에 甲 회사가 위 공장에서 특정대기유해물질은 배출되지 않고 토석의 저장·혼합 및 연료 사용에 따라 먼지와 배기가스만 배출될 것이라는 전제에서 허위이거나 부실한 배출시설 및 방지시설 설치 계획서를 제출하였으므로 시장이 만연히 甲 회사의 계획서를 그대로 믿은 데에 과실이 있더라도, **시장의 착오는 甲 회사가 유발**한 것이므로, 위 **공장에 대하여 특정대기유해물질 관련 규제가 적용되지 않으리라는 甲 회사의 기대는 보호가치가 없다**는 등의 이유로, 위 처분이 신뢰보호원칙, 행정의 자기구속 법리, 실효의 원칙에 위배되지 않는다고 본 원심판단을 수긍한 사례(대판 2020.4.9, 2019두51499)

② 취소가능성을 예상했거나 예상할 수 있었던 경우(악의)

1. 택시운송사업자로서는 자동차운수사업법의 내용을 잘 알고 있어 교통사고를 낸 택시에 대해 운송사업면허가 취소될 가능성을 예상할 수 있다

   교통사고가 일어난 지 1년 10개월이 지난 뒤 그 교통사고를 일으킨 택시에 대하여 운송사업면허를 취소하였더라도 …… **택시운송사업자로서는 자동차운수사업법의 내용을 잘 알고 있어 교통사고를 낸 택시에 대하여 운송사업면허가 취소될 가능성을 예상할 수도 있었을 터이니**, 자신이 별다른 행정조치가 없을 것으로 믿고 있었다 하여 바로 신뢰의 이익을 주장할 수는 없으므로 그 교통사고가 자동차운수사업법 제31조 제1항 제5호 소정의 '중대한 교통사고로 인하여 많은 사상자를 발생하게 한 때'에 해당한다면 그 운송사업면허의 취소가 행정에 대한 국민의 신뢰를 저버리고 국민의 법생활의 안정을 해치는 것이어서 재량권의 범위를 일탈한 것이라고 보기는 어렵다(대판 1989.6.27, 88누6283).

2. 토지형질변경 불허가처분이 종래 그 일대의 토지에 관한 주택지조성사업의 준공검사 당시 이른바 원형택지로 남아 있던 토지에 대하여는 건축 시 별도로 도시계획법 소정의 **형질변경 등에 관한 허가를 득하여 택지정지를 하여야 건축행위를 할 수 있다는 등의 조건을 붙인 점**에 비추어 신뢰보호의 원칙에 반하는 것으로서 위법하다고 할 수 없다(대판 2001.9.28, 2000두8684).

3. 법률의 존속에 대한 개인의 신뢰가 어느 정도로 보호되는지 여부에 대한 판단기준(의무사관후보생의 병적에서 제외된 사람의 징집면제연령을 31세에서 36세로 상향조정한 구 병역법 제71조 제1항 단서 위헌소원)

   국가가 입법행위를 통하여 개인에게 신뢰의 근거를 제공한 경우, 입법자가 자신의 종전 입법행위에 의하

여 어느 정도로 구속을 받는지 여부, 다시 말하면 법률의 존속에 대한 개인의 신뢰가 어느 정도로 보호되는지 여부에 대한 주요한 판단기준으로 다음과 같은 2가지 요소를 거시할 수 있다.

(1) 법령개정의 예측성

법적 상태의 존속에 대한 개인의 신뢰는 그가 어느 정도로 법적 상태의 변화를 예측할 수 있는지, 혹은 예측하였어야 하는지 여부에 따라 상이한 강도를 가진다. 그런데, **일반적으로 법률은 현실상황의 변화나 입법정책의 변경 등으로 언제라도 개정될 수 있는 것이기 때문에, 원칙적으로 이에 관한 법률의 개정은 예측할 수 있다고 보아야 한다.** 따라서 청구인과 같이 의과대학에 입학하여 의무사관후보생 병적에 편입된 사람이 그 당시 법률규정에 따른 징집면제연령에 대하여 가지고 있던 기대와 신뢰가 절대적인 것이라고는 볼 수 없다.

(2) 유인된 신뢰의 행사 여부

개인의 신뢰이익에 대한 보호가치는 ① 법령에 따른 개인의 행위가 국가에 의하여 일정방향으로 유인된 신뢰의 행사인지, ② 아니면 단지 법률이 부여한 기회를 활용한 것으로서 원칙적으로 사적 위험부담의 범위에 속하는 것인지 여부에 따라 달라진다. 만일 **법률에 따른 개인의 행위가 단지 법률이 반사적으로 부여하는 기회의 활용을 넘어서 국가에 의하여 일정 방향으로 유인된 것이라면 특별히 보호가치가 있는 신뢰이익이 인정될 수 있고, 원칙적으로 개인의 신뢰보호가 국가의 법률개정이익에 우선된다고 볼 여지가 있다.** 그런데, 이 사건 법률조항의 경우 국가가 입법을 통하여 개인의 행위를 일정방향으로 유도하였다고 볼 수는 없고, 따라서 청구인의 징집면제연령에 관한 기대 또는 신뢰는 단지 **법률이 부여한 기회를 활용한 것으로서 원칙적으로 사적 위험부담의 범위에 속하는 것이다**(헌재결 2002.11.28, 2002헌바45).

4. 법률의 개정 시 구법 질서에 대하여 국민이 가지는 기대 내지 신뢰의 보호 여부를 판단하는 방법

법률의 개정 시 구법 질서에 대한 당사자의 신뢰가 합리적이고도 정당하며, 법률의 개정으로 야기되는 당사자의 손해가 극심하여 새로운 입법으로 달성하고자 하는 공익적 목적이 그러한 당사자의 신뢰의 파괴를 정당화할 수 없다면 새로운 입법은 신뢰보호의 원칙 등에 비추어 허용될 수 없다. 다만 사회환경이나 경제여건의 변화에 따른 필요성에 의하여 법률은 신축적으로 변할 수밖에 없고, 변경된 새로운 법질서와 기존의 법질서 사이에는 이해관계의 상충이 불가피하므로 국민이 가지는 모든 기대 내지 신뢰가 헌법상 권리로서 보호될 것은 아니고, 보호 여부는 기존의 제도를 신뢰한 자의 신뢰를 보호할 필요성과 새로운 제도를 통해 달성하려고 하는 공익을 비교형량하여 판단하여야 한다(대판 2016.11.9, 2014두3235).

5. 변리사 제1차시험 실시를 2개월밖에 남겨놓지 않은 시점에서 시험을 절대평가제에서 상대평가제로 환원하는 내용의 '변리사법 시행령' 개정조항을 즉시 시행하도록 정한 부칙 부분은 헌법에 위반되어 무효이다

합리적이고 정당한 신뢰에 기하여 절대평가제가 요구하는 합격기준에 맞추어 시험준비를 한 수험생들은 제1차시험 실시를 불과 2개월밖에 남겨 놓지 않은 시점에서 개정 시행령의 즉시 시행으로 합격기준이 변경됨으로 인하여 시험준비에 막대한 차질을 입게 되어 위 신뢰가 크게 손상되었고, 특히 절대평가제에 의한 합격기준인 매 과목 40점 및 전과목 평균 60점 이상을 득점하고도 불합격처분을 받은 수험생들의 신뢰이익은 그 침해된 정도가 극심하며, 그 반면 개정 시행령에 의하여 상대평가제를 도입함으로써 거둘 수 있는 공익적 목적은 개정 시행령을 즉시 시행하여 바로 임박해 있는 2002년의 변리사 제1차시험에 적용하면서까지 이를 실현하여야 할 합리적인 이유가 있다고 보기 어려우므로, 결국 **개정 시행령의 즉시시행으로 인한 수험생들의 신뢰이익 침해는 개정 시행령의 즉시 시행에 의하여 달성하려는 공익적 목적을 고려하더라도 정당화될 수 없을 정도로 과도하다.** 나아가 개정 시행령에 따른 시험준비 방법과 기간의 조정이 2002년의 변리사 제1차**시험에 응한 수험생들에게 일률적으로 적용되었다는 이유로 위와 같은 수험생들의 신뢰이익의 침해를 정당화할 수 없으며,** 또한 수험생들이 개정 시행령의 내용에 따라 공고된 2002년의 제1차시험에 응하였다고 하더라도 사회통념상 그것만으로는 개정 전 시행령의 존속에 대한

일체의 신뢰이익을 포기한 것이라고 볼 수도 없다[대판(전합) 2006.11.16, 2003두12899].

6. 한약사 국가시험의 응시자격에 관하여 개정 전의 '약사법 시행령' 제3조의2에서 '필수 한약관련 과목과 학점을 이수하고 대학을 졸업한 자'로 규정하고 있던 것을 '한약학과를 졸업한 자'로 응시자격을 변경하면서, 그 개정 이전에 이미 한약자원학과에 입학하여 대학에 재학 중인 자에게도 개정 시행령이 적용되게 한 개정 시행령 부칙은 헌법상 신뢰보호의 원칙과 평등의 원칙에 위배된다[대판(전합) 2007.10.29, 2005두4649].

③ 상대방이나 수임인 등 관계자의 과실

 판례

수임인인 건축사의 중과실을 건축허가의 상대방인 건축주의 귀책사유로 인정
건축주와 그로부터 건축설계를 위임받은 건축사(수임인)가 상세계획지침에 의한 건축한계선의 제한이 있다는 사실을 간과한 채 건축설계를 하고 이를 토대로 건축물의 신축 및 증축허가를 받은 경우, 그 신축 및 증축허가가 정당하다고 신뢰한 데에 귀책사유가 있다(대판 2002.11.8, 2001두1512).

3. 신뢰에 기초한 상대방의 조치(처분, 처리행위)의 존재(처리보호)

당사자가 행정기관의 선행조치를 믿고 어떠한 행위를 했어야 한다. 즉, 신뢰보호는 행정기관의 행위의 존속에 대한 신뢰 자체를 목적으로 하는 것이 아니라 행정기관의 조치를 믿고 따른 사인을 보호하기 위한 것이므로 행정기관의 선행조치를 정신적으로 믿은 것만으로는 부족하고, 신뢰에 기한 어떤 처리(예 투자, 건축개시, 이주, 공유수면매립, 토지형질변경, 직원의 고용 등)를 해야 한다. 처리행위는 적극적·소극적 행위에 관계없이 행정기관의 선행행위에 따른 모든 행위를 말한다. 행정청의 부작위가 있을 때 이에 의거한 처분의 경우, 예컨대 과세관청이 수년 간 과세할 수 있는 점을 알면서도 과세하지 않은 경우에는 특정한 내용의 개인의 처분보다는 비과세의 관행으로 인해 조세로 납부할 금액을 유휴자금으로 보고 다른 용도에 소비한 사실 등이 개인적 처분에 해당한다고 보아야 할 것이다.

4. 선행조치에 반하는 행정작용

신뢰보호는 행정청의 선행조치에 반하는 행정청의 처분이 있거나, 행정청이 선행조치에 의해 약속한 행위를 하지 않음으로써 선행조치를 신뢰한 당사자의 권익이 침해된 경우에 인정된다.

5. 상당인과관계

신뢰보호는 행정청의 선행조치·상대방의 신뢰·개인의 처리 사이에 상당인과관계가 있어야 성립한다. 따라서 행정청의 선행조치와 무관하게 우연히 행해진 사인의 처리행위는 신뢰보호의 대

상이 될 수 없다. 판례도 상당인과관계를 명시적으로 요구하지는 않고 있지만 당연한 전제로 판시하고 있다.

Ⅳ 신뢰보호원칙의 한계

1. 행정의 법률적합성의 원칙과의 관계

(1) 문제의 소재

신뢰보호원칙은 행정의 법률적합성의 원칙과 충돌할 수 있다(**예** 요건을 갖추지 못한 자에게 행정청이 허가 약속을 한 경우). 신뢰보호의 한계는 특히 위법한 선행조치를 신뢰한 경우, 즉 법률적합성의 원칙(공익)과 법적 안정성의 원칙(사익)이 충돌할 경우 양자의 충돌을 어떻게 해결할 것인지의 문제이다.

(2) 학설(동위설에 따른 이익형량설, 한계설)

양자의 충돌에 대한 해결방법으로 학설은 ① 법률적합성우위설과 ② 동위설이 대립하고 있는데, 동위설이 일반적 견해이다. 한편, 동위설에 따를 경우 양자의 관계는 이익형량설에 의해 해결하는 것이 일반적이다. 즉, 상대방의 신뢰보호를 어느 정도까지 인정할 것인가는 구체적인 사안에서 법률적합성의 원칙을 관철해야 할 공익과 당사자의 신뢰보호라는 사익(법적 안정성)을 비교형량해서 결정해야 한다고 보는 입장이다.

학설은 이익형량의 문제를 신뢰보호원칙의 요건을 충족한 후의 한계(보호방법)문제로 이해한다. 즉, 법적 안정성(사익)이 법률적합성(공익)보다 큰 경우 원칙적으로 존속보호(**예** 이미 부여한 허가, 행정계획 등을 행정기관이 취소 또는 철회하지 아니하고 유지하거나, 약속한 허가 등을 부여하는 등의 현상유지)를, 반대로 법률적합성이 큰 경우에는 보상보호(**예** 현상유지 대신 금전적인 보상)를 해야 한다. 보상보호의 경우에 사정판결을 적극 활용할 것이 주장되고 있다. 한편, 독일 행정절차법 제48조 제2항과 제3항은 ①금전 및 가분적 현물급부의 경우는 원칙적으로 존속보호, ②허가 등 수익적 행정행위의 취소의 경우에는 원칙적으로 보상보호만을 규정하는 절충주의를 취하고 있다.

(3) 판례(이익형량설, 소극적 요건설)

학설과 달리 대법원판례는 양자의 충돌문제를 한계문제가 아닌 소극적 요건설로 이해한다. 따라서 법률적합성(공익)이 법적 안정성(사익)보다 큰 경우에 판례는 일체의 보호를 인정하지 않고 기각판결을 내린다.

관련 판례

1. 이익형량설·소극적 요건설(대법원판례)

일반적으로 행정상의 법률관계에 있어서 행정청의 행위에 대하여 신뢰보호의 원칙이 적용되기 위해서는, 첫째 행정청이 개인에 대하여 신뢰의 대상이 되는 공적인 견해표명을 하여야 하고, 둘째 행정청의 견해표명이 정당하다고 신뢰한 데 대하여 그 개인에게 귀책사유가 없어야 하며, 셋째 그 개인이 그 견해표명을 신뢰하고 어떠한 행위를 하였어야 하고, 넷째 행정청이 위 견해표명에 반하는 처분을 함으로써 그 견해표명을 신뢰한 개인의 이익이 침해되는 결과가 초래되어야 하며, **마지막으로 위 견해표명에 따른 행정처분을 할 경우 이로 인하여 공익 또는 제3자의 정당한 이익을 현저히 해할 우려가 있는 경우가 아니어야(소극적 요건) 한다**(대판 2006.6.9, 2004두46).

2. 신의성실의 원칙 내지 금반언의 원칙은 합법성을 희생하여서라도 납세자의 신뢰를 보호함이 정의, 형평에 부합하는 것으로 인정되는 특별한 사정이 있는 경우에 적용되는 것으로서 납세자의 신뢰보호라는 점에 그 법리의 핵심적 요소가 있는 것이다(대판 1996.1.23, 95누13746).

3. 이익형량설(헌법재판소)

신뢰보호원칙의 위반 여부는 한편으로 침해받은 신뢰이익의 보호가치, 침해의 중한 정도, 신뢰침해의 방법 등과 다른 한편으로는 새 입법을 통해 실현코자 하는 공익목적을 종합적으로 비교형량하여 판단하여야 한다(헌재결 1998.3.26, 93헌바12).

4. 강행규정 위반과 신뢰보호의 인정 요건

사적 자치의 영역을 넘어 공공질서를 위하여 공익적 요구를 선행시켜야 할 경우 합법성의 원칙은 신의성실의 원칙보다 우월한 것이므로, 신의성실의 원칙은 합법성의 원칙을 희생하여서라도 **구체적 신뢰보호의 필요성이 인정되는 경우에 한하여 예외적으로 적용**되는 것인바, 어떠한 경우에 **합법성의 원칙보다 구체적 신뢰보호를 우선할 필요가 있는지를 판단하기 위하여는 신뢰보호를 주장하는 사람에게 위법행위와 관련한 주관적 귀책사유가 있는지 여부 및 그와 같은 신뢰가 법적으로 보호할 가치가 있는지 여부 등을 종합적으로 고려하여야** 한다(대판 2014.5.29, 2012다44518).

① 신뢰보호원칙위반 인정사례

관련 판례

1. 우량농지로 보전하려는 공익보다 종교법인인 대순진리회의 불이익(사익)이 크므로 토지형질변경불허가처분은 위법이다

형질변경허가의 취소·철회에 상당하는 당해 처분으로써 지방자치단체장이 달성하려는 공익 즉, 당해 토지에 대하여 그 **형질변경을 불허하고 이를 우량농지로 보전하려는 공익과 위 형질변경이 가능하리라고 믿은 종교법인이 입게 될 불이익을 상호 비교교량하여 만약 전자가 후자보다 더 큰 것이 아니라면 당해 처분은 비례의 원칙에 위반되는 것으로 재량권을 남용한 위법한 처분이라고 봄이 상당하다.** 이 사건 토지와 같은 동에 있고 위 도로와 접한 바로 인근의 자연녹지로서 답인 달천동 415의 1 등의 토지에 대하여는 1993. 4.경 **이미 피고가 토지형질변경을 허가하여 주유소가 건립되어 있으며, 그 바로 옆에 음식점 한 곳도 들어서 있는 점** 등에 비추어 보면, 이 사건 토지가 위 규칙 제4조 제1항 제4호 소정의 **우량농지로 보전의 필요가 있는 지역에 해당한다고 쉽사리 단정하기에는 의문이 있다**고 하지 아니할 수 없다(대판 1997.9.12, 96누18380).

2. 폐기물처리업에 대하여 사전에 관할관청으로부터 적정통보(예비결정)를 받고 막대한 비용을 들여 허가요건을 갖춘 다음[원고 회사는 그 설립절차를 마친 다음 이미 적정통보를 받은 위 사업계획에 따라 폐기물관리법령 소정의 허가요건을 갖추어 허가신청을 하면 당연히 허가를 받을 수 있는 것으로 믿고 그 허가요건을 갖추기 위하여 합계 금 305,565,296원을 들여 장비(밀폐식 운반용 차량 8.5t 2대, 운반용 압축차량 5t 2대, 기계식상차장치부착차량 2.5t 2대)를 구입하고 기술인력 10명(운전기사 6명, 미화원 4명)을 고용함과 아울러 사무실과 차고지를 개설하여 수집운반능력 1일 64t을 갖추는 등 법정 허가요건을 완비] 허가신청을 하였음에도 **다수 청소업자의 난립으로 안정적이고 효율적인 청소업무의 수행에 지장이 있다는 이유로 한 불허가처분은 신뢰보호의 원칙 및 비례의 원칙에 반하는 것으로서 재량권을 남용한 위법한 처분**이다(대판 1998.5.8, 98두4061).

3. 운전면허 취소사유에 해당하는 음주운전을 적발한 경찰관의 소속 경찰서장이 사무착오(전산입력착오)로 위반자에게 운전면허정지처분을 한 상태에서 위반자의 주소지 관할 지방경찰청장이 위반자에게 운전면허취소처분을 한 것은 선행처분에 대한 당사자의 신뢰 및 법적 안정성을 저해하는 것으로서 허용될 수 없다고 한 사례

운전면허취소사유에 해당하는 음주운전을 적발한 경찰관의 소속(여수)경찰서장이 사무착오로 위반자에게 운전면허정지처분을 한 상태에서 위반자의 주소지(대구) 관할 지방경찰청장이 위반자에게 운전면허취소처분을 한 것은 선행처분에 대한 당사자의 신뢰 및 법적 안정성을 저해하는 것으로서 허용될 수 없다(대판 2000.2.25, 99두10520).

4. 기존 특허청 경력공무원 중 일부에게만 구법 규정을 적용하여 변리사자격이 부여되도록 규정한 위 변리사법 부칙 제3항은 신뢰이익을 침해하는 것으로서 헌법에 위반된다(헌재결 2001.9.27, 2000헌마208·501).

5. 기존 국세관련 경력공무원 중 일부에게만 구법 규정을 적용하여 세무사자격이 부여되도록 규정한 위 세무사법 부칙 제3항은 신뢰이익을 침해하는 것으로서 헌법에 위반된다(헌재결 2001.9.27, 2000헌마152).

6. 폐기물처리업을 위한 국토이용계획변경신청을 폐기물처리시설이 들어설 경우 수질오염 등으로 인근 주민들의 생활환경에 피해를 줄 우려가 있다는 등의 공익상의 이유를 들어 거부한 경우, 그 거부처분이 재량권의 일탈·남용이 아니다(대판 2005.4.28, 2004두8828).**[15 변호사]**

② 신뢰보호원칙위반 부정사례

판례 **한려해상국립공원 인근 자연녹지지역에서의 토석채취허가 불허가처분**

한려해상국립공원지구 인근의 자연녹지지역에서의 토석채취허가가 법적으로 가능할 것이라는 행정청의 언동을 신뢰한 개인이 많은 비용과 노력을 투자하였다가 불허가처분으로 상당한 불이익을 입게 된 경우, 위 **불허가처분에 의하여 행정청이 달성하려는 주변의 환경·풍치·미관 등의 공익이 그로 인하여 개인이 입게 되는 불이익을 정당화할 만큼 강하므로 불허가처분이 재량권의 남용 또는 신뢰보호의 원칙에 반하여 위법하다고 할 수 없다**(대판 1998.11.13, 98두7343).

③ 기타 부정사례

1. 전교조에서 탈퇴하면 구제하여 준다는 교육부장관의 발표에 따라 전교조를 탈퇴한다는 내용의 각서를 제출한 원고를 구제하여 주지 않은 경우(대판 1992.6.26, 91누11780)
2. 검사 신규임용을 위한 면접전형에 불합격한 자에 대한 검사임용거부처분
   평등권 및 신뢰보호의 원칙에 반하지 않는다(대판 1997.11.28, 97누11911).
3. 납세의무자에게 징수유예된 체납세금이 있음에도, 국가 산하 세무서장이 납세의무자에게 '징수유예 또는 체납처분유예의 내역'란을 공란으로 한 납세증명서를 발급하였고, 납세의무자는 그 납세증명서를 금융기관에 제출하여 금융기관이 납세의무자 소유의 부동산들에 근저당권을 설정하고 납세의무자에게 대출을 하였는데, 이후 금융기관의 신청에 의하여 개시된 위 부동산들에 대한 임의경매절차에서 국가가 위 징수유예된 체납세금에 대한 교부청구를 한 사안
   금융기관은 문제가 된 조세의 납세의무자가 아니므로 조세법률관계에 있어서의 신뢰보호의 원칙이 적용될 수 없고, 국가의 교부청구가 신의칙 위반이나 권리남용에 해당한다고 볼 수 없다(대판 2006.5.26, 2003다18401).
4. 한시적 법인세액 감면제도를 시행하다가 개정된 조세특례제한법 제2조 제3항을 신설하면서 법인세액 감면 대상이 되지 않는 업종으로 변경된 기업에 대하여 아무런 경과규정을 두지 않은 경우
   개정 법률 시행 전에 이미 과세요건이 완성된 법인세액의 감면분까지 소급하여 그 혜택을 박탈하는 것도 아니므로 평등의 원칙, 재산권의 보장, 과잉금지의 원칙, 신뢰보호의 원칙 등에 위배되지 않는다(대판 2009.9.10, 2008두9324).

2. 사정변경

사인의 신뢰형성에 기초가 된 사실관계가 추후에 변화되고 관계당사자가 변화를 알게 되었다면, 그 후로는 사인도 변화 전의 상태를 이유로 신뢰보호를 주장할 수 없다.

1. 확약 또는 공적인 의사표명이 있은 후에 사실적·법률적 상태가 변경되었다면, 그와 같은 확약 또는 공적인 의사표명은 행정청의 별다른 의사표시를 기다리지 않고 실효된다(대판 1996.8.20, 95누10877).
2. 행정청이 공적인 견해를 표명한 후 사정이 변경됨에 따라 그 견해표명에 반하는 처분을 한 경우, 신뢰보호의 원칙에 위반되지 않는다
   신뢰보호의 원칙은 행정청이 공적인 견해를 표명할 당시의 사정이 그대로 유지됨을 전제로 적용되는 것이 원칙이므로, 사후에 그와 같은 사정이 변경된 경우에는 그 공적 견해가 더 이상 개인에게 신뢰의 대상이 된다고 보기 어려운 만큼, 특별한 사정이 없는 한 행정청이 그 견해표명에 반하는 처분을 하더라도 신뢰보호의 원칙에 위반된다고 할 수 없다.
   한편 재건축조합에서 일단 내부 규범이 정립되면 조합원들은 특별한 사정이 없는 한 그것이 존속하리라는 신뢰를 가지게 되므로, 내부 규범 변경을 통해 달성하려는 이익이 종전 내부 규범의 존속을 신뢰한 조합원들의 이익보다 우월해야 한다. 조합 내부 규범을 변경하는 총회결의가 신뢰보호의 원칙에 위반되는지를 판단하기 위해서는, 종전 내부 규범의 내용을 변경하여야 할 객관적 사정과 필요가 존재하는지, 그로써 조합이 달성하려는 이익은 어떠한 것인지, 내부 규범의 변경에 따라 조합원들이 침해받은 이익은 어

느 정도의 보호가치가 있으며 침해 정도는 어떠한지, 조합이 종전 내부 규범의 존속에 대한 조합원들의 신뢰 침해를 최소화하기 위하여 어떤 노력을 기울였는지 등과 같은 여러 사정을 종합적으로 비교·형량해야 한다(대판 2020.6.25, 2018두34732).

3. 제3자의 제소

개인의 신뢰보호는 행정청의 선행조치가 제3자효 행정행위로서 제3자에 의해 취소쟁송의 제기가 있거나 예상되는 경우(불가쟁력 발생 전)에도 기속력을 상실한다. 쟁송법적 우위(형성력의 제3자효)가 인정되기 때문이다.

4. 무효인 처분

대법원은 무효인 처분에는 신뢰보호원칙이 적용되지 않는다고 판시하고 있다.

공무원임용결격자에 대한 임용행위의 취소는 당연무효임을 통지하여 확인시켜 주는 행위이므로 신의칙 내지 신뢰원칙이 적용되지 않고 취소권은 시효로 소멸하지 않는다.
국가가 공무원임용결격사유가 있는 자에 대하여 결격사유가 있는 것을 알지 못하고 공무원으로 임용하였다가 사후에 결격사유가 있는 자임을 발견하고 공무원임용행위를 취소하는 것은 당사자에게 원래의 임용행위가 당초부터 당연무효이었음을 통지하여 확인시켜 주는 행위에 지나지 아니하는 것이므로, 그러한 의미에서 당초의 임용처분을 취소함에 있어서는 신의칙(신의성실의 원칙) 내지 신뢰의 원칙을 적용할 수 없고 또 그러한 의미의 취소권은 시효로 소멸하는 것도 아니다(대판 1987.4.14, 86누459).

5. 위법행위에 대한 신뢰와 장래효(부정)

위법한 행정규칙이나 행정관례를 신뢰한 경우 장래에 있어서도 위법한 행정규칙이나 행정관례의 준수를 행정청에 청구할 수 있는가의 문제가 있으나 부정적으로 보아야 할 것이다.

비과세관행이 성립하였다고 하여 장래에 향한 과세처분까지 할 수 없게 되는 것은 아니다
과세관청이 과거의 언동을 시정하여 장래에 향하여 처분하는 것은 신의성실의 원칙이나 소급과세금지의 원칙에 위반되지 않으므로, 비과세관행이 성립하였다고 하더라도 장래에 향한 과세처분은 할 수 있다(대판 2009.12.24, 2008두15350).

Ⅴ 신뢰보호원칙의 적용영역

신뢰보호원칙은 행정법의 일반법원칙으로서 행정법의 전 분야에서 적용되는 원칙이지만 특히 ① 확약, ② 수익적 행정행위의 직권취소와 철회의 제한, ③ 실권의 법리, ④ 계획보장청구권과 관련하여 많이 논의되고 있다.

1. 소급효금지

새로운 입법으로 이미 종결된 사실관계에 적용하는 진정소급입법은 허용되지 않는 것이 원칙이며 특단의 사정이 있는 경우에만 예외적으로 허용될 수 있다. 반면에 현재 진행 중인 사실관계에 적용되는 부진정소급입법은 원칙적으로 허용되지만, 소급효를 요구하는 공익상의 사유와 신뢰보호의 요청 사이의 교량과정에서 신뢰보호의 관점이 입법자의 형성권을 제한할 수 있다.

1. 법령의 개정에서 신뢰보호원칙이 적용되어야 하는 이유 및 신뢰보호원칙의 위배 여부를 판단하는 방법
   법령의 개정에서 신뢰보호원칙이 적용되어야 하는 이유는, 어떤 법령이 장래에도 그대로 존속할 것이라는 합리적이고 정당한 신뢰를 바탕으로 국민이 그 법령에 상응하는 구체적 행위로 나아가 일정한 법적 지위나 생활관계를 형성하여 왔음에도 국가가 이를 전혀 보호하지 않는다면 법질서에 대한 국민의 신뢰는 무너지고 현재의 행위에 대한 장래의 법적 효과를 예견할 수 없게 되어 법적 안정성이 크게 저해되기 때문이고, 이러한 신뢰보호는 절대적이거나 어느 생활영역에서나 균일한 것은 아니고 개개의 사안마다 관련된 자유나 권리, 이익 등에 따라 보호의 정도와 방법이 다를 수 있으며, 새로운 법령을 통하여 실현하고자 하는 공익적 목적이 우월한 때에는 이를 고려하여 제한될 수 있으므로, 이 경우 신뢰보호원칙의 위배 여부를 판단하기 위해서는 한편으로는 침해된 이익의 보호가치, 침해의 중한 정도, 신뢰가 손상된 정도, 신뢰침해의 방법 등과 다른 한편으로는 새 법령을 통해 실현하고자 하는 공익적 목적을 종합적으로 비교형량하여야 한다[대판(전합) 2007.10.29, 2005두4649].
2. 법령 개정에서 입법자가 경과규정을 두는 등 구 법령의 존속에 대한 당사자의 신뢰를 보호할 조치가 필요한지 판단하는 기준
   법령의 개정에서 입법자의 광범위한 재량이 인정되는 경우라 하더라도 구 법령의 존속에 대한 당사자의 신뢰가 합리적이고도 정당하며 법령의 개정으로 야기되는 당사자의 손해가 극심하여 새로운 법령으로 달성하고자 하는 공익적 목적이 그러한 신뢰의 파괴를 정당화할 수 없다면 입법자는 경과규정을 두는 등 당사자의 신뢰를 보호할 적절한 조치를 하여야 하며 이와 같은 적절한 조치 없이 새 법령을 그대로 시행하거나 적용하는 것은 허용될 수 없는바, 이는 헌법의 기본원리인 법치주의 원리에서 도출되는 신뢰보호의 원칙에 위배되기 때문이다(대판 2013.4.26, 2011다14428).
3. 사회환경이나 경제여건의 변화에 따른 필요성에 의하여 법률은 신축적으로 변할 수밖에 없고, 변경된 새로운 법질서와 기존의 법질서 사이에는 이해관계의 상충이 불가피하다. 따라서 **국민이 가지는 모든 기대 내지 신뢰가 헌법상 권리로서 보호될 것은 아니고, 신뢰의 근거 및 종류, 상실된 이익의 중요성, 침해의 방법 등에 의하여 개정된 법규·제도의 존속에 대한 개인의 신뢰가 합리적이어서 권리로서 보호할 필요성이 인정되어야** 한다. 한편 조세법의 영역에 있어서는 국가가 조세·재정정책을 탄력적·합리적으로 운용할 필요성이 매우 큰 만큼, 조세에 관한 법규·제도는 신축적으로 변할 수밖에 없다는 점에서 납세의무자로서는 구법질서에 의거한 신뢰를 바탕으로 적극적으로 새로운 법률관계를 형성하였다든지 하는 특별한

사정이 없는 한 원칙적으로 세율 등 현재의 세법이 변함없이 유지되리라고 기대하거나 신뢰할 수는 없다 (헌재결 2002.2.28, 99헌바4).[11 지방7급, 04 국회8급, 04 관세사]

2. 실권(失權)의 법리

(1) 의의 및 근거

실권의 법리란 행정기관이 위법한 상태를 장기간 방치함으로써 개인이 이를 신뢰하여 이를 기초로 새로운 법률관계를 형성한 경우에 행정기관이 사후에 그 위법성을 주장할 수 없도록 하는 것이다. 1987년의 행정절차법안 제31조 제2항은 이에 관해 명문으로 규정(처분의 위법성을 안 날로부터 1년)하고 있었지만, 현행 행정절차법에는 이에 관한 규정이 없다. 그러나 다수설과 판례는 일반법원칙인 신의성실의 원칙에 바탕을 둔 파생원칙으로 인정한다.

실권의 법리의 의미

실권 또는 실효의 법리는 법의 일반원리인 신의성실의 원칙에 바탕을 둔 파생원칙인 것이므로 공법관계 가운데 관리관계는 물론이고 권력관계에도 적용되어야 함을 배제할 수는 없다 하겠으나 그것은 본래 **권리행사의 기회가 있음에도 불구하고 권리자가 장기간에 걸쳐 그의 권리를 행사하지 아니하였기 때문에 의무자인 상대방은 이미 그의 권리를 행사하지 아니할 것으로 믿을 만한 정당한 사유가 있게 되거나 행사하지 아니할 것으로 추인(추측과 인정)케 할 경우에 새삼스럽게 그 권리를 행사하는 것이 신의성실의 원칙에 반하는 결과가 될 때 그 권리행사를 허용하지 않는 것을 의미한다**(대판 1988.4.27, 87누915).

(2) 적용요건

1. 실효의 원칙을 적용하기 위한 요건 및 충족 여부의 판단기준

   실효의 원칙이 적용되기 위하여 필요한 요건으로서의 실효기간(권리를 행사하지 아니한 기간)의 길이와 의무자인 상대방이 권리가 행사되지 아니하리라고 신뢰할 만한 정당한 사유가 있었는지의 여부는 일률적으로 판단할 수 있는 것이 아니라 **구체적인 경우마다 권리를 행사하지 아니한 기간의 장단과 함께 권리자측과 상대방측 쌍방의 사정 및 객관적으로 존재한 사정 등을 모두 고려하여 사회통념에 따라 합리적으로 판단하여야** 할 것이다(대판 2005.10.28, 2005다45827).

2. 실권의 법리 인정사례

   택시운전사가 1983. 4. 5. 운전면허 정지기간 중에 운전행위를 하다가 적발되어 형사처벌을 받았으나 행정청으로부터 아무런 행정조치가 없어 안심하고 계속 운전업무에 종사하고 있던 중 행정청이 위 위반행위가 있은 이후에 **장기간에 걸쳐 아무런 행정조치를 취하지 않은 채 방치하고 있다가 3년여가 지난 1986. 7. 7에 와서 이를 이유로 행정제재를 하면서 가장 무거운 운전면허를 취소하는 행정처분을 하였다면 이는 행정청이 그간 별다른 행정조치가 없을 것이라고 믿은 신뢰의 이익과 그 법적 안정성을 빼앗는**

것이 되어 매우 가혹할 뿐만 아니라 비록 그 위반행위가 운전면허취소사유에 해당한다 할지라도 그와 같은 공익상의 목적만으로는 위 운전사가 입게 될 불이익에 견줄 바 못된다 할 것이다(대판 1987.9.8, 87누373).

3. 실권의 법리 부정사례

원고가 허가받은 때로부터 20년이 다 되어 피고가 그 허가를 취소한 것이기는 하나 피고가 취소사유를 알고서도 그렇게 장기간 취소권을 행사하지 않은 것이 아니고 1985. 9. 중순에 비로소 위에서 본 취소사유를 알고 그에 관한 법적 처리방안에 관하여 다각도로 연구검토가 행해졌고, 그러한 사정은 원고도 알고 있었음이 기록상 명백하여 이로써 본다면 **상대방인 원고에게 취소권을 행사하지 않을 것이란 신뢰를 심어준 것으로 여겨지지 않으니 피고의 처분이 실권의 법리에 저촉된 것이라고 볼 수 있는 것도 아니다**(대판 1988.4.27, 87누915).

3. 금반언(禁反言)의 법리

미국에서는 금반언의 법리를 A가 행한 표시를 B가 신뢰한 경우에 A는 스스로 종전의 표시와 모순되는 태도(반언)를 취하여 B에 대하여 손실을 가해서는 안 된다는 원칙으로 설명하고 있다.

징계처분의 무효확인을 구하는 소가 신의칙에 반하는 것으로서 허용될 수 없다고 한 사례

피징계자가 징계처분에 중대하고 명백한 흠(당연무효)이 있음을 알면서도 퇴직 시에 지급되는 퇴직금 등 급여를 지급받으면서 그 징계처분에 대하여 위 흠을 들어 항고하였다가 곧 취하하고 그 후 **5년 이상이나 그 징계처분의 효력을 일체 다투지 아니하다가 위 비위사실에 대한 공소시효가 완성되어 더이상 형사소추를 당할 우려가 없게 되자 새삼 위 흠을 들어 그 징계처분의 무효확인을 구하는 소를 제기**하기에 이르렀고 한편 징계권자로서도 그 후 오랜 기간 동안 피징계자의 퇴직을 전제로 승진·보직 등 인사를 단행하여 신분관계를 설정하였다면 피징계자가 이제 와서 위 흠을 내세워 그 징계처분의 무효확인을 구하는 것은 **신의칙에 반한다**(대판 1989.12.12, 88누8869).

4. 신의성실의 원칙과 권리남용금지

1. 신의성실의 원칙의 의미와 그 위배를 이유로 권리행사를 부정하기 위한 요건

신의성실의 원칙은 법률관계의 당사자가 상대방의 이익을 배려하여 형평에 어긋나거나, 신의를 저버리는 내용 또는 방법으로 권리를 행사하거나 의무를 이행하여서는 아니 된다는 추상적 규범으로서, 신의성실의 원칙에 위배된다는 이유로 그 권리의 행사를 부정하기 위해서는 상대방에게 신의를 공여하였다거나, 객관적으로 보아 상대방이 신의를 가짐이 정당한 상태에 있어야 하고, 이러한 상대방의 신의에 반하여 권리를 행사하는 것이 정의관념에 비추어 용인될 수 없는 정도의 상태에 이르러야 한다(대판 2011.2.10, 2009다68941).

2. 지방공무원 임용신청 당시 잘못 기재된 호적상 출생연월일을 생년월일로 기재하고, 이에 근거한 공무원 인사기록카드의 생년월일 기재에 대하여 처음 임용된 때부터 약 36년 동안 전혀 이의를 제기하지 않다가, 정년을 1년 3개월 앞두고 호적상 출생연월일을 정정한 후 그 출생연월일을 기준으로 정년의 연장을

요구하는 것은 신의성실의 원칙에 반하지 않는다(대판 2009.3.26, 2008두21300).

3. 취득 시 매입세액 상당액을 환급받은 건물에 관해 폐업 시 잔존재화의 공급의제규정에 따라 부담하게 된 부가가치세 납세의무에 대하여 법의 수탁지에 불과하다는 사정을 들어 나무는 것은 신의성실의 원칙에 반하여 허용될 수 없다(대판 2009.4.23, 2006두14865).

4. 부가가치세 포탈을 목적으로 하는 일련의 변칙적 금지금 거래에 있어서 최종단계의 금지금 수출업자가 부가가치세 매입세액의 공제·환급을 구하는 것이 신의성실의 원칙에 위배되는지 여부(한정 적극)

   부가가치세법이 채택하고 있는 전단계세액공제 제도하에서는 각 거래단계에서 징수되는 매출세액이 그에 대응하는 매입세액의 공제·환급을 위한 재원이 되므로 그 매출세액이 국가에 납부되지 않으면 부가가치세의 체제를 유지할 수 없다. 따라서 악의적 사업자가 매출세액을 포탈하는 방법에 의해서만 이익이 창출되고 이를 포탈하지 않으면 손해만 보는 부정거래를 시도하여 그가 징수한 매출세액을 납부하지 않는 경우, 그 후의 거래단계에 영세율 적용으로 매입세액을 공제·환급받을 수 있는 수출업자가 있다면 국가는 다른 조세수입을 재원으로 그 환급 등을 실시할 수밖에 없는바, 이러한 결과는 소극적인 조세수입의 공백을 넘어 적극적인 국고의 유출에 해당되는 것이어서 부가가치세 제도의 훼손을 넘어 그 부담이 일반 국민에게 전가됨으로써 전반적인 조세체계에까지 심각한 폐해가 미치게 된다. 이러한 경우의 **수출업자가 전 단계에 부정거래가 있었음을 알면서도 그 기회를 틈타 자신의 이익을 도모하고자 거래에 나섰고 그의 거래 이익도 앞서의 부정거래로부터 연유하는 것이며 그의 거래 참여가 부정거래의 판로를 확보해 줌으로써 부정거래를 가능하게 한 결정적인 요인이 되었다면 이는 그 전제가 되는 매입세액 공제·환급제도를 악용하여 부당한 이득을 추구하는 행위라고 할 것이다. 따라서 그러한 수출업자의 매입세액 공제·환급 주장은 보편적인 정의관과 윤리관에 비추어 도저히 용납될 수 없으므로 국세기본법 제15조가 규정하는 신의성실의 원칙에 반하는 것으로서 허용될 수 없고, 그 수출업자가 중대한 과실로 그와 같은 부정거래가 있었음을 알지 못한 경우에도 마찬가지이다**[대판(전합) 2011. 1.20, 2009두13474].

5. 연속되는 일련의 거래과정에서 매출세액의 포탈을 목적으로 하는 악의적 사업자가 존재하고 그로 인하여 자신의 매입세액 공제·환급이 다른 세수의 손실을 가져온다는 사정을 알았거나 중대한 과실로 알지 못하고 구매확인서에 의한 국내 영세율 매출을 한 사업자가 매입세액의 공제·환급을 구하는 것이 신의성실의 원칙에 위배된다

   연속되는 일련의 거래과정 중에 매출세액의 포탈을 목적으로 하는 악의적 사업자가 존재하는 변칙적 금지금 거래에서, 매출세액의 포탈을 목적으로 하는 악의적 사업자가 존재하고 그로 인하여 자신의 매입세액 공제·환급이 다른 세수의 손실을 가져온다는 사정을 알았거나 중대한 과실로 알지 못한 수출업자가 매입세액의 공제·환급을 구하는 것은 보편적인 정의관과 윤리관에 비추어 도저히 용납될 수 없으므로, 이는 구 국세기본법 제15조에서 정한 신의성실의 원칙에 반하는 것으로서 허용될 수 없는데, 위와 같은 법리는 수출업자뿐만 아니라 구매확인서에 의한 국내 영세율 매출을 함으로써 매출세액의 부담 없이 매입세액을 공제·환급받는 사업자의 경우에도 마찬가지로 적용된다(대판 2011.6.30, 2010두7758).

6. 사업주에 대한 직업능력개발훈련과정 인정제한처분과 훈련비용 지원제한처분이 쟁송절차에서 위법한 것으로 판단되어 취소되거나 당연무효로 확인된 후에 사업주가 그 인정제한 기간에 실제로 실시한 직업능력개발훈련과정의 비용에 대하여 사후적으로 지원신청을 하는 경우, 관할관청이 사업주가 해당 훈련과정에 대하여 미리 훈련과정 인정을 받아 두지 않았다는 형식적인 이유만으로 훈련비용 지원을 거부하는 것은 신의성실의 원칙에 반하여 허용될 수 없다(대판 2019.1.31, 2016두52019).

5. 계획보장청구권(부정)

사인이 행정기관의 행정계획을 신뢰하고 일정한 처분행위를 한 경우 사후에 당해 행정계획이 변경 또는 폐지되는 때에는, 당해 계획의 계속적인 존속을 구하는 계획존속청구권은 행정계획

의 특성(종합성)상 인정될 수 없을 뿐만 아니라 법률적합성(공익)이 더 크다고 할 수 있으므로 신뢰보호원칙의 적용은 인정될 수 없다.

1987년의 행정절차법안 제58조는 명문규정을 두고 있었으나, 현행 행정절차법에서는 규정하지 않고 있다.

6. 공법상 계약

공법상 계약이 체결된 후 법령의 개폐 등으로 효력을 더 이상 존속시키기 곤란한 경우에는 사인의 보호가 문제된다. 이 경우 귀책사유 없는 사인은 신뢰보호의 원칙에 의해 보호(보상)되어야 할 것이다.

7. 확 약

확약은 신뢰보호원칙과 가장 밀접한 관계를 갖는 행정작용으로서 정당한 사유를 이유로 하여 확약을 취소하거나 철회하는 경우에는 손실보상을 행하여야 한다. 1987년 행정절차법안 제25조 제3항에서 명문의 규정을 두고 있었으나, 현행 행정절차법에는 규정을 두고 있지 않다.

8. 행정행위의 무효와 취소의 구별기준

행정행위의 무효와 취소의 구별기준으로 하자의 중대성 외에 명백성을 요구하고 있는 것은 상대방 등의 신뢰보호에 근거가 있다.

9. 수익적 행정행위의 취소·철회제한

개인의 신뢰보호를 위해 경우에 따라 행정행위의 취소·철회가 제한될 수 있다. 1987년의 행정절차법안 제31조와 제32조는 행정처분의 취소·철회에 있어 신뢰보호를 고려하도록 명문으로 규정하고 있었으나, 현행 행정절차법에는 명문의 규정이 없다.

10. 처분사유의 추가·변경

통설·판례는 취소소송에 있어서 행정청에 의한 처분사유의 추가·변경은 당초의 처분사유와 기본적 사실관계에 있어서 동일성이 인정되는 경우에 한정된다고 보는 제한적 긍정설을 취하고 있는데, 그 근거로 신뢰보호의 원칙을 들고 있다.

11. 사실상의 공무원이론

사실상의 공무원이론은 외관(外觀)이론의 하나로 적법한 공무원은 아니지만 상대방이 공무원이라고 믿을 만한 외관이 있는 경우 그가 행한 행정처분등을 신뢰한 '국민의 신뢰'를 보호하기 위해(사실상 공무원이 기안해서 발급한 영업허가, 건축허가 등에 대한 신뢰보호를 의미하고 공무원 자신에 대한 임명의 적법을 신뢰한 것을 보호하기 위한 것은 아니다) 처분의 효력은 유효한 것으로 다루는 이론을 말한다.

Ⅵ 신뢰보호원칙의 위반효과

신뢰보호원칙은 행정법의 일반법원칙이기 때문에 처분의 위법성 판단의 기준이 된다. 신뢰보호원칙에 반하는 행정입법이나 공법상 계약은 무효이지만, 행정행위의 위법성의 정도는 원칙적으로 취소사유이고 예외적으로 무효가 되는 경우도 존재한다.

Ⅶ 권리보호

신뢰보호원칙에 반하는 행정청의 행위로 인해 법률상 이익을 침해당한 자는 행정쟁송의 제기를 통해 피해의 구제를 구할 수 있다. 여기서 쟁송을 제기할 수 있는 자는 처분의 상대방뿐만 아니라 신뢰보호이익을 갖는 제3자도 포함된다고 볼 것이다. 또한 신뢰보호원칙에 위반되는 행위로 인해 손해를 입은 국민은 국가배상청구소송을 제기할 수 있다.

제6항　　부당결부금지원칙

Ⅰ 개 설

1. 의 의

부당결부금지원칙은 행정주체가 행정작용을 함에 있어서 '실체적인 관련성'이 없는 상대방의 반대급부와 결부시켜서는 안 된다는 원칙을 말한다. 부당결부금지의 원칙은 현실적으로 부관에 의해 행정행위에 반대급부를 결부시키는 경우와 행정상 새로운 의무이행확보수단과 관련하여 주로 논의되고 있다.

2. 등장배경

현대행정의 양적·질적 확대와 더불어 국민의 행정급부에의 의존도가 심화되면서 행정기관이 행정작용에 결부시키는 행정수단이나 제재조치 등에 대한 통제법리로 부당결부금지원칙이 등장하게 되었다.

Ⅱ 근거

부당결부금지원칙은 헌법상의 원칙으로서 구체적인 근거는 헌법상의 ① 법치국가의 원리와 ② 자의금지의 원칙, ③ 과잉금지원칙이다.

Ⅲ 적용영역

1. 공법상 계약

공법상 계약을 체결함에 있어서 실체적 관련성이 없는 부당한 반대급부와 결부시키는 행위는 부당결부금지원칙 위반으로 위헌·위법이다. 예컨대, 지방자치단체가 소유하는 토지를 매입하는 것을 조건으로 하는 수도공급계약을 들 수 있다.

2. 부 관

부관, 특히 부담에 의해 실체적 연관성이 없는 의무를 부과하는 행위는 부당결부금지원칙 위반으로 위헌·위법이다. 예컨대, 행정행위의 목적과는 무관한 다른 목적을 위해 부관을 부가하는 경우를 들 수 있다. 수익적 행정행위에 부담을 부가한 경우 관련 있는 부담이면 과잉금지원칙 위반이, 관련 없는 부담이면 부당결부금지원칙 위반이 논점이 된다.

관련판례

1. 준공거부처분에서 그 이유로 내세운 도로 기부채납의무는 이 사건 기숙사 등 건축물에 인접한 도로의 개설을 위한 도시계획사업시행허가와 위 기숙사 능 건축물의 신축을 위한 도시계획사업의 시행허가에 관한 것으로 이 사건 기숙사 등 건축물의 건축허가와는 별개의 것이고, 건축허가 사항대로 이행되어 건축법 등에 위반한 사항이 없는 이 사건 기숙사 등 건축물에 관하여, 원고가 위와 같은 이유로 준공거부처분을 한 것은 건축법에 근거 없이 이루어진 것으로서 위법하다(대판 1992.11.27, 92누10364).

2. 주택사업계획승인을 하면서 주택사업과는 아무런 관련이 없는 토지를 기부채납하도록 하는 내용의 부관은 부당결부금지의 원칙에 위반하여 위법하지만 그 하자가 당연무효라고 볼 수는 없다(대판 1997.3.11, 96다49650).

3. 이 사건 아파트와 주공2단지아파트 **주민들은 위 운동로를 통하여 반포유수지의 운동시설을 이용하거나 산책을 할 수 있는데, 폭 25m 도로의 신설로 위 운동로가 차단되어 이 사건 아파트 주민들을 비롯한 인근 주민들의 불편을 해소하고 교통사고를 예방하기 위해서는 위 운동로의 언더패스 방안이 필요한 점**, 위 운동로의 언더패스의 설치가 이 사건 **아파트 주민의 편익과 이 사건 아파트의 가치증진에 기여하게 될 것으로 예상되는 점** 등을 종합하면, **연접하고 있는 주공2단지아파트 주민들도 위 운동로를 함께 이용하게 된다는 사정만으로는 원고에게 위 운동로의 언더패스 설치의무를 부담시키는 인가조건(부담) 5번이 부당결부금지의 원칙을 위반하거나 재량권의 범위를 일탈하여 위법하다고 보기 어렵다**(대판 2007.7.12, 2007두6663).

4. 고속국도 관리청이 고속도로 부지와 접도구역에 송유관 매설을 허가하면서 상대방과 체결한 협약에 따라 송유관 시설을 이전하게 될 경우 그 비용을 상대방에게 부담하도록 하였고, 그 후 '도로법 시행규칙'이 개정되어 접도구역에는 관리청의 허가 없이도 송유관을 매설할 수 있게 된 사안에서, 위 협약이 효력을 상실하지 않을 뿐만 아니라 위 협약에 포함된 부관은 부당결부금지의 원칙에도 반하지 않는다
행정청이 수익적 행정처분을 하면서 부가한 부담의 위법 여부는 처분 당시 법령을 기준으로 판단하여야 하고, 부담이 처분 당시 법령을 기준으로 적법하다면 처분 후 부담의 전제가 된 주된 행정처분의 근거법령이 개정됨으로써 행정청이 더 이상 부관을 붙일 수 없게 되었다 하더라도 곧바로 위법하게 되거나 그 효력이 소멸하게 되는 것은 아니다. 따라서 행정처분의 상대방이 수익적 행정처분을 얻기 위하여 행정청과 사이에 행정처분에 부가할 부담에 관한 협약을 체결하고 행정청이 수익적 행정처분을 하면서 협약상의 의무를 부담으로 부가하였으나 **부담의 전제가 된 주된 행정처분의 근거법령이 개정됨으로써 행정청이 더 이상 부관을 붙일 수 없게 된 경우에도 곧바로 협약의 효력이 소멸하는 것은 아니다**(대판 2009.2.12, 2005다65500).

3. 음주운전으로 인한 복수운전면허의 취소

판례는 운전면허의 관련성을 기준으로 하여 음주운전을 하다 적발된 차량을 운전할 수 있는 면허(실체적 관련성이 있는 면허)까지 취소(강학상 철회)한 것은 부당결부금지원칙 위배가 아니지만, 운전할 수 없는 면허(실체적 관련성이 없는 면허)까지 취소한 것은 부당결부금지원칙에 위배된다는 입장이다.

(1) 부당결부금지원칙 위반 인정사례

1. 이륜자동차 음주운전, 제1종 대형면허나 보통면허의 취소나 정지(대판 1992.9.22, 91누8289) : 이륜자동차는 오직 2종 소형면허로만 운전가능
2. 제1종 특수차인 레이카크레인이나 트레일러를 음주운전, 제1종 보통·대형면허의 취소(대판 1997.5.16, 97누1310) : 제1종 보통면허나 제1종 대형면허로는 레이카크레인이나 트레일러 운전불가
3. 제1종 보통·대형·특수면허를 가진 사가 12인승 승합지등치를 운전하다 운전면허취소사유가 발생한 경우, 제1종 특수면허까지 취소한 경우(대판 1998.3.24, 98두1031) : 제1종 특수면허로는 10인 이하의 승합차만 운전가능할 뿐, 12인승 승합차는 운전불가

(2) 부당결부금지원칙 위반 부정사례

1. 음주운전을 한 당해 차량을 운전할 수 있는 면허까지 취소한 것은 적법
   ① 제1종 보통 운전면허로 운전할 수 있는 차(승합차)를 음주운전, 제1종 보통 및 대형 운전면허취소(대판 1997.3.11, 96누15176) : 제1종 대형면허는 제1종 보통면허로 운전할 수 있는 차량 운전가능
   ② 택시 음주운전, 제1종 특수면허의 취소(대판 1996.6.28, 96누4992) : 특수면허로 택시 운전가능
   ③ 배기량 125cc 이륜자동차를 운전하였다는 이유로 제1종 대형, 제1종 보통, 제1종 특수[대형견인·구난], 제2종 소형]를 취소하는 처분(대판 2018.2.28, 2017두67476)
2. 취소되는 운전면허로 운전할 수 있는 차량을 운전할 수 있는 면허까지 취소한 것은 적법
   ① 제1종 보통면허로 운전할 수 있는 차량을 음주운전, 제1종 대형면허와 제1종 보통면허 외에 원동기장치자전거면허까지 취소(대판 1996.11.8, 96누9959)
   ② 제1종 대형차량 음주운전, 제1종 보통면허까지 취소(대판 1997.2.28, 96누17578)
   ③ 제1종 대형면허로 운전할 수 있는 차량을 운전면허정지기간 중에 운전한 경우, 제1종 보통면허까지 취소(대판 2005.3.11, 2004두12452)
   ④ 승용자동차를 면허 없이 운전한 사람에 대한 제2종 원동기장치자전거면허 취소(대판 2012. 6.28, 2011두358)

관련 판례

1. 제1종 보통 운전면허로 운전할 수 있는 차를 음주운전한 경우 제1종 보통 및 대형 운전면허를 취소한 것은 부당결부금지원칙 위반이 아니다
   제1종 보통 운전면허와 제1종 대형 운전면허의 소지자가 제1종 보통 운전면허로 운전할 수 있는 승합차를 음주운전하다가 적발되어 두 종류의 운전면허를 모두 취소당한 사안에서, 그 **취소처분으로 생업에 막대한 지장을 초래하게 되어 가족의 생계조차도 어려워질 수 있다는 당사자의 불이익보다는 교통법규의 준수 또는 주취운전으로 인한 사고의 예방이라는 공익목적 실현의 필요성이 더욱 크고,** 당해 처분 중 제1종 대형 운전면허의 취소가 재량권을 일탈한 것으로 본다면 상대방은 그 운전면허로 다시 승용 및 승합자동차를 운전할 수 있게 되어 주취운전에도 불구하고 아무런 불이익을 받지 않게 되어 현저히 형평을 잃은 결과가 초래된다(대판 1997.3.11, 96누15176).

2. 제1종 보통면허로 운전할 수 있는 차량을 음주운전한 경우, 제1종 대형면허와 제1종 보통면허 외에 원동기장치자전거면허까지 취소한 것은 부당결부금지원칙 위반이 아니다
   한 사람이 여러 종류의 자동차운전면허를 취득하는 경우뿐 아니라 이를 취소 또는 정지하는 경우에 있어서도 서로 별개의 것으로 취급하는 것이 원칙이기는 하나(일부 철회의 원칙), 자동차운전면허는 그 성질이 대인적 면허(대인적 허가)일 뿐만 아니라 '도로교통법 시행규칙' 제26조 [별표 14]에 의하면, **제1종 대형면허 소지자는 제1종 보통면허로 운전할 수 있는 자동차와 원동기장치자전거를, 제1종 보통면허 소**

지자는 원동기장치자전거까지 운전할 수 있도록 규정하고 있어서 제1종 보통면허로 운전할 수 있는 차량의 음주운전은 당해 운전면허뿐만 아니라 제1종 대형면허로도 가능하고, 또한 제1종 대형면허나 제1종 보통면허의 취소에는 당연히 원동기장치자전거의 운전까지 금지하는 취지가 포함된 것이어서 이들 세 종류의 운전면허는 서로 관련된 것이라고 할 것이므로 제1종 보통면허로 운전할 수 있는 차량을 음주운전한 경우에 이와 관련된 면허인 제1종 대형면허와 원동기장치자전거면허까지 취소할 수 있는 것으로 보아야 한다(대판 1997.5.16, 97누2313).

3. 승용자동차를 면허 없이 운전한 사람에 대하여 그 사람이 소지한 제2종 원동기장치자전거면허를 취소할 수 있다

한 사람이 여러 종류의 자동차운전면허를 취득하는 경우 뿐 아니라 이를 취소 또는 정지하는 경우에 있어서도 서로 별개의 것으로 취급하는 것이 원칙이기는 하나, 원고의 이 사건 승용자동차의 음주운전행위가 '도로교통법 시행규칙' 제53조 별표 18에 의하여 승용자동차를 운전할 수 있는 제1종 대형면허, 제1종 보통면허, 제2종 보통면허의 취소사유에 해당하는 것인 이상 승용자동차를 운전할 수 있는 위 각 면허와 제2종 원동기장치자전거면허를 소지하고 이 사건 승용자동차를 음주운전한 경우라면 승용자동차를 운전할 수 있는 위 각 면허의 취소에는 당연히 원동기장치자전거의 운전까지 금지하는 취지가 포함된 것이어서 이와 관련된 면허인 원동기장치자전거면허까지 취소할 수 있는 점에 비추어 보면, 원고에게 승용자동차를 운전할 수 있는 위 각 면허가 없었다 하더라도 원고의 이 사건 승용자동차의 음주운전행위는 제2종 원동기장치자전거의 운전을 금지시킬 사유에 해당하므로 그 면허를 취소할 수 있다고 봄이 마땅하다(대판 2012.6.28, 2011두358).

4. 새로운 의무이행확보수단

전기·수도·가스 등의 공급거부와 관허사업제한, 행정법규 위반자에 대한 명단공표에 대해서는 실질적 관련성이 없다는 점에서 위헌의 소지가 있다는 견해가 제기되고 있다.

Ⅳ 위반의 효과와 권리보호

부당결부금지원칙은 행정법의 일반원칙이기 때문에 이에 대한 위반행위는 위헌·위법이 되고, 상대방은 행정쟁송이나 손해배상을 통해 구제받을 수 있다. 부당결부금지원칙에 위반한 법률은 위헌법률심판 및 헌법소원의 대상이 되고, 이에 위반한 공법상 계약은 무효이다.

제7항   그 밖의 일반법원칙

Ⅰ 적법절차의 원칙(due process of law)

적법절차의 원칙은 개인의 권익을 제한하는 모든 국가작용은 적법절차(due process)에 따라

행해져야 한다는 원칙이다. 우리헌법은 제12조 신체의 자유에 관한 조항에서 적법절차원리를 규정하고 있다. 제1항 후문은 "누구든지 …… 법률과 적법한 절차에 의하지 아니하고는 처벌·보안처분 또는 강제노역을 받지 아니한다."라고 규정하고 있고, 제3항은 "체포·구속·압수 또는 수색을 할 때에는 적법한 절차에 따라 검사의 신청에 의하여 법관이 발부한 영장을 제시하여야 한다."라고 규정하고 있다.

적법절차원리는 원래 신체의 자유의 보장 내지 형사사법석 원리로서 출발했다. 그러나 오늘날에는 입법·행정·사법 등 모든 국가작용은 절차상의 적법성을 갖춰야 할 뿐 아니라 공권력행사의 근거가 되는 법률의 실체적 내용도 합리성과 정당성을 갖춰야 한다는 헌법의 일반원리로서 법치주의와 절차적 민주주의의 구체적인 발현이다.

관련 판례

1. 헌법 제12조 제1항 및 제3항에 규정된 적법절차의 원칙은 일반적 헌법원리로서 모든 공권력의 행사에 적용되는바, 이는 절차의 적법성뿐만 아니라 절차의 적정성까지 보장되어야 한다는 뜻으로 이해된다. 즉, 형식적인 절차뿐만 아니라 실체적 법률내용이 합리성과 정당성을 갖춘 것이어야 한다는 실질적인 의미로 확대해석되고 있다(헌재결 2007.4.26, 2006헌바10).

2. 납세고지서에 해당 본세의 과세표준과 세액의 산출근거 등이 제대로 기재되지 않은 경우 과세처분의 적법 여부(원칙적 소극) 및 하나의 납세고지서에 의하여 복수의 과세처분을 하는 경우 납세고지서 기재의 방식
   구 국세징수법과 개별 세법의 납세고지에 관한 규정들은 헌법상 적법절차의 원칙과 행정절차법의 기본원리를 과세처분의 영역에도 그대로 받아들여, 과세관청으로 하여금 자의를 배제한 신중하고도 합리적인 과세처분을 하게 함으로써 조세행정의 공정을 기함과 아울러 납세의무자에게 과세처분의 내용을 자세히 알려주어 이에 대한 불복 여부의 결정과 불복신청의 편의를 주려는 데 그 근본취지가 있으므로, 이 규정들은 **강행규정**으로 보아야 한다. 따라서 **납세고지서에 해당 본세의 과세표준과 세액의 산출근거 등이 제대로 기재되지 않았다면 특별한 사정이 없는 한 그 과세처분은 위법**하다는 것이 판례의 확립된 견해이다. 판례는 여기에서 한발 더 나아가 설령 부가가치세법과 같이 개별 세법에서 납세고지에 관한 별도의 규정을 두지 않은 경우라 하더라도 해당 본세의 납세고지서에 국세징수법 제9조 제1항이 규정한 것과 같은 세액의 산출근거 등이 기재되어 있지 않다면 그 과세처분은 적법하지 않다고 한다. 말하자면 개별 세법에 납세고지에 관한 별도의 규정이 없더라도 국세징수법이 정한 것과 같은 납세고지의 요건을 갖추지 않으면 안 된다는 것이고, 이는 적법절차의 원칙이 과세처분에도 적용됨에 따른 당연한 귀결이다. 같은 맥락에서, **하나의 납세고지서에 의하여 복수의 과세처분을 함께 하는 경우에는 과세처분별로 그 세액과 산출근거 등을 구분하여 기재함으로써 납세의무자가 각 과세처분의 내용을 알 수 있도록 해야 하는 것 역시 당연**하다고 할 것이다[대판(전합) 2012.10.18, 2010두12347].

Ⅱ 공역무계속성의 원칙

공역무계속성의 원칙은 공역무(행정서비스)는 중단 없이 계속 제공되어야 한다는 원칙을 말한다. 특히 최소한 기본적인 행정서비스는 어떠한 경우에도 제공되어야 한다. 이 원칙으로부터 공무를 위탁하는 행정계약의 수탁자에 의한 해지의 제한과 공역무를 수행하는 공무원의 파업

권 행사의 제한이 도출된다.

Ⅲ 보충성의 원칙

보충성의 원칙은 국가등 행정주체는 사인이나 하위의 행정주체가 그들의 임무를 적정하게 수행하는 한 개입할 수 없고, 그 임무를 적정하게 수행하지 못해 공익상 개입할 필요가 있는 경우에 한하여 보충적으로 개입할 수 있다는 원칙을 말한다.

●제7절 행정법의 효력

Ⅰ 의 의

행정법의 효력이란 행정법이 관계자를 구속하는 범위로서 ① 시간적 효력, ② 지역적 효력, ③ 대인적 효력으로 구분된다.

Ⅱ 시간적 효력

1. 효력발생시기(장래효)

(1) 법령 및 조례·규칙

법률은 특별한 규정이 없는 한 공포한 날부터 20일을 경과함으로써 효력을 발생한다(헌법 제53조 제7항). 대통령령, 총리령 및 부령(법규명령)은 특별한 규정이 없으면 공포한 날부터 '20일'(14일, 40일이 아님)이 경과함으로써 효력을 발생한다(「법령 등 공포에 관한 법률」 제13조). 다만, 국민의 권리제한 또는 의무부과와 직접 관련되는 법률, 대통령령, 총리령 및 부령은 긴급히 시행하여야 할 특별한 사유가 있는 경우를 제외하고는 공포일부터 적어도 '30일'이 경과한 날부터 시행되도록 하여야 한다(같은 법 제13조의2). 이 경우 30일 이상 경과한 날로부터 시행되기 위해서는 부칙에 특별규정을 두어야 하고, 특별한 규정을 두지 않으면 공포한 날로부터 20일을 경과함으로써 효력을 발생한다. 통상 특별한 규정을 두는 게 보통이다.

한편, 조례와 규칙(법규명령의 일종임)은 특별한 규정이 없으면 공포한 날부터 20일이 지나면 효력을 발생한다(지방자치법 제26조 제8항). 그러나 국민에 대한 대외적 구속력이 없는 비법규인 행정규칙은 공포대상이 아니다.

(2) 공포한 날의 의미

① 관보 또는 신문이 발행된 날 : 법령등의 공포일 또는 공고일은 해당 법령등을 게재한 관보 또는 신문이 발행된 날로 한다(「법령 등 공포에 관한 법률」 제12조). 한편, '발행된 날'의 의미는 구입하여 읽어보는 것이 가능한 최초의 시기라는 견해(최초구독가능시설)가 통일된 례이다.

1. **발행된 날의 의미는 최초구독가능시이다**
   구 '광업법 시행령' 제3조에 이른바 관보게재일이라 함은 관보에 인쇄된 발행일자(관보일자, 관부일부일)를 뜻하는 것이 아니고 관보가 전국의 각 관보보급소에 발송·배포되어 이를 일반인이 열람 또는 구독할 수 있는 상태에 놓이게 된 최초의 시기(최초구독가능시)를 뜻한다(대판 1969. 11.25, 69누129).
2. **관보일자보다 실제 인쇄일이 늦은 경우 : 실제 인쇄일**
   구 국가배상법이 공포된 날짜는 그것이 관보에 게재된 일자인 1967. 3. 3.이 아니라 관보가 실제로 인쇄·발행된 동년 3. 9.이라고 보아야 한다(대판 1968.12.6, 68다1753).
3. **관보가 정부간행물 판매센터에 배치되거나 관보취급소에 발송된 날**
   공포한 날부터 시행하기로 한 법령등의 시행일은 그 법령이 수록된 관보의 발행일자가 아니고 그 관보가 정부간행물 판매센터에 배치되거나 관보취급소에 발송된 날이다(대판 1970.7.21. 70누76).

② 공포·공고절차

㉠ 헌법개정·법률·조약·대통령령·총리령 및 부령의 공포와 헌법개정안·예산 및 예산 외 국고부담계약의 공고는 관보에 게재함으로써 한다(「법령 등 공포에 관한 법률」 제11조 제1항). 관보는 종이로 발행되는 관보(종이관보)와 전자적인 형태로 발행되는 관보(전자관보)로 운영한다(같은 조 제3항). 관보의 내용 해석 및 적용 시기 등에 대하여 종이관보와 전자관보는 동일한 효력을 가진다(같은 조 제4항).

㉡ 국회의장의 법률 공포는(대통령이 공포를 하지 아니한 때에는 그 공포기일이 경과한 날로부터 5일 이내에 의장이 이를 공포한다) 서울특별시에서 발행되는 둘 이상의 일간신문(관보가 아님)에 게재함으로써 한다(같은 법 제11조 제2항).

㉢ 한편, 조례와 규칙의 공포는 해당 지방자치단체의 공보에 게재하는 방법으로 한다. 다만, 지방의회의 의장이 공포하는 경우에는 공보나 일간신문에 게재하거나 또는 게시판에 게시한다(「지방자치법 시행령」 제30조).

2 수급효금지의 원칙(법률불소급의 원칙)

(1) 의 의

새 법령의 공포시행 전에 종결된 사실에 대해 적용되는 것을 소급적용이라 하고, 법령은 이러한 소급효를 갖지 않는다는 원칙을 소급금지의 원칙이라 한다(진정소급효의 금지). 이 원칙은 법치국가의 본질인 기득권 존중·법적 안정성·예측가능성을 바탕으로 개인의 신뢰를 보호하기 위한 것이다. 헌법도 ① 소급입법에 의한 처벌, ② 참정권의 제한 또는 ③ 재산권의 박탈을 금지하고 있다(제13조).

소급적용금지는 진정소급효의 금지를 의미하는 것이지, 부진정소급효를 금지하는 것은 아니다.

(2) 종 류

① 진정소급효

㉠ 의의 : 진정소급효란 시행일 이전에 이미 종결된 사실에 대해 법령이 소급하여 효력을 미치는 것을 말한다.

㉡ 허용 여부

ⓐ 원칙부정 : 새로운 입법으로 이미 종료된 사실관계에 작용케 하는 진정소급입법은 헌법적으로 허용되지 않는 것이 원칙이다. 따라서 경과규정 등의 특별규정 없이 법령이 변경된 경우, 그 변경 전에 발생한 사항에 대해 적용할 법령은 변경 전의 구 법령이다.

---

1. 행정법규의 소급적용은 원칙적으로 부정된다(대법원)

    법령의 소급적용, 특히 행정법규의 소급적용은 일반적으로는 법치주의의 원리에 반하고, 개인의 권리·자유에 부당한 침해를 가하며, 법률생활의 안정을 위협하는 것이어서, 이를 인정하지 않는 것이 원칙이다(법률불소급의 원칙 또는 행정법규불소급의 원칙)(대판 2005.5.13, 2004다8630).

2. 조세법령의 폐지 또는 개정 전에 종결된 과세요건 사실에 대하여 폐지 또는 개정 전의 조세법령을 적용하는 것은 조세법률주의에 위배되지 않는다(대판 1993.5.11, 92누18399).[14 변호사]

3. 법률에 예외규정이 없는데도 조례로 새로운 납세의무를 부과하는 요건에 관한 규정을 신설하면서 시행시기 이전에 종결한 과세요건사실에 소급하여 적용하도록 할 수 없다[대판(전합) 2011.9.2, 2008두17363].

4. 구 지방세법 제253조에서 정한 원자력발전에 대한 지역개발세의 경우, 부과요건의 하나인 부과지역에 관한 조례가 정해져야만 부과할 수 있다

    2005. 12. 31. 법률 제7843호로 개정되어 2006. 1. 1.부터 시행된 구 지방세법 제253조는 '대통령령이 정하는 원자력발전'을 지역개발세의 과세대상으로 추가하였는데, 구 지방세법 제258조 제1항에는 "지역개발세를 부과할 지역과 부과징수에 관하여 필요한 사항은 도조례가 정하는 바에 의한다."고 규정되어 있었으므로, 원자력발전에 대한 지역개발세는 부과요건의 하나인 부과지역에 관한 조례가 정해져야만 비로소 부과지역이 대외적으로 확정되어 이를 부과할 수 있다[대판(전합) 2011.9.2, 2008두17363].

5. 2006. 1. 1.부터 시행된 구 지방세법 제258조 제1항 위임에 따라 경상북도는 2006. 3. 16, 전라남도는 2006. 4. 24. 각각 원자력발전을 지역개발세 과세대상으로 하고 부과대상지역을 해당 도내 전 지역으로 하는 내용의 조례 개정을 하였고, 부칙에서 그 부과시기를 "구 지방세법 시행 후 발진하는 분부터 적용한

다."고 규정하였는데, 이에 따라 각 과세관청이 원자력발전사업을 영위하는 갑 주식회사에 구 지방세법 시행일인 2006. 1. 1.부터 소급하여 원자력발전에 대한 지역개발세 부과처분을 한 사안에서, 위 각 부칙은 원자력발전에 대한 지역개발세 부과요건에 관한 규정을 그 시행시기 이전에 이미 종결한 과세요건사실에 소급하여 적용하도록 한 것이므로 무효라고 한 사례

원자력발전에 대한 지역개발세는 조례로 부과지역이 확정된 2006. 3. 16.(경상북도의 경우) 또는 2006. 4. 24.(전라남도의 경우) 이후에 부과할 수 있는데도, 위 각 부칙은 지역개발세 부과요건에 관한 규정을 그 시행시기 이전에 이미 종결한 과세요건사실에 소급하여 적용하도록 하였으므로 헌법 제38조, 제59조의 취지에 반하여 무효라는 이유로, 과세관청이 2006. 1. 1.부터 2006. 3. 15.(경상북도의 경우)까지 또는 2006. 1. 1.부터 2006. 4. 23.(전라남도의 경우)까지의 원자력발전에 대하여 한 지역개발세 부과처분은 위법하다고 한 사례[대판(전합) 2011.9.2, 2008두17363]

6. 개발제한구역법에 의한 이행강제금 부과의 근거가 되는 시정명령은 이행강제금 규정이 시행된 2010. 2. 7. 이후에 이루어져야 한다

이행강제금을 정한 개발제한구역법 제30조의2는 2009. 2. 6. 법률 제9436호로 신설되었고, 그 이행강제금 부과의 근거가 되는 시정명령에 관한 제30조의 규정 역시 같은 법률에 의하여 개정되었는데, 건축물·공작물 등의 철거·폐쇄·개축 또는 이전에 관하여는 종전의 규정과 달리 '상당한 기간을 정하여' 시정명령을 하도록 하였다. 그리고 위 법률 부칙은 제1조에서 "이 법은 공포 후 6개월이 경과한 날부터 시행한다. 다만, 제30조 및 제30조의2의 개정규정은 공포 후 1년이 경과한 날부터 시행한다."고 규정하여 **신설된 이행강제금 규정과 그 이행강제금 부과의 근거가 되는 시정명령에 관한 개정규정이 2010. 2. 7. 함께 시행되도록 하고 있으며, 달리 개정 법률 시행 당시 종전의 규정에 따라 이루어진 시정명령 등에 관한 일반적인 경과조치 규정을 두고 있지 않다. 위와 같은 개발제한구역법의 규정들에 비추어 보면, 개발제한구역법에 의한 이행강제금 부과의 근거가 되는 시정명령은 위 법률 시행일인 2010. 2. 7. 이후에 이루어져야 한다**(대판 2013.12.12, 2012두19137).

ⓑ 예외적 허용 : 그러나 진정소급효의 경우에도 특단의 사정이 있는 경우에는 예외적으로 허용된다(헌재결 1998.11.26, 97헌바58). 예컨대, ㉠ 신법이 관계자에게 유리한 경우, ㉡ 기득권을 어느 정도 침해해서라도 신법을 소급시킬 도덕적 내지 정책적 필요가 있을 경우(예 혁명의 경우라든지, 새로운 이념에 의한 제도의 개혁 등)에는 예외적으로 소급효를 인정할 수 있다. 또한 형벌법규가 헌법재판소에서 위헌으로 결정된 경우에도 소급이 인정된다(헌법재판소법 제47조 제2항). 그러나 형벌법규가 아닌 경우에는 소급하지 아니한다. 이는 입법자가 '헌법의 최고규범력'보다 '법적 안정성'을 우선한 것이라고 할 수 있다.

---

1. 진정소급효입법이 예외적으로 허용되는 경우(대법원)
다만 법령을 소급적용하더라도 일반국민의 이해에 직접 관계가 없는 경우, 오히려 그 이익을 증진하는 경우, 불이익이나 고통을 제거하는 경우 등의 특별한 사정이 있는 경우에 한하여 예외적으로 법령의 소급적용이 허용된다(대판 2005.5.13, 2004다8630).

2. 진정소급효입법이 예외적으로 허용되는 경우(헌법재판소)
특단의 사정이 있는 경우, 즉 기존의 법을 변경하여야 할 공익적 필요는 심히 중대한 반면에 그 법적 지위

에 대한 개인의 신뢰를 보호하여야 할 필요가 상대적으로 정당화될 수 없는 경우에는 예외적으로 허용될 수 있다. 그러한 진정소급입법이 허용되는 예외적인 경우로는 일반적으로, ① 국민이 소급입법을 예상할 수 있었거나 ② 법적 상태가 불확실하고 혼란스러웠거나 하여 보호할 만한 신뢰의 이익이 적은 경우와 ③ 소급입법에 의한 당사자의 손실이 없거나 아주 경미한 경우, 그리고 ④ 신뢰보호의 요청에 우선하는 심히 중대한 공익상의 사유가 소급입법을 정당화하는 경우를 들 수 있다(헌재결 1996.2.16, 96헌가2·96헌바7·96헌바13).

3. 「5·18 민주화운동 등에 관한 특별법」제2조가 진정소급효를 갖는 경우에도 법적 안정성과 신뢰보호의 원칙을 포함하는 법치주의 정신에 위반되거나 평등의 원칙에 위배되지 않는다(헌재결 1996.2.16, 96헌가2·96헌바7·96헌바13).

4. 친일재산은 취득·증여 등 원인행위 시에 국가의 소유로 한다고 정한 「친일반민족행위자 재산의 국가귀속에 관한 특별법」제3조 제1항 본문은 진정소급입법이지만 소급입법금지 원칙 등을 위반하여 위헌이라고 할 수 없다

친일재산은 취득·증여 등 원인행위 시에 국가의 소유로 한다고 규정하고 있는 「친일반민족행위자 재산의 국가귀속에 관한 특별법」제3조 제1항 본문은 진정소급입법에 해당하지만, 진정소급입법이라 하더라도 예외적으로 국민이 소급입법을 예상할 수 있었거나 신뢰보호 요청에 우선하는 심히 중대한 공익상 사유가 소급입법을 정당화하는 경우 등에는 허용될 수 있는데, **친일재산의 소급적 박탈은 일반적으로 소급입법을 예상할 수 있었던 예외적인 사안이고, 진정소급입법을 통해 침해되는 법적 신뢰는 심각하다고 볼 수 없는 데 반해 이를 통해 달성되는 공익적 중대성은 압도적**이라고 할 수 있으므로 **진정소급입법이 허용되는 경우에 해당**하고, 따라서 위 귀속조항이 진정소급입법이라는 이유만으로 헌법 제13조 제2항에 위배된다고 할 수 없다. 또한 위 귀속조항은 **일본제국주의에 저항한 3·1 운동의 헌법이념을 구현**하기 위한 것으로 입법 목적이 정당하고, 민법 등 기존 재산법 조항의 해석 및 적용에 의존하는 방법만으로는 친일재산의 처리가 어려운 점에 비추어 적절한 수단이며, 사안이 중대하고 범위가 명백한 네 가지 친일반민족행위를 한 자의 친일재산으로 귀속대상을 한정하고 있을 뿐만 아니라 친일반민족행위 후에 독립운동에 적극 참여한 자 등으로 친일반민족행위자재산조사위원회가 결정한 자에 대하여는 다시 예외를 인정하여 귀속대상에서 제외하고 있으며, 친일반민족행위자측은 그 재산이 친일행위의 대가로 취득한 것이 아니라는 점을 증명하여 국가귀속을 막을 수 있고 선의의 제3자에 대한 보호 규정도 마련되어 있어 피해의 최소성 원칙에 반하지 않고, 법익의 균형성도 충족하므로 재산권을 침해하지 아니한다. 나아가 친일재산 보유를 보장하는 것 자체가 정의에 반하므로 위 귀속조항이 평등의 원칙에 반한다고 볼 수 없고, 친일반민족행위자의 후손 자신의 경제적 활동으로 취득하게 된 재산이나 친일재산 이외의 상속재산 등을 국가에 귀속시키는 것은 아니므로 연좌제 금지 원칙에 반한다고 할 수도 없다(대판 2011.5.13, 2009다26831·26848·26855·26862).

---

② 부진정소급효

㉠ 의의: 부진정소급효란 시행일 이전에 시작되었으나 아직 완성되지 않고 현재 진행 중인 법률관계 및 사실관계에 새로운 법령의 효력을 미치게 하는 것을 말한다. 예컨대, 종전에 과세대상이 아니었거나 세율이 낮았던 것을 사업연도(1. 1.부터 12. 31.까지) 진행 중 법률을 개정하여 과세대상으로 하거나 세율을 인상하는 것이나, 기존건물에 개정법률을 적용하는 경우와 같이 계속되고 있는 사실에의 신법의 적용은 무방하다.

ⓒ 허용 여부 : 부진정소급효의 경우에는 소급입법금지원칙의 적용이 없다. 그러나 이 경우에도 신뢰보호의 원칙에 의해 기존의 법률관계를 신뢰하고 행한 재산상·생활상의 조치가 당해 입법에 의해 추구하는 공익목적과 비교형량하여 더 중대하다고 판단되는 경우에는 부진정소급입법은 허용되지 않는다고 할 것이다. 따라서 이러한 입법의 경우에는 보통 국민의 신뢰를 보호하기 위하여 신구관계를 조정하는 경과규정(유예조치, 적응조치)을 두는 것이 보통이다.

관련 판례

1. 부진정소급입법의 허용범위

   부진정소급입법은 원칙적으로 허용되지만 소급효를 요구하는 공익상의 사유와 신뢰보호의 요청 사이의 교량과정에서 신뢰보호의 관점이 입법자의 형성권에 제한을 가하게 된다(헌재결 1998.11.26, 97헌바58).

2. 법령불소급원칙의 적용범위

   법령불소급의 원칙은 법령의 효력발생 전에 완성된 요건 사실에 대하여 당해 법령을 적용할 수 없다는 의미일 뿐, 계속 중인 사실(부진정소급효)이나 그 이후에 발생한 요건 사실(장래효)에 대한 법령적용까지를 제한하는 것은 아니다(대판 2014.4.24, 2013두26552).

3. 행정처분의 근거가 되는 개정 법령이 그 시행 전에 완성 또는 종결되지 않은 기존의 사실 또는 법률관계를 적용대상으로 하면서 국민의 재산권과 관련하여 종전보다 불리한 법률효과를 규정하고 있는 경우, 개정 법령의 적용은 소급입법에 의한 재산권 침해가 아니다

   행정처분은 그 근거 법령이 개정된 경우에도 경과 규정에서 달리 정함이 없는 한 처분 당시 시행되는 개정 법령과 그에서 정한 기준에 의하는 것이 원칙이고, 개정 법령이 기존의 사실 또는 법률관계를 적용대상으로 하면서 국민의 재산권과 관련하여 종전보다 불리한 법률효과를 규정하고 있는 경우에도 그러한 사실 또는 법률관계가 개정 법률이 시행되기 이전에 이미 완성 또는 종결된 것이 아니라면 이를 헌법상 금지되는 소급입법에 의한 재산권 침해라고 할 수는 없으며, 그러한 개정 법률의 적용과 관련하여서는 개정 전 법령의 존속에 대한 국민의 신뢰가 개정 법령의 적용에 관한 공익상의 요구보다 더 보호가치가 있다고 인정되는 경우에 그러한 국민의 신뢰보호를 보호하기 위하여 그 적용이 제한될 수 있는 여지 가 있을 따름이다(대판 2020.7.23, 2019두31839).

4. 성적불량을 이유로 한 학생징계처분에 있어서 수강신청 이후 징계요건을 완화한 학칙개정의 소급효는 허용된다(대판 1989.7.11, 87누1123).

5. 「5·18 민주화운동 등에 관한 특별법」 제2조가 부진정소급효를 갖는 경우 법적 안정성과 신뢰보호의 원칙을 포함하는 법치주의 정신에 위반되지 않는다(헌재결 1996.2.16, 96헌가2·96헌바7·96헌바13).

6. 광업권자가 광업권을 취득하고 그에 대한 사업휴지인가를 받은 것은 모두 개정된 '광업법 시행령'이 시행되기 이전이나 그 존속기간의 만료 및 연장신청은 개정된 '광업법 시행령' 시행 이후인 경우, 위 광업권자의 광업권 존속기간연장허가신청에 대하여 개정된 '광업법 시행령'이 적용된다(대판 2000.3.10, 97누13818).

7. 개정법령이 기존의 사실 또는 법률관계를 적용대상으로 하면서 국민의 재산권과 관련하여 종전보다 불리한 법률효과를 규정하고 있는 경우 소급입법에 의한 재산권 침해가 아니고 그 개정법령의 적용이 제한되기 위한 요건으로서 신뢰보호의 원칙 위배 여부의 판단기준은 이익형량이다(대판 2009.9.10, 2008두9324).

8. 「개발이익 환수에 관한 법률」 시행 전에 개발에 착수하였지만 아직 개발을 완료하지 아니한 사업, 즉 개발이 신행 중인 사업에 개발부담금을 부과하는 것은 소급입법금지의 원칙에 위반되지 않는다(헌재결 2001.2.22, 98헌바19).

9. 개정법령이 의사의 파산선고를 임의적 취소사유에서 필요적 취소사유로 규정한 경우, 파산선고를 받고 복권되지 아니한 의사에 대해 한 면허취소는 적법이다(대판 2001.10.12, 2001두274).

10. 행정청이 약제에 대한 요양급여대상 삭제 처분의 근거 법령으로 삼은 구 '국민건강보험 요양급여의 기준에 관한 규칙' 제13조 제4항 제6호는 헌법상 소급입법금지의 원칙 내지 신뢰보호의 원칙에 위배되지 않는다(대판 2009.4.23, 2008두8918).

11. 공무원연금법에 의한 퇴직연금수급권의 성립요건과 내용

공무원연금법에 의한 퇴직연금수급권은 기초가 되는 퇴직이라는 급여의 사유가 발생함으로써 성립하지만, 내용은 급부의무자의 일회성 이행행위에 의하여 만족되는 것이 아니고 일정기간 계속적으로 이행기가 도래하는 계속적 급부를 목적으로 하는 것이다(대판 2014.4.24, 2013두26552).

12. 공무원연금공단이 공무원으로 재직하다가 명예퇴직한 후 재직 중의 범죄사실로 징역형의 집행유예를 선고받고 확정된 甲에게 헌법재판소의 헌법불합치결정에 따라 개정된 공무원연금법 시행 직후 퇴직연금 급여제한처분 등을 하였고, 위 처분에 대한 취소소송 계속 중 다시 헌법재판소가 위 개정된 공무원연금법의 시행일 및 경과조치에 관한 부칙 규정에 대하여 위헌결정을 한 사안에서, 위 처분은 소급입법에 의한 재산권 침해가 문제 되지 않고 甲의 신뢰보호를 위하여 위 개정된 공무원연금법의 적용을 제한할 여지가 없다고 본 사례

위 처분은 퇴직연금수급권의 기초가 되는 급여의 사유가 이미 발생한 후에 그 퇴직연금수급권을 대상으로 하지만, 이미 발생하여 이행기에 도달한 퇴직연금수급권의 내용을 변경함이 없이 장래 이행기가 도래하는 퇴직연금수급권의 내용만을 변경하는 것에 불과하여, 이미 완성 또는 종료된 과거 사실 또는 법률관계에 새로운 법률을 소급적으로 적용하여 과거를 법적으로 새로이 평가하는 것이 아니므로 소급입법에 의한 재산권 침해가 될 수 없고, 위 헌법불합치 결정에 따라 개선입법이 이루어질 것을 충분히 예상할 수 있으므로 개선입법 후 비로소 이행기가 도래하는 퇴직연금수급권에 대해서까지 급여제한처분이 없으리라는 신뢰가 합리적이고 정당한 것이라고 보기 어려워 甲의 신뢰보호를 위하여 신법의 적용을 제한할 여지가 없음에도, 신법 시행 전에 지급사유가 발생한 퇴직연금수급권에 관해서는 신법 시행 이후에 이행기가 도래하는 부분의 급여에 대하여도 지급을 제한할 수 없다고 보아 위 처분이 위법하다고 본 원심판결에 법리오해의 위법이 있다고 한 사례(대판 2014.4.24, 2013두26552)

2013. 4. 25. 국토교통부령 제5호로 개정된 「공익사업을 위한 토지 등의 취득 및 보상에 관한 법률 시행규칙」 시행일 전에 사업인정고시가 이루어졌으나 위 시행규칙 시행 후 보상계획의 공고·통지가 이루어진 공익사업에 대해서도 영농보상금액의 구체적인 산정방법·기준에 관한 위 시행규칙 제48조 제2항 단서 제1호를 적용하도록 규정한 위 시행규칙 부칙(2013. 4. 25.) 제4조 제1항은 진정소급입법에 해당하지 않는다(대판 2020.4.29, 2019두32696).

3. 법령의 개정과 부칙 규정의 효력

1. 법령이 전문개정된 경우, 전문개정 전 부칙 규정은 소멸되는 게 원칙이지만, 전문개정된 법률에서 종전의 법률 부칙의 경과규정에 관하여 계속 적용한다는 별도의 규정을 둔 경우뿐만 아니라 그러한 규정을 두지 않았다고 하더라도 종전의 경과규정이 실효되지 않고 계속 적용된다고 보아야 할 예외적인 특별한 사정이 있는 경우에는 그 효력이 상실되지 않는다

개정법률이 전문개정인 경우에는 기존법률을 폐지하고 새로운 법률을 제정하는 것과 마찬가지여서 종전의 본칙은 물론 부칙 규정도 모두 소멸하는 것으로 보아야 하므로 종전의 법률 부칙의 경과규정도 실효

된다고 보는 것이 원칙이지만 **특별한 사정이 있는 경우에는 그 효력이 상실되지 않는다고 보아야 할 것인**바, 여기에서 말하는 '특별한 사정'이라 함은 전문개정된 법률에서 종전의 법률 부칙의 경과규정에 관하여 계속 적용한다는 별도의 규정을 둔 경우뿐만 아니라 그러한 규정을 두지 않았다고 하더라도 종전의 경과규정이 실효되지 않고 계속 적용된다고 보아야 할 만한 예외적인 특별한 사정이 있는 경우도 포함된다고 할 것이고, 이 경우 예외적인 '특별한 사정'이 있는지 여부를 판단함에 있어서는 종전 경과규정의 입법 경위 및 취지, 전문개정된 법령의 입법 취지 및 전반적 체계, 종전의 경과규정이 실효된다고 볼 경우 법률상 공백상태가 발생하는지 여부, 기타 제반 사정 등을 종합적으로 고려하여 개별적·구체적으로 판단하여야 한다(대판 2008.11.27, 2006두19419).

2. **법령을 전부 개정하는 경우 종전 부칙 규정이 소멸하는지 여부(원칙적 적극) 및 예외적으로 종전 부칙 경과규정이 실효되지 않고 계속 적용되는 경우**

법령을 전부 개정하는 경우에는 법령의 내용 전부를 새로 고쳐 쓰므로 종전의 본칙은 물론 부칙 규정도 모두 소멸한다고 해석하는 것이 원칙이겠지만, 그 경우에도 종전 경과규정의 입법 경위와 취지, 그리고 개정 전후 법령의 전반적인 체계나 내용 등에 비추어 신법의 효력발생 이후에도 종전의 경과규정을 계속 적용하는 것이 입법자의 의사에 부합하고, 그 결과가 수범자인 국민에게 예측할 수 없는 부담을 지우는 것이 아니라면 별도의 규정이 없더라도 종전의 경과규정이 실효되지 않고 계속 적용된다고 해석할 수 있다(대판 2013.3.28, 2012재두299).

3. **법률이 전부 개정된 경우, 종전 법률의 본문 및 부칙 규정 외에 종전 법률 부칙의 경과규정도 실효되는지 여부(원칙적 적극) / 예외적으로 그 효력이 상실되지 않는 '특별한 사정'이 있는 경우 및 이때 '특별한 사정'이 있는지 판단하는 방법**

개정 법률이 전부 개정인 경우에는 기존 법률을 폐지하고 새로운 법률을 제정하는 것과 마찬가지여서 원칙적으로 종전 법률의 본문 규정은 물론 부칙 규정도 모두 효력이 소멸되는 것으로 보아야 하므로 종전 법률 부칙의 경과규정도 실효되지만, 특별한 사정이 있는 경우에는 효력이 상실되지 않는다. 여기에서 말하는 '특별한 사정'은 전부 개정된 법률에서 종전 법률 부칙의 경과규정에 관하여 계속 적용한다는 별도의 규정을 둔 경우뿐만 아니라, 그러한 규정을 두지 않았다고 하더라도 종전의 경과규정이 실효되지 않고 계속 적용된다고 보아야 할 만한 예외적인 사정이 있는 경우도 포함한다. 이 경우 예외적인 '특별한 사정'이 있는지는 종전 경과규정의 입법 경위·취지, 전부 개정된 법령의 입법 취지 및 전반적 체계, 종전 경과규정이 실효된다고 볼 경우 법률상 공백상태가 발생하는지 여부, 기타 제반 사정 등을 종합적으로 고려하여 개별적·구체적으로 판단하여야 한다(대판 2019.10.31, 2017두74320).

4. **구 조세감면규제법 부칙(1990. 12. 31.) 제23조는 1993. 12. 31. 법률 제4666호로 전부 개정된 조세감면규제법의 시행 이후에도 실효되지 않고 계속 적용된다**

구 조세감면규제법 부칙(1990. 12. 31.) 제23조의 입법 경위와 취지, 그리고 1993. 12. 31. 법률 제4666호로 전부 개정된 조세감면규제법의 전반적인 체계나 내용 등에 비추어 보면, 전부 개정 조감법의 시행에도 위 부칙규정은 실효되지 않았다고 보는 것이 입법자의 의사에 부합한다. 위 부칙규정은 이미 재평가를 한 법인에 대한 사후관리를 위한 목적에서 규정되었을 뿐이므로, 위 부칙규정을 계속 적용하는 것이 납세자에게 예측하지 못한 부담을 지우는 것이라고 할 수도 없다. 따라서 위 부칙규정은 전부 개정 조감법의 시행 이후에도 실효되지 않고 계속 적용된다고 해석하는 것이 타당하다. 그리고 이러한 해석이 헌법에 위배된다고 볼 이유도 없다(대판 2013.3.28, 2012재두299).

5. **법령을 일부 개정하면서 개정 법령에 경과규정을 두지 않은 경우, 기존 법령 부칙의 경과규정은 원칙적으로 실효되지 않는다**

법령의 전부 개정은 기존 법령을 폐지하고 새로운 법령을 제정하는 것과 마찬가지여서 특별한 사정이 없는 한 새로운 법령이 효력을 발생한 이후의 행위에 대하여는 기존 법령의 본칙은 물론 부칙의 경과규정도 모두 실효되어 더는 적용할 수 없지만, 법령이 일부 개정된 경우에는 기존 법령 부칙의 경과규정을 개정 또는 삭제하거나 이를 대체하는 별도의 규정을 두는 등의 특별한 조치가 없는 한 개정 법령에 다시 경과규정을 두지 않았다고 하여 기존 법령 부칙의 경과규정이 당연히 실효되는 것은 아니다(대판 2014.4.24, 2011두18229).

6. 조세특례제한법 부칙(2005. 12. 31.) 제36조 제2항은 2008. 12. 26. 법률 제9272호로 개정된 조세특례제한법이 효력을 발생한 이후에도 적용된다

2008. 12. 26. 법률 제9272호로 개정된 조세특례제한법(개정법)의 개정 형식과 취지, 개정법이 2005. 12. 31. 법률 제7839호로 개정된 조세특례제한법(구 법) 부칙 제36조 제2항(구 법 부칙규정)을 개정하거나 삭제하지 아니한 점, 개정법이 구 법 제133조 제2항을 '제133조 제1항 제2호'로 자리를 옮겨 규정한 것은 관련 규정의 체계를 정비한 것일 뿐 감면 한도액 계산방법을 근본적으로 바꾸려는 취지는 아닌 점, 개정법 부칙 제29조는 문언상 개정법 제133조의 적용대상에 관한 사항을 규정하고 있음이 분명하여 구 법 부칙규정을 대체하는 규정으로 볼 수 없는 점 등을 종합하여 보면, 구 법 부칙규정은 개정법이 효력을 발생한 이후에도 실효되지 않고 계속 적용된다(대판 2014.4.24, 2011두18229).

7. 구 경기도 '도세감면 조례' 부칙 제4항의 경과조치 규정을 납세의무자의 신뢰보호를 위한 특별규정으로 볼 수 있다(대판 2011.1.27, 2008두15039).

구 건축법 부칙 제2항은 1991. 5. 31. 법률 제4381호로 전부 개정된 건축법 시행에도 실효되지 않았다고 보아야 할 예외적인 '특별한 사정'이 있다

건축법이 1991. 5. 31. 법률 제4381호로 전부 개정되면서 구 건축법 부칙(1975. 12. 31.) 제2항(이하 '종전 부칙 제2항'이라 한다)과 같은 경과규정을 두지 않은 것은 당시 대부분의 도로가 시장·군수 등의 도로 지정을 받게 됨으로써 종전 부칙 제2항과 같은 경과규정을 존치시킬 필요성이 줄어든 상황을 반영한 것일 뿐, 이미 건축법상의 도로가 된 사실상의 도로를 다시 건축법상의 도로가 아닌 것으로 변경하려고 한 취지는 아닌 점, 종전 부칙 제2항이 효력을 상실한다고 보면 같은 규정에 의하여 이미 확정적으로 건축법상의 도로가 된 사실상의 도로들에 관하여 법률상 공백 상태가 발생하게 되고 그 도로의 이해관계인들, 특히 그 도로를 통행로로 이용하는 인근 토지 및 건축물 소유자의 신뢰보호 및 법적 안정성 측면에도 문제가 생기는 점 등의 제반 사정을 종합해 볼 때, 종전 부칙 제2항은 1991. 5. 31. 법률 제4381호로 전부 개정된 건축법의 시행에도, 여전히 실효되지 않았다고 볼 '특별한 사정'이 있다(대판 2019.10.31, 2017두74320).

4. 처분시 적용법령

(1) 처분시법(원칙)

행정기관은 법치행정의 원칙 및 공익보호의 원칙에 비추어 행정행위 당시의 법을 적용하여 행정행위를 하는 것이 원칙이다.

관련 판례

1. 보상금 신청 후 처분 전에 보상 기준과 대상에 관한 관계 법령의 규정이 개정된 경우 보상금지급 여부를 결정하는 기준이 되는 법령은 처분시법이다(대판 2014.7.24, 2012두23501).

2. 인허가신청 후 처분 전에 관계 법령이 개정 시행된 경우 원칙적으로 새로운 법령 및 허가기준에 따라 처분해야 한다

인허가신청 후 처분 전에 관계 법령이 개정·시행된 경우 신법령 부칙에서 신법령 시행 전에 이미 허가신청이 있는 때에는 종전의 규정에 의한다는 취지의 경과규정을 두지 아니한 이상 당연히 허가신청 당시의 법령에 의하여 허가 여부를 판단하여야 하는 것은 아니며, 소관 행정청이 허가신청을 수리하고도 정당한 이유 없이 처리를 늦추어 그 사이에 법령 및 허가기준이 변경된 것이 아닌 한 새로운 법령 및 허가기준에 따라서 한 불허가처분이 위법하다고 할 수 없다(대판 2006.8.25, 2004두2974).

3. '정당한 이유 없이 처리를 지연하였는지' 여부를 판단하는 방법

'정당한 이유 없이 처리를 지연하였는지'는 법전 허가기간이나 통상적인 처리기간을 기초로 당해 처분이 지연되게 된 구체적인 경위나 사정을 중심으로 살펴 판단하되, 개정 전 법령의 적용을 회피하려는 행정청의 동기나 의도가 있었는지, 처분지연을 쉽게 피할 가능성이 있었는지 등도 아울러 고려할 수 있다(대판 2014.7.24, 2012두23501).

4. 인천 서해관광호텔 투전기업소 신규허가신청에 대해 구법인 '사행행위단속법 시행령'에는 신법이 정하고 있는 허가기준인 '특히 필요하다고 인정되는 경우'를 보충하여 판단할 수 있는 아무런 규정이 없어 구체적인 허가기준을 정하도록 위임받은 시행령이 개정·시행되기를 기다리며 신청에 대한 처리를 보류하고 있다가 새로운 시행령에 의하여 한 불허가처분은 정당한 이유 없이 처리를 지체한 것이라고 볼 수 없으므로 적법하다(대판 1992.12.8, 92누13813).

5. 건설회사가 종전 국토이용관리법 시행 당시 주택건설사업계획 승인신청을 하였는데, 그 후 국토의 계획 및 이용에 관한 법률의 시행으로 국토이용관리법이 폐지됨에 따라 시장이 신법에 의하여 위 신청을 반려한 사안에서, 시장이 위 신청을 수리하고도 정당한 이유 없이 그 처리를 늦추었다고 볼 수 없다 하여 위 반려처분 당시 적용될 법률은 종전 국토이용관리법이 아니라 「국토의 계획 및 이용에 관한 법률」이라고 한 사례

원심은, 원고가 종전 국토이용관리법 시행 당시인 2002. 12. 27. 준농림지역인 이 사건 신청지가 준도시지역으로 국토이용계획변경이 될 것을 전제로 주택건설사업계획 승인신청을 하였는데, 2003. 1. 1. 국토계획법의 시행으로 국토이용관리법이 폐지되었고, 피고가 2003. 1. 4. 이 사건 신청을 반려하는 이 사건 처분을 함에 있어서 이 사건 신청과 관련하여 국토이용계획변경을 입안하여 이를 관보 또는 일간신문 등에 공고한 바도 없으며, 그 밖에 판시와 같은 사정에 비추어 보면 피고가 이 사건 신청을 수리하고도 정당한 이유 없이 그 처리를 늦추었다고 볼 수 없으므로, 이 사건 처분 당시 적용될 법률은 종전 국토이용관리법이 아니라 국토계획법이라고 한 다음, 국토계획법령에 따르면 이 사건 신청은 건축물의 규모에 관한 제한에 위반되어 부적법한 것이어서 피고로서는 반드시 반려처분을 하여야 하는 것이므로, 피고가 처분사유로 삼은 나머지 점 및 그에 대한 원고의 나머지 주장에 대하여 나아가 살펴 볼 필요 없이 이 사건 처분은 적법하다고 판단하였다. 앞서 본 법리와 기록에 비추어 살펴보면, 원심의 위와 같은 판단은 정당하고, 거기에 상고이유로 주장하는 헌법상의 공무원의 지위, 행정절차법 제17조 등에 관한 법리를 오해한 위법이 없다(대판 2006.8.25, 2004두2974).

6. 국립묘지안장신청 후 그 거부처분 전에 관계 법령이 개정된 경우 거부처분에 적용될 법령은 **거부처분 당시 시행 중인 법령**이다(대판 1998.11.10, 98두13812).

7. 광업권자가 광업권을 취득하고 그에 대한 사업휴지인가를 받은 것은 모두 개정된 '광업법 시행령'이 시행되기 이전이나 그 존속기간의 만료 및 연장신청은 개정된 '광업법 시행령' 시행 이후인 경우, 위 광업권자의 광업권 존속기간 연장허가 신청에 대하여 **개정된 「광업법 시행령」**이 적용된다(대판 2000.3.10, 97누13818).

8. 주택재개발사업에 대한 관리처분계획 인가와 공사완료가 된 상태에서 근거 법령인 도시재개발법이 개정되면서 달리 특별한 경과규정을 두지 않은 경우, 청산금 산정·부과의 근거가 되는 법령은 개정법령이다[대판(전합) 2001.3.15, 99두4594].

9. 채석허가기준에 관한 관계 법령이 개정되었고 경과규정에서 그 적용 범위에 관한 정함이 없는 경우, 채석 허가기준에 적용될 법령은 **개정법령**이다(대판 2005.7.29, 2003두3550).

10. 구 「국가유공자 등 예우 및 지원에 관한 법률」 제4조 제1항 제6호에서 정한 공상군경에 해당하는지 판단하기 위해 적용할 법령과 기준은 등록 여부를 결정할 당시 시행되는 법령과 그에 정한 기준에 의하여야 한다(대판 2012.11.15, 2009두7639).

11. 행정청이 보상금 신청을 수리하고 정당한 이유 없이 처리를 지연하는 사이에 법령 및 보상 기준이 변경된 경우, 변경된 법령 및 보상 기준에 따라서 한 처분은 위법하다

보상금 신청 후 처분 전에 보상 기준과 대상에 관한 관계 법령의 규정이 개정된 경우 처분 당시에 시행되는 개정 법령에 정한 기준에 의하여 보상금지급 여부를 결정하는 것이 원칙이지만, 행정청이 신청을 수리하고도 정당한 이유 없이 처리를 지연하여 그 사이에 법령 및 보상 기준이 변경된 경우에는 변경된 법령 및 보상 기준에 따라서 한 처분은 위법하다(대판 2014.7.24, 2012두23501).

신청에 따른 처분의 발급에 관한 법령이 개정된 경우, 경과규정에서 달리 정하지 않은 한 처분 당시에 시행되는 개정 법령과 그에서 정한 기준에 의하여 위 처분의 발급 여부를 결정하는 것이 원칙이다

항고소송에서 처분의 위법 여부는 특별한 사정이 없는 한 그 처분 당시를 기준으로 판단하여야 한다. 이는 신청에 따른 처분의 경우에도 마찬가지이다. 새로 개정된 법령의 경과규정에서 달리 정함이 없는 한, 처분 당시에 시행되는 개정 법령과 그에서 정한 기준에 의하여 신청에 따른 처분의 발급 여부를 결정하는 것이 원칙이고, 그러한 개정 법령의 적용과 관련하여서는 개정 전 법령의 존속에 대한 국민의 신뢰가 개정 법령의 적용에 관한 공익상의 요구보다 더 보호가치가 있다고 인정되는 경우에 그러한 국민의 신뢰를 보호하기 위하여 그 적용이 제한될 수 있는 여지가 있을 따름이다(대판 2020.1.16, 2019다264700).

(2) 예 외

① 법률관계를 확인하는 처분(법률관계의 확정시, 지급사유발생시)

사건의 발생시 법령에 따라 이미 법률관계가 확정되고, 행정청이 이를 확인하는 처분(예 장애등급결정)을 하는 경우에는 일정한 예외적인 경우를 제외하고는 원칙상 처분시법이 아니라 당해 법률관계의 확정시(지급사유발생시)의 법령을 적용한다.

1. 사건의 발생 시 법령에 따라 법률관계가 확정되고 행정청이 이를 확인하는 처분을 하는 경우 처분시법 (장해등급결정시법)이 아니라 법률관계 확정 시(장해급여 지급청구권 취득 시 즉, 지급사유발생 시)의 법령을 적용하는 것이 원칙이지만, 흉터로 인한 장해등급을 결정함에 있어 개정동기가 위헌적 요소를 없애려는 반성적 고려에서 이루어졌기 때문에 예외적으로 개정 시행령을 적용해야 한다

산업재해보상보험법상 장해급여는 근로자가 업무상의 사유로 부상을 당하거나 질병에 걸려 치료를 종결한 후 신체 등에 장해가 있는 경우 그 지급사유가 발생하고, 그때 근로자는 장해급여 지급청구권을 취득하므로, **장해급여 지급을 위한 장해등급결정 역시 장해급여 지급청구권을 취득할 당시, 즉 그 지급사유 발생 당시의 법령에 따르는 것이 원칙이다.** 개정된 「산업재해보상보험법 시행령」의 시행 전에 장해급여 지급청구권을 취득한 근로자의 외모의 흉터로 인한 장해등급을 결정함에 있어, **위 개정이 위헌적 요소를 없애려는 반성적 고려에서 이루어졌고** 이를 통하여 근로자의 균등한 복지증진을 도모하고자 하는 데 그 취지가 있으며, **당해 근로자에 대한 장해등급결정 전에 위 시행령의 시행일이 도래한 점 등에 비추어, 예**

외적으로 위 개정 시행령을 적용하여야 한다(대판 2007.2.22, 2004두12957).

2. 요양기관의 진료행위 이후 요양급여기준 등에 관한 법령이 개정된 경우, 요양기관이 진료행위의 대가로 지급받은 비용이 구 국민건강보험법 제43조의2 제1항, 제2항에 의하여 과다본인부담금에 해당하는지를 판단하는 기준이 되는 법령은 진료행위 당시 시행 법령이고 진료행위 이후 개정된 요양급여기준 등에 관한 법령을 진료행위 당시로 소급하여 적용할 수 없다

요양기관이 진료행위를 하고 대가로 지급받은 비용이 과다본인부담금에 해당하는지는 해당 진료행위를 하고 그 비용을 수수할 때 시행되는 법령에 의하여 정해진 요양급여기준과 요양급여비용 산정기준에 따라 정해지는 것이므로, 요양기관이 진료행위의 대가로 지급받은 비용이 구 국민건강보험법 제43조의2 제1항, 제2항에 의하여 과다본인부담금에 해당하는지는 개정된 요양급여기준 등의 법령이 아니라 진료행위 당시 요양급여기준 등의 법령을 기준으로 판단해야 하고, **요양급여기준 등의 개정에 따른 이해가 요양기관을 운영하는 자와 가입자 등 사이에 일치하지 않으므로 달리 특별한 사정이 없으면 진료행위 이후 개정된 요양급여기준 등에 관한 법령을 진료행위 당시로 소급하여 적용할 수는 없다**(대판 2012.8.17, 2011두3524).

3. 국민연금법상 장애연금 지급을 위한 장애등급 결정 시와 장애연금의 변경지급을 위한 장애등급 변경결정 시 각 적용할 법령은 장애연금 지급청구권을 취득할 당시, 즉 치료종결 후 신체 등에 장애가 있게 된 당시의 법령이다(대판 2014.10.15, 2012두15135).

---

② 법령위반에 대한 제재처분(위반행위시법)

법령위반행위에 대한 제재처분의 경우 원칙적으로 위반행위시법에 따른다. 위반행위 후 개정된 처분시의 법을 적용하는 것은 소급적용금지의 원칙상 위법하다. 다만, 처분 상대방에게 유리하게 개정된 경우 개정법령(처분시법)을 적용하는 것은 가능하다.

1. 법규위반에 대한 제재처분에 있어서는 처분 시의 법령이 아니라 위반행위 시의 법령을 적용한다(대판 1987.1.20, 86누63).

2. 건설업면허수첩 대여행위가 법령 개정으로 건설업면허 취소사유에서 삭제된 경우 구법 적용에 의한 면허취소가 가능하다

법령이 변경된 경우 명문의 다른 규정이나 특별한 사정이 없는 한 그 변경 전에 발생한 사항에 대하여는 변경 후의 신 법령이 아니라 변경 전의 구 법령이 적용되므로, 건설업자인 원고가 1973. 12. 31. 소외인에게 면허수첩을 대여한 것이 그 당시 시행된 건설업법 제38조 제1항 제8호 소정의 건설업면허 취소사유에 해당된다면 그 후 동법 시행령 제3조 제1항이 개정되어 건설업면허 취소사유에 해당하지 아니하게 되었다 하더라도 건설부장관은 동 면허수첩 대여행위 당시 시행된 건설업법 제38조 제1항 제8호를 적용하여 원고의 건설업면허를 취소하여야 할 것이다(대판 1982.12.28, 82누1).

3. 건설업자가 시공자격 없는 자에게 전문공사를 하도급한 행위에 대하여 과징금부과처분을 하는 경우, 구체적인 부과기준에 대하여 처분시의 법령이 행위시의 법령보다 불리하게 개정되었고 어느 법령을 적용할 것인지에 대하여 특별한 규정이 없다면 행위시의 법령을 적용하여야 한다

법령이 변경된 경우 신 법령이 피적용자에게 유리하여 이를 적용하도록 하는 경과규정을 두는 등의 특별한 규정이 없는 한 헌법 제13조 등의 규정에(행위시법주의) 비추어 볼 때 그 변경 전에 발생한 사항에 대하여는 변경 후의 신 법령이 아니라 변경 전의 구 법령이 적용되어야 한다. 건설업자가 시공자격 없는 자

에게 전문공사를 하도급한 행위에 대하여 과징금부과처분을 하는 경우, 구체적인 부과기준에 대하여 처분시의 법령이 행위시의 법령보다 불리하게 개정되었고 어느 법령을 적용할 것인지에 대하여 특별한 규정이 없다면 행위시의 법령을 적용하여야 한다고 한 사례(대판 2002.12.10, 2001두3228)

적법한 용도변경절차를 마치지 아니한 위법상태의 법적 성격을 판단하는 기준이 되는 법령은 법적 성격 여하가 문제 되는 시점 당시에 시행되는 건축법령이다(대판 2017.5.31, 2017두30764).

③ 불합격처분(시험일자의 법령)

시험에 따른 합격 또는 불합격처분은 원칙적으로 시험일자의 법령을 적용한다.

헌법재판소의 헌법불합치결정에 따라 개정된 「국가유공자 등 예우 및 지원에 관한 법률」 제31조 제1항, 제2항 등의 적용 시기인 2007. 7. 1. 전에 실시한 공립 중등학교 교사 임용후보자 선정 경쟁시험에서, 위 법률 등의 개정 규정을 소급 적용하지 않고 개정 전 규정에 따른 가산점 제도를 적용하여 한 불합격처분은 적법하다(대판 2009.1.15, 2008두15596).

④ 위법상태의 계속

적법한 용도변경절차를 마치지 아니한 위법상태의 법적 성격을 판단하는 기준이 되는 법령

건축법상의 용도변경행위에는 유형적인 용도변경행위뿐만 아니라 용도변경된 건축물을 사용하는 행위도 포함된다. 따라서 적법한 용도변경절차를 마치지 아니한 건축물은 원상회복되거나 적법한 용도변경절차를 마치기 전까지는 그 위법상태가 계속되고, 그 위법상태의 법적 성격은 특별한 사정이 없는 한 그 법적 성격 여하가 문제 되는 시점 당시에 시행되는 건축법령에 의하여 판단되어야 한다(대판 2017.5.31, 2017두30764).

5. 장래효

'식품제조·가공업을 신고업종에서 등록업종으로 변경하는 개정 식품위생법령이 시행된 2012. 12. 8. 이후 이루어진 미신고 식품제조영업을 개정 전 구 식품위생법 제97조 제1호, 제37조 제4항, 구 '식품위생법 시행령' 제25조 제1항 제1호에 의하여 처벌할 수 없다

구 식품위생법 제97조 제1호, 제37조 제4항, 구 「식품위생법 시행령」 제25조 제1항 제1호와 식품위생법 제37조 제5항, 부칙 제1조, '식품위생법 시행령' 제26조의2 제1항 제1호, 부칙 제1조의 내용에 의하면, 2012. 12. 8. 이전의 미신고 식품제조영업은 구 식품위생법 제97조 제1호, 제37조 제4항, 구 '식품위생법 시행령' 제25조 제1항 제1호에 의하여 처벌되지만, 개정된 식품위생법과 '식품위생법 시행령'이 시행된 2012. 12. 8.부터는 식품제조·가공업이 신고업종에서 등록업종으로 변경되었으므로 그때부터 이루어진 미신고 식품제조영업을 구 식품위생법 제97조 제1호, 제37조 제4항, 구 '식품위생법 시행령' 제25조 제1항 제1호에 의하여 처벌할 수는 없다(대판 2014.1.16, 2013도12308).

6. 효력의 소멸

(1) 명문으로 유효기간을 정해 둔 한시법(限時法)의 경우에는 기간이 도래하면 당연히 소멸

「지방분권촉진에 관한 특별법」(2008. 2. 29. 법률 제0005호)〈한시법 : 2013. 6. 1.〉 부칙〈제8865호, 2008. 2. 29.〉
제2조【유효기간】 이 법은 시행일로부터 5년 간 그 효력을 가진다.

(2) 신법에 의한 명시적 폐지(신법은 동위 또는 상위법이어야 한다)

「공공기관의 개인정보보호에 관한 법률」[폐지 2011. 3. 29. 법률 10465호] 「공공기관의 개인정보보호에 관한 법률」은 폐지한다.
부칙〈법률 제10465호, 2011. 3. 29.〉
제1조【시행일】 이 법은 공포 후 6개월이 경과한 날부터 시행한다.

(3) 묵시적 폐지(신·구법의 내용상 충돌의 경우)

법령 위반행위에 대해 당해 법령이 소멸된 후에도 처벌하거나 제재처분을 할 수 있는지와 관련해서 판례는 법령의 개정 동기가 ① 사정의 변천에 따른 경우에는 처벌할 수 있지만, ② 처벌 자체가 부당하다는 반성적 고려에서 비롯된 경우에는 처벌할 수 없다는 입장이다(동기설).

1. 「개발제한구역의 지정 및 관리에 관한 특별조치법」 제11조 제3항 및 같은 법 시행규칙 관련 조항의 신설로 허가나 신고 없이 개발제한구역 내 공작물 설치행위를 할 수 있도록 법령이 개정된 경우, 그 법령의 시행 전에 이미 범해진 위법한 설치행위에 대한 가벌성이 소멸하지 않는다
종전에 허가를 받거나 신고를 하여야만 할 수 있던 행위의 일부를 허가나 신고 없이 할 수 있도록 법령이 개정되었다 하더라도 이는 **법률 이념의 변천으로 과거에 범죄로서 처벌하던 일부 행위에 대한 처벌 자체가 부당하다는 반성적 고려에서 비롯된 것이라기보다는 사정의 변천에 따른 규제 범위의 합리적 조정의 필요에 따른 것**이라고 보이므로, 위 「개발제한구역의 지정 및 관리에 관한 특별조치법」과 같은 법 시행규칙의 신설 조항들이 시행되기 전에 이미 범하여진 개발제한구역 내 비닐하우스 설치행위에 대한 가벌성이 소멸하는 것은 아니다(대판 2007.9.6, 2007도4197).
2. 무등록 자문행위에 대한 벌칙규정이 삭제된 현행 「도시 및 주거환경정비법」하에서 구법 시행 당시 존재하던 무등록 자문행위에 대한 벌칙규정에 의한 처벌은 불가능하다
구 「도시 및 주거환경정비법」 제85조 제9호는 원심판결 선고 후인 2009. 2. 6. 법률 제9444호로 개정되어, 정비사업전문관리업 등록을 하지 아니한 자가 정비사업의 시행을 위하여 필요한 위 법 제69조 제1항 각 호의 사항과 관련하여 추진위원회 또는 사업시행자의 자문에 응하는 행위에 대한 기존의 벌칙조항이

삭제되었는바, 위 법 개정 당시 부칙 등에 그 시행 전의 정비사업전문관리업 무등록자의 자문행위에 대한 벌칙의 적용에 관하여 아무런 경과규정을 두지 않은 점 등에 비추어 보면, 비록 **정비사업전문관리업으로 등록하지 아니한 자라고 할지라도 정비사업이 시행을 위하여 필요한 법 제69조 제1항 각 호의 사항에 관한 추진위원회 또는 사업시행자의 자문에 응하는 행위를 처벌대상으로 삼은 종전의 조치가 부당하다는 반성적 고려에서** 위와 같이 「도시 및 주거환경정비법」을 개정한 것으로 보아야 할 것이다. 그렇다면 이는 **범죄 후 법률의 변경에 의하여 그 행위가 범죄를 구성하지 아니하는 경우에 해당하여 형법 제1조 제2항에 따라 신법을 적용**하여야 한다(대판 2009.9.24, 2007도6185).

(4) 수권법인 상위법의 소멸

(5) 헌법재판소의 위헌결정

Ⅲ 지역적 효력

1. 원 칙

행정법규는 원칙적으로 제정기관의 권한이 미치는 지역 내에서만 효력을 미치는 것이 원칙이다. 즉, 법률·대통령령·총리령·부령 등 국가기관이 제정한 명령은 전국에 걸쳐 효력을 가지고, 지방자치단체의 조례·규칙은 당해 지방자치단체의 관할구역 내에서만 효력을 가지는 것이 원칙이다.

관련 관례

'남극해양생물자원 보존에 관한 협약'의 체약국인 우리나라에 입항한 어획물 운반선은 위 협약과 그에 따른 남극해양생물자원 보존위원회의 보존조치에 의한 전재(轉載) 제한조치의 적용대상이다(대판 2007. 12.27, 2007두11177).

2. 예 외

(1) 국제법상 치외법권을 가지는 외교사절 등이 사용하는 토지·시설 및 주둔군이 사용하는 시설·구역 등에서는 국제관례 또는 조약이나 협정에 의해 행정법규의 효력이 미치지 않는 경우가 있다.

(2) 국가의 법률 또는 명령 가운데 영토 내의 일부의 지역 내에서만 적용되는 경우가 있다.

(3) 행정법규가 제정기관의 관할구역을 넘어 적용되는 경우가 있다. 예컨대, 지방자치단체가 다른 지방자치단체의 관할구역에 공공시설을 설치한 경우(경기도 벽제의 서울시화장장에 대해 서울시조례가 적용)이다.

Ⅳ 대인적 효력

1. 원 칙

행정법규는 원칙적으로 적용지역에 있는 모든 사람(자연인·법인, 내국인·외국인)에게 적용된다(속지주의).

북한주민도 대한민국 국민이다
조선인을 부친으로 하여 출생한 자는 남조선과도정부법률 제11호 '국적에 관한 임시조례'의 규정에 따라 조선국적을 취득하였다가 제헌헌법의 공포와 동시에 대한민국 국적을 취득하였다 할 것이고, 설사 그가 북한법의 규정에 따라 북한국적을 취득하여 중국 주재 북한대사관으로부터 북한의 해외공민증을 발급받은 자라 하더라도 북한지역 역시 대한민국의 영토에 속하는 한반도의 일부를 이루는 것이어서 대한민국의 주권이 미칠 뿐이고, 대한민국의 주권과 부딪치는 어떠한 국가단체나 주권을 법리상 인정할 수 없는 점에 비추어 볼 때, 그러한 사정은 그가 **대한민국 국적을 취득하고 이를 유지함에 있어 아무런 영향을 끼칠 수 없다** (대판 1996.11.12, 96누1221).

2. 예 외

(1) 치외법권이 인정되는 외국의 원수·외교사절, 한·미행정협정에 의한 미국군대구성원의 경우 행정법규의 적용이 배제 또는 제한된다.

(2) 외국인의 경우 ①참정권이 제한(다만, 지방자치단체장이나 지방의회의원선거의 경우 일정한 범위의 외국인에게 인정)되고, ②토지소유가 상호주의에 의해 제한되고, ③국가배상법상 상호주의가 적용되며, ④출입국관리법상 출입국에 특례가 인정된다.

(3) 예외적으로 외국에 있는 내국인에게도 적용된다(속인주의).

일본국에서 영주권을 취득한 재일교포는 대한민국 국민이므로 외국인토지법을 준용하면 안 된다

대한민국 국민이 일본국에서 영주권을 취득하였다 하여 우리 국적을 상실하지 아니하며, 영주권을 가진 재일교포를 준외국인으로 보아 외국인토지법을 준용하여야 하는 것도 아니다(대판 1981.10.13, 80다2435).

 제8절 행정법의 해석과 적용

I 행정법의 해석

행정법의 해석이란 행정법규정의 의미를 명확하게 하고 구체화하는 작업을 말한다. 행정해석은 행정기관이 하는 해석을 말하는데 법적 구속력을 갖지 않는다. 행정해석보다는 법원의 해석이 우월하다.

1. 법해석의 방법과 한계

법은 원칙적으로 불특정 다수인에 대하여 동일한 구속력을 갖는 사회의 보편타당한 규범이므로 이를 해석함에 있어서는 법의 표준적 의미를 밝혀 객관적 타당성이 있도록 하여야 하고, 가급적 모든 사람이 수긍할 수 있는 일관성을 유지함으로써 법적 안정성이 손상되지 않도록 하여야 한다. 한편 실정법은 보편적이고 전형적인 사안을 염두에 두고 규정되기 마련이므로 사회현실에서 일어나는 다양한 사안에서 그 법을 적용함에 있어서는 구체적 사안에 맞는 가장 타당한 해결이 될 수 있도록 해석할 것도 또한 요구된다. 요컨대 법해석의 목표는 어디까지나 법적 안정성을 저해하지 않는 범위 내에서 구체적 타당성을 찾는 데 두어야 한다. 나아가 그러기 위해서는 가능한 한 법률에 사용된 문언의 통상적인 의미에 충실하게 해석하는 것을 원칙으로 하면서, 법률의 입법 취지와 목적, 그 제·개정 연혁, 법질서 전체와의 조화, 다른 법령과의 관계 등을 고려하는 체계적·논리적 해석방법을 추가적으로 동원함으로써, 위와 같은 법해석의 요청에 부응하는 타당한 해석을 하여야 한다[대판 (전합) 2013. 1.17, 2011다83431].

2. 침익적 행정행위의 근거가 되는 행정법규의 해석

어느 행정행위가 기속행위인지 재량행위인지 여부는 이를 일률적으로 규정지을 수는 없는 것이고, 당해 처분의 근거가 된 규정의 형식이나 체재 또는 문언에 따라 개별적으로 판단하여야 한다. 또한 **침익적 행정행위의 근거가 되는 행정법규는 엄격하게 해석·적용하여야 하고 그 행정행위의 상대방에게 불리한 방향으로 지나치게 확장해석하거나 유추해석하여서는 안 되며,** 그 입법 취지와 목적 등을 고려한 목적론적 해석이 전적으로 배제되는 것은 아니라 하더라도 그 **해석이 문언의 통상적인 의미를 벗어나서는 아니 된다**(대판 2013.12.12, 2011두3388).

3. 사회복지법인 또는 사회복지시설에 대한 후원금의 용도 외 사용에 관한 규정은 엄격하게 해석하여야 한다

침익적 행정행위의 근거가 되는 행정법규는 엄격하게 해석·적용하여야 하고 그 행정행위의 상대방에게 불리한 방향으로 지나치게 확장해석하거나 유추해석해서는 안 되며, 그 입법 취지와 목적 등을 고려한 목적론적 해석이 전적으로 배제되는 것은 아니라고 하더라도 그 해석이 문언의 통상적인 의미를 벗어나서는 아니 된다(대판 2017.6.29, 2017두33824).

제3장 **행정상 법률관계**

제1절 행정상 법률관계

I 의 의

법률관계란 법에 의해 규율되는 생활관계를 의미하며, 당사자 간의 권리의무관계가 주된 내용
이다. 따라서 행정상의 법률관계는 행정과 관련된 당사자 간의 권리의무관계를 의미한다.

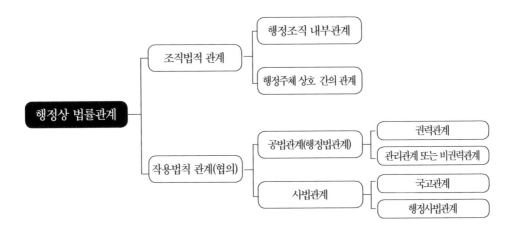

II 행정상 법률관계의 종류

1. 개 설

행정상 법률관계는 넓게는 조직법적 관계와 작용법적 관계로 나눌 수 있는데, 이 가운데 협의
의 행정상의 법률관계란 행정주체와 국민 간의 법률관계인 작용법적 관계를 말한다.

2. 행정조직법적 관계

(1) 행정조직 내부관계

① 상급청과 하급청 간의 관계, 대등행정청 간의 관계, 기관위임사무에 관한 주무부장관과 지방자치단체의 장의 관계가 이에 해당한다.

② 권리의무관계가 아니라 직무권한·기관권한의 행사관계로서 기관소송(행정소송법 제3조 제4호)에 의하며, 법률에 특별한 규정이 있는 경우(같은 법 제45조)에만 제소(소송제기)가 가능하다.

(2) 행정주체 상호 간의 관계

① 국가와 지방자치단체 간의 관계(예 감독관계·원조관계), 지방자치단체 상호 간의 권리의무관계(예 협의·사무의 위탁)가 이에 해당한다.

② 넓은 의미에서는 행정상 법률관계이지만, 대부분 법률에 의해 규정된 관할권 및 직무범위에 관련된 것이므로 진정한 의미의 행정상 법률관계와는 차이가 있다.

3. 행정작용법적 관계(협의)

(1) 개 설

행정작용법적 관계란 행정주체와 국민 사이의 법률관계를 의미하는데, 이는 공법관계(권력관계와 관리관계)와 사법관계(국고관계와 행정사법관계)로 구분된다.

(2) 공법관계(행정법관계)

공법관계(행정법관계)란 공법에 의해 규율되는 법률관계로서 권력관계와 관리관계 내지 비권력관계로 구별된다.

① 권력관계

㉠ 내용 : 행정주체가 개인에 대해 명령·강제하거나 일방적으로 법률관계를 형성(발생·변경·소멸)시키는 등 우월한 지위에서 공권력을 행사하는 법률관계를 말한다. 따라서 공정력·집행력·불가쟁력 등 특수한 효력이 인정되고, 공법적 성질이 가장 현저하므로 본래적 의미의 공법관계라고도 한다. 권력관계는 다시 일반권력관계와 특별권력관계로 구분된다.

㉡ 사례 : 사례로는 경찰행정·보건행정 등 전통적인 질서행정, 행정행위(각종 하명·허가·특허·인가 등), 행정상 강제집행(예 대집행, 강제징수 등), 행정벌, 공용부담(예 공용수용·공용사용·공용제한), 공권력을 위탁받은 사인(공무수탁사인)의 행위 등이 있다.

② 관리관계

㉠ 내용 : 행정주체가 공권력의 주체로서가 아니라 사업 또는 재산의 관리주체로서 개인과 맺는 법률관계로서, 전래적 공법관계, 비권력행정관계, 단순고권행정관계라고도 한다. 행정주체

가 우월한 지위에서 공권력을 행사하는 작용은 아니나, 작용의 목적·효과가 직접 공공성을 띠기 때문에 특별한 규율이 필요한 법률관계이다.

ⓒ **적용법규** : 관리관계의 본질은 사법관계이기 때문에 원칙적으로 사법규정 및 사법원리가 적용되지만, 공공성(윤리성)으로 인해 특별한 규율을 하고 있는 경우에는 그 한도에서 공법규정 및 공법원리가 적용된다.

ⓒ **사례** : 사례로는 급부행정분야에서 많이 행해지며, 영조물의 경영, 공물의 관리가 대표적으로 일본에서 도입한 이론이다.

ⓔ **권리구제** : 행정소송법상의 당사자소송에 의한다는 견해(김철용, 박윤흔, 한건우)와 공법이 규율하는 영역은 행정소송과 국가배상법상 청구권이, 사법이 규율하는 영역은 민사소송과 민법상의 손해배상청구권이 적용된다는 견해(정하중)가 대립된다.

ⓜ **관리관계비판론** : 관리관계의 본질을 사법상의 법률관계와 동일한 것으로 보면서 공법관계로 분류하는 것은 논리적으로 모순이라는 비판에서, 관리관계를 해체하고 공법관계는 비권력관계(단순고권행정관계)로, 사법관계는 행정사법관계로 대체시키자는 견해가 제기된다.

(3) 사법관계

① 국고관계

㉠ **내용** : 국고관계란 행정주체가 사인과 동일한 지위에서 재산관리주체로서 행하며 공공성도 띠지 않는 법률관계(공행정작용의 간접적 수행)를 말한다.

㉡ **사례** : 사례로는 국가가 사인과 물품매매계약, 건물임대차계약, 공사도급계약을 체결하거나 국·공유일반재산(구 잡종재산)을 매각하는 법률관계 등이 있다.

㉢ **적용법규** : 행정주체의 행위는 사법규정 및 사법원리의 적용을 받고, 그에 관한 법률상의 분쟁은 민사소송에 의한다. 행위의 공공성을 확보하기 위해 국가재정법(구 예산회계법), 국유재산법, 물품관리법 등에 의한 제한을 받는 경우도 있는데, 이들 법률의 성질은 사법의 일종인 특별사법으로 보는 것이 통설·판례이다.

② 행정사법관계

㉠ **내용** : 일정한 공법규정 내지는 공법원리에 의해 수정·제한되고 있는 사법, 즉 행정사법에 의해 규율되는 법률관계(공행정작용의 직접적 수행)를 말한다. 행정사법관계로는 급부행정, 경제유도행정을 들 수 있다. 독일에서 논의된 산물이다.

㉡ **권리구제** : 사법작용이므로 그에 관한 분쟁은 특별한 규정이 없는 한 민사소송에 의한다.

● 제2절 공법과 사법

Ⅰ 개 설

1. 의 의

한 나라의 법질서는 크게 공법과 사법으로 구분할 수 있는데, 행정법은 헌법과 더불어 공법에 해당한다. 공법으로서의 행정법은 대등한 당사자의 지위에서 사인 간의 이해관계를 조절하는 사법적 원리와는 달리 공익실현을 위해 행정주체의 국민에 대한 우월적 지위가 인정되며 공법 특유의 법원리가 적용된다.

2. 역사적 발전

공법과 사법의 구별은 본질적·절대적·선험적인 것은 아니며, 역사적·상대적·경험저인 것으로 나라와 시대에 따라 차이가 있다. 공법으로서의 행정법의 출현은 국가의 우월적 지위를 보장시키고자 하는 대륙법계 국가의 정치적 이데올로기의 산물이었다. 그러나 오늘날 공법과 사법의 구별을 필요로 하는 이유는 행정권과 개인 간의 관계에 있어서는 개인 상호 간의 관계와는 달리 행정목적의 효율적 달성(공익)을 위해 특수한 법적 규율을 하지 않으면 안 된다는 법기술적인 요구에서 찾는 것이 통설적 견해이다.

Ⅱ 공·사법의 구별실익과 구별기준

1. 구별실익

구 분		공법관계	사법관계
실체법	적용법리	공법·공법원리의 적용	사법·사법원리의 적용
	소멸시효	5년(국가재정법 제96조)	10년(민법 제162조 제1항)
	공정력	행정행위에만 공정력 인정	부 정
	손해배상	국가배상법에 의한 특례	민법상의 불법행위책임
행정절차법		처분등의 절차에 적용	행정절차법의 적용대상이 아니라 사적 자치가 적용

쟁송법	행정심판	행정심판 인정(임의주의)	행정심판 없음.
	소송종류와 절차	행정소송	민사소송
	소송제기기간 (제소기간)	취소소송의 경우 단기의 제척기간 (처분등이 있음을 안날부터 90일, 처분등이 있은 날로부터 1년)	단기 제척기간 없음.
	재판관할	1. 행정법원(서울) 2. 지방법원 본원합의부(기타지역)	1. 지방법원본원 또는 지방법원지원 2. 합의부 또는 단독부
	가구제	1. 집행부정지원칙, 예외적인 집행정지 인정 2. 본안소송 계속이 요구 3. 가처분에 대하여는 행정소송법상 명시적 규정이 없기 때문에 인정 여부에 견해대립. 다만, 행정심판법상 임시처분 인정(제31조)	1. 집행정지 부정 2. 본안소송 제기 전 가구제 가능 3. 가압류·가처분 인정(민사집행법)
	사정재결	취소심판과 의무이행심판에만 인정	사정재결 부정
	사정판결	취소소송에만 인정	사정판결 부정
집행법	행정강제	자력(自力)강제, 행정벌	타력(他力)강제, 행정벌 불가

관련판례

지방자치단체가 일방 당사자가 되는 이른바 '공공계약'이 사경제의 주체로서 상대방과 대등한 위치에서 체결하는 사법상 계약에 해당하는 경우, 사적 자치와 계약자유의 원칙 등 사법의 원리가 적용된다(대판 2018.2.13, 2014두11328).

2. 구별기준

구분			내용 및 비판
이론적 구별	긍정설	구주체설	1. 적어도 일방당사자가 국가 기타 행정주체인 경우는 공법, 당사자가 모두 사인인 경우는 사법 2. 행정주체의 행위라도 국고행위의 경우는 사법관계, 사인의 경우라도 공무수탁사인의 경우는 공법관계라는 비판
		신주체설 (귀속설=특별법설)	1. 한스 볼프(Hans. J. Wolff)에 의해 창시된 학설로서 공권력의 담당자인 행정주체에 대해서만 권리·권한을 부여(귀속)하거나 의무를 부과(귀속)하는 법이 공법이고, 모든 권리주체에게 권리의무를 부과(귀속)하는 경우는 사법 2. 행정주체가 공권력주체로서의 지위를 가지는가의 여부는 관계 법규가 공법인지 여부에 의해 비로소 결정된다는 비판
		권력설 (성질설=지배설=복종설=종속설)	1. '지배복종관계(상하관계)'에 대해 적용되는 법이 공법, '대등관계'에 적용되는 법이 사법 2. 공법관계에도 공법상 계약(비권력적·쌍방적 공법행위)·국제법 관계와 같은 대등관계가 있고, 사법관계에도 친자관계와 같은 종속관계가 있다는 비판

	이익설	1. '공익'을 보호하는 법은 공법, '사익' 상호 간의 이익 조절을 목적으로 하는 법은 사법 2. 공익관념이 추상적·불명확하고, 사법도 공익에 봉사하는 경우도 있고, 공법도 공익과 사익을 함께 보호하는 경우도 있다는 점에서 비판
	생활(관계)설	1. '정치적 생활관계'를 규율하는 법이 공법, '민사적 생활관계'를 규율하는 법이 사법 2. 정치적 생활관계와 민사적 생활관계의 구별이 모호하다는 비판
	복수기준설 (통설)	공법과 사법의 구별은 어느 하나의 기준을 통해서가 아니라 여러 가지 기준을 통해서 구별하는 견해로서 통설
제도적 구별	실정법상 명문규정이 있는 경우	법규가 명문으로 ① 행정상 강제집행, ② 행정벌, ③ 사권의 제한, ④ 행정상 손해배상, ⑤ 행정상 손실보상, ⑥ 행정상 쟁송, ⑦ 형법상 공무원에 관한 죄의 적용 등을 인정하면 공법관계
	실정법상 명문규정이 없는 경우	공법적 규율의 필요성, 공권력발동과 공공복리 등을 고려하여 공공성·윤리성이 강하면 공법관계

Ⅲ 공법관계인지 사법관계인지 다투어지는 영역

1. 국공유재산관련

:: 국유재산법상 국유재산의 종류와 특성

구 분		의 의	특 성
행정 재산	공용재산	1. 국가가 직접 사무용·사업용 또는 공무원의 주거용으로 사용하거나 대통령령으로 정하는 기한까지 사용하기로 결정한 재산 2. 정부종합청사, 공무원아파트	1. 대부·매각, 사권설정 금지(원칙) 2. 시효취득 불가 3. 공물(公物): 국가배상법상 영조물에 해당 4. 공법관계
	공공용재산	1. 국가가 직접 공공용으로 사용하거나 대통령령으로 정하는 기한까지 사용하기로 결정한 재산 2. 도로, 하천, 교량	
	기업용재산	정부기업이 직접 사무용·사업용 또는 그 기업에 종사하는 직원의 주거용으로 사용하거나 대통령령으로 정하는 기한까지 사용하기로 결정한 재산	
	보존용재산 (구 보존재산)	1. 법령이나 그 밖의 필요에 따라 국가가 보존하는 재산 2. 문화재, 보안림	

일반재산 (구 잡종재산)	행정재산 외의 모든 국유재산	1. 대부·매각 가능 2. 시효취득 가능 3. 공물(公物)이 아닌 사물(私物) : 국가배상법상 영 　조물이 아님 4. 사법(私法)관계

(1) 공법관계

1. 국유재산의 관리청이 무단점유자에 대하여 하는 변상금부과처분(대판 1988.2.23, 87누1046·1047) : 기속행위, 처분성 인정
2. 귀속재산 불하처분(대판 1969.1.21, 68누190)
   - 국유재산 불하는 사법관계
3. 「징발재산정리에 관한 특별조치법」에 의한 국방부장관의 징발재산 매수결정(처분성 인정)(대판 1991.10.22, 91다 26690)·징발권자인 국가와 피징발자와의 관계
   - 징발물보상청구권은 사법관계(대판 1970.3.24, 69다1561)
4. 국유재산 관리청의 행정재산의 사용·수익자에 대한 사용료부과처분(대판 1996.2.13, 95누11023) : 처분성 인정
5. 행정재산의 목적 외 사용(행정재산의 사용수익허가)(특허)(대판 2006.3.9, 2004다31074) 및 사용·수익허가취소(대판 1997.4.11, 96누17325), 사용·수익허가신청거부(대판 1998.2.27, 97누1105) : 모두 처분성 긍정
6. 국립의료원 부설 주차장에 관한 위탁관리용역운영계약의 실질은 행정재산에 대한 사용·수익허가로서 특허(대판 2006.3.9, 2004다31074)

1. **국유재산의 관리청이 무단점유자에 대해 하는 변상금부과처분은 공법관계로서 행정처분이다**
   국유재산법 제51조 제1항은 국유재산의 무단점유자에 대하여는 대부 또는 사용·수익허가 등을 받은 경우에 납부하여야 할 대부료 또는 사용료 상당액 외에도 그 **징벌적 의미에서 국가 측이 일방적으로 그 2할 상당액을 추가하여 변상금을 징수**토록 하고 있으며, 동조 제2항은 **변상금의 체납 시 국세징수법에 의하여 강제징수**토록 하고 있는 점 등에 비추어 보면 국유재산의 관리청이 그 **무단점유자에 대하여 하는 변상금부과처분은 순전히 사경제주체로서 행하는 사법상의 법률행위**라 할 수 없고, 이는 관리청이 **공권력을 가진 우월적 지위에서 행한 것으로서 행정소송의 대상이 되는 행정처분**이라고 보아야 한다(대판 1988.2.23, 87누1046·1047).
2. **행정재산의 사용·수익에 대한 허가는 특허이고, 이에 대한 신청을 거부한 행위는 항고소송의 대상인 행정처분이다**
   공유재산의 관리청이 행정재산의 사용·수익에 대한 허가는 순전히 사경제주체로서 행하는 사법상의 행위가 아니라 관리청이 공권력을 가진 우월적 지위에서 행하는 행정처분으로서 특정인에게 행정재산을 사용할 수 있는 권리를 설정하여 주는 강학상 특허에 해당하고, 이러한 행정재산의 사용·수익허가처분의 성질에 비추어 국민에게는 행정재산의 사용·수익허가를 신청할 법규상 또는 조리상의 권리가 있다고 할 것이므로 공유재산의 관리청이 이러한 신청을 거부한 행위 역시 행정처분에 해당한다(대판 1998.2.27, 97누1105).

(2) 사법관계

1. 국유재산 불하(대판 1960.1.27, 4290행상139)
   - 귀속재산 불하는 공법관계
2. 철도국장이 관리하는 건물을 임대하는 계약(대판 1961.10.5, 4292행상6)
3. 국유임야 대부·매각·양여행위, 국유임야 무상양여신청거부행위(대판 1983.9.27, 83누292)
4. 국유잡종재산 매각행위, 매각신청 반려행위(대판 1986.6.24, 86누171)
5. 국유잡종재산 대부행위 및 대부료의 납입고지(대판 2000.2.11, 99다61675), 국유임야 대부료부과 조치(대판 1993.12.7, 91누11612)
6. 국유광업권매각(대판 1970.3.24, 69누286)
7. 폐천부지를 양여하는 행위(대판 1988.5.10, 87누1219)(공용폐지=잡종재산)
8. 시유지 분양처분의 결과로 매매목적물이 감평된 경우 그 대금액의 조정(대판 1989.9.12, 88누9763)
9. 기부채납 받은 공유재산을 무상으로 기부자에게 사용을 허용하는 행위(대판 1994.1.25, 93누7365)
   - 기부채납 받은 행정재산의 사용·수익에 대한 허가는 공법관계(대판 2001.6.15, 99두509)
10. 체비지매각
11. 국유재산의 관리
12. 공유재산인 잡종재산 대부행위(대판 2010.11.11, 2010다59646)

관련판례 국유잡종재산 대부행위(임대차)는 사법관계이다

잡종재산인 국유림을 대부하는 행위는 국가가 사경제주체로서 상대방과 대등한 위치에서 행하는 사법상의 법률행위라 할 것이고, 행정청이 공권력의 주체로서 행하는 공법상의 행위라 할 수 없으며, 이 대부계약의 취소사유나 대부료의 산정방법 등을 법정하고(산림법 제78조, 동 시행령 제62조), 또 대부료의 징수에 관하여 국세징수법 중 체납처분에 관한 규정을 준용하는 규정(국유재산법 제25조 제3항, 제38조)들이 있다고 하더라도 위 규정들은 국유재산관리상의 공정과 편의를 꾀하기 위한 규정들에 불과하여 위 규정들로 인하여 잡종재산인 국유림 대부행위의 본질이 사법상의 법률행위에서 공법상의 행위로 변화되는 것은 아니라 할 것이므로, 잡종재산인 국유림에 관한 대부료의 납입고지 역시 사법상의 이행청구에 해당한다고 할 것이어서 행정소송의 대상으로 되지 아니한다(대판 1993.12.21, 93누13735).

---

2. 특별행정법관계 관련

(1) 공법관계

특별행정법관계는 원칙적으로 공법관계이다.

1. 공공조합직원의 근무관계(단, 급여관계는 사법관계)

　① 토지개량조합과 직원의 복무관계로서 징계처분(대판 1967.11.14, 67다2271)

　② 농지개량조합의 직원에 대한 징계처분(대판 1995.6.9, 94누10870)

　③ 도시재개발조합에 대한 조합원의 자격확인[대판(전합) 1996.2.15, 94다31235] : 당사자소송

　■ 주한미군 한국인 직원의료보험조합직원의 근무관계는 사법관계(대판 1987.2.8, 87누884)

2. 유치원 교사의 자격이 있는 자에 대한 해임처분의 시정 및 수령지체된 보수의 지급을 구하는 소송은 행정소송(대판 1991.5.10, 90다10766)

3. 지방소방공무원의 근무관계와 보수에 관한 법률관계(대판 2013.3.28, 2012다102629) : 당사자소송

4. 기 타

　① 행정청인 국방부장관(대판 1996.2.27, 95누4360), 관악구청장(대판 1999.3.9, 98두18565), 서울특별시장의 입찰참가자격제한처분(대판 1994.8.23, 94누3568)은 행정처분

　② 국가나 지방자치단체에 근무하는 청원경찰의 근무관계(대판 1993.7.13, 92다47564)

　③ 공무원연금관리공단의 급여에 관한 결정(대판 1996.12.6, 96누6417) : 처분성 인정

　■ 공무원연금관리공단이 퇴직연금 중 일부 금액에 대하여 지급거부의 의사표시를 한 경우 미지급연금의 지급을 구하는 소송은 당사자소송(대판 2004.7.8, 2004두244)

　④ 국·공립도서관의 이용관계 : 영조물이용관계

　⑤ 국가의 한국토지주택공사에 대한 감독관계 : 특별감독관계

　⑥ 국·공립병원 이용(감염병환자 강제입원) : 영조물이용관계

　■ 임의이용은 사법관계

관련 관례

1. **국가나 지방자치단체에 근무하는 청원경찰의 근무관계(징계처분)는 공법관계이다**

　국가나 지방자치단체에 근무하는 청원경찰(모든 청원경찰이 아니고 국가나 지방자치단체에 근무하는 청원경찰임)은 국가공무원법이나 지방공무원법상의 공무원은 아니지만, **다른 청원경찰과는 달리 그 임용권자가 행정기관의 장이고, 국가나 지방자치단체로부터 보수를 받으며,** 산업재해보상보험법이나 근로기준법이 아닌 **공무원연금법에 따른 재해보상과 퇴직급여를 지급**받고, **직무상의 불법행위에 대하여도 민법이 아닌 국가배상법이 적용되는 등의 특질**이 있으며 그 외 임용자격, 직무, 복무의무 내용 등을 종합하여 볼 때, 그 근무관계를 사법상의 고용계약관계로 보기는 어려우므로 그에 대한 징계처분의 시정을 구하는 소는 **행정소송의 대상**이지 민사소송의 대상이 아니다(대판 1993.7.13, 92다47564).

2. **도시재개발조합에 대한 조합원의 자격 확인을 구하는 소송은 당사자소송이고 관리처분계획(분양계획)은 행정처분이다**

　도시재개발법(현 도시 및 주거환경정비법)에 의한 재개발조합은 조합원에 대한 법률관계에서 적어도 특수한 존립목적을 부여받은 특수한 행정주체로서 국가의 감독하에 그 존립목적인 특정한 공공사무를 행하고 있다고 볼 수 있는 범위 내에서는 공법상의 권리의무관계에 서 있는 것이므로 분양신청 후에 정하여진 관리처분계획의 내용에 관하여 다툼이 있는 경우에는 그 관리처분계획은 토지 등의 소유자에게 구체적이고 결정적인 영향을 미치는 것으로서 조합이 행한 처분에 해당하므로 항고소송의 방법으로 그 무효확인이나 취소를 구할 수 있다(대판 2002.12.10, 2001두6333).

3. **지방소방공무원의 근무관계는 공법상의 근무관계에 해당하고, 그 근무관계의 주요한 내용 중 하나인 보수에 관한 법률관계는 공법상의 법률관계라고 보아야 한다**

지방자치단체와 그 소속 경력직 공무원인 지방소방공무원 사이의 관계, 즉 지방소방공무원의 근무관계는 사법상의 근로계약관계가 아닌 공법상의 근무관계에 해당하고, 그 근무관계의 주요한 내용 중 하나인 지방소방공무원이 보수에 관한 법률관계는 공법상의 법률관계라고 보아야 한다(대판 2013.3.28, 2012다102629).

(2) 사법관계

사법관계
1. 공공조합의 급여관계 : 토지개량조합 연합회직원의 동 연합회에 대한 급여청구권(대판 1967.11.14, 67다2271) 2. 구 「도시 및 주거환경정비법」상 재개발조합과 조합장 또는 조합임원 사이의 선임·해임 등을 둘러싼 법률관계(대결 2009.9.24, 2009마168·169) 3. 공사·공단의 근무관계·급여관계 　① 한국조폐공사의 임원과 직원의 근무관계(파면행위)(대판 1978.4.25, 78다414) 　② 서울특별시지하철공사의 임원과 직원의 근무관계(대판 1989.9.12, 89누2103) 　③ 공무원 및 사립학교교직원의료보험관리공단과 직원의 근무관계(대판 1993. 11.23, 93누15212) 　④ 한국전력공사가 정부투자기관회계규정에 의하여 행한 입찰참가자격을 제한하는 내용의 부정당업자제재처분(대결 1999.11.26, 99부3)·한국토지개발공사의 입찰참가자격 제한(부정당업지제재처분)(대결 1995.2.28, 94두36)·수도권매립지관리공사가 한 입찰참가자격을 제한하는 내용의 부정당업자제재처분(대결 2010.11.26, 2010무137) 　■ 행정청에 의한 입찰참가자격제한은 공법관계로서 처분성 인정 　⑤ 한국방송공사와 직원 간의 임용관계 4. 종합유선방송위원회 소속 직원의 근로관계(임금과 퇴직금의 지급 청구)(대판 2001.12.24, 2001다54038) 5. 한국마사회가 조교사 또는 기수의 면허를 부여하거나 취소하는 것(대판 2008.1.31, 2005두8269) 6. 주택재건축정비사업조합과 조합 설립에 동의하지 않은 자 사이의 매도청구를 둘러싼 법률관계(대판 2010.7.15, 2009다63380)

관련판례

1. 구 「도시 및 주거환경정비법」상 재개발조합과 조합장 또는 조합임원 사이의 선임·해임 등을 둘러싼 법률관계의 성질은 사법상의 법률관계이다

구 「도시 및 주거환경정비법」상 재개발조합이 공법인이라는 사정만으로 재개발조합과 조합장 또는 조합임원 사이의 선임·해임 등을 둘러싼 법률관계가 공법상의 법률관계에 해당한다거나 그 조합장 또는 조합임원의 지위를 다투는 소송이 당연히 공법상 당사자소송에 해당한다고 볼 수는 없고, 구 「도시 및 주거환경정비법」의 규정들이 재개발조합과 조합장 및 조합임원과의 관계를 특별히 공법상의 근무관계로 설정하고 있다고 볼 수도 없으므로, **재개발조합과 조합장 또는 조합임원 사이의 선임·해임 등을 둘러싼 법률관계는 사법상의 법률관계로서 그 조합장 또는 조합임원의 지위를 다투는 소송은 민사소송에 의하여야** 할 것이다(대결 2009.9.24, 2009마168·169).

2. 주택재건축정비사업조합의 매도청구권 행사에 따른 소유권이전등기의무의 존부를 다투는 소송의 법적 성질은 민사소송이다

구 「도시 및 주거환경정비법」(구 도시정비법)상 주택재건축정비사업조합이 공법인이라는 사정만으로 조합 설립에 동의하지 않은 자의 토지 및 건축물에 대한 주택재건축정비사업조합의 매도청구권을 둘러싼 법률관계가 공법상의 법률관계에 해당한다거나 그 매도청구권 행사에 따른 소유권이전등기설자 이행

을 구하는 소송이 당연히 공법상 당사자소송에 해당한다고 볼 수는 없고, 위 법률의 규정들이 주택재건축정비사업조합과 조합 설립에 동의하지 않은 자와의 사이에 매도청구를 둘러싼 법률관계를 특별히 공법상의 법률관계로 설정하고 있다고 볼 수도 없으므로, 주택재건축정비사업조합과 조합 설립에 동의하지 않은 자 사이의 매도청구를 둘러싼 법률관계는 사법상의 법률관계로서 그 매도청구권 행사에 따른 소유권이전등기의무의 존부를 다투는 소송은 민사소송에 의하여야 할 것이다(대판 2010.7.15, 2009다63380).

3. 계약관련

(1) 공법관계

공법관계
1. 공법상 계약(통설·판례 모두 공법상 실질적 당사자소송에 의한 구제 인정) 　① 학술 : 지방전문직공무원인 서울특별시의 경찰국 산하 서울대공전술연구소 소장 채용계약](대판 1993.9.14, 92누4611) 　② 예술단원 　㉠ 서울시립무용단원의 위촉(대판 1995.12.22, 95누4636) 　㉡ 국립중앙극장 전속합창단원의 채용(대판 1996.8.27, 95나35953) 　㉢ 광주시립합창단원에 대한 재위촉(대판 2001. 12.11, 2001두7794) 　③ 언론 : 국방일보의 발행책임자인 국방홍보원장으로 채용된 계약직공무원에 대한 채용계약(대판 2002.11.26, 2002두5948) 　④ 의사 : 전문직공무원인 공중보건의사 채용계약(대판 1996.5.31, 95누10617) 　⑤ 국책사업인 '한국형 헬기 개발사업'(Korean Helicopter Program)에 개발주관사업자 중 하나로 참여하여 국가 산하 중앙행정기관인 방위사업청과 한국항공우주산업 주식회사 간의 '한국형헬기 민군겸용 핵심구성품 개발협약'(대판 2017.11.9, 2015다215526) 2. 공기업이용관계 　① 수도료의 부과징수(학설상 처분성 인정)와 수도료의 납부관계(공법상의 법률관계로 당사자소송 대상으로 해석)(대판 1977.2.22, 76다2517) 　② 단수처분(대판 1979.12.28, 79누218)(학설상 권력적 사실행위) : 판례는 권력적 사실행위라는 논거를 제시하지 않고 결론만 처분으로 인정 3. 공기업이용관계 관련사례 중 처분성 부정(행정지도) 　① 한국전력공사가 관할구청장에게 전기공급의 적법 여부를 조회한 데 대하여, 관할구청장이 전기공급이 불가하다는 내용의 회신(대판 1995. 11.21, 95누9099) 　② 행정청이 전기·전화의 공급자에게 위법건축물에 대한 전기·전화공급을 하지 말아 줄 것을 요청한 행위(대판 1996.3.22, 96누433) 4. 중소기업 정보화지원사업에 따른 지원금 출연을 위하여 중소기업청장이 체결하는 협약(대판 2015.8.27, 2015두41449)

관련
판례

국책사업인 '한국형 헬기 개발사업'(Korean Helicopter Program)에 개발주관사업자 중 하나로 참여하여 국가 산하 중앙행정기관인 방위사업청과 '한국형헬기 민군겸용 핵심구성품 개발협약'을 체결한 甲 주식회사(한국항공우주산업 주식회사)가 협약을 이행하는 과정에서 환율변동 및 물가상승 등 외부적 요인 때문에 협약금액을 초과하는 비용이 발생하였다고 주장하면서 국가를 상대로 초과비용의 지급을 구하는 민사소송을 제기한 사안에서, 위 협약의 법률관계는 공법관계에 해당하므로 이에 관한 분쟁은 행정소송으로 제기하여야 한다고 한 사례

위 협약에서 국가는 甲 회사에 '대가'를 지급한다고 규정하고 있으나 이는 국가연구개발사업규정에 근거하여 국가가 甲 회사에 연구경비로 지급하는 출연금을 지칭하는 데 다름 아닌 점, 위 협약에 정한 협약금액은 정부의 연구개발비 출연금과 참여기업의 투자금 등으로 구성되는데 위 협약 특수조건에 의하여 참여기업이 물가상승 등을 이유로 국가에 협약금액의 증액을 내용으로 하는 협약변경을 구하는 것은 실질적으로는 KHP사업에 대한 정부출연금의 증액을 요구하는 것으로 이에 대하여는 국가의 승인을 얻도록 되어 있는 점, 위 협약은 정부와 민간이 공동으로 한국형헬기 민·군 겸용 핵심구성품을 개발하여 기술에 대한 권리는 방위사업이라는 점을 감안하여 국가에 귀속시키되 장차 기술사용권을 甲 회사에 이전하여 군용 헬기를 제작·납품하게 하거나 또는 민간 헬기의 독자적 생산기반을 확보하려는 데 있는 점, KHP사업의 참여기업인 甲 회사로서도 민·군 겸용 핵심구성품 개발사업에 참여하여 기술력을 확보함으로써 향후 군용 헬기 양산 또는 민간 헬기 생산에서 유리한 지위를 확보할 수 있게 된다는 점 등을 종합하면, **국가연구개발사업규정에 근거하여 국가 산하 중앙행정기관의 장과 참여기업인 甲 회사가 체결한 위 협약의 법률관계는 공법관계**에 해당하므로 이에 관한 **분쟁은 행정소송**으로 제기하여야 한다고 한 사례(대판 2017.11.9, 2015다215526)

사법관계

1. 공설시장 점포에 대한 부산시장의 사용허가 및 취소행위(대판 1962.2.22, 4294행상173)
2. 전화가입계약(대판 1982.12.28, 82누441) : 행정사법관계
3. 시의 물품구입계약(대판 1992.4.28, 91다46885)
4. 협의취득(다수설은 공법상 계약설)
   ① 도시계획사업의 시행자가 그 사업에 필요한 토지를 협의취득하는 행위(대판 1992.10.27, 91누3871)
   ② 토지수용법상 공공사업시행자의 협의매수에 의한 토지취득행위(대판 1996.2.13, 95다3510)
   ③ 구「공공용지의 취득 및 손실보상에 관한 특례법」에 의한 협의취득(대판 1999.11.26, 98다47245)
5. 국·공립병원(경찰병원)의 전공의(인턴, 레지던트) 임용(대판 1994.12.2, 94누8778)
6. 창덕궁 안내원의 채용계약(대판 1996. 1.23, 95다5809)
7. 사립학교 교원과 학교법인의 관계(대판 1993.2.12, 92누13707)·사립대학의 등록금징수행위·사립대학생의 징계처분
   - 사립대학생에 대한 학위수여는 공법관계
8. 예산회계법(현 국가재정법) 또는 지방재정법에 따라 지방자치단체가 당사자가 되어 체결하는 계약과 손해배상예정으로서의 입찰보증금 국고귀속조치(대판 1996.12.20, 96누14708)
9. 기 타
   ① 국가계약법에 따라 지방자치단체가 당사자가 되는 공공계약(관급공사계약)(대판 2001.12.11, 2001다33604), 관공서(정부청사·도청청사·시청청사·구청청사 등) 건축도급계약, 도로·항만 등 토목도급계약

② 「정부투자기관 관리기본법」의 적용 대상인 정부투자기관이 일방 당사자가 되는 계약(공공계약)(대판 2014.12.24, 2010다83182)

③ 음식물류 폐기물의 수집·운반, 가로 청소, 재활용품의 수집·운반 업무의 대행을 위탁하고 그에 대한 대행료를 지급하는 것을 내용으로 하는 용역계약(대판 2018.2.13, 2014두11328)

④ 을 회사가 고용노동부의 '청년취업인턴제 시행지침' 또는 구 「보조금 관리에 관한 법률」 제33조의2 제1항 제1호에 따라 보조금수령자에 대하여 거짓 신청이나 그 밖의 부정한 방법으로 지급받은 보조금을 반환하도록 요구하는 의사표시 (대판 2019.8.30, 2018다242451)

⑤ 지방자치단체와 사인과 체결한 자원회수시설과 부대시설에 관한 위·수탁 운영 협약(대판 2019.10.17, 2018두60588)
   금전적 : 국고수표발행, 국가의 주식매입, 행정주체의 자금차입, 국·공채발행·모집

⑥ 공기업이용관계 : 공영철도·자치단체의 철도(지하철)이용, 시영버스이용관계, 시영식당이용관계

⑦ 국·공립병원이용(임의이용)
   ▪ 감염병환자의 강제입원은 특별행정법관계로서 공법관계

⑧ 한국토지주택공사로부터의 주택구입

관련 관례

1. 예산회계법(현 국가재정법)에 따라 체결되는 계약과 손해배상예정으로서의 입찰보증금 국고귀속조치는 사법관계이다

   예산회계법에 따라 체결되는 계약은 사법상의 계약이라고 할 것이고 동법 제70조의5의 **입찰보증금은 낙찰자의 계약체결의무이행의 확보를 목적으로 하여 그 불이행 시에 이를 국고에 귀속시켜 국가의 손해를 전보하는 사법상의 손해배상예정으로서의 성질을 갖는 것**이라고 할 것이므로 **입찰보증금의 국고귀속조치는 국가가 사법상의 재산권의 주체로서 행위하는 것**이지 공권력을 행사하는 것이거나 공권력작용과 일체성을 가진 것이 아니라 할 것이므로 **이에 관한 분쟁은 행정소송이 아닌 민사소송의 대상이 될 수밖에 없다**고 할 것이다(대판 1983.12.27, 81누366).

2. 국가계약법에 따라 지방자치단체가 당사자가 되는 공공계약(관급공사계약)은 사법상의 계약으로서 사법관계이다

   지방재정법에 의하여 준용되는 국가계약법에 따라 지방자치단체가 당사자가 되는 이른바 공공계약은 사경제의 주체로서 상대방과 대등한 위치에서 체결하는 사법상의 계약으로서 그 본질적인 내용은 사인 간의 계약과 다를 바가 없으므로, 그에 관한 법령에 특별한 정함이 있는 경우를 제외하고는 사적 자치와 계약자유의 원칙 등 사법의 원리가 그대로 적용된다 할 것이다(대판 2001.12.11, 2001다33604).

4. 권리관계

공법관계

1. 별도의 불복방법에 관한 규정이 있는 경우의 손실보상청구권

　① 항고소송에 의하는 경우

　㉠ 공유수면매립법에 정한 권리를 가진 자가 취득한 손실보상청구권(대판 2001.6.29, 99다56468)

　㉡ 하천법 개정(1984. 12. 31) 후 하천법 본문에 따라 하천법상 준용하천의 제외지로 편입된 토지소유자의 손실보상청구는 토지수용위원회를 상대로 항고소송(대판 2003. 4.25, 2001두1369)

　② 실질적 당사자소송

　㉠ 하천법 개정(1984. 12. 31.) 전 하천법 부칙 제2조 제1항 및 「법률 제3782호 하천법 중 개정법률 부칙 제2조의 규정에 의한 보상청구권의 소멸시효가 만료된 하천구역 편입토지 보상에 관한 특별조치법」 제2조 제1항에서 정하고 있는 손실보상청구권의 법적 성질은 공권이고, 그 쟁송절차는 행정소송(당사자소송)[대판(전합) 2006.5.18, 2004다6207]

　㉡ 주거이전비 보상청구에 대한 소송(대판 2008.5.29, 2007다8129)

　㉢ 구 「공익사업을 위한 토지 등의 취득 및 보상에 관한 법률」 제79조 제2항 등에 따른 사업폐지 등에 대한 보상청구권(대판 2012.10.11, 2010다23210)

　㉣ 구 하천법 부칙 제2조 제1항, 「하천편입토지 보상 등에 관한 특별조치법」 제2조 제2호에 의한 손실보상청구권(대판 2016.8.24, 2014두46966)

　③ 형식적 당사자소송

　㉠ 「공익사업을 위한 토지 등의 취득 및 보상에 관한 법률」상 보상금증감청구소송(대판 1991.11.26, 91누285)

　㉡ 구 「공익사업을 위한 토지 등의 취득 및 보상에 관한 법률」 제74조 제1항에 의한 잔여지 수용청구를 받아들이지 않은 토지수용위원회의 재결에 대하여 토지소유자가 불복하여 제기하는 소송은 '보상금의 증감에 관한 소송'에 해당하여 사업시행자를 피고로 하여야 한다(대판 2010.8.19, 2008두822).

2. 무허가건물의 강제철거와 관련하여 이루어지는 시나 구 등 지방자치단체의 철거건물 소유자에 대한 시영아파트 분양권 부여 및 세입자에 대한 지원대책(대판 1994.9.30, 94다11767)

3. 부가가치세 환급세액 지급청구는 공법상의 법률관계로서 당사자소송의 대상[대판(전합) 2013.3.21, 2011다95564]

4. 토지구획정리사업에 따른 공공시설용지의 원시취득으로 형성되는 국가 또는 지방자치단체와 사업시행자 사이의 관계(대판 2016.12.15, 2016다221566)

5. 정비기반시설의 소유권 귀속에 관한 국가 또는 지방자치단체와 정비사업시행자 사이의 법률관계(대판 2018.7.26, 2015다221569)

관련 판례

구 하천법 부칙 제2조 제1항, 「하천편입토지 보상 등에 관한 특별조치법」 제2조 제2호에 의한 손실보상청구권의 법적 성질은 공법상의 권리이다

법률 제3782호 하천법 중 개정법률(개정 하천법)은 부칙 제2조 제1항에서 개정 하천법의 시행일인 1984. 12. 31 전에 유수지에 해당되어 하천구역으로 된 토지 및 구 하천법의 시행으로 국유로 된 제외지 안의 토지에 대하여는 관리청이 손실을 보상하도록 규정하였고, 「하천편입토지 보상 등에 관한 특별조치법」 제2조는 '다음 각 호의 어느 하나에 해당하는 경우 중 「하천구역편입토지 보상에 관한 특별조치법」 제3조에 따른 소멸시효의 만료로 보상청구권이 소멸되어 보상을 받지 못한 때에는 특별시장·광역시장 또는 도지사가 그 손실을 보상하여야 한다.'고 정하면서, 제2호에서 '법률 제2292호 하천법 개정법률의 시행일부터 법률 제3782호 하천법 중 개정법률의 시행일 전에 토지가 법률 제3782호 하천법 중 개정법률 제2조 제1항 제2호 (가)목에 해당되어 하천구역으로 된 경우'를 정하고 있다. 위 각 규정에 의한 **손실보상청구권은 종전의 하천**

법 규정 자체에 의하여 하천구역으로 편입되어 국유로 되었으나 그에 대한 보상규정이 없거나 보상청구권이 시효로 소멸되어 보상을 받지 못한 토지에 대하여, 국가가 반성적 고려와 국민의 권리구제 차원에서 손실을 보상하기 위하여 규정한 것으로서, 법적 성질은 하천법이 원래부터 규정하고 있던 하천구역에의 편입에 의한 손실보상청구권과 다를 바가 없는 **공법상의 권리**이다(대판 2016.8.24, 2014두46966).

사법관계

주요 권리에 대해 다수설은 공권·당사자소송, 판례는 사권·민사소송

1. 손실보상청구권
   ① 별도의 불복방법에 관한 규정이 없는 경우의 손실보상청구권(대판 1998.1.20, 95다29161)·징발물보상청구권(대판 1970.3.24, 69다1561)
   ② 구 「공익사업을 위한 토지 등의 취득 및 보상에 관한 법률」 제91조에 규정된 환매권의 존부에 관한 확인을 구하는 소송 및 같은 조 제4항에 따라 환매금액의 증감을 구하는 소송은 민사소송(대판 2013.2.28, 2010두22368)
2. 부당이득반환청구권(조세의 오납액, 초과납부액 또는 환급세액에 대한 납세의무자의 환급청구권)(대판 2004.3.25, 2003다64435)
3. 손해배상청구권(국가의 철도운행사업과 관련하여 공무원의 직무상 과실을 원인으로 발생한 사고로 인한 손해배상청구는 민법)(대판 1999.6.22, 99다7008)
   ■ 다만, 동 판례에서 철도시설물(수원역 대합실과 승강장)의 설치 또는 관리의 하자로 인한 불법행위를 원인으로 하여 국가에 대하여 손해배상청구를 하는 경우에는 국가배상법이 적용(판례상 모두 사법관계는 동일)
4. 환매권(대판 1992.4.24, 92다4673 ; 헌재결 1994.2.24, 92헌마283) : 사권설(박윤흔, 유상현, 한견우)과, 공권설(김남진, 김성수, 류지태, 정하중, 홍정선)
5. 결과제거청구권(대판 1987.7.7, 853다카1383)

1. **국세환급금 충당이 무효인 경우의 쟁송방법은 민사소송이다**
   국세환급금의 충당은 납세의무자가 갖는 환급청구권의 존부나 범위 또는 소멸에 구체적이고 직접적인 영향을 미치는 처분이라기보다는 국가의 환급금 채무와 조세채권이 대등액에서 소멸되는 점에서 오히려 **민법상의 상계와 비슷**하고, 소멸대상인 조세채권이 존재하지 아니하거나 당연무효 또는 취소되는 경우에는 그 충당의 효력이 없는 것으로서 이러한 사유가 있는 경우에 납세의무자로서는 충당의 효력이 없음을 주장하여 언제든지 민사소송에 의하여 이미 결정된 국세환급금의 반환을 청구할 수 있는 것이다(대판 2004.3.25, 2003다64435).
2. **구 「공익사업을 위한 토지 등의 취득 및 보상에 관한 법률」 제91조에 규정된 환매권의 존부에 관한 확인을 구하는 소송 및 같은 조 제4항에 따라 환매금액의 증감을 구하는 소송은 민사소송에 해당한다**
   구 「공익사업을 위한 토지 등의 취득 및 보상에 관한 법률」(구 공익사업법) 제91조에 규정된 **환매권은 상대방에 대한 의사표시를 요하는 형성권의 일종**으로서 재판상이든 재판 외이든 위 규정에 따른 기간 내에 행사하면 매매의 효력이 생기는 바, 이러한 환매권의 존부에 관한 확인을 구하는 소송 및 구 공익사업법 제91조 제4항에 따라 환매금액의 증감을 구하는 소송 역시 민사소송에 해당한다(대판 2013.2.28, 2010두22368).

5. 기 타

공법관계	사법관계
1. 공무수탁사인의 행위, 행정행위 2. 행정상 강제집행, 행정벌, 행정상 즉시강제 3. 공물의 관리 : 사유공물의 지정관계 4. 공물사용관계 : 공공하수도의 이용관계 5. 공용부담(특허기업자의 토지수용관계) 6. 지방자치단체가 공업단지 등의 조성을 목적으로 산업기지 개발사업을 시행함에 있어서 그 일환으로 공유수면매립 공사를 하는 경우(대판 1999.9.17, 98다5548) 7. 구「남녀차별금지 및 구제에 관한 법률」상 국가인권위원회 의 성희롱결정 및 시정조치권고(대판 2005.7.8, 2005두 487)	1. 국회의원이 재직 중 국가로부터 받게 될 세비, 거마비, 체류 비, 보수금 등을 의원직을 그만둔 후에 국가에 대하여 청구 하는 법률관계(대판 1966. 9.20, 65다2506) 2. 이주택지의 공급조건에서 공공시설의 설치비용을 분양가 에 포함시키는 내용이 있는 경우의 이주대책 시행공고(대 판 2000.9.8, 99두1113) : 이주대책 대상자로 선정된 자와 사이에 체결될 이주택지에 관한 분양계약에서 그 대상자 가 반대급부로서 부담하게 되는 사법상의 금전지급의무에 관한 사항을 사전 통보하는 것에 지나지 아니함.

Ⅳ 공법과 사법의 구별의 문제점

공법과 사법을 구별하는 법체계는 법률관계의 성질에 맞는 법적 규율을 할 수 있는 장점이 있는 반면에 법질서의 통일이라는 측면에서는 문제가 있다.

공법과 사법을 구별하면 공법상으로는 적법하지만 사법상으로는 위법한 경우(예 적법한 건축허가에 따른 건축이 인근주민에게 수인한도를 넘는 일조 등의 침해를 가하는 경우), 사법상으로는 적법하지만 공법상으로는 위법한 경우(예 허가를 받아야 함에도 허가를 받지 않고 한 영업행위는 공법상 불법이지만, 사법상의 효력은 유효)가 있게 된다.

관련판례 건물 신축이 건축 당시의 공법적 규제에 형식적으로 적합하다고 하더라도 현실적인 일조방해의 정도가 현저하게 커 사회통념상 수인한도를 넘는 경우 위법행위로 평가될 수 있다(대판 2004.9.13, 2003다64602).

제3절 행정법관계의 당사자

행정법관계의 당사자란 행정법관계의 권리와 의무의 주체를 말한다. 보통 행정법관계의 당사자는 행정주체와 행정객체로 나뉜다.

Ⅰ 행정주체의 의의

1. 개 념

행정법관계에 있어서 행정권을 행사하고, 그의 법적 효과가 궁극적으로 귀속되는 당사자를 행정주체라 한다.

2. 행정기관과의 구별

행정주체가 행정 과제를 수행하기 위해서는 행정주체의 의사를 결정하고, 그 의사에 따라 행동하는 조직을 필요로 하는데, 그 조직이 곧 행정기관(행정청)이다. 행정주체의 권한은 행정기관의 인적 구성원인 공무원에 의해 이루어지고, 그 법적 효과는 행정주체에 귀속하게 된다. 따라서 행정청은 행정주체와는 달리 독립된 법인격을 갖지 못한다.

국가에 있어서는 통상 장관·처장·청장과 특별지방행정기관의 장(예 지방국세청장, 지방노동청장, 지방환경청장 등)이 행정청이 되고, 지방자치단체에 있어서는 지방자치단체장이 행정청이 된다.

Ⅱ 행정주체의 종류

행정주체에는 ① 국가, ② 공공단체와 ③ 이들로부터 행정권한을 위탁받은 사인(공무수탁사인)이 있다.

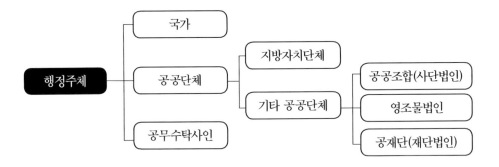

1. 국가(시원적 행정주체)

국가의 행정주체로서의 지위는 누구로부터 전래된 것이 아니고, 국가에 시원적으로 존재하는 지배권으로부터 나오는 것이기 때문에 시원적(始源的) 행정주체이다. 한편, 국가행정을 공공단체에 위임·위탁하는 경우 행정의 법적 효과가 누구에게 귀속되는가는 경우에 따라 국가에 귀속되기도 하고(예 기관위임의 경우) 공공단체에 귀속(예 단체위임의 경우)되기도 한다.

2. 공공단체

공공단체는 지방자치단체와 기타 공공단체(예 공공조합, 영조물법인, 공재단)가 있다. 지방자치단체는 지역을 구성요소로 하고 포괄적 자치권을 행사하는데, 기타 공공단체는 지역을 요소로 하지 않고 특정한 행정목적에 한정된다는 점에서 구별된다. 한편, 공법인의 행위는 경우에 따라 공권력의 행사로서 행정처분의 성질을 갖기도 한다.

교통안전공단이 분담금 납부의무자에 대하여 한 분담금 납부통지는 행정처분이다

구 교통안전공단법에 의하여 설립된 교통안전공단의 사업목적과 분담금의 부담에 관한 같은 법 제13조, 그 납부통지에 관한 같은 법 제17조, 제18조 등의 규정내용에 비추어 교통안전공단이 그 사업목적에 필요한 재원으로 사용할 기금조성을 위하여 같은 법 제13조에 정한 분담금 납부의무자에 대하여 한 분담금 납부통지는 그 **납부의무자의 구체적인 분담금 납부의무를 확정시키는 효력을 갖는 행정처분**이라고 보아야 할 것이고, 이는 그 분담금 체납자로부터 국세징수법에 의한 강제징수를 할 수 있음을 정한 규정이 없다고 하여도 마찬가지이다(대판 2000.9.8, 2000다12716).

(1) 지방자치단체

지방자치단체는 국가의 영토의 일부를 관할구역으로 하여, 그 구역 안의 주민을 통치하는 포괄적 자치권을 가진 공법인으로서 국가로부터 전래된 행정주체이다. 지방자치단체는 법인이다(지방자치법 제3조 제1항). 특별지방자치단체인 지방자치단체조합 역시 법인이다(같은 법 제159조 제2항). 따라서 지방자치단체는 권리의무(권리능력, 행위능력, 불법행위능력)의 주체가 될 수 있고, 지방자치단체가 소송의 일방 당사자인 경우에는 사법절차적 권리를 향유할 수 있다는 점에서 행정기관에 불과한 지방자치단체장과 다르다.

1. 보통지방자치단체 : 포괄적 자치권
   ① 광역자치단체 : 특별시(서울특별시), 광역시(부산, 대구, 인천, 광주, 대전, 울산), 특별자치시(세종특별자치시), 도, 특별자치도(제주특별자치도)
   ② 기초자치단체 : 시(특별시, 광역시·특별자치시가 아닌 시. 청주시, 전주시, 목포시, 안양시, 수원시 등)·군·자치구(특별시나 광역시, 특별자치시에 설치된 구만 포함. 강남구, 서초구, 송파구)
2. 특별지방자치단체(지방자치단체조합) : 상·하수도, 쓰레기처리 등 특정 행정권을 담당
3. 지방자치단체가 아닌 경우
   ① 자치구가 아닌 구(특별시, 광역시, 특별자치시 외에 인구 50만 이상의 시에 두는 구. 행정구에 불과) : 수원시 권선구·팔달구·영통구·장안구, 안양시 동안구·만안구, 성남시 수정구·중원구·분당구, 청주시 상당구·흥덕구
   ② 제주시, 서귀포시(행정시에 불과)
   ③ 읍(화성시 봉담읍)·면·동·리

(2) 공공조합(사단법인)

공공조합은 특정한 행정목적을 달성하기 위해 일정한 자격을 가진 사람의 결합체(사단)에 공법상의 법인격을 부여한 것을 말한다. 한편, 법인격을 부여받지 못한 사단을 비법인사단 또는 법인 아닌 사단이라고 한다. 지방자치단체와는 달리 한정된 특수한 사업을 수행함을 목적으로 한다. 공공조합에만 구성원이 존재한다.

---

1. 조합과 조합연합회
   ① 농지개량조합(헌재결 2000.11.30, 99헌마190)
   ② 도시재개발법에 의한 재개발조합(헌재결 1997.4.24, 96헌가3·96헌바70, 대판 2002. 12.10, 2001두6333), 「도시 및 주거환경정비법」상 정비사업조합(대판 2009.9.24, 2008다60568), 「도시 및 주거환경정비법」에 따른 주택재건축정비사업조합(대결 2009.11.2, 2009마596)
   ③ 토지구획정리조합(현재는 도시개발법상 도시개발조합)
   ④ 도시개발조합
   ⑤ 농업협동조합·수산업협동조합·산림조합·임업협동조합·직장의료보험조합(헌재결 2000.6.29, 99헌마289)(현재는 국민건강보험공단)·중소기업협동조합·해운조합·건설공제조합·엽연초생산조합·인삼협동조합
   ■ 소비조합은 사적 조합
2. 직능단체(이익단체, 이익집단, 압력단체)
   ① 대한변호사협회(헌재결 2019.11.28, 2017헌마759, 대판 2021.1.28, 2019다260197)
   ② 대한의사협회   ③ 대한약사회   ④ 한국공인회계사회
   ⑤ 대한민국재향군인회 ⑥ 대한교육연합회   ⑦ 대한상공회의소
   ⑧ 건축사회   ⑨ 관세사협회   ⑩ 대한변리사회

관련 관례

1. 대한변호사협회는 변호사 등록에 관한 한 공법인으로서 공권력 행사의 주체이다
   변호사 등록제도는 그 연혁이나 법적 성질에 비추어 보건대, 원래 국가의 공행정의 일부라 할 수 있으나, 국가가 행정상 필요로 인해 대한변호사협회(변협)에 관련 권한을 이관한 것이다. 따라서 **변협은 변호사 등록에 관한 한 공법인으로서 공권력 행사의 주체**이다. 또한 변호사법의 관련 규정, 변호사 등록의 법적 성질, 변호사 등록을 하려는 자와 변협 사이의 법적 관계 등을 고려했을 때 변호사 등록에 관한 한 공법인 성격을 가지는 변협이 등록사무의 수행과 관련하여 정립한 규범을 단순히 내부 기준이라거나 사법적인 성질을 지니는 것이라 볼 수는 없고, 변호사 등록을 하려는 자와의 관계에서 대외적 구속력을 가지는 공권력 행사에 해당한다고 할 것이다. 따라서 변협이 변호사 등록사무의 수행과 관련하여 정립한 규범인 심판대상조항들은 헌법소원 대상인 공권력의 행사에 해당한다(헌재결 2019.11.28, 2017헌마759).
2. 변호사 등록사무를 수행하는 대한변호사협회의 법적 지위는 공법인이다
   피고 대한변호사협회는 변호사와 지방변호사회의 지도·감독에 관한 사무를 처리하기 위하여 변호사법에 의하여 설립된 공법인으로서, 변호사등록은 피고 대한변호사협회가 변호사법에 의하여 국가로부터 위탁받아 수행하는 공행정사무에 해당한다(대판 2021.1.28, 2019다260197).

(3) 영조물법인

영조물법인은 일정한 행정목적을 달성하기 위해 설립된 인적·물적 시설의 결합체(영조물)에 공법상의 법인격을 부여한 것으로서, 물적 시설만을 의미하는 공공시설과 구별된다. 영조물에는 이용자는 있으나 구성원이 없다는 점에서 공공조합과 결정적으로 다르다. 한편, 영조물이지만 국립대학(예외 있음)·국립도서관 등과 같이 독립한 법인격을 취득하지 못한 것은 행정주체가 아니다.

---

1. 각종 공사 : 한국도로공사, 한국전력공사, 한국토지주택공사, 한국관광공사, 서울특별시지하철공사, 도시철도공사, 한국방송공사(KBS), 대한석탄공사, 한국조폐공사, 한국농어촌공사, 지방공사
2. 각종 공단 : 한국기술검정공단, 한국보훈복지공단, 국립공원관리공단, 시설관리공단
3. 특수은행(국책은행) : 한국은행, 한국산업은행
4. 국립대학교(원칙적으로 법인이 아니고 다음 3개만 법인임)
   ① 울산과학기술대학교
   ② 서울대학교
   국립대학법인 서울대학교는 법인으로 한다(국립대학법인 서울대학교 설립·운영에 관한 법률 제3조 제1항).
   ③ 인천대학교
5. 국립병원(국립중앙의료원·서울대학교병원·국립대학병원·적십자병원)
6. 한국과학기술원

---

(4) 공법상의 재단(공재단)

공법상의 재단은 국가나 지방자치단체가 출연한 재산을 관리하기 위해 설립된 재단법인을 말한다. 한편, 법인격을 부여받지 못한 재단을 비법인재단 또는 법인 아닌 재단이라고 한다. 공법상의 재단에도 운영자 내지 직원 및 수혜자는 있지만 구성원은 없다.

---

1. 재 단
   ① 한국연구재단
   ② 한국사학진흥재단
2. 한국학중앙연구원
3. 공무원연금관리공단
4. 지방행정연구원

---

3. 공무수탁사인

(1) 의 의

공무수탁사인은 특정 행정의 수행을 위해 일정한 공권력이 부여되는 기업이나 사인을 말한다. 공무수탁사인은 조직법적 의미의 행정청은 아니지만 행정행위나 처분을 행하는 행정청으로 인정되고, 공무원법상의 공무원은 아니지만 국가배상법상으로는 공무원으로 인정된다. 공무를 위탁받아 수행하는 한도에서만 행정주체의 지위로서 공법관계이고, 기타의 경우는 사법관계이다.

:: 공무수탁사인이 아닌 경우

1. 공무집행에 자진하여 협력하는 사인
2. 행정보조인
   행정권한을 자기 책임하에 수행함이 없이 행정임무의 순수한 기술적인 집행만을 담당
   ① 아르바이트로 우편업무를 수행하는 사인
   ② 사고현장에서 경찰의 부탁에 의해 경찰을 돕는 자
3. 행정을 대행하는 경우
   ① 차량등록의 대행자
   ② 자동차 검사의 대행자
4. 사법상 계약에 의하여 단순히 경영위탁을 받은 사인
   ① 경찰과의 계약에 의해 주차위반차량을 견인하는 민간사업자
   ② 생활폐기물(쓰레기) 처리대행업자(수거인)
   ③ 대집행을 실행하는 제3자
5. 공의무부담사인
   법률에 의해 직접 행정임무수행의 의무가 부여되지만, 공무수탁사인과는 달리 공법상의 권한이 부여되지 않기 때문에 사법상으로만 활동을 할 수 있다.
6. 제한된 공법상 근무관계에 있는 자
   국립대학의 시간강사 : 시간강사는 독립적으로 행위하지만 행정주체는 아니다.

(2) 종 류

1. 소득세 원천징수의무자
2. 별정우체국장(피지정인)의 체신업무(별정우체국법 제2조)
3. 선장·기장의 경찰·가족관계등록에 관한 사무(사법경찰관리의 직무를 수행할 자와 그 직무범위에 관한 법률 제7조, 가족관계의 등록 등에 관한 법률 제49조)
4. 「공익사업을 위한 토지 등의 취득 및 보상에 관한 법률」상의 사업시행자

5. 학위를 수여하는 사립대학교총장·교육부장관으로부터 교원자격검정과 교원자격증의 수여·재교부 등의 권한을 수탁받은 각종 학교장, 사립학교에 관한 법률관계 중 유일한 공법관계
6. 「민영교도소 등의 설치 운영에 관한 법률」 제3조 제1항에 따라 교정업무를 수행하는 교정법인 또는 민영교도소
7. 공증사무를 수행하는 공증인
8. 통장, 반장, 이장

원천징수행위는 행정처분이 아니다

원천징수하는 소득세에 있어서는 납세의무자의 신고나 과세관청의 부과결정이 없이 법령이 정하는 바에 따라 그 세액이 자동적으로 확정되고, 원천징수의무자는 소득세법 제142조 및 제143조의 규정에 의하여 이와 같이 자동적으로 확정되는 세액을 수급자로부터 징수하여 과세관청에 납부하여야 할 의무를 부담하고 있으므로, 원천징수의무자가 비록 과세관청과 같은 행정청이더라도 그의 원천징수행위는 법령에서 규정된 징수 및 납부의무를 이행하기 위한 것에 불과한 것이지, 공권력의 행사로서의 행정처분을 한 경우에 해당되지 아니한다(대판 1990.3.23, 89누4789).

■ 판례는 행정주체성을 인정한 적이 없다는 점에서 간접적으로 부정하는 입장이고, 처분성을 명시적으로 부정했다는 것은 명확하다. 다만, 행정청 인정 여부에 대하여는 ① 행정청이 아니라 행정보조인에 불과하다는 견해와 ② 행정청을 인정했다는 견해(홍정선)가 대립한다.

(3) 제도의 취지(능률성과 전문성)

오늘날 지나치게 비대한 행정권을 축소·간소화하는 작업의 일환으로 공무수탁사인에 대한 관심이 높아지고 있다. 사인에 의한 공행정수행을 인정하는 이유는 국가와 지방자치단체의 행정부담을 완화하고 사인의 자발성, 재정수단, 기술 및 전문지식을 활용하는 데 있다.

국가가 자신의 임무를 그 스스로 수행할 것인지 아니면 그 임무의 기능을 민간부문으로 하여금 수행하게 할 것인지 하는 문제, 즉 국가가 어떤 임무수행방법을 선택할 것인가 하는 문제는 입법자가 **당해 사무의 성격과 수행방식의 효율성 정도 및 비용, 공무원 수의 증가 또는 정부부문의 비대화 문제, 민간부문의 자본능력과 기술력의 성장 정도, 시장여건의 성숙도, 민영화에 대한 사회적·정치적 합의 등을 종합적으로 고려**하여 판단해야 할 사항으로서 그 판단에 관하여는 입법자에게 광범위한 입법재량 내지 형성의 자유가 인정된다(헌재결 2007.6.28, 2004헌마262).

(4) 법적 근거

공무의 위탁은 법적 권한이 행정기관에서 사인에게 이전되므로 반드시 법률의 근거를 요한다. 사인에 대한 공무위탁의 일반법적 근거로는 정부조직법 제6조 제3항과 지방자치법 제104조 제

3항이 있다.

1. 정부조직법 제6조 제3항
   행정기관은 법령으로 정하는 바에 따라 그 소관사무 중 조사·검사·검정·관리업무 등 국민의 권리의무와 직접 관계되지 아니하는 사무를 지방자치단체가 아닌 법인·단체 또는 그 기관이나 개인(공무수탁사인)에게 위탁할 수 있다.
2. 지방자치법 제104소 세3항
   지방자치단체의 장은 조례나 규칙으로 정하는 바에 따라 그 권한에 속하는 사무 중 조사·검사·검정·관리업무 등 주민의 권리의무와 직접 관련되지 아니하는 사무를 법인·단체 또는 그 기관이나 개인에게 위탁할 수 있다.

(5) 법적 지위

① **행정주체설(다수설)** : 공무수탁사인은 자신의 명의로 공행정작용을 수행하므로 그러한 한도 내에서 행정주체의 지위를 갖는다는 견해로서 다수설이다.

② **행정기관(행정청)설** : 공무수탁사인이 공권을 위임받은 경우에 일정한 범위 내에서 행정기관이 될 뿐 행정주체는 여전히 공권을 부여한 국가 또는 공공단체라고 보는 견해이다.

③ **절충설** : 공무수탁사인은 행정주체이자 행정기관으로서의 지위를 갖는다고 보는 견해이다. 즉, 권한행사상의 독자성에 초점을 두면 행정주체이고, 권한의 연원에 초점을 두면 행정기관이라는 견해이다.

(6) 공무수탁사인의 공무수행과 권리구제

① **항고소송** : 공무수탁사인은 행정행위라는 법형식에 의해 일방적 처분을 할 수 있는 경우가 있다. 이 경우 그 처분의 위법을 다투는 항고소송의 제기는 공무수탁사인을 상대방(피고)으로 제기하여야 한다.

② **손해배상** : 국가배상법이 개정되면서 제2조 제1항에 "국가나 지방자치단체는 공무원 또는 공무를 위탁받은 사인이 직무를 집행하면서 고의 또는 과실로 법령을 위반하여 타인에게 손해를 입히거나, 「자동차손해배상 보장법」에 따라 손해배상의 책임이 있을 때에는 이 법에 따라 그 손해를 배상하여야 한다."라고 공무수탁사인을 명시함으로써 국가배상책임주체가 국가 또는 지방자치단체라는 견해가 다수설(김남진·김연태, 장태주, 정하중, 홍정선)이고, 공무수탁사인이라는 견해(박균성)는 소수설이다.

:: 행정주체가 아닌 것

1. 국민
2. 소비조합
3. 행정기관·행정청(행정관서의 장)
   ① 행정안전부장관
   ② 국무총리
   ③ 대구광역시장
   ④ 법무부장관
   ⑤ 서울특별시장
4. 행정관서 : 경찰청

Ⅲ 행정객체

행정객체란 행정주체에 의한 공권력 행사의 상대방을 말한다. 사인과 사법인이 행정객체가 됨이 보통이나, 공공단체도 국가나 다른 공공단체에 대한 관계에서는 행정객체가 될 수 있다. 그러나 국가는 행정객체가 될 수 없다.

과거에는 행정법관계의 당사자를 행정주체와 행정객체로 엄격히 구별하여 양자를 명령·복종관계로 이해하였으나, 현대행정에 있어서 사인이 행정에 관여·협력하는 기회가 많아짐에 따라 양자는 상호협력관계로 이해하고 있다.

제4절 행정법관계의 내용

제1항 개 설

Ⅰ 공권과 공의무

행정법관계의 내용은 사법상의 법률관계와 마찬가지로 공권과 공의무로 이루어진다. 다만, 사법관계에 있어서는 사적 자치의 원칙이 인정되어 권리의무의 발생·변경·소멸이 원칙적으로 사

157

인의 자유로운 의사에 의해 결정되는 데 비해, 공법관계에서는 권리의무의 발생·변경·소멸이 대부분 법률이 정하는 바에 따라 행정주체의 일방적인 행위에 의해 이루어지는 데에 그 특색이 있다. 다만, 공권은 명확한 법규의 존재를 전제로 하는 것은 아니고 관습법이나 조리, 공법상 계약에 의해서도 성립할 수 있다.

Ⅱ 공권의 의의와 특수성

1. 공권의 의의

(1) 공권의 개념

공권이란 공법관계에 있어서 직접 자기를 위해 일정한 이익을 주장할 수 있는 법적인 힘을 말한다.

(2) 유사개념과의 구별

① 반사적 이익

㉠ 반사적 이익의 의의: 공권은 법이 단순히 국가 또는 개인의 작위·부작위를 규정하고 있는 결과 그 반사적 효과로서 발생하는 이익인 반사적 이익과 구별된다. 즉, 반사적(사실상, 경제적) 이익은 법규가 전적으로 공익보호만을 의도하는 경우 개인이 이익을 향유하더라도 법(또는 재판)에 의한 보호를 받지 못하는 이익을 말한다. 사법상의 법률관계에 있어서는 한 당사자의 법적 의무가 있으면 다른 당사자의 대응하는 권리가 있는 게 일반적이다. 그러나 행정법관계에는 행정주체에게 의무가 있지만 이에 대응하여 개인에게 권리가 발생하지 않는 규정들이 많다.

㉡ 공권과 반사적 이익의 구별실익: 공권과 반사적 이익을 구별하는 실익은 어떤 이익이 침해당했을 때 소송을 통해 구제받을 수 있는가(행정심판법상 청구인적격, 항고소송의 원고적격, 참가인적격, 소구가능성, 재판청구권 인정 여부, 소송법적 측면, 집행정지, 국가배상청구권에서 손해의 의미, 결과제거청구권의 성립요건)에 있다.

구 분	반사적 이익	공 권
이익침해 시	소송제기 불가(원고적격 부정)	소송제기 가능(원고적격 인정)
법률의 목적(의도)	오로지 공익만 보호	부수적이나마 사익도 보호
의 무	국민에 대한 '간접적' 의무	국민에 대한 '직접적' 의무

| 사 례 | 1. 공무원이 상관의 직무명령을 준수하여 직무를 수행함으로써 개인이 이익을 받는 경우
2. 영업허가 등이 규제로 기존업자가 누리는 영업상 이익
　⊙ 공중목욕탕업자의 영업상 이익
　ⓒ 유기장업허가업자의 영업상 이익
3. 약사법에 약사의 조제의무를 정함으로 인해 환자가 이익을 받는 경우, 의료법상의 진료거부금지의무에 의해 환자가 받는 이익
　단, 이 경우 의료법상 형사처벌 대상이 됨.
4. 수입금지조치로 이득을 본 사람·수입관세의 인하로 수입업자가 받는 이익
5. 특정지역개발계획의 고시로 인한 지가상승의 이익 | 1. 어업의 면허(특허)를 받는 자가 이익을 받는 경우
2. LPG충전소 인근 주민들
3. 도로의 일반사용으로 인한 이익 |

② 보호이익 : 과거에 공권과 반사적 이익의 중간영역으로서 보호이익을 인정하려는 견해가 있었다. 즉, 보호이익이란 '권리는 아니면서도 그렇다고 반사적 이익으로 볼 수도 없는 이익으로서 행정쟁송을 통해 구제되어야 할 이익'을 말한다는 것이다. 그러나 오늘날 일반적인 견해는 권리란 이익설에 따라 정의하자면 '법률에 의해 보호되는 이익'이므로 결국 양자는 표현의 차이에 불과하다고 이해하고 있다.

③ 보호가치이익 : 공권과 반사적 이익의 구별이 상대화되어 가고 있다는 전제하에, 법적으로 보호할 가치 있는 이익이 침해된 경우에도 소송에 의해 구제받을 수 있다는 견해가 주장된 바 있다. 그러나 권리(법률상 보호이익)는 어디까지나 실정법에 의해 '현재 보호되고 있는' 이익인데, 보호가치이익은 '현재 실정법이 보호하지는 않지만' 법원의 해석상 법에 의해 보호할 가치가 있다고 판단되는 이익이기 때문에 구별된다.

2. 공권의 종류

(1) 국가적 공권

국가적 공권은 행정주체가 우월한 지위에서 개인 또는 단체에 대해 가지는 권리를 말한다. 이는 ① 목적을 표준으로 조직권·형벌권·경찰권·통제권·공기업특권·공용부담특권·재정권·조세징수권·군정권으로, ② 내용을 표준으로 하명권(특정한 작위·부작위·급부·수인의무를 명하거나, 의무를 해제하는 권리)·강제권(행정상의 강제집행 내지 즉시강제를 하는 권리)·형성권(법률관계인 권리의무를 발생·변경·소멸시키는 권리)·특허처분권·공법상의 물권(하천·해변에 대한 공소유권이나 사유지를 도로로 이용하는 공용지역권)·공물관리권으로 구분된다.

(2) 개인적 공권

개인적 공권은 개인 또는 단체가 행정주체에 대해 가지는 공법상의 권리를 말한다. 자유권·수익권·참정권 등과 같은 헌법상의 기본권이 주종을 이루나, 근래 ① 무하자재량행사청구권, ② 행정개입청구권, ③ 청문권, ④ 문서열람복사청구권(청문절차에만 인정되고 약식청문인 의견제출과 공청회에는 인정되지 않음) 등 절차적 권리, ⑤ 정보공개청구권, ⑥ 개인정보자기결정권 등이 새로운 개인적 공권으로 주목되고 있다.

① **자유권**: 자유권이란 개인이 위법한 행정작용에 의해 자신의 자유를 침해당하지 않을 권리(침해배제청구권, 방해배제청구권)로 소극적 공권이라고도 한다. 행정법상 구체화로는 위법처분의 취소·변경, 원상회복·손해배상을 들 수 있다.

② **수익권(受益權)**: 수익권이란 국가 등 행정주체에 대해 적극적으로 자신의 이익을 위해 일정한 행위를 요구(청구, 신청)할 수 있는 권리로서 적극적 공권이라고도 한다. 행정법상 구체화로는 ㉠ 특정행위(허가·특허·등록 등)를 요구할 수 있는 권리, ㉡ 영조물이용권(국공립대학에서 교육을 받고 국립·시립병원에서 진료를 받을 권리), ㉢ 공물사용권(도로·하천·해빈을 사용할 수 있는 권리), ㉣ 소권(재판청구권, 소송제기권) 및 불복신청권(행정심판·공무원소청·토지수용재결에 대한 이의신청·국세심판청구권)·헌법소원심판청구권, ㉤ 공법상 금전청구권(공무원의 봉급청구권·연금청구권, 국민연금법에 의한 연금청구권, 「국민기초생활 보장법」상 수급권자의 급여청구권, 국가배상청구권, 「형사보상 및 명예회복에 관한 법률」에 의한 형사보상청구권, 손실보상청구권)·「의사상자 예우 및 지원에 관한 법률」에 의한 보상청구권·「국민기초생활 보장법」상의 생계급여의 수급권·공법상 원상회복청구권(결과제거청구권), ㉥ 공법상 영예권(학위를 수여받을 권리) 등이 있다.

관련판례 근로자가 퇴직급여를 청구할 수 있는 권리도 헌법상 바로 도출되는 것이 아니라 퇴직급여법 등 관련 법률이 구체적으로 정하는 바에 따라 비로소 인정될 수 있는 것이므로 계속근로기간 1년 미만인 근로자가 퇴직급여를 청구할 수 있는 권리가 헌법 제32조 제1항에 의하여 보장된다고 보기는 어렵다(헌재결 2011.7.28, 2009헌마408).

③ **참정권**: 참정권이란 국가나 지방자치단체의 의사결정에 참여할 수 있는 권리로서 능동적 권리라고도 한다. 헌법상의 기본권으로서 ㉠ 선거권(제24조), ㉡ 공무담임권·피선거권(제25조), ㉢ 국민투표권(제72조), 지방자치법상 ㉠ 주민투표권(제14조), ㉡ 조례제정·개폐청구권(제15조), ㉢ 감사청구권(제16조), ㉣ 주민소환투표권(제20조) 등이 있다.

3. 공권의 특수성

(1) 국가적 공권의 특수성

국가적 공권은 법률이 정하는 바에 따라 ① 권리의 내용을 스스로 결정하고(권리의 자율성), ② 자력으로 그 내용을 실현할 수 있으며(권리의 자력집행성), ③ 그 침해에 대해 제재를 과할 수 있는(행정벌의 과벌성) 특성이 인정된다.

(2) 개인적 공권의 특수성

① 이전성 제한

   ⊙ 양도·압류금지

     ⓐ 생명·신체침해로 인한 국가배상청구권 : 생명·신체의 침해로 인한 국가배상을 받을 권리는 양도하거나 압류하지 못한다(국가배상법 제4조).

     ■ 재산권 침해에 대한 배상청구권은 양도가능

     ⓑ 공무원연금청구권 : 급여를 받을 권리는 양도·압류하거나 담보로 제공할 수 없다(공무원연금법 제32조).

장래 발생할 지방공무원의 명예퇴직수당 채권을 미리 압류할 수 있다(대판 2010.2.25, 2009다 76799).

     ⓒ 「국민기초생활 보장법」상 수급품과 이를 받을 권리 : 수급자에게 지급된 수급품(제4조제4항에 따라 지방자치단체가 실시하는 급여를 포함한다)과 이를 받을 권리는 압류할 수 없다(제35조 제1항). 지정된 급여수급계좌의 예금에 관한 채권은 압류할 수 없다(같은 조 제2항).

     ⓓ 「국민기초생활 보장법」상 급여를 받을 권리 : 수급자는 급여를 받을 권리를 타인에게 양도할 수 없다(제36조).

     ⓔ 국민연금수급권 : 수급권은 양도·압류하거나 담보로 제공할 수 없다(국민연금법 제58조 제1항).

     ⓕ 국민건강보험급여수급권 : 보험급여를 받을 권리는 양도하거나 압류할 수 없다(국민건강보험법 제59조 제1항). 공단은 이 법에 따른 보험급여로 지급되는 현금(요양비등)을 받는 수급자의 신청이 있는 경우에는 요양비등을 수급자 명의의 지정된 계좌(요양비등수급계좌)로 입금하여야 한다. 다만, 정보통신장애나 그 밖에 대통령령으로 정하는 불가피한 사유로 요양

비등수급계좌로 이체할 수 없을 때에는 직접 현금으로 지급하는 등 대통령령으로 정하는 바에 따라 요양비등을 지급할 수 있다(같은 법 제56조의2 제1항). 요양비등수급계좌가 개설된 금융기관은 요양비등수급계좌에 요양비등만이 입금되도록 하고, 이를 관리하여야 한다(같은 조 제2항). 제1항에 따라 요양비등수급계좌에 입금된 요양비등은 압류할 수 없다(제59조 제2항).

ⓖ 의료급여를 받을 권리: 의료급여를 받을 권리는 양도 또는 압류할 수 없다(의료급여법 제18조).

ⓗ 「근로자퇴직급여 보장법」상 퇴직연금채권(대판 2014.1.23, 2013다71180)

> 1. 「근로자퇴직급여 보장법」상 퇴직연금제도의 급여를 받을 권리에 대한 압류명령의 효력은 무효이다(대판 2014.1.23, 2013다71180).
> 2. 제3채무자가 그 압류채권의 추심금 청구에 대하여 위 무효를 들어 지급을 거절할 수 있다 (대판 2014.1.23, 2013다71180).
> 3. 민사집행법 제246조 제1항 제4호에도 불구하고 「근로자퇴직급여 보장법」상 퇴직연금채권 전액에 관하여 압류가 금지된다(대판 2014.1.23, 2013다71180).

ⓛ 압류제한(공무원의 봉급청구권): 급료·연금·봉급·상여금·퇴직연금, 그 밖에 이와 비슷한 성질을 가진 급여채권의 2분의 1에 해당하는 금액에 대한 채권은 압류하지 못한다(민사집행법 제246조 제1항 제4호).

- 연금청구권은 압류금지

ⓒ 상속금지(일신전속적 권리)

ⓐ 「국가유공자 등 예우 및 지원에 관한 법률」에 의해 국가유공자와 유족으로 등록되어 보상금을 받고, 교육보호 등 각종 보호를 받을 수 있는 권리

구 「국가유공자 등 예우 및 지원에 관한 법률」에 의하여 국가유공자와 유족으로 등록되어 보상금을 받고, 교육보호 등 각종 보호를 받을 수 있는 권리는 국가유공자와 유족에 대한 응분의 예우와 국가유공자에 준하는 군경 등에 대한 지원을 행함으로써 이들의 생활안정과 복지향상을 도모하기 위하여 당해 **개인에게 부여되어진 일신전속적인 권리**이어서, 같은 법 규정에 비추어 **상속의 대상으로도 될 수 없다고** 할 것이므로 **전상군경등록거부처분 취소청구소송은 원고의 사망과 동시에 종료하였고, 원고의 상속인들에 의하여 승계될 여지는 없다**(대판 2003.8.19, 2003두5037).

ⓑ 공무원으로서의 지위

공무원으로서의 지위는 일신전속권으로서 상속의 대상이 되지 않으므로, 의원면직처분에 대한 무효확인을 구하는 소송은 당해 공무원이 사망함으로써 중단됨이 없이 종료된다(대판

■ **일신전속적 권리**: 권리자에게만 전속되어 양도나 상속으로 타인에게 이전할 수 없는 권리. 인격권·신분권

ⓒ 강제집행제한

1. 보조금청구채권은 양도가 금지된 것으로 강제집행의 대상이 될 수 없다

보조금은 국가나 지방자치단체가 특정한 사업을 육성하거나 재정상의 원조를 하기 위하여 지급하는 금원으로서, 그 금원의 목적 내지 성질, 용도 외 사용의 금지 및 감독, 위반 시의 제재조치 등 그 근거 법령의 취지와 규정 등에 비추어 **국가 혹은 지방자치단체와 특정의 보조사업자 사이에서만 수수·결제되어야 하는 것으로 봄이 상당**하므로, 보조금청구채권은 양도가 금지된 것으로서 강제집행의 대상이 될 수 없다(대판 2008.4.24, 2006다33586).

2. 국가나 지방자치단체가 중요무형문화재 보유자에게 지급하는 전승지원금채권은 강제집행의 대상이 되지 않는다

금원의 목적 내지 성질상 국가나 지방자치단체와 특정인 사이에서만 수수, 결제되어야 하는 보조금교부채권은 성질상 양도가 금지된 것으로 보아야 하므로 강제집행의 대상이 될 수 없으며, 이러한 법리는 국가나 지방자치단체가 중요무형문화재를 보호·육성하기 위하여 그 전수 교육을 실시하는 중요무형문화재 보유자에게만 전수 교육에 필요한 경비 명목으로 지급하고 있는 금원으로서 그 목적이나 성질상 국가나 지방자치단체와 중요무형문화재 보유자 사이에서만 수수, 결제되어야 하는 전승지원금의 경우에도 마찬가지이다(대판 2013.3.28, 2012다203461).

② 포기성 제한

㉠ 선거권

㉡ 소권

소권은 공권이므로 포기할 수 없다

원래 소권은 사인의 국가에 대한 공권이므로 당사자의 합의로써 **국가에 대한 공권은 포기할 수 없는 것**이며, 이 법리는 민사소송에 있어서와 같이 행정소송에 있어서도 동일하다고 할 것이다(대판 1961.11.2, 4293행상60).

ⓒ '석탄산업법 시행령'상의 재해위로금청구권

'석탄산업법 시행령' 제41조 제4항 제5호 소정의 재해위로금청구권은 개인의 공권으로서 그 공익적 성격에 비추어 당사자의 합의에 의하여 이를 미리 포기할 수 없다(대판 1998.12.23, 97누5046).

ⓔ 봉급청구권(일반적 권리)

ⓜ 연금청구권

③ 비대체성 : 선거권·피선거권의 경우 위임·대리 부인

   ■ 대행이 가능한 권리 : 공무원의 출장비청구권

④ 권리보호의 특수성 : 국가적 보호와 특전(예 세금감면, 보조금)을 받고, 위법한 행정작용으로 인해 공권이 침해된 경우에는 행정쟁송(예 행정심판·행정소송) 및 행정상 손해전보(예 공법상 손해배상·공법상 손실보상)에 의해 구제

⑤ 이전·포기 가능 : 경제적·재산적 이익을 주로 하는 개인적 공권은 이전·포기가 가능

   ⓐ 재산권 침해에 대한 국가배상청구권

   ■ 생명·신체침해로 인한 국가배상청구권은 이전·포기 불가

   ⓑ 손실보상청구권

   ⓒ 여비청구권·실비변상청구권(출장비)

   ⓓ 하천·도로 등의 사용권(관계 행정기관의 허가나 인가)

   ⓔ 자동차운수사업면허권

⑥ 비판론

   ⓐ 이전에 대한 제한은 모든 공권에 인정되는 것은 아니므로 이전성 유무를 일률적으로 인정할 수 없다.

   ⓑ 포기·대행의 제한은 공권에만 특유한 것이 아니라, 민법상의 친권도 포기할 수 없는 권리이다.

   ⓒ 공권의 특수성은 공권이기 때문에 당연히 인정되는 것이 아니라 실정법에 의해 인정된 것이다.

4. 오트마르 뷜러(Ottmar Bühler)의 공권성립의 3요소론과 공권의 확대화경향(2요소론)

Bühler의 3요소론		공권의 확대화경향	
성립요건	내 용	이론적 근거	내 용
강행법규의 존재	행정주체에게 의무부과. 기속행위 에만 공권 성립⇨임의법규(재량행 위)에는 공권성립 불가	재량권의 영으로의 수축이론	1. 재량행위의 경우에도 최소한 무하자재량행사청구권이 인정 2. 재량권이 영으로 수축되는 예외적인 경우에는 행정개입 청구권(행정행위발급청구권)이 인정
사익 보호성	법규의 목적이 오로지 공익만 보 호할 경우에는 반사적 이익에 불과	보호규범 이론	1. 공익뿐만 아니라 사익까지도 함께 보호하는 취지로 재해 석(법률개정에 의해서가 아니라 해석의 문제임) 2. 특히, 인인(隣人 ; 이웃주민)소송, 경업자소송, 경원자소 송에서 제3자의 원고적격확대와 관련해 처분의 근거조 항·법규뿐만 아니라 관계 법규로까지 보호규범을 확대, 사익보호성의 확대, 제3자의 원고적격 확대 3. 종래 반사적 이익 가운데 상당수가 법률상 이익으로 재 해석(반사적 이익의 축소와 공권의 확대화), 반사적 이 익의 보호이익화 ■ 공권과 반사적 이익의 구별폐지가 아님. 4. 허가의 형성권적 성질을 인정하려는 견해 5. 절차적 권리의 확대
이익관철 의사력	소송에 의해 권리를 관철할 수 있 는 의사력 또는 법적 힘이 인정		1. 과거 뷜러가 이에 관한 논문을 쓸 당시 독일은 열기주의를 채택하고 있었기 때문에 행정소송의 대상으로 법에 열거 된 사항이 아니면 소송에 의한 구제를 받을 수 없으므로, 궁극적으로 소송에 의해 구제받을 수 없는 것은 권리로 인정될 수 없다는 것을 이유로 제3의 요소를 추가하였다. 2. 그러나 재판청구권과 행정소송사항의 개괄주의가 채택 된 오늘날에는 무의미한 요건 (2요소론 ; 다수설)
공권의 확대화와 무관		1. 기속행위의 재량화 2. 손실보상청구권 : 전통적 권리임. 3. 수용유사침해법리 : 법이론이지 권리는 아님.	

■ **강행법과 임의법**

1. **강행법** : 당사자의 의사의 여하를 불문하고 적용되는 법. 형법, 세법, 병역법

2. **임의법** : 당사자의 의사로 적용을 배제할 수 있는 법. 민법, 상법

5. 공권과 기본권

구체적 공권성 인정사례(자유권, 원고적격 인정)	구체적 공권성 부정사례(사회적 기본권, 원고적격 부정)
1. 알 권리(헌재결 1991.5.13, 90헌마133) 2. 결사의 자유[대판(전합) 1989.12.26, 87누308] 3. 피고인 또는 피의자의 접견권(대판 1992.5.8, 91누7552) 4. 행복추구권(대판 1994.3.8, 92누1728) 5. 경쟁의 자유(헌재결 1998.4.30, 97헌마141)	1. 환경권(대판 1995.9.15, 95다23378) 2. 자연방위권(대결 2006.6.2, 2004마1148·1149) 3. 의료보험수급권(헌재결 2003.12.18, 2002헌바1) 4. 근로자가 퇴직급여를 청구할 수 있는 권리(헌재결 2011.7.28, 2009헌마408)

Ⅲ 공의무와 그 특수성

1. 의의 및 종류

공의무는 공권에 대응한 개념으로서, 공익을 위한 공법상의 의사의 구속을 말하며, ① 주체에 따라서 국가적 공의무와 개인적 공의무, ② 내용에 따라서 작위(일정한 행위를 적극적으로 하여야 할 의무)·부작위(일정한 행위를 하지 않을 의무)·급부(금전적 가치 있는 것의 제공의무)·수인의무(행정청에 의한 실력행사를 감수하고 이에 저항하지 않을 의무)로 나눌 수 있다.

> **관련판례** 수인의 상속세 납세의무자들 중 일부 상속세 납세의무자에 대하여 상속세 전액을 부과한 경우, 일부 상속세 납세의무자가 납부하여야 할 세액을 초과하여 부과한 부분은 위법하다(대판 2014.10.15, 2012두22706).

2. 특수성

개인적 의무는 ① 법령(법규하명)이나 법령에 의한 행정행위(하명처분)에 의해 발생되는 경우가 많은 점, ② 의무불이행 시 행정권의 자력집행이 인정되는 점, ③ 의무가 일신전속적인 경우에는 이전·포기·상속·승계가 제한되는 점 등의 특성이 있다. 다만, 순수한 경제적 성질[예 납세의무 등)은 이전·상속이 인정된다. 법인이 합병한 때에 합병 후 존속하는 법인 또는 합병으로 인하여 설립된 법인은 합병으로 인하여 소멸된 법인에게 부과되거나 그 법인이 납부할 국세·가산금과 체납처분비를 납부할 의무를 진다(국세기본법 제23조). 상속이 개시된 때에 그 상속인[수유자(受遺者)를 포함한다] 또는 민법 제1053조에 규정된 상속재산관리인은 피상속인에게 부과되거나 그 피상속인이 납부할 국세·가산금과 체납처분비를 상속으로 받은 재산의 한도에서 납부할 의무를 진다(같은 법 제24조 제1항).

Ⅳ 공권과 공의무의 승계

1. 의의 및 종류

행정법상의 권리의무의 승계는 ①행정주체의 권리의무 승계와 ②개인의 권리의무의 승계로 구분된다. 그러나 행정주체의 권리의무 승계는 단지 행정의 관할문제로서 지방자치단체의 구역변경이나 폐치·분합의 경우(지방자치법 제5조 제1항), 특수법인이나 공공조합의 통폐합의 경우에 문제되므로 특별히 문제가 되지는 않는다. 따라서 행정법에서는 개인의 권리의무의 승계가 주로 문제된다.

2. 공권·공의무의 승계가능성

(1) 법규에 의해 인정되는 경우

행정절차법 및 개별법령에서 공권·공의무의 승계를 명시적으로 인정하는 경우이다. 이 경우에도 일신전속적인 공권·공의무는 승계되지 않는다. 행정절차법에 의하면 포괄승계(예 자연인의 경우 상속, 법인의 경우 합병)의 경우에는 행정청의 승인 없이 당연히 권리의무가 승계(당연승계)되지만, 처분에 관한 권리 또는 이익만 승계하는 특정승계의 경우에는 행정청의 승인(행정심판법상 청구인의 승계는 행정심판위원회의 허가)을 요한다.

관련판례

1. 공인회계사법에 의해 설립된 회계법인 사이에 흡수합병이 있는 경우, 피합병회계법인의 권리의무가 존속회계법인에게 승계된다(대판 2004.7.8, 2002두1946).

2. 구 주식회사의외부감사에관한법률 제4조의3에 규정된 감사인지정 및 같은 법 제16조 제1항에 규정된 감사인지정제외와 관련한 공법상의 관계는 합병으로 존속회계법인에게 승계된다(대판 2004.7.8, 2002두1946).

3. 구 주식회사의외부감사에관한법률 제17조의2에 정해진 손해배상공동기금 및 같은법시행령 제17조의9에 정해진 손해배상공동기금의 추가적립과 관련한 공법상의 관계는 합병으로 존속회계법인에게 승계된다(대판 2004.7.8, 2002두1946).

4. 회사합병이 있는 경우 피합병회사의 권리·의무는 모두 합병으로 인하여 존속한 회사에 승계된다(대판 2019.12.12, 2018두63563).

(2) 학설상 인정되는 경우

민법상 포괄승계규정의 준용은 상속과 합병의 경우 일신전속적 성질을 갖는 것을 제외하고 인정된다. 특정승계의 경우에도 권리의무의 성질이 당사자의 인적 성격이나 능력이 본질적, 일신전속적인 것은 승계가 부정되고(다만, 재산적 권리도 비대체적인 성질로서 승계되지 않는 경우도 존재), 물적인 것은 일반적으로 승계가 인정된다.

1. 산림을 무단형질변경한 자가 사망한 경우, 당해 토지의 소유권 또는 점유권을 승계한 상속인이 그 복구의무를 부담한다

   원상회복명령에 따른 복구의무는 타인이 대신하여 행할 수 있는 의무(대체적 작위의무)로서 일신전속적인 성질을 가진 것으로 보기 어려운 점, 같은 법 제4조가 법에 의하여 행한 처분·신청·신고 기타의 행위는 토지소유자 및 점유자의 승계인 등에 대하여도 그 효력이 있다고 규정하고 있는 것은 산림의 보호·육성을 통하여 국토의 보전 등을 도모하려는 법의 목적을 감안하여 **법에 의한 처분등으로 인한 권리와 아울러 그 의무까지 승계시키려는 취지인 점** 등에 비추어 보면, 산림을 무단형질변경한 자가 사망한 경우 당해 토지의 소유권 또는 점유권을 승계한 상속인은 그 복구의무를 부담한다고 봄이 상당하고, 따라서 관할행정청은 그 상속인에 대하여 복구명령을 할 수 있다고 보아야 한다(대판 2005.8.19, 2003두9817·9824).

2. 이행강제금 납부의무는 일신전속적 성질이므로 이행강제금을 부과받은 사람이 이행강제금사건의 계속 중 사망한 경우 비송사건절차는 종료한다(대결 2006.12.8, 2006마470).

제2항　　**무하자재량행사청구권**

I 개 설

1. 의 의

무하자재량행사청구권이란 개인이 행정청에 대해 하자 없는 적법한 재량처분을 청구할 수 있는 공권으로서 독일에서 발전된 이론이다.

2. 기능 및 실익

재량권 행사의 한계를 전제로 하여 재량의 적정한 행사를 청구하는 것이므로 ① 재량권 행사

에 대한 통제수단의 하나이고, ② 공권의 확대화와 ③ 재량행위에 대한 개인의 권리구제와 사법적 심사의 확장(원고적격의 확대)이라는 기능을 수행한다. 그러나 거부처분에 대한 대상저격(저분성) 인정과 관련해서 실익이 있다는 소수견해(유상현)도 제시된다.

Ⅱ 법적 성질

1. 적극적 공권성
이 권리는 단순히 위법한 처분을 배제하는 소극적 또는 방어적 권리에 그치는 것이 아니라, 행정청에 대해 적법한 재량처분을 할 것을 구하는 적극적 공권이라는 견해가 다수설이다.

2. 형식적 공권성

(1) 절차적 공권설
형식적 권리라는 용어는 무하자재량행사청구권을 권리가 아닌 것으로 오해시킬 우려가 있고, 무하자재량행사청구권은 다만, 종국처분의 형성과정에 있어 재량권의 법적 한계를 준수하면서 '어떠한 처분'을 구할 수 있을 따름이라는 점에서 절차적 청구권이라는 견해(김동희, 김철용, 한견우)이다.

(2) 형식적 공권설(다수설)
무하자재량행사청구권은 재량결정절차에 관한 권리가 아니라 재량결정의 내용에 관한 문제이므로 절차적 권리로 보는 것은 타당하지 않다고 한다(김민호, 김성수, 류지태, 박균성, 장태주). 다만, 무하자재량행사청구권은 '특정한 처분'을 청구하는 것을 내용(실체적 내용)으로 하는 것이 아니라 '어떠한 처분'이든 하자 없는 결정을 청구하는 것을 내용으로 한다는 점에서 형식적 공권이라고 표현한다.

Ⅲ 인정 여부

1. 부정설과 긍정설

부정설	긍정설(다수설)
1. 새량의 하지기 있는 경우에는 그로 인한 실체저 권리의 침해가 있는 경우에 한해 실체와 관련시켜 권리구제를 인정하면 되므로 굳이 형식적 권리를 따로 인정할 필요가 없고, 2. 만약 실체적 권리의 침해가 없는데도 흠 없는 재량행사청구권이라는 형식적 권리의 침해만으로 소익(원고적격)을 인정한다면 행정소송의 원고적격을 부당하게 넓혀 민중소송화할 우려가 있고, 3. 법원이 너무 넓게 재량권의 행사과정에 개입함으로써 행정의 경직화를 초래할 우려가 있고, 4. 현행법상 근거를 찾을 수 없고, 5. 권리침해 시 구제수단으로서의 의무이행소송제도가 인정되지 않는다는 것을 논거로 한다.	1. 실체적인 권리하자를 주장하기 어려운 경우에 이를 주장할 실익이 있고, 2. 공권으로서의 성립요건(강행법규에 의한 의무부과, 사익보호성)이 충족된 당사자에게만 인정되므로 민중소송될 우려가 없고, 3. 행정청의 재량권에도 법적 한계를 준수할 의무가 있고 이에 대응하여 행정객체도 하자 없는 재량행사청구권이 인정되고, 4. 당해 재량수권규범의 해석을 통하여 도출될 수 있고, 5. 의무이행소송이 인정되지 않더라도 거부처분취소소송과 부작위법확인소송 및 간접강제수단을 통한 권리구제가 가능하다는 것을 논거로 한다(류지태, 박균성, 박윤흔, 석종현, 장태주, 한견우).

2. 광의와 협의에 따라 구별하는 견해

행정청이 결정재량권은 갖지 못하고 선택재량권만을 가지고 있는 경우와 같은 특수한 상황에 있어서만 무하자재량행사청구권이 인정된다는 견해이다.

3. 판례(긍정설)

판례는 검사임용거부처분취소소송과 관련하여 무하자재량행사청구권의 법리를 받아들이고 있다는 것이 일반적인 판례평석(김남진, 김동희, 김성수, 박균성, 박윤흔, 정하중)이다. 그러나 동 판례가 무하자재량행사청구권의 인정과는 무관하고 대상적격과 관련해서 조리상 신청권을 인정할 뿐이라는 견해(김연태, 김철용)와 독자적인 무하자재량행사청구권을 인정하는 것은 아니라는 견해(홍정선)도 제시된다.

검사임용거부처분취소소송
검사 지원자 중 한정된 수의 임용대상자에 대한 임용결정은 한편으로는 그 임용대상에서 제외한 자에 대한 임용거부결정이라는 양면성을 지니는 것이므로 임용대상자에 대한 임용의 의사표시는 동시에 임용대상에서 제외한 자에 대한 임용거부의 의사표시를 포함(**묵시적 거부행위의 존재 인정**. 원심은 거부행위의 존재 자체를 부인하고 부작위로 판시 ; 필자 주)한 것으로 볼 수 있고, 이러한 **임용 거부의 의사표시는 본인에게 직접 고지되지 않았다고 하여도 본인이 이를 알았거나 알 수 있었을 때에 그 효력이 발생**한 것으로 보아야 한다. **검사의 임용 여부는 임용권자의 자유재량**에 속하는 사항이나, 임용권자가 동일한 검사신규임용의 기회에 원고를 비롯한 다수의 검사 지원자들로부터 임용 신청을 받아 전형을 거쳐 자체에서 정한 임용기준에 따라 이들 일부만을 선정하여 검사로 임용하는 경우에 있어서 **법령상 검사임용신청 및 그 처리의 제도에 관한 명문규정이 없다고 하여도**(법규상 신청권 부정 ; 필자 주) **조리상 임용권자는 임용신청자들에게 전형의 결과인 임용 여부의 응답을 해 줄 의무가 있다고 할 것이며, 응답할 것인지 여부조차도 임용권자의 편의재량사항이라고는 할 수 없다**(즉, 응답 여부는 기속재량행위). 검사의 임용에 있어서 임용권자가 임용 여부에 관하여 어떠한 내용의 응답을 할 것인지는 임용권자의 자유재량에 속하므로 일단 임용거부라는 응답을 한 이상 설사 그 응답내용이 부당하다고 하여도 사법심사의 대상으로 삼을 수 없는 것이 원칙이나, 적어도 재량권의 한계일탈이나 남용이 없는 위법하지 않은 응답을 할 의무가 임용권자에게 있고 이에 대응하여 임용신청자로서도 **재량권의 한계일탈이나 남용이 없는 적법한**(무하자재량행사청구권의 법리를 인정 ; 필자 주) **응답을 요구할 권리**(응답신청권, 즉 조리상 신청권을 인정함으로써 거부행위의 처분성 인정. 판례는 거부나 부작위의 경우 작위와 달리 처분성 인정을 위해 법규상 또는 조리상의 신청권을 추가적으로 요구한다 ; 필자 주)**가 있다고 할 것이며, 이러한 응답신청권에 기하여 재량권 남용의 위법한 거부처분에 대하여는 항고소송으로서 그 취소를 구할 수 있다고 보아야 하므로 임용신청자가 임용거부처분이 재량권을 남용한 위법한 처분이라고 주장하면서 그 취소를 구하는 경우에는 법원은 재량권 남용 여부를 심리하여 본안에 관한 판단으로서 청구의 인용 여부를 가려야 한다**(대판 1991.2.12, 90누5825).

Ⅳ 성립요건

이 권리도 당사자의 개인적 공권으로서의 성질을 가지므로 공권의 일반적인 성립요건을 충족해야 한다.

1. 강행법규(처분의무, 응답의무)의 존재

재량행위라 하더라도 행정청의 임의적·자의적 처분이 허용되는 행위는 아니고, 재량권은 법적으로 한계지어진 것으로서(재량행위에 대해 법치행정상 요구되는 최소한의 요구) 재량처분에 있어서도 재량권의 한계를 준수할 법적 의무는 있는 것이라는 점에서 처분의무가 인정된다.

2. 사익보호성의 인정 여부

이 권리가 성립하기 위해서는 당해 행정작용의 근거규범이 공익뿐 아니라 최소한 부수적으로라도 사익을 보호의 대상으로 하고 있어야 한다. 이때 청구권의 전제요건으로서 당사자의 법적 관련성을 확정하기 위한 기준으로 인정되는 것이 이른바 보호규범이론이다.

Ⅴ 내 용

1. 일반적 내용

무하자재량행사청구권은 행정청에 대해 적법한 재량처분을 청구하는 것을 내용으로 한다. 그러나 이 경우 행정청의 의무는 재량권의 한계를 준수할 의무에 그치는 것이고 특정처분을 할 의무는 아니다.

2. 행정개입청구권과의 관계

예외적으로 재량권이 0으로 수축됨으로써 오직 하나의 처분만이 적법한 재량권 행사로 인정되는 경우에는 자신에게 특정처분을 해 줄 것을 청구할 수 있으며, 이러한 경우에는 행정개입청구권으로 전환(전화)된다.

Ⅵ 대상행위

무하자재량행사청구권은 형식적 권리이므로 재량행위에 대해 넓은 범위에서 인정된다. 즉, 수익적 행정행위는 물론 부담적 행정행위도 대상이 되며, 행정기관이 선택재량을 갖는 경우만이 아니라 결정재량을 갖는 경우에도 인정될 수 있다. 그러나 개념상 당연히 재량규범에서만 인정되고 기속규범에서는 인정되지 않는다. 한편, 판단여지의 경우에는 '무하자판단여지행사청구권'이, 계획행정의 경우에는 '하자 없는 계획재량행사청구권'이 적용된다는 견해가 있다.

Ⅶ 청구권의 행사와 권리구제

구 분	행정심판	행정소송
거부	의무이행심판, 취소심판	거부처분취소소송
부작위	의무이행심판	부작위위법확인소송

1. 행정청이 거부한 경우

무하자재량행사청구권의 신청에 대해 행정청이 거부한 경우 당사자는 의무이행심판, 취소심판 및 취소소송(기속력으로서의 재처분의무와 간접강제제도)을 제기할 수 있다.

2. 행정청이 부작위로 방치하는 경우

개인에게 이 청구권이 인정되는 한 행정청은 그 신청에 대해 하자 없는 처분을 할 의무가 있다. 따라서 행정청이 관계인의 신청에도 불구하고 이를 방치하는 것은 위법한 부작위가 되고, 당사자는 의무이행심판이나 부작위위법확인소송(기속력으로서의 재처분의무와 간접강제제도)을 제기할 수 있다.

I 개 설

1. 의 의

행정개입청구권은 협의로는 행정기관이 재량권을 갖는 경우에 당사자가 자신을 위해 '타인(제3자)'에 대해 행정기관의 행정권발동(개입)을 청구할 수 있는 공권(예 제3자인 강도에 대한 경찰권발동청구권, 환경오염업체에 대한 환경규제권발동청구권)을 의미한다. 통상 협의로 사용되고 있다. 그러나 광의로는 협의의 행정개입청구권에 '자기 자신'에 대한 발동청구권인 행정행위발급청구권(예 건축허가를 신청한 자가 자기 자신에게 행정행위인 건축허가를 발급해 달라고 청구하는 권리)까지 포함한다.

2. 인정배경

오늘날 ① 공권의 확대화경향에 따라 기속행위는 물론이고 재량행위의 경우에도 재량권이 0 또는 1로 수축되는 특수한 상황에 있어서는 행정권의 발동이 의무로 되고, 그에 따라 개인에게 행정개입청구권이 발생할 수 있음을 강조하려는 것이 행정개입청구권의 법리이다.

그 외에도 ② 재량행위통제법리, ③ 원고적격의 확대를 통한 권리구제의 확대의 필요성이 제기된다.

II 법적 성질

1. 적극적 권리

행정청에 대해 제3자에 대한 규제권의 발동을 청구할 수 있는 적극적 공권이다.

2. 실체적 권리

무하자재량행사청구권과는 달리 형식적 공권이 아니라 실체적 공권의 성격을 갖는다. 즉, 행정개입청구권은 '특정처분'을 할 것을 요구할 수 있는 공권이다.

3. 예방적 권리성 여부

행정개입청구권을 행정청의 부작위에 대한 사전예방적 성격의 권리로 이해하는 견해도 있으나, 소음·먼지·공기오염행위에 대한 규제권발동청구권의 경우와 같이 사후구제적 성격도 가질 수 있다고 보아야 한다.

Ⅲ 청구권의 인정 여부 및 범위

1. 인정 여부

(1) 부정설

행정개입청구권의 인정은 아직 시기상조라는 견해, 행정청의 위법한 부작위로 인한 실체적 권리침해의 문제로 부작위위법확인소송 및 소의 이익문제에 귀착되므로 위법한 부작위의 경우만을 들어 따로 행정개입청구권으로 구성하는 것은 불합리하다는 견해이다.

(2) 긍정설(다수설)

재량행위의 영역에 있어서 직접 상대방이 아닌 제3자를 위해 이 청구권을 별도로 인정하는 것이 사회적 법치국가의 원리에 부합하므로 실체법상의 권리를 인정할 필요가 있다는 견해이다.

(3) 판례(긍정설)

대법원판례는 항고소송에 있어 행정개입청구권을 부정하는 것이 주류적 입장이지만, 예외적으로 인정한 판례도 있다. 다만, 국가배상청구소송에서 행정청의 부작위에 대한 위법성을 인정함으로써 간접적으로 행정개입청구권을 인정하는 입장이라고 할 수 있다.

> **① 부정사례(주류적 판례)**
>
> 1. 시외완행버스업체들이 시외버스 공용정류장 운영회사의 정류장 사용 요금체계가 부당할 뿐만 아니라 사용요금 책정 후 사정변경이 있다는 이유로 구청장에게 사업개선명령을 내리도록 신청한 것을 거부한 행위(대판 1991.2.26, 90누5597) : 구청장으로 하여금 위 회사에게 사업개선명령을 내리도록 감독권의 발동을 촉구한 것에 지나지 아니할 뿐 그 신청에 따른 행위를 요구할 법규상 또는 조리상의 권리에 터 잡은 것이 아니어서
> 2. 행정청이 인접 토지소유자의 장애물철거요구를 거부한 행위(대판 1996.1.23, 95누1378) : 도시계획법 등 관계 법령상 주민에게 도로상 장애물의 철거를 신청할 수 있는 권리를 인정한 근거 법규가 없을 뿐 아니라 조리상 이를 인정할 수도 없다.

3. 산림훼손 용도변경신청을 반려한 행위(대판 1998. 10.13, 97누13764) : 산림법에 산림훼손 용도변경신청에 관하여 아무런 규정을 두지 않고 있고, 처분 후에 원래의 처분을 그대로 존속시킬 수 없게 된 사정변경이 생겼다 하여 철회·변경을 요구할 권리가 생기는 것도 아니므로

4. 건축허가와 준공검사의 취소 및 제3자 소유의 건축물에 대한 철거명령신청거부(대판 1999.12.7, 97누17568) : 건축법에 규정이 없고, 시장·군수·구청장에게 그러한 의무가 있음을 규정한 것은 아니므로

5. 산림 복구설계승인 및 복구준공통보에 대한 이해관계인의 취소신청 거부(대판 2006.6.30, 2004두701) : 산림법령에는 채석허가처분을 한 처분청이 산림을 복구한 자에 대하여 복구설계서승인 및 복구준공통보를 한 경우 그 취소신청과 관련하여 아무런 규정을 두고 있지 않으므로

1. 행정청이 인접 토지소유자의 장애물 철거요구를 거부한 것은 거부처분이 아니다

도시계획법, 건축법, 도로법 등 관계 법령상 주민에게 도로상 장애물의 철거를 신청할 수 있는 권리를 인정한 근거 법규가 없을 뿐 아니라 조리상 이를 인정할 수도 없고, 따라서 행정청이 인접 토지소유자의 장애물 철거요구를 거부한 행위는 항고소송의 대상이 되는 거부처분에 해당될 수 없다(대판 1996.1.23, 95누1378).

2. 국민이 행정청에 대하여 제3자에 대한 건축허가와 준공검사의 취소 및 제3자 소유의 건축물에 대한 철거명령을 요구할 수 있는 법규상 또는 조리상 권리가 없다

구 건축법 및 기타 관계 법령에 국민이 행정청에 대하여 제3자에 대한 건축허가의 취소나 준공검사의 취소 또는 제3자 소유의 건축물에 대한 철거 등의 조치를 요구할 수 있다는 취지의 규정이 없고, 같은 법 제69조 제1항 및 제70조 제1항은 각 조항 소정의 사유가 있는 경우에 시장·군수·구청장에게 건축허가 등을 취소하거나 건축물의 철거 등 필요한 조치를 명할 수 있는 권한 내지 권능을 부여한 것에 불과할 뿐, 시장·군수·구청장에게 그러한 의무가 있음을 규정한 것은 아니므로 위 조항들도 그 근거 규정이 될 수 없으며, 그 밖에 조리상 이러한 권리가 인정된다고 볼 수도 없다(대판 1999.12.7, 97누17568).

② 인정사례

1. 지방자치단체장의 건축회사에 대한 공사중지명령에 있어서 그 명령의 내용 자체 또는 그 성질상 그 원인사유가 해소되는 경우 건축회사에게 조리상 당해 공사중지명령의 해제를 요구할 수 있는 권리가 인정(대판 1997.12.26, 96누17745)

2. 공유수면매립면허의 취소·변경청구권[대판(전합) 2006.3.16, 2006두330]

1. 공사중지명령 해제청구권(광의의 행정개입청구권에 관한 판례임)

지방자치단체장이 공장시설을 신축하는 회사에 대하여 사업승인 내지 건축허가 당시 부가하였던 조건에 따른 이행을 하고 이를 증명하는 서류를 제출할 때까지 신축공사를 중지하라는 공사중지명령에 있어서는 **그 명령의 내용 자체로 또는 그 성질상으로 명령 이후에 그 원인사유가 해소되는 경우에는 잠정적으로 내린 당해 공사중지명령의 해제를 요구할 수 있는 권리를 위 명령의 상대방에게 인정하고 있다**고 할 것이므로, 위 회사에게는 **조리상으로 그 해제를 요구할 수 있는 권리가 인정된다**고 할 것이다(대판 2007.5.11, 2007두1811).

2. 공유수면매립면허의 취소·변경청구권(새만금사건)

환경영향평가 대상지역 안에 거주하는 주민에게는 공유수면매립면허의 처분청에게 공유수면매립법 제 32조에서 정한 취소·변경 등의 사유가 있음을 내세워 면허의 취소·변경을 요구할 조리상의 신청권이 있 다고 보아야 함이 상당하다[대판(전합) 2006.3.16, 2006두330].

2. 인정범위

(1) 경찰행정에 국한 여부

연혁상으로 행정개입청구권은 경찰권의 발동과 관련해서 인정되었으나(경찰개입청구권), 우리 의 경우에는 그에 한정하지 않고 환경권·소비자권·안전권 및 건축법상의 인접권 등 행정의 전 영역에 걸쳐 인정된다는 것이 일반적인 견해이다.

(2) 기속행위의 경우

행정개입청구권은 일반적으로 재량행위와의 관련에서만 검토되고 있으나, 기속행위에 대해서 도 이 청구권이 인정될 수 있음은 의문이 없다.

Ⅳ 성립요건 및 한계

행정개입청구권도 개인적 공권의 하나이므로 공권의 일반적인 성립요건을 갖추어야 한다.

1. 행위의무(개입의무)의 존재

(1) 재량행위와 작위의무

재량행위의 경우에는 원칙적으로는 작위의무가 없으나, 예외적으로 재량권(결정재량)이 '0' 또는 '1'로 수축되는 경우에 한해 작위의무가 인정된다. 따라서 행정개입청구권은 재량행위에 대하여 일반적으로 인정되는 것이 아니라, 예외적으로 재량이 구체적인 사정에 비추어 '0' 또는 '1'로 수축되는 경우에 인정된다. 재량권이 '0' 또는 '1'로 수축되는 경우란 개별적인 경우에 있어 행정기관의 재량이 특정행위로 발동되는 것만이 유일한 적법한 재량행사로서 인정되고 그 외의 행사는 위법한 것으로 되는 경우를 의미한다.

(2) 재량권의 0으로의 수축 여부에 대한 구체적 판단기준

재량권이 0으로 수축되는지 여부는 구체적인 상황을 고려해 볼 때 ① 위협받고 있는 법익(피침해법익)의 종류와 가치성(예 생명, 신체, 재산 등), ② 위해의 정도 및 위해의 제거가능성, ③ 보충성(민사소송, 그 밖에 피해자의 개인적인 노력으로는 위험방지가 충분하게 이루어질 수 없다고 판단되는 상황)과 ④ 개입으로 초래되는 다른 위해의 정도 등을 고려해서 판단해야 한다. 대법원판례는 재량권의 0으로의 수축이론을 간접적으로 인정하고 있는데, 헌법재판소는 명시적으로 인정하고 있다.

1. 재량권의 '0'으로의 수축이론을 간접적으로 인정한 판례(대법원)

경찰관의 주취운전자에 대한 권한행사가 관계 법률의 규정 형식상 경찰관의 재량에 맡겨져 있다고 하더라도, 그러한 **권한을 행사하지 아니한 것이 구체적인 상황하에서 현저하게 합리성을 잃어 사회적 타당성이 없는 경우에는 경찰관의 직무상 의무를 위배한 것으로서 위법**하게 된다(대판 1998.5.8, 97다54482).

2. 재량권의 0으로의 수축이론을 명시적으로 인정(헌법재판소)

경찰권의 행사 여부는 원칙적으로 재량처분으로 인정되고 있으나, **목전의 상황이 매우 중대하고 긴박한 것이거나, 그로 인하여 국민의 중대한 법익이 침해될 우려가 있는 경우에는, 재량권이 영으로 수축하여 경찰권을 발동할 의무가 있다.** 따라서 사람이 바다에서 조난을 당하여 인명이 경각에 달린 경우에 해양경찰관으로서는 그 직무상 즉시 출동하여 인명을 구조할 의무가 있다(헌재결 2007.10.25, 2006헌마869).

2. 사익보호성

행정개입청구권이 성립하려면 당해 근거 법규와 관계 법규의 목적, 취지가 공익만이 아니라 적어도 사익까지 보호하려는 취지여야 한다.

Ⅴ 청구권의 실현방법

1. 행정기관에 대한 청구

행정개입청구권이 성립하는 경우 개인은 관계 행정기관에 직접 개입해 줄 것을 청구할 수 있다.

2. 행정쟁송에 의한 실현

거부나 부작위에 대해 행정심판의 경우에는 의무이행심판이라는 직접적·실효적인 수단이 존재한다. 그러나 행정소송법은 의무이행소송을 인정하고 있지 않으므로 행정개입청구권에 대한 직접적·실효적인 소송은 존재하지 않는다. 다만, 이러한 개인의 청구에 대해 행정기관이 거부한 경우거부처분에 대해 취소소송을, 부작위의 경우에는 부작위위법확인소송(기속력으로서의 재처분의무와 간접강제제도)이라는 간접적·우회적 수단을 통해 권익구제를 실현할 수 있다.

3. 손해배상의 청구

행정기관이 개입의무가 있음에도 불구하고 이를 해태(게을리 하는 것, 부작위)하여 위해가 이미 발생한 경우에는 행정소송(항고소송)은 협의의 소의 이익(권리보호의 현실적 필요성)이 없어 실효성이 없고, 행정상 손해배상을 청구하여야 할 것이다.

관련 판례 무장공비출현에 대해 주민이 3차례 신고했으나 군경공무원들이 출동하지 않아 주민이 사망한 사건(김신조 무장공비 침투사건)

무장공비색출체포를 위한 대간첩작전을 수행하기 위하여 파출소 소장, 순경 및 육군장교 수명 등이 파출소에서 합동대기하고 있던 중 그로부터 불과 60~70미터 거리에서 약 15분 간에 걸쳐 주민들이 무장간첩과 격투하던 중 1인이 무장간첩의 발사권총탄에 맞아 사망하였다면 위 **군경공무원들의 직무유기행위와 위망인의 사망과의 사이에 인과관계가 있다**고 봄이 상당하다(대판 1971.4.6, 71다124).

●제5절 행정법관계의 특질

행정법관계는 공익목적의 실현을 위해 행정주체에 대해 특수한 지위가 인정되므로 대등한 당사자 간의 의사자치에 의해 형성되는 사법관계와는 다른 특수성을 나타내게 된다. 이러한 특수성은 행정법관계에 본질적으로 내재하는 것은 아니며, 행정목적의 효율적 달성(공익)을 위해 실정법에 의해 특별히 부여된 것이다.

Ⅰ 법적합성

법률에 의한 행정의 원리의 당연한 결과로 행정의사는 법에 적합해야 한다.

Ⅱ 공정성·구성요건성

행정행위의 공정력이란 비록 행정행위에 하자(흠)가 있을지라도 하자가 중대하고 명백하여 당연무효인 경우를 제외하고는 권한 있는 기관에 의해 취소될 때까지는 일응 유효한 것으로 보아 상대방과 제3자는 그 효력을 부인하지 못하는 힘을 말한다. 한편, 행정주체의 의사가 유효하게 존재하는 이상 다른 국가기관은 그의 존재를 존중하며 스스로의 판단의 기초 내지 구성요건으로 삼아야 한다는 구속을 받는데, 이를 구성요건적 효력이라 한다.

Ⅲ 존속성(불가쟁성·불가변성)

1. 불가쟁성(형식적 존속성)

행정행위에 대해 불복이 있는 경우, 쟁송제기기간이 경과하거나 심급을 다 거친 경우에는 더 이상 쟁송을 제기할 수 없는바, 이를 불가쟁성이라 한다. 불가쟁력이 발생한 행위라도 행정청은 직권으로 취소할 수 있다.

2. 불가변성(실질적 존속성)

준사법적 행위나 확인적 행위 등은 그것을 행한 행정청이라 할지라도 그 내용을 자유로이 변경·소멸(직권취소·철회)시킬 수 없는바, 이를 불가변성이라 한다.

Ⅳ 강제성(자력집행성·제재성)

1. 자력집행성

행정주체는 권력관계에 있어서는 상대방이 의무를 이행하지 아니할 때에는 법원 등 타인의 힘(타력)을 빌리지 않고 스스로의 힘(자력)에 의해 자기의 의사를 실현할 수 있는바, 이를 자력집행성이라 한다.

2. 제재성

행정법관계에서 상대방이 국가의사를 위반한 경우에는 그에 대한 제재로서 형벌(행정형벌)이나 과태료 등이 과해짐이 일반적이다.

Ⅴ 권리의무의 특수성

행정법관계에 있어서 개인의 권리는 공공복리의 향상 등 국가적·공익적 견지에서 인정되는 것이기 때문에 권리인 동시에 의무를 수반하게 되는 상대성을 가지게 된다. 따라서 공권과 공의무는 그 이전성·포기성이 제한되고 특별한 보호와 강제가 가해지는 등의 특수성을 가진다.

Ⅵ 권리구제수단의 특수성

1. 행정상 손해전보

행정법관계에 있어서 사인이 행정청의 행위로 인해 권익이 침해된 경우, 적법한 공권력의 행사에 의한 경우에는 행정상 손실보상제도(헌법 제23조 제3항), 위법한 공권력의 행사에 의한 경우에는 행정상 손해배상제도(헌법 제29조, 국가배상법)에 의해 손해를 전보 받는다.

2. 행정쟁송

우리 헌법은 대륙법계의 행정국가와는 달리 영·미법계와 같이 사법국가의 형태를 취하고 있으므로 행정사건도 일반법원에서 관할하고 있다. 그러나 행정법이론은 대륙법계에서 계수한 것이므로 공법은 사법과는 다른 체계를 유지하고 있는 결과, 행정심판전치(임의적), 단기제소기간 등에서 사법과는 다른 여러 가지 특수성을 인정하고 있다.

◉ 제6절 특별행정법관계

▮ I 전통적 특별권력관계론

1. 의 의

전통적인 행정법은 권력관계를 중심으로 발전했는데, 이는 일반권력관계와 특별권력관계로 구분된다. 즉, ① 일반권력관계는 국민이 국가의 통치권에 복종하는 지위에서 당연히 성립되는 법률관계로서 법치주의가 전면적으로 적용되지만, ② 특별권력관계는 특별한 법률상의 원인에 의해 성립되며, 일정한 행정목적에 필요한 범위 내에서 일방이 상대방을 포괄적으로 지배하고 상대방은 이에 복종함을 내용으로 하는 관계로서 법치주의의 적용이 배제되는 관계를 말한다.

다만, 용어사용에 대해서는 ① 특별행정법관계(김동희, 류지태, 박윤흔, 장태주, 홍정선, 홍준형)와 ② 특수(특별)신분관계(김남진, 박종국, 정하중), ③ 특별권력관계(유상현) 등으로 다양하게 표현되고 있다.

2. 특별권력관계론의 배경

(1) 역사적 배경

독일의 외견적(外見的) 입헌군주정이 시대적 배경(독일 특유의 이론으로 프랑스나 영·미에서는 부정)이다. 즉, 종래의 특권적 지위를 확보하려는 군주와 의회를 통해 군주의 권력을 제한하려는 시민계급 간의 정치적 타협의 산물이다. 권리주체 간의 관계가 아닌 특별권력관계 내부에는 법규가 침투할 수 없다는 P. Laband, G. Jellinek의 법개념을 이론적 기초로 하고 있으며, O. Mayer에 의해 체계화되었다.

전통적 특별권력관계론은 제2차 세계대전 이후 비판의 십자포화를 받았으며, 특히 1972년 독일 연방헌법재판소의 수형자판결을 계기로 더욱 비판이 심화되었다.

(2) 이론적 배경

① 불침투설(불침투성이론) : 당시의 유력설은 법규란 인격주체 상호 간의 의사의 범위를 정해 주는 것으로서, 국가(법인으로서 권리주체)와 국민(자연인이나 법인으로서 권리주체) 상호 간 (일반권력관계)의 관계는 권리주체 상호 간의 관계이므로 법규가 침투(적용)할 수 있지만 국가 내부, 즉 특별권력관계에는 법이 침투할 수 없다고 했다. 그러나 이에 대해서는 국가와 공무원, 영조물과 학생과의 관계도 인격주체 상호 간의 관계라는 반론(공무원의 이중적 지위)이 제기된다.

② 기본권포기이론 : 이에 대해서는 기본권은 포기할 수 없다는 반론[기본권의 양면적 성질=주관적 공권성+객관적 가치질서성(K. Hesse)]이 제기된다.

③ 동의는 불법을 조각한다 : 이에 대해서는 특별권력관계 설정의 동의를 기본권 제한에 대한 동의로 간주함은 사실에 반한다는 반론이 제기된다.

3. 내용 및 특색

구분	전통적 이론	현대의 수정된 이론
법률유보	법률유보의 배제(침해유보설)	법률유보 적용(신침해유보설)
기본권 제한	수권 없는 기본권 제한 가능	반드시 법률의 근거가 필요
사법심사	전면적 배제	전면적 긍정
행정규칙의 법규성	부정	부정

Ⅱ 특별행정법관계의 인정 여부

1. 긍정설

(1) 절대적 구별설(전통적 특별권력관계론)

이 견해는 일반권력관계와 특별권력관계의 본질적인 차이를 인정하는 견해이다. 즉, 일반권력관계는 국가와 개인 간, 즉 법주체 상호 간의 외부관계인데, 특별권력관계는 행정의 내부관계라는 것이다. 따라서 일반권력관계에 적용되는 법원리와 법치주의의 원칙이 특별권력관계에는 적용되지 않는다.

(2) 상대적 구별설

① 제한적 긍정설(통설) : 특별행정법관계에도 일반권력관계와 마찬가지로 기본권보호나 법률유보가 적용된다는 점에서 양자는 본질적인 차이가 없다.

다만, 국가와 공무원 간의 관계처럼 일반권력관계와는 목적이나 기능을 달리하는 부분사회가 존재하며, 일반권력관계와는 다른 특수한 규율을 받는 특별행정법관계가 존재한다. 따라서 특별행정법관계에서는 특별한 행정목적의 달성에 필요한 범위 내에서 ㉠ 법률유보의 규율밀도가 다소 완화되고, ㉡ 일반인에게는 허용되지 않는 기본권 제한도 허용되고(예 교도소 재소자와 군인의 거주이전의 자유), ㉢ 사법심사에 있어서도 행정처분에 해당되지 않는 것이 상대적으로 많고, ㉣ 포괄적인 재량권 및 판단여지가 인정된다는 견해로서 통설이다.

관련 관례

1. 육군 신병교육 지침서 중 '신병훈련소에서 교육훈련을 받는 동안 전화사용을 통제하는 부분'은 법률유보 원칙 등에 위배되지 않는다(기각)

   이 사건 지침은 군인사법 제47조의2의 위임과 군인복무규율 제29조 제2항의 재위임 및 국방교육훈련 규정 제9조 제1호의 위임에 따라 제정된 것으로서 법률에 근거한 규율이라고 할 것이므로 법률유보의 원칙에 위반된다고 보기 어렵다. 또한, 국군의 특수한 사명을 수행하기 위하여 모든 국민에게 국방의무가 부과되고, 군인의 복무 및 군인훈련은 일반사회생활과는 현저하게 다른 특수하고 전문적인 영역이어서 군사전문가인 지휘관에게 포괄적으로 일임할 필요가 있으며, 군대에 대한 통수와 지휘는 예측할 수 없는 다양한 상황에 대하여 신속하고 전문적·효과적으로 이루어져야 하므로, 군인사법 제47조의2가 군인의 복무에 관한 사항에 관한 규율권한을 대통령령에 위임하면서 다소 개괄적으로 위임하였다고 하여 헌법 제75조의 포괄위임금지원칙에 어긋난다고 보기 어렵다(헌재결 2010.10.28, 2007헌마890).

2. 불온도서의 소지·전파 등을 금지하는 군인복무규율 제16조의2는 명확성원칙, 과잉금지원칙 및 법률유보원칙에 위배되어 청구인들의 기본권을 침해하지 않는다(기각)(헌재결 2010.10.28, 2008헌마638).

3. 육군3사관학교 사관생도의 경우 일반 국민보다 기본권이 더 제한될 수 있다

   사관생도는 군 장교를 배출하기 위하여 국가가 모든 재정을 부담하는 특수교육기관인 육군3사관학교의 구성원으로서, 학교에 입학한 날에 육군 사관생도의 병적에 편입하고 준사관에 준하는 대우를 받는 특수한 신분관계에 있다(「육군3사관학교 설치법 시행령」 제3조). 따라서 그 존립 목적을 달성하기 위하여 필요한 한도 내에서 일반 국민보다 상대적으로 기본권이 더 제한될 수 있으나, 그러한 경우에도 법률유보원칙, 과잉금지원칙 등 기본권 제한의 헌법상 원칙들을 지켜야 한다(대판 2018.8.30, 2016두60591).

4. 「육군3사관학교 설치법」 및 시행령, 「육군3사관학교 학칙」 및 「사관생도 행정예규」 등에서 사관생도의 준수 사항과 징계를 규정할 수 있고 이러한 규율은 존중되어야 한다(대판 2018.8.30, 2016두60591).

5. 육군3사관학교 사관생도인 갑이 4회에 걸쳐 학교 밖에서 음주를 하여 「사관생도 행정예규」 제12조에서

정한 품위유지의무를 위반하였다는 이유로 육군3사관학교장이 교육운영위원회의 의결에 따라 갑에게 퇴학처분을 한 사안에서, 위 금주조항은 사관생도의 일반적 행동자유권, 사생활의 비밀과 자유 등 기본권을 과도하게 제한하는 것으로서 무효인데도 위 금주조항을 적용하여 내린 퇴학처분이 적법하다고 본 원심판결에 법리를 오해한 잘못이 있다고 한 사례(대판 2018.8.30, 2016두60591)

6. 국가기관과 공무원 간의 공법상 근무관계에도 고용관계에서 양성평등을 규정한 「남녀고용평등과 일·가정 양립 지원에 관한 법률」 제11조 제1항과 근로기준법 제6조가 적용된다(대판 2019.10.31, 2013두20011).

7. 교육공무원법 등에 따라 조교로 임용되어 교육공무원 내지 특정직공무원의 신분을 부여받는 경우, 기간의 정함이 없는 근로자로의 전환에 관한 「기간제 및 단시간근로자 보호 등에 관한 법률」 제4조 제1항, 제2항을 국가와 공무원신분인 조교 간의 근무관계에 곧바로 적용할 수 없다(대판 2019.11.14, 2015두52531).

8. 국가기관과 공무원 간의 공법상 근무관계에도 고용관계에서 양성평등을 규정한 「남녀고용평등과 일·가정 양립 지원에 관한 법률」 제11조 제1항과 근로기준법 제6조가 적용된다(대판 2019.10.31, 2013두20011).

② 특별권력관계 수정설(내부관계·외부관계구분론)

C. H. Ule 교수가 처음 제시한 견해로서 특별행정법관계를 기본관계(외부관계)와 경영수행관계(내부관계)로 나누어, 기본관계에서의 행위는 행정행위로서 사법심사가 가능하지만, 경영수행관계에 대해서는 사법심사의 적용이 제한된다고 보는 견해이다.

기본관계(외부관계)	경영수행관계(내부관계)
특별행정법관계 자체의 성립·변경·종료 또는 당해 관계구성원의 법적 지위의 본질적 사항에 관련된 법률관계 1. 공무원의 임명·승진·전직·퇴직·파면 2. 국·공립대학생의 입학허가·정학·제적·퇴학 3. 군인의 입대·제대 ■ 군인의 입대는 일반권력관계라는 이견 4. 교도소 입소·퇴소	당해 관계구성원이 특별행정법관계 내부에서 가지는 직무관계 또는 영조물관계에서 성립되는 경영수행적 질서에 관련된 법률관계 1. 공무원에 대한 직무명령 2. 국·공립학교에서의 과제물부과, 시험평가, 여학생에 대한 바지착용금지, 특정행사에의 참가명령 3. 군인에 대한 훈련 4. 수형자에 대한 행형

2. 부정설

(1) 일반적·형식적 부정설

이 견해는 제2차 세계대전 후 실질적 법치주의와 기본권존중주의를 바탕으로 모든 공권력의 행사는 법률의 근거를 요한다는 전제하에 특별권력관계에 있어서도 법치주의가 전면적으로 적용된다는 것이다. 특별권력관계를 전면적으로 부인하고, 모두 일반권력관계로 환원한다는 점이 개별적·실질적 부정설과의 차이이다.

(2) 개별적·실질적 부정설

이 견해는 종래 특별권력관계를 모두 일반권력관계와 동일하게 보아 공법상의 권력관계로 파악하고 있는 점에 문제가 있다고 지적하면서, 이들 관계를 구체적으로 분석하여 그 법적 성격을 개별적으로 판단해야 한다는 것이다.

일반권력관계	계약관계
권력적 색채가 비교적 강하고 법률의 대상이 되고 있는 관계 1. 군복무관계 2. 수형자의 교도소재소자관계·소년원 수용관계 3. 특허기업자에 대한 국가의 특별감독관계 4. 감염병환자의 강제입원관계	비권력관계, 관리관계. 권력적 색채가 약하고 상대방의 동의에 의해 성립하는 관계 1. 공무원의 근무관계 2. 국공립학교의 재학관계 3. 국공립도서관 이용관계 4. 국공립병원·기타 영조물 이용관계

Ⅲ 특별행정법관계의 성립과 소멸

구 분		성립원인	소멸원인
직접 법률의 규정에 의한 경우		1. 감염병환자의 국·공립병원에의 강제입원(임의이용은 사법관계임) 2. 공공조합에의 강제가입 3. 수형자의 수감 4. 징집대상자의 입대	1. 목적의 달성(국·공립학교의 졸업, 병역의무의 이행, 수형자의 형기만료) 2. 구성원 스스로의 탈퇴(공무원의 사임, 학생의 자퇴) 3. 권력주체에 의한 일방적인 해제(학생의 퇴학, 공무원의 파면)
동 의	임의적 동의	1. 공무원 임명 2. 국·공립대학 입학 3. 국·공립도서관 이용 4. 별정우체국장의 지정	
	의무적 동의	학령아동의 취학(의무교육)	

Ⅳ 특별행정법관계의 종류(공법관계)

구 분	사 례
공법상 근무관계	1. 공무원의 근무관계 2. 군복무관계 3. 육군3사관학교 사관생도(대판 2018.8.30, 2016두60591)

공법상 영조물이용관계	1. 국·공립대학 재학관계 2. 감염병환자의 국·공립병원 강제입원관계 3. 국·공립도서관 이용관계 4. 교도소 재소관계
공법상 특별감독관계	특허기업(허가기업에 대한 것은 일반권력관계)과 공공조합·공무수탁사인에 대한 국가의 감독관계
공법상 사단관계	공공조합과 조합원의 관계
특별권력관계가 아닌 것	국가와 납세자와의 관계 : 일반권력관계임.

V 특별행정법관계에서의 권력 및 그 한계

1. 특별권력

특별권력에는 ① 명령권과 ② 징계권, ③ 행정규칙 제정권이 있다.

(1) 명령권

① 내용 : 특별권력의 주체는 당해 특별행정법관계의 목적달성에 필요한 범위 내에서 그 구성원에 대해 명령·강제할 수 있다. 이러한 명령권의 발동형식은 ㉠ 개별적·구체적 형식을 취하는 지시 (예 직무명령)와 ㉡ 일반적·추상적 형식을 취하는 행정규칙(예 훈령·영조물이용규칙)이 있다.

② 특별명령

㉠ 의의 : 특별명령은 특별행정법관계에서 그 주체가 구성원의 지위, 이용관계 등에 대해 고권적으로 발하는 일반적·추상적인 명령(예 공무원의 임용·승진·복무에 관한 규정, 학생의 입학·진학·졸업 등에 관한 국·공립학교학칙, 도서관이용규칙, 교도소내규 등의 영조물이용규칙)이다. 이는 행정규칙 중 사무처리기준·조직에 관한 것을 제외한 특별권력관계에서의 구성원의 법적 지위, 이용관계 등에 관한 규율을 기존의 행정규칙과 구별하여 법규성을 인정하자는 시도에서 나온 개념이다.

㉡ 특별명령의 인정 여부(부정) : 관습법에 의한 법규명령이나 행정권에 고유한 법규명령권은 인정될 수 없다는 견해이다. 법률의 수권이 있는 경우, 법규명령제정권자 및 포괄적 수권과 관련하여, 특별명령제정권자가 헌법상의 법규명령제정권자가 아니라는 점 및 법규명령에 대한 법률의 수권은 개별적·구체적이어야 하므로 포괄적 수권은 허용되지 않는다는 점 등을 볼 때 특별명령에 법규성을 인정할 수 없다는 견해로서 다수설이다.

(2) 징계권

징계권은 특별행정법관계의 내부질서를 유지하기 위해 질서문란자에 대해 일정한 제재나 강제 등 징계벌을 과할 수 있는 권력을 말한다. 징계권은 특히 상대방의 동의에 의해 성립하는 경우(예 공무원 임명)에는 그 최고한도를 특별행정법관계로부터의 배제 및 이익의 박탈(파면)에 그쳐야 하고, 법령에 의해 성립하는 경우에는 법령이 정한 한계 내에서만 행하여야 한다.

> 특별권력이 아닌 것(일반권력)
> 1. 형벌권
> 2. 경찰권
> 3. 과세권

(3) 행정규칙 제정권

특별행정법관계 내부를 규율할 수 있는 권한을 말한다.

2. 특별권력의 한계

특별행정법관계에서의 특별권력의 발동은 그 설립목적을 달성하기 위해 필요한 범위 내에서만 행사되어야 하고, 특별행정법관계 내에서의 기본권제한도 법률에 근거가 없이는 불가능하다.

Ⅵ 특별행정법관계에 대한 사법심사

특별행정법관계에서의 사법심사의 범위에 대해서는 특별행정법관계의 성질을 인정하는 학설에 따라 각기 달라진다.

1. 전면적 부정설(전통적 이론)

특별권력관계와 일반권력관계의 본질적 차이를 인정하는 견해에 의하면 사법심사를 전면적으로 부정하게 되지만, 오늘날 이 견해에 찬성하는 학자는 없다.

2. 제한적 긍정설(Ule)

특별행정법관계수정설에 의하면 특별행정법관계 가운데 일정한 행위에 대해서만 사법심사를 긍정하게 된다. 즉, 특별행정법관계 가운데 기본관계(외부관계)에 대해서는 사법심사를 긍정하지만, 경영수행관계(내부관계)에 대해서는 구성원에 대한 권리침해가 특히 중대한 경우에만 인정된다.

3. 전면적 긍정설(다수설)

오늘날 다수설은 특별행정법관계에 대해서도 소송요건을 충족해야 한다는 제한 이외에 특별행정법관계에 특유한 사법심사 제한을 인정하지 않는다. 특별행정관계는 공법관계이기 때문에 처분성이 인정되면 항고소송, 처분성이 부정되면 당사자소송 등 행정소송을 제기할 수 있다. 다만, 특별행정법관계는 전문적·기술적 판단을 요하기 때문에 특별권력의 발동주체에게 넓은 의미의 재량권이 인정되므로 그 범위 내에서 사법심사가 제한(기각판결)될 수 있다.

4. 판례(전면적 긍정설)

판례도 어떤 행위가 특별권력관계에서의 행위라는 이유만으로 사법심사에서 제외될 수 없다고 하는 전면적 긍정설을 취하고 있다. 즉, 판례는 '특별권력관계'라는 전통적인 용어를 사용하고 있지만, 사법심사를 긍정하는 현대적 의미의 '특별권력관계'라는 용어를 사용하고 있다.

(1) 근무관계

관련판례

서대문구청장의 역촌동장 직권면직
동장과 구청장과의 관계는 이른바 행정상의 특별권력관계에 해당되며, 이러한 특별권력관계에 있어서도 위법·부당한 특별권력의 발동으로 말미암아 권리를 침해당한 자는 행정소송법 제1조의 규정에 따라 그 위법 또는 부당한 **처분의 취소를 구할 수 있다**(대판 1982.7.27, 80누86).

(2) 영조물이용관계

① 국립대학교

관련판례

1. **특별권력관계에도 사법심사 긍정**
   국립교육대학 학생에 대한 퇴학처분은, 국가가 설립·경영하는 교육기관인 동 대학의 교무를 통할하고 학생을 지도하는 지위에 있는 **학장이** 교육목적 실현과 학교의 내부질서유지를 위해 학칙위반자인 재학생에 대한 **구체적 법집행으로서, 국가공권력의 하나인 징계권을 발동하여 학생으로서의 신분을 일방적으로 박탈하는 국가의 교육행정에 관한 의사를 외부에 표시한 것이므로 행정처분**임이 명백하다(대판 1991.11.22, 91누2144).
2. **자유재량행위에 대하여도 사법심사 긍정**
   학생에 대한 징계권의 발동이나 징계의 양정이 징계권자의 교육적 재량에 맡겨져 있다 할지라도 법원이 심리한 결과 그 징계처분에 위법사유가 있다고 판단되는 경우에는 이를 취소할 수 있는 것이고, **징계처분이 교육적 재량행위라는 이유만으로 사법심사의 대상에서 당연히 제외되는 것은 아니다**(대판

1991.11.22, 91누2144).

3. 국립 서울교육대학 교수회의 학생에 대한 무기정학처분의 징계의결에 대해 학장이 징계의 재심을 요청하여 다시 개최된 교수회에서 표결을 거치지 아니한 채 학장이 직권으로 징계의결내용을 변경하여 퇴학처분을 한 것은 학칙에 규정된 교수회의 심의·의결을 거치지 아니한 것이어서 위법하다(대판 1991.11.22, 91누2144).

4. 국립대학은 총장 후보자 선정방식을 학칙으로 정할 수 있고, 학칙에 규정되어 있는 기존의 총장 후보자 선정방식을 학칙 개정을 통하여 변경할 수 있다(대판 2015.6.24, 2013두26408).

5. 국립대학의 학칙에 규정되어 있는 총장 후보자 선정방식인 직선제를 학칙 개정을 통하여 간선제로 변경하는 것은 교육의 본질이나 대학의 자율성을 침해하거나 교육 관계 법령을 위반하는 것이 아니다(대판 2015.6.24, 2013두26408).

6. 교원 또는 교수회의 동의 없이는 총장 후보자 선출을 위한 기존의 직선제 학칙을 간선제로 바꾸는 것은 허용된다(대판 2015.6.24, 2013두26408).

② 교도소 재소관계

1. 헌법소원의 보충성을 충족하고 헌법소원의 대상이 된 침해행위가 종료되었어도 심판청구의 이익이 있다고 인정한 사례
   위 각 행위(서신검열과 서신의 지연발송 및 지연교부행위)는 이른바 권력적 사실행위로서 행정심판이나 행정소송의 대상이 된다고 단정하기도 어려울 뿐 아니라 설사 그 대상이 된다고 하더라도 이미 종료된 행위로서 소의 이익이 부정될 가능성이 많아 헌법소원심판을 청구하는 외에 달리 효과적인 구제방법이 있다고 보기 어려우므로 보충성의 원칙에 대한 예외에 해당한다고 할 것이고, 또 비록 피청구인의 위 각 행위는 이미 종료되었고 청구인 이○호도 출소하였지만 헌법소원의 본질은 개인의 주관적 권리구제뿐만 아니라 객관적인 헌법질서의 보장도 겸하고 있는 것인데, 위와 같은 미결수용자의 서신에 대한 검열이나 지연발송 및 지연교부행위는 헌법상 보장된 통신의 자유나 비밀을 침해받지 아니할 권리 및 변호인의 조력을 받을 권리와의 관계에서 그 위헌 여부가 해명되어야 할 중요한 문제이고, 그러한 검열행위는 행형법의 규정에 따라 앞으로도 계속될 것으로 보이며 검열 후 서신의 발송지연·교부지연행위 등의 위헌 여부에 대하여도 논란의 여지가 있으므로, 이 사건 심판청구는 헌법질서의 수호·유지를 위하여 긴요한 사항으로서 그 해명이 중대한 의미를 지니고 있고 동종행위의 반복위험성도 있어 심판청구의 이익이 있다고 할 것이다(헌재결 1995.7.21, 92헌마144).

2. 미결수용자와 변호인이 아닌 자 사이의 서신을 검열한 행위는 헌법에 위반되지 않는다(헌재결 1995.7.21, 92헌마144).

3. 미결수용자와 변호인 사이의 서신을 검열한 행위는 헌법에 위반된다(헌재결 1995.7.21, 92헌마144).

4. 진주교도소장과 마산교도소장의 서신 검열행위는 권력적 사실행위이다(헌재결 2004.11.25, 2003헌마402).

5. 교정시설 소장에 의하여 허용된 범위를 넘어 사진 또는 그림 등을 부착한 수용자에 대해 교도관이 부착물의 제거를 지시한 행위는 적법한 직무집행에 해당한다(대판 2014.9.25, 2013도1198).

6. 징벌사유에 해당하는 행위를 하였다고 의심할 만한 상당한 이유가 있는 수용자에 대하여 조사가 필요한 경우, 수용자를 조사거실에 분리 수용할 수 있다(대판 2014.9.25, 2013도1198).

(3) 사단관계

당진농지개량조합의 직원에 대한 징계처분

농지개량조합과 그 직원과의 관계는 사법상의 근로계약관계가 아닌 공법상의 특별권력관계이고, 그 조합
의 직원에 대한 징계처분의 취소를 구하는 소송은 행정소송사항에 속한다(대판 1995.6.9, 94누10870).

● 제7절 행정법규정의 흠결과 사법규정의 적용

I 개 설

1. 문제의 소재

우리나라는 독일·프랑스 등 대륙법계의 예에 따라 공법관계와 사법관계를 구별하는 이원적 법
체계이다. 그런데 행정법에는 일반통칙적 규정이 결여되어 있기 때문에 개개의 행정법규에 구
체적인 규정이 없는 경우에 사법(私法)의 규정을 적용할 수 있는지가 문제된다.

2. 명문규정이 있는 경우

행정법관계에 법규정이 결여된 경우에 사법규정을 적용할 것을 명문으로 규정하고 있는 경우
도 상당수 있는데 이러한 경우는 사법의 적용에 문제가 없다. 예컨대, "국가나 지방자치단체의
손해배상책임에 관하여는 법에 규정된 사항 외에는 '민법'에 따른다."(국가배상법 제8조)는 규정
이 이에 해당한다.

II 사법의 유추적용

1. 학 설

(1) 소극설(공법적용설)

공법과 사법은 분리독립된 별개의 법체계이므로 공법규정의 흠결을 사법규정의 적용(직접 또는 유추적용)으로 보충할 수 없다는 견해(O. Mayer)인데, 현재는 지지학자가 없다.

(2) 적극설

① **일반적 직접적용설(특수사법설)** : 공법관계와 사법관계는 본질적으로 다른 법률관계는 아니라는 점, 사법규정에는 법의 일반원리적인 규정이 많이 있다는 점을 논거로 행정법규의 흠결 시 당연히 사법이 적용된다는 견해이다.

② **제한적 유추적용설(통설)** : 법률관계의 내용(권력관계와 관리관계) 및 사법규정의 성질(일반원리적 규정과 이해조정에 관한 규정)에 따라 행정법관계에 대한 사법규정의 적용을 제한적으로 인정하는 견해로서 통설이다. 이 견해에 의하면 사법규정 가운데 법원리적 규정이나 법기술적 규정은 공법관계에도 적용되지만, 기타 이해조정적 규정은 본질이 사법관계인 관리관계에만 유추적용할 수 있고, 사법관계와 성질을 달리하는 권력관계에는 유추적용할 수 없다.

구 분	내 용	권력관계	관리관계
일반법원리적· 법기술적 규정	1. 법원리적 규정 　① 신의성실의 원칙과 파생원칙(권리남용금지, 실권의 법리) 　② 권리주체 : 자연인, 법인 　③ 권리객체 : 물건 　④ 부관 : 조건, 기한, 부담 　⑤ 시효 : 소멸시효, 취득시효 　⑥ 법정채권 발생원인 : 사무관리, 부당이득, 불법행위 2. 법기술적 규정 　① 기간계산　　② 주 소	○	○
기타사인 간의 이해조정적 규정		×	○

③ **개별적 판단설** : 제한적 유추적용설은 이해조정적 규정이 권력관계에 전혀 적용될 수 없다고 보지만, 이 견해는 권력관계에서도 성질과 기능에 반하지 않는 한도 내에서 사법규정의 유추적용이 인정될 수 있다는 점에서 다르다.

2. 판례(제한적 유추적용설)

(1) 공법의 유추적용(우선적)

① 유추적용 인정사례

1. 국세기본법상의 환급가산금에 관한 규정 ⇨ 관세법

구 관세법 및 등납 시행령에는 과오납관세의 환급에 있어서 국세기본법 제52조 등과 같은 환급가산금(이자)에 관한 규정이 없으나, **부당하게 징수한 조세를 환급함에 있어서 국세와 관세를 구별할 합리적인 이유가 없고 과오납관세의 환급금에 대하여만 법의 규정이 없다 하여 환급가산금을 지급치 아니한다는 것은 심히 형평을 잃은 것이라 할 것이므로**(따라서 현행 관세법에는 환급가산금에 관한 규정을 신설하였다) **국세기본법의 환급가산금에 관한 규정을 유추적용하여 과오납관세의 환급금에 대하여도 납부한 다음 날부터 환급가산금(이자)을 지급하여야 한다**(대판 1985.9.10, 85다카571).

2. 하천법상의 손실보상규정 ⇨ 하천법상의 제외지에 대한 손실보상

하천법 제2조 제1항 제2호, 제3조에 의하면 제외지는 하천구역에 속하는 토지로서 법률의 규정에 의하여 당연히 그 소유권이 국가에 귀속된다고 할 것인바, 한편 동법에서는 위 법의 시행으로 인하여 국유화가 된 제외지의 소유자에 대하여 그 손실을 보상한다는 **직접적인 보상규정을 둔 바가 없으나 동법 제74조의 손실보상요건에 관한 규정은 보상사유를 제한적으로 열거한 것이라기보다는 예시적으로 열거하고 있으므로 국유로 된 제외지의 소유자에 대하여는 위 법조를 유추적용하여 관리청은 그 손실을 보상하여야** 한다(대판 1987.7.21, 84누126).

3. 세무서장이 구 국세기본법 제51조 제7항에 따라 국세환급금을 반환받아 환수하였으나 거기에 다시 과오납부 등의 사정이 있어 환급금을 재환급하는 경우, 환급가산금을 가산하여야 하고 환급가산금 환수에 따른 재환급의 경우 같은 법리가 적용된다(대판 2013.10.31, 2012다200769).

② **조세법규 해석에는 유추적용 부정**: 학설은 조세법규해석의 경우 국민에게 유리한 소급적용과 유추해석·확장해석을 인정하기도 하고 부정하기도 하는 등 견해가 대립되는데, 판례는 조세법규해석의 경우에는 조세평등의 원칙 때문에 유리하든 불리하든 유추해석·확장해석을 부정하는 입장이다.

1. 조세감면요건에 관한 법규의 해석 기준

조세법률주의의 원칙상 과세요건이거나 비과세요건 또는 조세감면요건을 막론하고 조세법규의 해석은 특별한 사정이 없는 한 법문대로 해석할 것이고 합리적 이유 없이 확장해석하거나 유추해석하는 것은 허용되지 아니하며, 특히 감면요건규정 가운데에 명백히 특혜규정이라고 볼 수 있는 것은 엄격하게 해석하는 것이 조세공평의 원칙에도 부합한다(대판 2004.5.28, 2003두7392).

2. 조세나 부담금의 감면요건에 관한 법규의 해석 기준

조세나 부담금에 관한 법률의 해석에 관하여, 그 부과요건이거나 감면요건을 막론하고 특별한 사정이 없는 한 법문대로 해석할 것이고 합리적 이유 없이 확장해석하거나 유추해석하는 것은 허용되지 아니하고, 특히 감면요건 규정 가운데에 명백히 특혜규정이라고 볼 수 있는 것은 엄격하게 해석하는 것이 공평원칙에도 부합한다(대판 2007.10.26, 2007두9884).

(2) 사법의 유추적용(보충적, 제한적 유추적용설)

1. '이해조정에 관한 규정'은 권력관계에 적용될 수 없다

공권력의 주체로서 국민에 대하는 관계(권력관계)에 있어서는 대등한 사사로운 국민 상호 간의 경제적 이해를 조정함을 목적으로 하는 사법이 전면적으로 그대로 적용될 수는 없고 국가공익의 실현을 우선적으로 하는 특수성을 고려하여 특수한 법규나 법원칙이 인정되어야 할 것이다(대판 1961. 10.5, 4292행상6).

2. 법기술적 규정인 '기간계산'은 권력관계에도 적용된다

징계요구기간의 계산에 관하여는 구 경찰공무원징계령에 특별한 규정이 없으므로 보충적으로 그 계산방법을 규정하고 있는 민법 제155·157조의 규정에 따라 징계사유가 발생한 초일은 기간계산에 산입하지 아니한다(초일불산입의 원칙)고 해석할 것이다(대판 1972.12.12, 71누149).

3. 일반법원리적 규정인 '실권의 법리'는 권력관계에도 적용된다

실권 또는 실효의 법리는 법의 일반원리인 신의성실의 원칙에 바탕을 둔 파생원칙인 것이므로 공법관계 가운데 관리관계는 물론이고 권력관계에도 적용되어야 함을 배제할 수는 없다(대판 1988.4.27, 87누915).

MEMO

●제1절 의의 및 종류

Ⅰ 법률요건의 의의

구 분	내 용
법률효과	법률관계(권리의무)의 변동(발생·변경·소멸) ⇔ 사실행위
법률요건	법률효과 발생(법률관계 변동)의 요인이 되는 사실
법률사실	1. 법률요건을 구성하는 개개의 사실 2.법률요건은 통상 여러 개의 법률사실(예 건축허가 신청과 허가처분)로 이루어지나, 하나의 법률사실(예 공법상 상계)로 이루어지는 경우도 있다.

■ 매매계약(법률요건)=청약(법률사실)+승낙(법률사실)

Ⅱ 법률사실의 분류

1. 사 건

(1) 의 의

　　사건이란 사람의 정신작용을 요소로 하지 않는 법률사실을 말한다.

(2) 종 류

1. 사람의 출생·사망 : 사망으로 운전면허(의사면허)가 실효 되는 것
2. 기간, 시간의 경과, 시효(시간의 경과로 권리가 상실)·제척기간(출소기간의 경과로 제소권을 잃는 것), 일정한 연령에의 도달(19세가 되어 선거권을 취득하는 것)
   - 기간과 달리 기한은 조건과 함께 부관으로서 정신작용에 해당하므로 사건이 아님에 유의
3. 실종, 일정한 장소(지역)에의 거주(주민등록의무와 주민세 납부의무를 지는 것, 지방자치단체의 주민이 되는 것), 주소
4. 물건의 자연적 생성과 소멸(멸실)
5. 물건의 점유·소유(토지·건물의 소유로 재산세 납부의무를 지는 것)
6. 부당이득·무자격자의 연금수령
7. 사실행위(도로공사, 행정강제)

2. 용 태

(1) 의 의

용태란 정신적 작용을 요소로 하여 이루어지는 법률사실을 말한다.

(2) 종 류

① **외부적 용태** : 외부적 용태란 사람의 정신작용이 외부적 거동으로 발현된 것으로서 적법행위 (예 사실행위와 법적 행위)·위법행위, 작위·부작위가 있다.

1. 사법(私法)행위
   사법행위가 사법적 효과만이 아닌 공법적 효과를 발생하는 경우(예 사법행위인 매매·증여계약으로 공의무인 납세의무의 발생)가 있음에 유의
2. 공법행위
   ① 사인의 공법행위 : 허가신청, 행정소송청구
   ② 행정주체의 공법행위(행정작용) : 행정입법, 행정행위(예 토지수용·토지에 대한 수용재결), 행정계획, 공법상 계약, 공법상 합동행위 등
   ③ 사법적 효과를 발생하는 경우(예 조세체납처분으로 인한 소유권 변동)도 있음.

② **내부적 용태** : 내부적 용태란 정신작용이 외부에 표시되지 않은 것으로서 '선의'(어떤 사정을 알지 못하는 것)·'악의'(어떤 사정을 알고 있는 것), '고의'(결과발생의 인식과 용인)·'과실'(실수, 주의의무위반)이 이에 해당한다.

제2절 행정법상의 사건

I 시간의 경과(기간)

1. 개설

기간이란 한 시점에서 다른 시점까지의 시간적 간격을 말한다. 행정법상의 법률관계는 일정한 기간이 경과함으로써 발생 또는 소멸하는 경우가 있다. 예컨대, 행정심판청구권은 처분이 있음을 알게 된 날부터 90일 또는 처분이 있었던 날부터 180일이 경과하면 소멸하는 것이 이에 해당한다(행정심판법 제27조). 어떤 방법으로 기간을 계산하느냐 하는 것은 법기술적인 문제로서 공·사법관계 간에 차이가 없으므로, 특별한 규정이 없는 한 민법상 기간의 계산에 관한 규정이 준용된다.

2. 기산점(기간계산의 시작점)

(1) 초일불산입의 원칙

기간을 시, 분, 초로 정한 때에는 즉시로부터 기산한다(민법 제156조). 기간을 일, 주, 월 또는 연으로 정한 때에는 기간의 초일은 산입하지 아니한다. 그러나 그 기간이 오전 영시로부터 시작하는 때에는 그러하지 아니하다(같은 법 제157조).

 관련판례 병역법 제88조 제1항 제2호에 정한 '소집기일부터 3일'이라는 기간을 계산할 때에도 기간계산에 관한 민법의 규정이 적용되어 민법 제157조에 따라 기간의 초일은 산입하지 아니하고, 민법 제161조에 따라 기간의 말일이 토요일 또는 공휴일에 해당하는 때에는 기간은 그 익일로 만료한다고 보아야 한다(대판 2012.12.26, 2012도13215).

(2) 예외적으로 초일을 산입하는 경우

1. 민원 처리기간
2. 기간이 오전 영시부터 시작되는 경우
3. 「가족관계의 등록 등에 관한 법률」상 신고기간 계산

3. 만료점

기간을 일, 주, 월 또는 연으로 정한 때에는 기간말일의 종료로 기간이 만료한다(민법 제159조). 다만, 기간의 말일이 토요일 또는 공휴일에 해당한 때에는 기간은 그 익일(다음날)로 만료한다(같은 법 제161조).

광업법 제16조에 정한 출원제한기간을 계산할 때 기간계산에 관한 민법의 규정이 적용된다

광업법에는 기간의 계산에 관하여 특별한 규정을 두고 있지 아니하므로, 광업법 제16조에 정한 출원제한기간을 계산할 때에도 기간계산에 관한 민법의 규정은 그대로 적용된다. 광업권설정 출원제한기간의 기산일인 2007. 7. 28.로부터 6개월의 기간이 경과하는 마지막 날인 2008. 1. 27.이 일요일인 경우, 그 출원제한기간은 민법 제161조의 규정에 따라 그 다음날인 2008. 1. 28. 만료된다고 본 사례(대판 2009.11.26, 2009두12907)

Ⅱ 시 효

1. 의 의

시효제도는 일정한 사실상태가 오랫동안 계속한 경우에, 그 상태가 진실한 권리관계에 합치하느냐 않느냐를 묻지 않고 그 사실상태를 그대로 존중하여 권리관계를 인정하려는 제도를 말한다. 시효에는 소멸시효와 취득시효가 있다. 시효제도는 일반법원리적 규정으로서 특별한 규정이 없는 한 공법관계에도 민법의 시효에 관한 규정이 적용된다.

2. 금전채권의 소멸시효

(1) 의 의

소멸시효는 권리자가 그의 권리를 행사할 수 있음에도 불구하고 일정한 기간(시효기간) 동안 권리를 행사하지 않는 상태가 계속된 경우 권리를 소멸시켜버리는 제도이다.

(2) 시효기간

금전의 급부를 목적으로 하는 국가의 권리로서 시효에 관하여 다른 법률에 규정이 없는 것은 5년동안 행사하지 아니하면 시효로 인하여 소멸한다(국가재정법 제96조 제1항). 국가에 대한 권리로서 금전의 급부를 목적으로 하는 것도 또한 같다(같은 법 제2항).

1. '다른 법률에 규정'의 의미는 5년보다 짧은 기간

예산회계법 제71조(현 국가재정법 제96조)에서 타 법률에 운운 규정은 타 법률에 동법 제71조에 규정한 5년의 소멸시효기간보다 짧은 기간의 소멸시효의 규정이 있는 경우에 그 규정에 의한다는 뜻이고 이보다 긴 10년의 소멸시효를 규정한 본조 민법 제766조 제2항은 예산회계법(현 국가재정법) 제71조에서 말하는 타 법률에 규정한 경우에 해당하지 아니한다(대판 1967.7.4, 67다751).

2. 구 국유재산법상 변상금 부과권과 연체료 부과권의 소멸시효기간(-5년) 및 연체류 부과권의 소멸시효 기산점

구 국유재산법에서는 변상금 및 연체료의 부과권과 징수권을 구별하여 제척기간이나 소멸시효의 적용 대상으로 규정하고 있지 않으므로, 변상금 부과권 및 연체료 부과권도 모두 국가재정법 제96조 제1항에 따라 5년의 소멸시효가 적용된다. 그리고 구 국유재산법 제51조 제2항, 구 '국유재산법 시행령' 제56조 제5항, 제44조 제3항의 규정에 의하면, 변상금 납부의무자가 변상금을 기한 내에 납부하지 아니하는 때에는 국유재산의 관리청은 변상금 납부기한을 경과한 날부터 60월을 초과하지 않는 범위 내에서 연체료를 부과할 수 있고, 연체료 부과권은 변상금 납부기한을 경과한 날부터 60월이 될 때까지 날짜의 경과에 따라 그때그때 발생하는 것이므로, 소멸시효도 각 발생일부터 순차로 5년이 경과하여야 완성된다(대판 2014.4.10, 2012두16787).

3. 구 군인연금법상 선순위 유족의 연금청구와 국방부장관의 지급결정으로 발생한 구체적인 유족연금수급권은 독립적으로 구 군인연금법 제8조 제1항에서 정한 소멸시효의 적용 대상이 되지 않고, 이는 선순위 유족에게 유족연금수급권의 상실사유가 발생하여 동순위 또는 차순위 유족에게 구체적인 유족연금수급권이 같은 법 제29조 제2항 규정에 따라 이전되는 경우에도 마찬가지이다(대판 2019.12.27, 2018두46780).

4. 구 군인연금법상 선순위 유족이 구체적 유족연금수급권을 상실함에 따라 동순위 또는 차순위 유족이 구체적 유족연금수급권을 취득한 경우 그로부터 발생하는 월별 수급권의 소멸시효 기간과 기산점 / 국방부장관에게 유족연금수급권 이전 청구를 한 경우, 이전 청구 시부터 5년 이내의 월별 수급권은 소멸시효의 진행이 중단되는지 여부(적극)

선순위 유족에게 구 군인연금법 제29조 제1항 각호에서 정한 사유가 발생하여 구체적 유족연금수급권을 상실함에 따라 동순위 또는 차순위 유족이 법 제29조 제2항 규정에 의하여 곧바로 구체적 유족연금수급권을 취득한 경우 그로부터 발생하는 월별 수급권은 매 연금지급일(매달 25일)부터 5년간 이를 행사하지 아니한 때에는 각 시효가 완성되어 소멸하게 되며, 국방부장관에게 구 「군인연금법 시행령」 제56조에 따라 유족연금수급권 이전 청구를 한 경우에는 이미 발생한 월별 수급권에 관하여 권리를 행사한다는 취지를 객관적으로 표명한 것이므로, 그 이전 청구 시부터 거꾸로 계산하여 5년 이내의 월별 수급권은 소멸시효의 진행이 중단되어 지급받을 수 있다(대판 2019.12.27, 2018두46780).

구분	내용
3년	국가배상청구권 : 불법행위로 인한 손해배상의 청구권은 피해자나 그 법정대리인이 그 손해 및 가해자를 안 날로부터 3년간 이를 행사하지 아니하면 시효로 인하여 소멸한다(민법 제766조 제1항). 불법행위를 한 날로부터 10년을 경과한 때에도 전항과 같다(같은 조 제2항).
5년	1. 공법상 소멸시효의 원칙 2. 조세환급청구권 　① 국세환급금과 국세환급가산금반환청구권 　② 관세환급청구권 　③ 지방세과오납금반환청구권 3. 과태료부과 제척기간(질서위반행위규제법 제19조 제1항)·과태료 징수의 소멸시효(같은 법 제15조 제1항) 　■ 구법시대의 판례는 과태료의 제재는 형벌이 아니므로 공소시효나 형의 시효가 적용되지 않고, 과태료부과권(처벌권)은 금전채권이 아니므로 소멸시효도 적용되지 않지만, 과태료 징수에는 5년의 소멸시효가 적용된다고 판시(대결 2000.8.24, 2000마1350) 4. 조세부과 제척기간

(3) 국가배상청구권의 소멸시효

① 소멸시효기간

㉠ 손해 및 가해자를 안 경우(3년)

국가배상법에 특별한 규정이 없으므로 민법의 규정에 의해 피해자나 그 법정대리인이 손해 및 가해자를 안 날로부터 3년이다(국가배상법 제8조, 민법 제766조 제1항).

불법행위를 원인으로 한 손해배상청구권은 손해 및 가해자를 안 날로부터 3년 간 행사하지 아니하면 시효로 인하여 소멸하지만(민법 제766조 제1항), 정리위원회로부터 진실규명결정을 받은 피해자 등은 특별한 사정이 없는 한 진실규명결정이 있었던 때에 손해 및 가해자를 알았다고 봄이 상당하므로, 그때부터 3년이 경과하여야 위 단기소멸시효가 완성된다 할 것이다[대판(전합) 2013.5.16, 2012다202819].

㉡ 손해 및 가해자를 알지 못한 경우(5년)

피해자나 그 법정대리인이 손해 및 가해자를 알지 못한 경우에는 국가재정법 제96조 제2항에 따라 5년 간 이를 행사하지 아니하면 국가배상청구권은 시효로 소멸한다.

국가배상법 제2조 제1항 본문 전단 규정에 따른 국가에 대한 손해배상청구권은 그 불법행위의 종료일로부터 구 예산회계법 제71조 제2항, 제1항에 정한 5년의 기간 동안 이를 행사하지 아니하면 시효로 인하여 소멸한다(대판 2011.7.28, 2009다92784).

② 단기소멸시효의 위헌성(합헌)

헌법재판소는 국가배상청구사건의 소멸시효기간에 민법 제766조를 적용토록 한 것은 위헌이 아니라고 판시하고 있다.

1. **국가배상법 제8조가 국가배상청구권에도 단기의 소면시효제도를 적용하도록 한 것은 합헌이다**
   국가배상법 제8조가 '국가 또는 지방자치단체의 손해배상책임에 관하여는 이 법의 규정에 의한 것을 제외하고는 민법의 규정에 의한다. ……'고 하고 소멸시효에 관하여 별도의 규정을 두고 있지 아니함으로써 **국가배상청구권에도 소멸시효에 관한 민법상의 규정인 민법 제766조가 적용되게 되었다 하더라도 이는 국가배상청구권의 성격과 책임의 본질, 소멸시효제도의 존재이유 등을 종합적으로 고려한 입법재량 범위 내에서의 입법자의 결단의 산물인 것으로 국가배상청구권의 본질적인 내용을 침해하는 것이라고는 볼 수 없고 기본권 제한에 있어서의 한계를 넘어서는 것이라고 볼 수도 없으므로 헌법에 위반되지 아니한다**(헌재결 1997.2.20, 96헌바24).

2. **불법행위를 원인으로 한 국가에 대한 손해배상청구권은 불법행위일로부터 5년 동안 이를 행사하지 아니하면 시효로 소멸하고, 이는 위 3년의 단기소멸시효 기간과 달리 불법행위일로부터 바로 진행이 되므로 과거사정리법에 의하여 한국전쟁 전후 희생사건에 대하여 희생자임을 확인하는 진실규명결정이 있었던 경우에도 그 손해배상청구권의 소멸시효는 희생자에게 피해가 생긴 날로부터 5년이 경과한 때에 이미 완성되었다고 할 것이다**[대판(전합) 2013.5.16, 2012다202819].

3. 민법 제166조 제1항, 제766조, 국가재정법 제96조 제2항, 구 예산회계법 제96조 제2항이 일반적인 공무원의 직무상 불법행위로 손해를 받은 국민의 손해배상청구에 관한 소멸시효 기산점과 시효기간을 정하고 있는 것은 국가배상청구권을 침해하여 위헌이라고 할 수 없다(헌재결 2018.8.30, 2014헌바148·162·219·466, 2015헌바50·440; 2014헌바223·290, 2016헌바419).

4. 민법 제166조 제1항, 제766조 제2항 중 「진실·화해를 위한 과거사정리 기본법」(과거사정리법) 제2조 제1항 제3호의 '민간인 집단 희생사건', 제4호의 '중대한 인권침해사건·조작의혹사건'에 적용되는 부분은 국가배상청구권을 침해하여 위헌이다(헌재결 2018.8.30, 2014헌바148·162·219·466, 2015헌바50·440; 2014헌바223·290, 2016헌바419).

5. 헌법재판소가 2018. 8. 30. 선고한 '민법 제166조 제1항, 제766조 제2항 중 「진실·화해를 위한 과거사정리 기본법」 제2조 제1항 제3호(민간인 집단 희생사건), 제4호(중대한 인권침해사건·조작의혹사건)에 적용되는 부분은 헌법에 위반된다.'는 위헌결정의 효력은 위 제3호, 제4호 사건에서 공무원의 위법한 직무집행으로 입은 손해에 대한 배상을 구하는 소송이 위헌결정 당시까지 법원에 계속되어 있는 경우에도 미치고, 위 손해배상청구권에 대하여 민법 제166조 제1항, 제766조 제2항이나 국가재정법 제96조 제2항에 따른 '객관적 기산점을 기준으로 하는 소멸시효'는 적용되지 않는다[피고(대한민국)로부터 구로 일대 농지를 분배받았던 수분배자들의 후손인 원고들이 피고를 상대로 분배 농지와 관련하여 불법행위로 인한 손해배상을 청구하는 사안](대판 2019.11.14, 2018다233686).

(4) 소멸시효의 기산점

소멸시효가 완성하려면 권리를 시효기간 동안 행사하지 않는 권리의 불행사가 있어야 한다. 권리의 불행사란 권리를 행사하는 데 법률상의 장애가 없음에도 불구하고 행사하지 않는 것을 말한다. 소멸시효는 권리를 행사할 수 있는 때로부터 진행한다(민법 제166조 제1항). 따라서 권리를 행사할 수 없는 동안에는 비록 권리가 발생하고 있더라도 시효기간은 진행하지 않는다. 권리를 행사할 수 없는 사유로는 법률상의 장애와 사실상의 장애로 나눌 수 있는데, 법률상의 장애에 한정하는 것이 다수설·판례이다.

관련판례

1. 시효기간은 민법 제166조 제1항의 규정에 따라 권리를 행사할 수 있는 때로부터 진행하며, 여기서 "권리를 행사할 수 없다."라고 함은 그 권리행사에 법률상의 장애사유, 예컨대 기간의 미도래나 조건불성취 등이 있는 경우를 말하는 것이고, 사실상 그 권리의 존부나 권리행사의 가능성을 알지 못하였거나 알지 못함에 과실이 없다고 하여도 이러한 사유는 법률상 장애사유에 해당한다고 할 수 없다(대판 2011.7.28, 2009다92784).

2. 과세처분의 하자가 중대하고 명백하여 당연무효에 해당하는 여부를 당사자로서는 현실적으로 판단하기 어렵다거나, 당사자에게 처음부터 과세처분의 취소소송과 부당이득반환청구소송을 동시에 제기할 것을 기대할 수 없다고 하여도 이러한 사유는 법률상 장애사유가 아니라 사실상의 장애사유에 지나지 않는다[대판(전합) 1992.3.31, 91다32053].

3. 변상금부과처분에 대한 취소소송이 진행 중이라도 그 부과권자로서는 위법한 처분을 스스로 취소하고 그 하자를 보완하여 다시 적법한 부과처분을 할 수도 있는 것이어서 그 권리행사에 법률상의 장애사유가 있는 경우에 해당한다고 할 수 없으므로, 그 처분에 대한 취소소송이 진행되는 동안에도 그 부과권의 소멸시효가 진행된다(대판 2006.2.10, 2003두5686).

4. '손해 및 가해자를 안 날'이란 불법행위의 요건사실에 대하여 현실적이고도 구체적으로 인식하였을 때를 의미한다(대판 2008.4.24, 2006다30440).

5. 단기소멸시효의 기산점인 '손해 및 가해자를 안 날'의 의미는 피해자나 그 법정대리인이 가해 공무원이 국가 또는 지방자치단체와 공법상 근무관계가 있다는 사실을 알고, 또한 일반인이 당해 공무원의 불법행위가 국가 또는 지방자치단체의 직무를 집행함에 있어서 행해진 것이라고 판단하기에 족한 사실까지 인식하는 것을 의미한다(대판 2008.5.29, 2004다33469).

6. 민법 제766조 제1항 소정의 **손해를 안다는 것은 단순히 손해 발생의 사실을 아는 것만으로는 부족하고 가해행위가 불법행위로서 이를 원인으로 하여 손해배상을 소구할 수 있다는 것까지 아는 것을 의미**한다(대판 2010.12.9, 2010다71592).

7. 불법체포·구금으로 인한 손해배상청구권의 소멸시효 기산일은 무죄판결이 확정된 날이 아니라 구속영장 발부·집행에 의해 불법상태가 종료된 날이다(대판 2008.11.27, 2008다60223).

8. 원고가 경찰관들을 폭행죄로 고소하였으나 오히려 무고죄로 기소되어 제1심에서 징역형의 실형을 선고받았다가 상고심에서 최종적으로 무죄로 확정된 사안에서, 원고의 손해배상청구는 폭행사건 발생일 다음날부터가 아니라 무고죄에 대한 무죄판결이 확정된 때에야 사실상 가능하게 되었다고 보아 그때로부터 소멸시효가 진행된다고 본 사례(대판 2010.12.9, 2010다71592).

9. 공유수면매립법에서 정하는 간척사업의 시행으로 인하여 관행어업권이 상실되었음을 이유로 한 손실보상청구권에 민법에서 정하는 소멸시효규정이 유추적용될 수 있고 손실보상청구권의 소멸시효의 기산일은 현실적 손실이 발생한 때이다(대판 2010.12.9, 2007두6571).

10. 갑 등이 시위에 참가한 전력이 있어 1981, 1982년 사법시험 불합격 처분을 받았는데 그 후 '진실과 화해를 위한 과거사 정리위원회'의 권고에 의하여 2007년 국가가 불합격 처분을 취소한 사안에서, 국가에 대한 손해배상청구권은 사법시험의 불합격 처분일로부터 구 예산회계법상 소멸시효기간인 5년이

경과된 시점에 이미 시효 소멸하였고, '진실과 화해를 위한 과거사 정리위원회'의 결정이 있기 전까지 불합격 처분에 관한 모든 증거자료들을 국가가 소지하고 있었고 사실상 소를 제기하더라도 승소가능성이 없었다는 사유는 권리행사에 사실상의 장애사유에 불과하므로 소멸시효 기산점을 불합격 처분일로 보아야 한다고 한 원심판단을 수긍한 사례(대판 2011.7.28, 2009다92784).

11. 공무원이 형의 선고를 받아 당연퇴직할 당시 발생한 공무원연금법상 퇴직급여 지급청구권의 소멸시효 기산점은 당연퇴직 시이다(대판 2011.5.26, 2011두242).

12. 공무원의 직무 수행 중의 불법행위에 의하여 납부된 피랍자 본인의 그 납북 피해에 대한 국가배상청구권과 관련하여, 납북상태가 지속되는 동안에도 피랍자 본인의 국가배상청구권의 소멸시효 기산점이 도래하여 그 소멸시효기간이 진행한다고 볼 수 없다

이 사건과 같이 공무원의 직무 수행 중 불법행위에 의하여 납북된 것을 원인으로 하는 국가배상청구권의 행사에 있어, **남북교류의 현실과 거주·이전 및 통신의 자유가 제한된 북한 사회의 비민주성이나 폐쇄성 등을 고려하여 볼 때, 다른 특별한 사정이 없는 한 북한에 납북된 사람이 피고인 국가를 상대로 대한민국 법원에 소장을 제출하는 등으로 그 권리를 행사하는 것은 객관적으로도 불가능하다고 하겠으므로, 납북상태가 지속되는 동안은 소멸시효가 진행하지 않는다고 봄이 상당하다**(다만, 이 사건에서와 같이 납북자에 대한 실종선고심판이 확정되게 되면 상속인들에 의한 상속채권의 행사가 가능해질 뿐이다)(대판 2012.4.13, 2009다33754).

13. 진실·화해를 위한 과거사정리위원회가 「진실·화해를 위한 과거사정리 기본법」 제2조 제1항 제3호, 제4호 사건에 대하여 진실규명결정을 한 경우, 피해자와 유족들의 손해배상청구권에 대한 민법 제766조 제1항의 단기소멸시효의 기산점인 '손해 발생 및 가해자를 안 날'은 진실규명결정통지서가 송달된 날이다(대판 2020.12.10, 2020다205455).

(5) 시효의 중단과 정지

① 의의 : 소멸시효의 진행을 방해하는 것이 중단인데, 소멸시효가 중단되면 그때부터 시효는 새로이 다시 진행한다(민법 제178조). 소멸시효의 정지란 시효기간이 완성될 무렵에 권리자가 중단행위를 하는 것이 불가능하거나 또는 대단히 곤란한 사정이 있는 경우에, 그 시효기간의 진행을 일시적으로 멈추게 하고, 그러한 사정이 없어졌을 때 다시 나머지 기간을 진행시키는 것을 말한다. 정지에 있어서는 정지사유가 그친 뒤에 일정한 유예기간이 경과하면 시효는 완성되고, 이미 경과한 기간이 없었던 것으로 되지는 않는다는 점에서 중단과 다르다.

② 소멸시효 중단사유(권리행사) : 소멸시효는 ㉠ 납세(납입)고지, ㉡ 독촉 또는 납부최고, ㉢ 교부청구, ㉣ 압류의 사유로 중단된다(국세기본법 제28조 제1항).

1. 행정소송은 원칙적으로 사권에 대한 시효중단사유가 되지 못하나, 예외적으로 과세처분의 취소 또는 무효확인청구의 소는 조세환급을 구하는 부당이득반환청구권의 소멸시효 중단사유인 재판상 청구에 해당한다[대판(전합) 1992.3.31, 91다32053].

2. 납입고지에 의한 부과처분이 취소되더라도 납입고지에 의한 시효중단의 효력이 상실되지 않는다(대판 2000.9.8, 98두19933).

3. 세무공무원이 체납자의 재산을 압류하기 위해 수색을 하였으나 압류할 목적물이 없어 압류를 실행하지

못한 경우에도 시효중단의 효력이 발생한다(대판 2001.8.21, 2000다12419).

4. 납세고지에 의하여 시효가 중단되는 부분은 납세고지된 부분 및 그 액수에 한정되고 남은 세액에 대한 조세부과권에 대하여는 시효가 중단됨이 없이 진행한다(대판 1985.2.13, 84누649).

5. 채권자가 동일한 목적을 달성하기 위하여 복수의 채권을 갖고 있는 경우, 어느 하나의 청구권을 행사하는 것이 다른 채권에 대한 소멸시효 중단의 효력이 있다고 할 수 없다(대판 2002.5.10, 2000다39735).

6. 부당이득반환청구의 소를 제기한 경우 채무불이행으로 인한 손해배상청구권의 소멸시효가 중단되지 않는다(대판 2011.2.10, 2010다81285).

7. 한국자산관리공사가 국유재산의 무단점유자에 대하여 변상금 부과·징수권을 행사한 경우 민사상 부당이득반환청구권의 소멸시효가 중단되지 않는다(대판 2014.9.4, 2013다3576).

8. 과세전 적부심사 청구에 따른 심리기간은 국세징수권의 소멸시효 정지기간에 해당하지 않는다(대판 2016.12.1, 2014두8650).

9. 과세예고통지는 소멸시효의 중단사유가 아니다(대판 2016.12.1, 2014두8650).

10. '압류'에 의한 시효중단의 종료 시점은 압류가 해제되거나 집행절차가 종료될 때이다(대판 2017.4.28, 2016다239840).

11. 체납처분에 의한 채권압류로 채권자의 채무자에 대한 채권의 시효가 중단된 후, 피압류채권이 기본계약관계의 해지·실효 또는 소멸시효 완성 등으로 소멸함으로써 압류의 대상이 존재하지 않게 되어 압류 자체가 실효된 경우, 시효중단사유가 종료한다(대판 2017.4.28, 2016다239840).

12. 민법 제168조 제1호에서 소멸시효의 중단사유로 규정하고 있는 '청구'도 허용될 수 있는 경우 국세징수권의 소멸시효 중단사유가 될 수 있다(대판 2020.3.2, 2017두41771).

(6) 소멸시효완성의 효과

① 상대적 소멸설 : 시효기간이 경과한 경우에 권리 자체를 소멸시키는 것이 아니고, 다만 권리자가 권리를 주장하는 경우에 이에 대한 항변권을 발생시키는 데 불과하다는 견해이다.

② 절대적 소멸설(다수설) : 시효기간이 경과하면 권리는 당연히 소멸된다는 견해로서 다수설이다. 그러나 민사소송은 변론주의를 취하고 있으므로 당사자가 재판에서 소멸시효를 주장하지 않으면 법원은 직권으로 고려하지 않는다는 것이 판례(대판 1991.7.26, 91다5631)의 입장이므로 상대적 소멸설과 큰 차이는 없다.

관련
판례

1. 절대적 소멸설

   소멸시효에 있어서 그 시효기간이 만료되면 권리는 당연히 소멸하지만 그 시효의 이익을 받는 자가 소송에서 소멸시효의 주장을 하지 아니하면 그 의사에 반하여 재판할 수 없고, 그 시효이익을 받는 자는 시효기간 만료로 인하여 소멸하는 권리의 의무자를 말한다(대판 1991.7.26, 91다5631).

2. 소멸시효 항변은 당사자의 주장이 있어야만 법원의 판단대상이 된다(대판 2017.3.22, 2016다258124).

3. 조세채권의 소멸시효기간이 완성된 후에 부과한 과세처분은 무효이다

   조세채권의 소멸시효가 완성되어 부과권이 소멸된 후에 부과한 과세처분은 위법한 처분으로 그 하자가 중대하고도 명백하여 무효라 할 것이다(대판 1988.3.22, 87누1018).

(7) 시효완성의 주장과 권리남용

1. 국가에게 국민을 보호할 의무가 있다는 사유만으로 국가가 소멸시효의 완성을 주장하는 것 자체가 신의성실의 원칙에 반하여 권리남용에 해당한다고 할 수는 없다

   국가에게 국민을 보호할 의무가 있다는 사유만으로 국가가 소멸시효의 완성을 주장하는 것 자체가 신의성실의 원칙에 반하여 권리남용에 해당한다고 할 수는 없으므로, 국가의 소멸시효 완성 주장이 신의칙에 반하고 권리남용에 해당한다고 하려면 일반 채무자의 소멸시효 완성 주장에서와 같은 특별한 사정이 인정되어야 할 것이고, 또한 그와 같은 일반적 원칙을 적용하여 법이 두고 있는 구체적인 제도의 운용을 배제하는 것은 법해석에 있어 또 하나의 대원칙인 법적 안정성을 해할 위험이 있으므로 그 적용에는 신중을 기하여야 한다[대판(전합) 2005.5.13, 2004다71881].

2. 채무자의 소멸시효 완성 주장이 신의칙에 반하여 허용되지 않는 경우

   채무자의 소멸시효에 기한 항변권의 행사도 우리 민법의 대원칙인 신의성실의 원칙과 권리남용금지의 원칙의 지배를 받는 것이어서, **채무자가 시효완성 전에 채권자의 권리행사나 시효중단을 불가능 또는 현저히 곤란하게 하였거나 그러한 조치가 불필요하다고 믿게 하는 행동을 하였거나, 객관적으로 채권자가 권리를 행사할 수 없는 장애사유가 있었거나, 일단 시효완성 후에 채무자가 시효를 원용하지 아니할 것 같은 태도를 보여 권리자로 하여금 그와 같이 신뢰하게 하였거나, 채권자보호의 필요성이 크고 같은 조건의 다른 채권자가 채무의 변제를 수령하는 등의 사정이 있어 채무이행의 거절을 인정함이 현저히 부당하거나 불공평하게 되는 등의 특별한 사정이 있는 경우**에는 채무자가 소멸시효의 완성을 주장하는 것이 신의성실의 원칙에 반하여 권리남용으로서 허용될 수 없다(대판 2008.9.25, 2006다18228).

3. 채무자가 소멸시효 완성 후 시효를 원용하지 아니할 것 같은 태도를 보여 권리자로 하여금 이를 신뢰하게 함에 따라 권리자가 그로부터 '상당한 기간 내'에 자신의 권리를 행사한 경우, 채무자가 소멸시효 완성을 주장하는 것은 허용되지 않는다

   소멸시효를 이유로 한 항변권의 행사도 민법의 대원칙인 신의성실의 원칙과 권리남용금지의 원칙의 지배를 받는 것이어서 채무자가 소멸시효 완성 후 시효를 원용하지 아니할 것 같은 태도를 보여 권리자로 하여금 이를 신뢰하게 하였고, 권리자가 그로부터 권리행사를 기대할 수 있는 상당한 기간 내에 자신의 권리를 행사하였다면, 채무자가 소멸시효 완성을 주장하는 것은 신의성실 원칙에 반하는 권리남용으로 허용될 수 없다[대판(전합) 2013.5.16, 2012다202819].

4. 채무자가 소멸시효 이익을 원용하지 않을 것 같은 신뢰를 부여한 때로부터 '상당한 기간' 내에 채권자의 권리행사가 있었는지 판단하는 기준 및 불법행위로 인한 손해배상청구의 경우 '상당한 기간'의 범위

   채무자가 소멸시효의 이익을 원용하지 않을 것 같은 신뢰를 부여한 경우에도 채권자는 그러한 사정이 있은 때로부터 상당한 기간 내에 권리를 행사하여야만 채무자의 소멸시효의 항변을 저지할 수 있는데, 여기에서 '상당한 기간' 내에 권리행사가 있었는지는 채권자와 채무자 사이의 관계, 신뢰를 부여하게 된 채무자의 행위 등의 내용과 동기 및 경위, 채무자가 그 행위 등에 의하여 달성하려고 한 목적과 진정한 의도, 채권자의 권리행사가 지연될 수밖에 없었던 특별한 사정이 있었는지 여부 등을 종합적으로 고려하여 판단할 것이다. 다만 신의성실의 원칙을 들어 시효 완성의 효력을 부정하는 것은 법적 안정성의 달성, 입증곤란의 구제, 권리행사의 태만에 대한 제재를 이념으로 삼고 있는 소멸시효 제도에 대한 대단히 예외적인 제한에 그쳐야 할 것이므로, 위 **권리행사의 '상당한 기간'은 특별한 사정이 없는 한 민법상 시효정지의 경우에 준하여 단기간으로 제한되어야 한다. 그러므로 개별 사건에서 매우 특수한 사정이 있어 그 기간을 연장하여 인정하는 것이 부득이한 경우에도 불법행위로 인한 손해배상청구의 경우 그 기간은 아무리 길어도 민법 제766조 제1항이 규정한 단기소멸시효기간인 3년을 넘을 수는 없다고 보아야 한다[대판**

(전합) 2013.5.16, 2012다202819].

5. 한국전쟁 전후 민간인 희생사건들에 있어서 국가의 소멸시효항변이 권리남용에 해당하기 위한 요건
   과거사정리법에 의한 진실규명신청이 있었고, 정리위원회도 망인들을 희생자로 확인 또는 추정하는 결
   정을 한 경우, 망인들의 유족인 원고들로서는 그 결정에 기초하여 상당한 기간 내에 권리를 행사할 경우
   피고가 적어도 소멸시효의 완성을 들어 권리소멸을 주장하지는 않을 것이라는 데 대한 신뢰를 가질 만한
   특별한 사정이 있다고 봄이 상당하다. 그럼에도 불구하고 피고가 원고들에 대하여 소멸시효의 완성을 주
   장하는 것은 신의성실 원칙에 반하는 권리남용에 해당한다 할 것이어서 이는 허용될 수 없다[대판(전합)
   2013.5.16, 2012다202819].

6. 수사기관의 위법행위 등으로 수집한 증거 등에 기초하여 유죄 확정판결을 받았다가 재심절차에서 무죄
   확정판결을 받은 자가 국가를 상대로 손해배상을 청구하는 경우에 채무자인 국가의 소멸시효 항변이 권
   리남용으로 되는 경우 및 채권자가 국가의 소멸시효 항변을 저지할 수 있는 권리행사의 상당한 기간
   국가기관이 수사과정에서 한 위법행위 등으로 수집한 증거 등에 기초하여 공소가 제기되고 유죄의 확정
   판결까지 받았으나 재심사유의 존재 사실이 뒤늦게 밝혀짐에 따라 재심절차에서 무죄판결이 확정된 후
   국가기관의 위법행위 등을 원인으로 국가를 상대로 손해배상을 청구하는 경우, 재심절차에서 무죄판결
   이 확정될 때까지는 채권자가 손해배상청구를 할 것을 기대할 수 없는 사실상의 장애사유가 있었다고 볼
   것이다. 따라서 이러한 경우 채무자인 국가의 소멸시효 완성의 항변은 신의성실의 원칙에 반하는 권리
   남용으로 허용될 수 없다. 다만 채권자는 특별한 사정이 없는 한 그러한 장애가 해소된 재심무죄판결 확
   정일로부터 민법상 시효정지의 경우에 준하는 6개월의 기간 내에 권리를 행사하여야 한다. 이때 그 기간
   내에 권리행사가 있었는지는 원칙적으로 손해배상을 청구하는 소를 제기하였는지 여부를 기준으로 판
   단할 것이다. 다만 재심무죄판결이 확정된 경우에 채권자로서는 민사상 손해배상청구에 앞서, 그보다 간
   이한 절차라고 할 수 있는 「형사보상 및 명예회복에 관한 법률」(형사보상법)에 따른 형사보상을 먼저 청
   구할 수 있다. 그런데 형사보상 금액은 구금의 종류 및 기간의 장단 등 관련되는 모든 사정을 고려하여
   산정하되, 구금 1일당 보상금 지급한도를 보상청구의 원인이 발생한 해의 최저임금법에 따른 일급 최저
   임금액을 하한으로 하여 그 금액의 5배까지로 한다고 되어 있어(형사보상법 제5조 제1항, 제2항, 그 시행
   령 제2조), 구체적인 형사보상금의 액수는 법원의 형사보상결정을 기다려 볼 수밖에 없다. 게다가 형사보
   상법 제6조 제3항은 "다른 법률에 따라 손해배상을 받을 자가 같은 원인에 대하여 이 법에 따른 보상을
   받았을 때에는 그 보상금의 액수를 빼고 손해배상의 액수를 정하여야 한다."고 규정하고 있다. 따라서 채
   권자가 재심무죄판결 확정일로부터 6개월 내에 손해배상청구의 소를 제기하지는 아니하였더라도 그 기
   간 내에 형사보상법에 따른 형사보상청구를 한 경우에는 소멸시효의 항변을 저지할 수 있는 권리행사의
   '상당한 기간'은 이를 연장할 특수한 사정이 있다고 할 것이고, 그때는 형사보상결정 확정일로부터 6개월
   내에 손해배상청구의 소를 제기하면 상당한 기간 내에 권리를 행사한 것으로 볼 수 있다.
   다만 이 경우에도 그 기간은 권리행사의 사실상의 장애사유가 객관적으로 소멸된 재심무죄판결 확정일
   로부터 3년을 넘을 수는 없다고 보아야 한다(대판 2013.12.12, 2013다201844).

7. '진실·화해를 위한 과거사정리위원회'가, 진실규명 신청대상자가 조사대상 사건의 희생자라는 결정을 함
   에 따라 유족들이 그 결정에 기초하여 국가를 상대로 손해배상을 구하는 민사소송을 제기한 경우, 위 위
   원회 조사보고서가 갖는 증명력 및 내용의 모순 등으로 조사보고서의 사실확정을 수긍하기 곤란한 경우
   법원이 취할 조치(진도군 민간인 희생사건)
   「진실·화해를 위한 과거사정리 기본법」에 의한 '진실·화해를 위한 과거사정리위원회'(정리위원회)의 조
   사보고서에서 대상 사건 및 시대상황의 전체적인 흐름과 사건의 개괄적 내용을 정리한 부분은 상당한
   신빙성이 있다 할 것이지만, 국가를 상대로 민사적인 손해배상을 청구하는 사건에서는 그러한 전체 구
   도 속에서 개별 당사자가 해당 사건의 희생자가 맞는지에 대하여 조사보고서 중 해당 부분을 개별적으

로 검토하는 등 증거에 의하여 확정하는 절차를 거쳐야 한다. 따라서 그 절차에서까지 정리위원회의 조사보고서나 처분 내용이 법률상 '사실의 추정'과 같은 효력을 가지거나 반증을 허용하지 않는 증명력을 가진다고 할 수는 없다. 더구나 조사보고서 자체로 개별 신청대상자 부분에 관하여 판단한 내용에 모순이 있거나 스스로 전제한 결정 기준에 어긋난다고 보이거나, 조사보고서에 희생자 확인이나 추정 결정의 인정 근거로 나온 유족이나 참고인의 진술 내용이 조사보고서의 사실확정과 불일치하거나, 그것이 추측이나 소문을 진술한 것인지 또는 누구로부터 전해 들은 것인지 아니면 직접 목격한 것인지조차 식별할 수 없도록 되어 있는 등으로 그 진술의 구체성이나 관련성 또는 증명력이 현저히 부족하여 논리와 경험칙상 조사보고서의 사실확정을 수긍하기 곤란한 점들이 있다고 보이는 경우에는, 조사관이 조사한 내용을 요약한 조사보고서의 내용만으로 사실의 존부를 판단할 것은 아니다. 그 경우에는 참고인 등의 진술 내용을 담은 정리위원회의 원시자료 등에 대한 증거조사 등을 통하여 사실의 진실성 여부를 확인하는 것이 필요하고, 이는 사법적 절차에서 지켜야 할 기본적인 사실심리의 자세이다. 물론 그러한 심리의 과정에서 정리위원회의 조사자료 등을 보관하고 있는 국가 측에서 개별 사건의 참고인 등이 한 진술 내용의 모순점이나 부족한 점 등을 구체적으로 지적하고 그에 관한 자료를 법원에 제출하여 다투는 것이 바람직하다 하겠고, 그러한 적절한 대응을 하지 못한 때에는 민사소송의 심리구조상 국가에 불리한 평가를 하는 요소로 작용할 수는 있겠지만, 그렇다고 하여 바로 상대방의 주장 사실이 증명되었다고 단정할 것은 아니다[대판(전합) 2013.5.16, 2012다202819].

8. 진실·화해를 위한 과거사정리위원회'가 피해자 등의 진실규명신청에 따라 진실규명신청 대상자를 희생자로 확인 또는 추정하는 진실규명결정을 하고 피해자 등이 그 결정에 기초하여 상당한 기간 내에 권리행사를 한 경우, 국가가 소멸시효 완성을 주장하는 것은 허용되지 않고 위 위원회가 「진실·화해를 위한 과거사정리 기본법」 제22조 제3항에 따라 직권으로 조사를 개시하여 진실규명결정을 한 경우에도 마찬가지이다

국가가 「진실·화해를 위한 과거사정리 기본법」(과거사정리법)의 적용 대상인 피해자의 진실규명신청을 받아 국가 산하 '진실·화해를 위한 과거사정리위원회'(정리위원회)에서 희생자로 확인 또는 추정하는 진실규명결정을 하였다면, 그 결정에 기초하여 피해자나 그 유족이 상당한 기간 내에 권리를 행사할 경우에, 국가가 적어도 소멸시효의 완성을 들어 권리소멸을 주장하지 않을 것이라는 데 대한 신뢰를 가질 만한 특별한 사정이 있다고 봄이 타당하고, 이에 불구하고 국가가 피해자 등에 대하여 소멸시효의 완성을 주장하는 것은 신의성실 원칙에 반하는 권리남용에 해당하여 허용될 수 없다. 그리고 비록 피해자 등으로부터 진실규명신청이 없었더라도 정리위원회가 "역사적으로 중요한 사건으로서 진실규명사건에 해당한다고 인정할 만한 상당한 근거가 있고 진실규명이 중대하다고 판단되는 때에는 이를 직권으로 조사할 수 있다."는 과거사정리법 제22조 제3항에 따라 직권으로 조사를 개시하여 희생자로 확인 또는 추정하는 진실규명결정을 한 경우에는, 과거사정리법의 입법 목적 및 위 조항의 내용에 비추어 볼 때 당해 사건의 중대성을 감안하여 그 희생자의 피해 및 명예회복이 반드시 이루어져야 하며 이를 수용하겠다는 과거사정리법에 의한 국가의 의사가 담긴 것으로 보아야 하고, 피해자 등에 대한 신뢰부여라는 측면에서 진실규명신청에 의하여 진실규명결정이 이루어진 경우와 달리 취급할 이유가 없으므로, 그 희생자나 유족의 권리행사에 대하여 국가가 소멸시효를 주장하는 것은 마찬가지로 권리남용에 해당한다(대판 2013.7.25, 2013다16602).

9. 요양급여에 관한 판결 확정 후의 휴업급여청구에 대한 소멸시효 항변은 신의성실의 원칙에 위배된다

근로자가 입은 부상이나 질병이 업무상 재해에 해당하는지 여부에 따라 요양급여 신청의 승인, 휴업급여청구권의 발생 여부가 차례로 결정되고, 따라서 근로복지공단의 요양불승인처분의 적법 여부는 사실상 근로자의 휴업급여청구권 발생의 전제가 된다고 볼 수 있는 점 등에 비추어, 근로자가 요양불승인에 대한 취소소송의 판결확정시까지 근로복지공단에 휴업급여를 청구하지 않았던 것은 이를 행사할 수 없

는 사실상의 장애사유가 있었기 때문이라고 보아야 하므로, 근로복지공단의 소멸시효 항변은 신의성실의 원칙에 반하여 허용될 수 없다[대판(전합) 2008.9.18, 2007두2173].

10. 이른바 '거창사건'으로 인한 희생자와 그 유족들이 국가를 상대로 제기한 손해배상청구소송에서, 국가가 소멸시효 완성의 항변을 하는 것이 신의칙에 반하지 않는다고 한 사례

   피고 국가 소속 행정부의 국방장관 등이 거창사건의 발생 직후에 그 진상을 은폐하고자 시도한 적이 있으나, 그 후 피고 소속 국회가 국민의 대의기관으로서 1951. 5. 14. 거창사건 책임자를 처벌하라는 결의문을 채택하였고, 중앙고등군법회의가 거창사건의 책임자들에 대한 형사재판을 진행하여 1951. 12. 16. 유죄판결을 선고한 점 등 제반 사정을 앞서 본 법리에 비추어 보면, 원고들은 **적어도 위 유죄판결이 선고된 시점에는 거창사건의 손해와 가해자 및 그 가해행위가 불법행위인 점 등을 모두 알았다고 봄이 상당**하고, 그로부터 3년이 도과하여 원고들의 손해배상청구권에 관한 단기소멸시효가 완성될 때까지 피고 국가가 원고들의 권리 행사나 시효의 중단을 불가능 또는 현저히 곤란하게 하거나 그런 조치가 불필요하다고 믿게 할 만한 언동을 하였다고 보기 어려울 뿐만 아니라, 객관적으로 원고들이 권리행사를 할 수 없는 장애사유가 있었다거나 권리행사를 기대할 수 없는 상당한 사정이 있었다고 단정하기도 어렵다(대판 2008.5.29, 2004다33469).

11. 국가의 소멸시효 항변이 권리남용에 해당한다고 본 사례(중앙정보부가 1974. 3. 15. 울릉도에 거점을 두고 북한을 왕래하며 간첩활동을 하고 지하망을 구축한 30명과 전북에 거점을 두고 일본에 유학하면서 북한을 왕래하며 간첩활동을 하고 지하망을 구축한 17명을 검거하였다는 내용의 이른바 울릉도간첩단사건)(대판 2011.1.13, 2009다103950).

12. 불법체포 상태에서 고문 또는 협박을 당한 후 국가보안법 위반으로 유죄판결을 받고 상당기간 동안 형의 집행을 받은 사람에 대하여 국가배상책임을 인정하면서, 국가의 소멸시효 완성 항변은 신의성실의 원칙에 반하는 권리남용으로 허용될 수 없다고 본 원심판단을 수긍한 사례(대판 2011. 1.13, 2010다53419)

13. 지방공무원 갑이 공직선거법 위반죄로 벌금 200만 원의 형을 선고받아 1999. 11. 5. 확정된 후 계속 근무하다가 2009. 12. 29. 퇴직한 다음 공무원연금공단에 퇴직급여를 신청하였는데, 공무원연금공단이 갑은 1999. 11. 5. 당연퇴직됨에 따라 퇴직급여 지급청구권의 시효가 완성되어 이를 지급할 수 없다고 통보한 사안에서, 공무원연금공단의 지급 거절이 현저히 부당하거나 불공평하게 되는 등의 특별한 사정에 해당한다고 보기 어렵다는 이유로, 공무원연금공단의 소멸시효 주장이 권리남용에 해당하지 않는다고 한 사례(대판 2011.5.26, 2011두242)

14. 대외적으로 좌익전향자 단체임을 표방하였으나 실제로는 국가가 조직·관리하는 관변단체 성격을 띠고 있던 국민보도연맹 산하 지방연맹 소속 연맹원들이 1950. 6. 25. 한국전쟁 발발 직후 상부 지시를 받은 군과 경찰에 의해 구금되었다가 그들 중 일부가 처형대상자로 분류되어 집단 총살을 당하였고, 이후 국가가 처형자 명부 등을 작성하여 3급 비밀로 지정하였는데, 위 학살의 구체적 진상을 잘 알지 못했던 유족들이 진실·화해를 위한 과거사정리위원회의 진실규명결정이 있었던 2007. 11. 27. 이후에야 국가를 상대로 손해배상을 청구하자 국가가 소멸시효 완성을 주장한 사안에서, 국가의 소멸시효 완성 주장이 신의칙에 반하여 허용될 수 없다고 한 사례(국민보도연맹사건)(대판 2011.6.30, 2009다72599)

15. 자신들의 시위전력 때문에 불합격 처분이 되었음을 그 당시 짐작하였던 원고들이 진화위의 결정이 나기 전까지는 불합격 처분의 구체적이고 자세한 내막까지는 몰랐다는 사유만으로는 원고들의 권리행사에 어떠한 객관적인 장애사유가 있다고 볼 수 없고, 피고가 불합격 처분을 취소한 것이 시효를 원용하지 아니할 것 같은 태도를 보인 것이라고 보기도 어려운바, 이 사건에 있어서 피고의 소멸시효 완성 주장이 권리남용에 해당한다고 볼 만한 특별한 사정이 없다고 한 원심의 판단은 정당한 것으로 수긍할 수 있고, 상고이유에서 주장하는 바와 같이 소멸시효 또는 권리남용에 관한 법리를 오해한 위법이 있다고 할 수

없다(대판 2011.7.28, 2009다92784).

16. 1949년 공비소탕작전을 수행하던 군인들이 문경군 석달마을 주민들을 무차별 사살한 이른바 '문경학 살 사건' 희생자들의 유족들이 국가를 상대로 손해배상을 구한 사안에서, 국가가 소멸시효완성을 주장 하여 채무이행을 거절하는 것은 현저히 부당하여 신의성실 원칙에 반하는 것으로서 허용될 수 없다고 본 사례(문경 석달마을 양민학살사건)(대판 2011.9.8, 2009다66969)

17. 신병훈련을 마치고 부대에 배치된 군인이 선임병들에게서 온갖 구타와 가혹행위 및 끊임없는 욕설과 폭언에 시달리다가 전입한 지 채 열흘도 지나지 않은 1991. 2. 3. 부대 철조망 인근 소나무에 목을 매 어 자살을 하였는데, 유족들이 망인이 사망한 날로부터 5년의 소멸시효 기간이 훨씬 경과한 2009. 12. 10.에야 국가를 상대로 손해배상을 구하는 소를 제기하자 국가가 소멸시효 완성을 항변한 사안에서, 국 가의 소멸시효 완성 항변은 신의성실의 원칙에 반하는 권리남용으로서 허용될 수 없다고 한 사례(대판 2011.10.13, 2011다36091)

18. 1980년 10월부터 11월 사이에 일어난 이른바 '10·27 법난' 당시 정부 소속 합동수사본부 내 합동수 사단 수사관들에 의해 불법구금이 되어 고문과 폭행 등을 당한 피해자가 불법구금 상태에서 벗어난 1980. 11. 26.부터 5년이 훨씬 경과한 2009. 6. 5.에야 국가를 상대로 손해배상을 구하는 소를 제기하 자 국가가 소멸시효 완성을 주장한 사안에서, **위 손해배상청구권의 소멸시효는 피해자가 불법구금 상 태에서 벗어난 때로부터 기산**되고, 국무총리의 대국민 사과성명 발표, 국방부 과거사진상규명위원회의 '10·27 법난에 대한 조사결과보고서' 발표, 국회의 「10·27 법난 피해자의 명예회복 등에 관한 법률」 제정 등으로 국가가 소멸시효 이익을 포기한 것으로 볼 수 없으며, 나아가 **국가의 소멸시효 완성으로 인한 채권 소멸의 주장이 신의성실의 원칙에 반하여 권리남용에 해당한다고 할 수 없다**고 본 원심판단을 정 당하다고 한 사례(대판 2011.10.27, 2011다54709)

19. 수사과정에서 불법구금이나 고문을 당한 사람이 공판절차에서 유죄 확정판결을 받고 수사관들을 직권 남용, 감금 등 혐의로 고소하였으나 검찰에서 '혐의 없음' 결정을 받은 경우, 재심절차에서 무죄판결이 확정될 때까지는 국가를 상대로 불법구금이나 고문을 원인으로 한 손해배상청구를 할 것을 기대할 수 없는 장애사유가 있었다고 보아야 한다(대판 2019.1.31, 2016다258148).

(8) 소급효

소멸시효는 그 기산일에 소급하여 효력이 생긴다(민법 제167조). 즉, 소멸시효의 완성으로 권리 가 소멸하는 시기는 시효기간이 만료한 때이지만, 그 효과는 시효기간이 개시한 때에 거슬러 올라간다. 따라서 소멸시효로 채무를 벗어나게 되는 자는 기산일 이후의 이자를 지급할 필요 가 없다.

3. 취득시효

(1) 의 의

취득시효는 어떤 사람이 마치 권리자인 것과 같이 권리를 행사하고 있는 사실상태가 일정한 기 간 동안 계속된 경우에 그와 같은 권리행사라는 외관의 사실상태를 근거로 그 사람이 진실한 권 리자이냐 아니냐를 묻지 않고 처음부터 그가 권리자이었던 것으로 인정하는 제도이다(소급효).

(2) 공물의 시효취득

① 행정재산

행정재산은 민법 제245조에도 불구하고 시효취득의 대상이 되지 아니한다(국유재산법 제7조 제2항). 한편, 공유재산은 민법 제245조에도 불구하고 시효취득의 대상이 되지 아니한다. 다만, 일반재산의 경우에는 그러하지 아니하다(공유재산 및 물품관리법 제6조 제2항). 따라서 국유재산과 공유재산의 경우 일반재산에 대해서만 시효취득이 가능하다. 판례는 국유재산인 행정재산과 보존재산(현재는 행정재산 중 보존용재산)에 대해서는 공용-(용도)폐지되기 전에는 시효취득을 부정한다.

관련판례

1. 행정재산은 시효취득의 대상이 아니다

행정목적을 위하여 공용되는 행정재산은 공용폐지가 되지 않는 한 사법상 거래의 대상이 될 수 없으므로 취득시효의 대상도 될 수 없다. 공물의 용도폐지 의사표시는 명시적이든 묵시적이든 불문하나 적법한 의사표시이어야 하고, 단지 사실상 공물로서의 용도에 사용되지 아니하고 있다는 사실이나 무효인 매도행위를 가지고 용도폐지의 의사표시가 있다고 볼 수 없다(대판 1983.6.14, 83다카181).

2. 공용폐지의 의사표시는 명시적·묵시적 의사표시를 불문한다

(1) 자연공물인 바다에 대해 묵시적 공용폐지가 가능하다

공유수면으로서 자연공물인 바다의 일부가 매립에 의하여 토지로 변경된 경우에 다른 공물과 마찬가지로 공용폐지가 가능하다고 할 것이며, 이 경우 공용폐지의 의사표시는 명시적 의사표시뿐만 아니라 묵시적 의사표시도 무방하다(대판 2009.12.10, 2006다87538).

(2) 묵시적 공용폐지 의사의 판단기준

공물의 공용폐지에 관하여 국가의 묵시적인 의사표시가 있다고 인정되려면 공물이 사실상 본래의 용도에 사용되고 있지 않다거나 행정주체가 점유를 상실하였다는 정도의 사정만으로는 부족하고, 주위의 사정을 종합하여 객관적으로 공용폐지 의사의 존재가 추단될 수 있어야 할 것이다(대판 2009.12.10, 2006다87538).

(3) 사실상 공물로서의 용도에 사용되지 아니하고 있다는 사실이나 무효인 매도행위는 용도폐지의 의사표시가 아니다

공물의 용도폐지 의사표시는 명시적이든 묵시적이든 불문하나 적법한 의사표시이어야 하고 단지 사실상 공물로서의 용도에 사용되지 아니하고 있다는 사실이나 무효인 매도행위를 가지고 용도폐지의 의사표시가 있다고 볼 수 없다(대판 1983.6.14, 83다카181).

(4) 도 로

오랫동안 도로로서 사용되지 않는 토지가 일부에 건물이 세워져 있으며 그 주위에 담이 둘러져 있어 사실상 대지화되어 있다고 하더라도 관리청의 적법한 의사표시에 의한 것이 아니라 그 인접토지의 소유자들이 임의로 토지를 봉쇄하고 독점적으로 사용해 왔기 때문이라면, 관리청이 묵시적으로 토지의 도로로서의 용도를 폐지하였다고 볼 수는 없다(대판 1994.9.13, 94다12579).

(5) 하천부지

국유 하천부지는 공공용재산이므로 그 일부가 사실상 대지화되어 그 본래의 용도에 공여되지 않는 상태에 놓여 있더라도 국유재산법령에 의한 용도폐지를 하지 않은 이상 당연히 잡종재산으로 된다고는 할 수 없다(대판 1997.8.22, 96다10737).

(6) 종전에 지방국도사무소 소장관사로 사용되던 국유의 부동산이 지방국도사무소가 폐지됨으로써 공용으로 사용되지 않게 된 경우 묵시적 공용폐지 인정

원심이 확정한 바와 같이, 대한민국정부 수립 후 1948. 11. 4. 미군정청 토목부 사무가 내무부(현 행정자치부)에 인계되고, 1949. 6. 4. 내무부에 부산지방건설국이 설치되어 경상남북도의 건설사업을 관장하게 되면서, 그 산하 대구국도사무소가 폐지되고, 그 이래 위 국도사무소 소장관사로 사용되던 위 부동산이 달리 공용으로 사용된 바 없다면, 그 부동산은 이로 인하여 묵시적으로 공용이 폐지되어 시효취득의 대상이 되었다 할 것이다(대판 1990.11.27, 90다5948).

(7) 학교장관사(묵시적 공용폐지 인정)

학교 교장이 학교 밖에 위치한 관사를 용도폐지한 후 재무부로 귀속시키라는 국가의 지시를 어기고 사친회 이사회의 의결을 거쳐 개인에게 매각한 경우, 이와 같이 교장이 국가의 지시대로 위 부동산을 용도폐지한 다음 비록 재무부에 귀속시키지 않고 바로 매각하였다고 하더라도 위 **용도폐지 자체는 국가의 지시에 의한 것으로 유효**하다고 아니할 수 없고, 그 후 **오랫동안 국가가 위 매각절차상의 문제를 제기하지도 않고, 위 부동산이 관사 등 공공의 용도에 전혀 사용된 바가 없다면**, 이로써 위 부동산은 적어도 **묵시적으로 공용폐지되어 시효취득의 대상이 되었다**고 봄이 상당하다(대판 1999.7.23, 99다15924).

(8) 해면에 포락되어 사권이 소멸되고 해면 아래의 지반이 되었다가 매립면허구역을 초과하여 매립되면서 육지화가 된 매립지에 대하여 국(國)이 자연공물임을 전제로 한 아무런 조치를 취하지 않았고, 기존의 토지대장상 지목이 답으로 변경되었다는 등의 사정만으로는 공용폐지에 관한 국(國)의 의사가 객관적으로 추단된다고 보기에 부족하다(대판 2009.12.10, 2006다87538).

3. 보존재산(문화재보호구역 내의 국유토지)은 시효취득의 대상이 아니다

문화재보호구역 내의 국유토지는 '법령의 규정에 의하여 국가가 보존하는 재산', 즉 국유재산법 제4조 제3항 소정의 **'보존재산'에 해당하므로 구 국유재산법 제5조 제2항에 의하여 시효취득의 대상이 되지 아니한다**(대판 1994.5.10, 93다23442).

② 일반재산

일반재산(구 잡종재산)에 대해서도 시효취득을 부정했던 국유재산법과 지방재정법에 대한 헌법재판소의 위헌결정(헌재결 1991.5.13, 89헌가97 ; 헌재결 1992.10.1, 92헌가6·7)으로 인해 개정 국유재산법 제7조 제2항과 「공유재산 및 물품관리법」 제6조 제2항은 일반재산에 대한 시효취득을 인정하고 있다.

1. 국유잡종재산에 대한 시효취득을 부정하는 국유재산법 제5조 제2항은 평등원칙과 과잉금지원칙에 반한다

국유잡종재산은 사경제적 거래의 대상으로서 사적 자치의 원칙이 지배되고 있으므로 시효제도의 적용에 있어서도 동일하게 보아야 하고, **국유잡종재산에 대한 시효취득을 부인하는 동 규정**(국유재산법 제5조 제2항 ; 국가의 국민의 재산에 대한 시효취득은 인정)**은 합리적 근거 없이 국가만을 우대하는 불평등한 규정으로서 헌법상의 평등의 원칙과 사유재산권 보장의 이념 및 과잉금지의 원칙에 반한다**(헌재결 1991.5.13, 89헌가97).

2. 수리조합이 자연상태에서 전·답에 불과한 토지 위에 저수지를 설치한 경우 위 시설은 시효취득의 대상이다

시효취득의 대상이 될 수 없는 자연공물이란 자연의 상태 그대로 공공용에 제공될 수 있는 실체를 갖추고 있는 것을 말하므로, 원래 자연상태에서는 전·답에 불과하였던 토지 위에 수리조합이 저수지를 설치한 경우라면 이는 자연공물이라고 할 수 없을 뿐만 아니라 국가가 직접 공공목적에 제공한 것도 아니어서 비록 일반공중의 공동이용에 제공된 것이라 하더라도 국유재산법상의 행정재산에 해당하지 아니하므로 시효취득의 대상이 된다(대판 2010.11.25, 2010다37042).

3. 국유재산이 시효취득의 대상이 되는 잡종재산이라는 점에 대한 입증책임의 소재는 시효이익을 주장하는 자이다(대판 1995.6.16, 94다42655).

(3) 시효취득과 손실보상청구권

국가가 토지를 20년간 점유하여 취득시효가 완성된 경우에도 토지 소유자는 하천편입토지 보상 등에 관한 특별조치법에 따른 손실보상청구권을 행사할 수 있다. 그러나 하천구역 편입 당시 이미 국가가 토지의 소유권을 취득한 경우에는 적용되지 않는다.

1. 국가가 토지를 20년간 점유하여 취득시효가 완성된 경우, 토지 소유자가 「하천편입토지 보상 등에 관한 특별조치법」에 따른 손실보상청구권을 행사할 수 있다(대판 2016.6.28, 2016두35243).
2. 위 법리는 하천구역 편입 당시 이미 국가가 토지의 소유권을 취득한 경우에는 적용되지 않는다(대판 2016.6.28, 2016두35243).

(4) 자주점유의 추정

정당한 권원 없이 공익사업시행지로 편입된 토지에 대하여는 자주점유의 추정이 깨지고 시효취득이 인정되지 않는다.

1. 국가나 지방자치단체가 부동산을 점유하는 경우에도 자주점유의 추정이 적용된다(대판 2016.6.9, 2014두1369).
2. 점유자가 주장하는 자주점유의 권원이 인정되지 않는다는 사유만으로 자주점유의 추정이 번복되지 않는다(대판 2016.6.9, 2014두1369).
3. 국가나 지방자치단체가 취득시효 완성을 주장하는 토지의 취득절차에 관한 서류를 제출하지 못하고 있더라도 자주점유의 추정이 번복되지 않는 경우
   국가 등이 취득시효의 완성을 주장하는 토지의 취득절차에 관한 서류를 제출하지 못하고 있더라도, 점유의 경위와 용도, 국가 등이 점유를 개시한 후에 지적공부에 토지의 소유자로 등재된 자가 소유권을 행사하려고 노력하였는지 여부, 함께 분할된 다른 토지의 이용 또는 처분관계 등 여러 가지 사정을 감안할 때 국가 등이 점유개시 당시 공공용 재산의 취득절차를 거쳐서 소유권을 적법하게 취득하였을 가능성을 배제할 수 없는 경우에는, 국가 등의 자주점유의 추정을 부정하여 무단점유로 인정할 것이 아니다(대판 2016.6.9, 2014두1369).
4. 취득시효에서 자주점유 여부에 대한 증명책임의 소재

점유자는 소유의 의사로 선의, 평온 및 공연하게 점유한 것으로 추정되므로(민법 제197조 제1항), 점유자가 취득시효를 주장할 때 자신이 소유의 의사로 점유하였음을 증명할 책임은 없고, 오히려 점유가 소유의 의사로 이루어진 것이 아님을 주장하여 점유자의 취득시효의 성립을 부정하려는 사람이 증명책임을 부담하는 것이 원칙이다(대판 2017.9.7, 2017다228342).

5. 점유자가 점유 개시 당시 소유권 취득의 원인이 될 수 있는 법률행위 기타 법률요건 없이 그와 같은 법률요건이 없다는 사실을 잘 알면서 다른 사람 소유의 부동산을 무단으로 점유한 경우, 자주점유의 추정이 깨어지고 이러한 법리는 국가나 지방자치단체가 점유하는 경우에도 적용된다(대판 2017.9.7, 2017다228342).

6. 국가나 지방자치단체가 취득시효의 완성을 주장하는 토지의 취득절차에 관한 서류를 제출하지 못하고 있다는 사정만으로 자주점유의 추정이 깨어지지 않는다(대판 2017.9.7, 2017다228342).

4. 제척기간

(1) 의 의

행정법에도 법률관계의 신속한 확정을 목적으로 하는 제척기간의 제도가 있다.

제척기간의 의의 및 취지

제척기간은 권리자로 하여금 해당 권리를 신속하게 행사하도록 함으로써 법률관계를 조속히 확정시키려는 데 그 제도의 취지가 있는 것으로서, 그 기간의 경과 자체만으로 곧 권리 소멸의 효과를 가져오게 하는 것이다(대판 2014.8.20, 2012다47074).

제척기간은 정해진 기간 내에 권리를 행사하지 않으면 당연히 권리가 소멸하는 점에서는 소멸시효와 같으나, 소멸시효에 비해 일반적으로 기간이 짧고, 중단·정지제도·포기제도 및 소급효가 없다는 점에서 소멸시효와 구별된다. 또한 소멸시효는 권리를 행사할 수 있는 때를 기산점으로 하지만, 제척기간은 권리가 발생한 때를 기산점으로 한다. 금전채권에 소멸시효가 적용되는 것과 달리 형성권에는 제척기간이 적용된다.

1. 국세부과의 제척기간이 도과된 후에 이루어진 과세처분은 무효이다(대판 2004.6.10, 2003두1752).
2. 사기 기타 부정한 행위로 국세를 포탈한 것으로 볼 수 없는 경우 5년의 부과제척기간을 도과하여 부과한 과세처분은 무효이다(대판 2015.7.9, 2013두16975).

(2) 정 지

민법상으로는 소멸시효의 정지를 제척기간에 준용하는데 대해 견해가 대립하지만, 행정법에서는 다수설이 준용을 부정한다. 다만, 실정법상 제척기간에 대한 정지를 규정하는 경우가 있다.

1. 제척기간 : 행정심판은 처분이 있음을 알게 된 날부터 90일 이내에 청구하여야 한다(행정심판법 제27조 제1항).
2. 제척기간의 정지 : 청구인이 천재지변·전쟁·사변 그 밖의 불가항력으로 인하여 제1항에 정한 기간에 심판청구를 할 수 없었을 때에는 그 사유가 소멸한 날부터 14일 이내에 행정심판을 청구할 수 있다. 다만, 국외에서 행정심판을 청구하는 경우에는 그 기간을 30일로 한다(같은 조 제2항).

Ⅲ 주소·거소

1. 주 소

행정법상의 주소에 관해서는 주민등록법이 "누구든지 신고를 이중으로 할 수 없다."(제10조 제2항)라고 규정함으로써 주소단일주의를, "다른 법률에 특별한 규정이 없으면(특수사정이 있을 시는 예외가 아님) 이 법에 따른 주민등록지를 공법관계에서의 주소로 한다."고 정함으로써 형식주의를 취하고 있다(제23조 제1항). 주민등록지를 공법관계에서의 주소로 하는 경우에 신고의무자가 신거주지에 전입신고를 하면 신거주지에서의 주민등록이 전입신고일에 된 것으로 본다(같은 조 제2항).

 전입신고의 요건인 '거주지를 이동한 때'란 30일 이상 생활의 근거로서 거주할 목적으로 거주지를 실질적으로 옮기는 것을 의미한다(대판 2005.3.25, 2004두11329).

2. 거 소

사람이 다소의 기간 동안 계속 거주하는 장소로서, 그 장소와의 밀접한 정도가 주소만 못한 곳을 거소라고 한다. 민법 제19조는 "주소를 알 수 없으면 거소를 주소로 본다."라고 규정하고 있다.

Ⅳ 공법상의 사무관리·부당이득

1. 공법상의 사무관리

(1) 의 의
공법상의 사무관리란 '법률상 의무 없이' 타인의 사무를 관리하는 행위를 말한다(민법 제734조). 사무관리는 일반법원리적 규정이므로 특별한 규정이 없으면 민법상의 사무관리에 관한 규정이 준용된다.

(2) 가능성(긍정)
공법상의 사무관리는 공법상의 의무에 기한 것이기 때문에 사무관리로 볼 수 없으므로, 공법상의 사무관리는 존재할 수 없다고 보는 견해도 있었다(W. Jellinek). 그러나 그 의무는 국가나 법률에 대한 의무이고, 피관리자(국민)에 대한 의무는 아니라는 점에서 사무관리의 일종이라는 견해가 일반적이다.

(3) 사례(종류)

> 1. 행정주체의 사인을 위한 사무관리
>   ① 강제관리 : 특허기업(보호기업)에 대한 강제관리, 문제가 있는 학교재단에 대한 교육위원회의 강제관리, 압수물에 대한 국가기관의 환가처분(대판 2000.1.21, 97다58507)
>   ② 보호관리 : 행려병사자의 보호관리·유류품 관리, 시립병원이 행하는 행려병자 보호
>   ③ 역무제공 : 비상재해 시 재화와 역무의 제공(시설의 응급복구조치, 빈 상점의 물건의 처분), 수난구호
> 2. 사인의 행정주체를 위한 사무관리
>   비상재해 시 사인에 의한 행정사무의 관리, 사인이 행한 조난자의 구호조치·역무제공

관련판례

1. 압수물에 대한 환가처분 후 해당 압수물이 그 후의 형사절차에 의해 몰수되지 아니한 경우, 그 환가처분의 법적 성질은 사무관리에 준하는 행위이다(대판 2000.1.21, 97다58507).
2. 의무 없이 타인을 위하여 사무를 관리한 자가 그 사무관리에 의하여 사실상 이익을 얻은 제3자에 대하여 직접 부당이득반환을 청구할 수 없다

   계약상의 급부가 계약의 상대방뿐 아니라 제3자에게 이익이 된 경우에 급부를 한 계약당사자는 계약 상대방에 대하여 계약상의 반대급부를 청구할 수 있는 이외에 그 제3자에 대하여 직접 부당이득반환청구를 할 수는 없다고 보아야 하고, 이러한 법리는 그 급부가 사무관리에 의하여 이루어진 경우에도 마찬가

지이다. 따라서 의무 없이 타인을 위하여 사무를 관리한 자는 그 타인에 대하여 민법상 사무관리 규정에 따라 비용상환 등을 청구할 수 있는 외에 그 사무관리에 의하여 결과적으로 사실상 이익을 얻은 다른 제3자에 대하여 직접 부당이득반환을 청구할 수는 없다고 한 것이다. 대한민국과 헤고진솔자료 서티제계의 유지·보수에 관한 용역계약(용역업체는 대한민국을 위하여 영국 회사의 군사정보 관련 프로그램인 JDS 사용권을 매년 구매할 의무가 있음)을 체결한 원고가 용역기간이 만료된 후 새로운 용역업체가 선정되기 전에 대한민국에 대한 아무런 의무가 없는데도 JDS 사용권을 구매한 다음, 새로운 용역업체로 선정된 피고를 상대로 JDS 사용권 구매비 상당의 부당이득반환을 청구한 사안에서, **원고로서는 사무관리에 관한 민법 규정에 따라 대한민국에 대하여 그 비용상환을 청구할 수 있을지 여부는 별론으로 하고, 피고에 대하여 직접 부당이득반환을 청구할 수는 없다**는 이유로 원고의 부당이득반환청구를 인용한 원심을 파기한 사안(대판 2013.6.27, 2011다17106).

3. **사인이 국가의 사무를 처리한 경우, 사무관리가 성립하기 위한 요건**
   사무관리가 성립하기 위하여는 우선 **사무가 타인의 사무이고 타인을 위하여 사무를 처리하는 의사, 즉 관리의 사실상 이익을 타인에게 귀속시키려는 의사가 있어야** 하며, 나아가 **사무의 처리가 본인에게 불리하거나 본인의 의사에 반한다는 것이 명백하지 아니할 것을 요한다.** 다만 타인의 사무가 국가의 사무인 경우, 원칙적으로 사인이 법령상 근거 없이 국가의 사무를 수행할 수 없다는 점을 고려하면, **사인이 처리한 국가의 사무가 사인이 국가를 대신하여 처리할 수 있는 성질의 것으로서, 사무 처리의 긴급성 등 국가의 사무에 대한 사인의 개입이 정당화되는 경우에 한하여 사무관리가 성립하고, 사인은 그 범위 내에서 국가에 대하여 국가의 사무를 처리하면서 지출된 필요비 내지 유익비의 상환을 청구할 수 있다**(대판 2014.12.11, 2012다15602).

4. **甲 주식회사(허베이 스피리트 선박 주식회사) 소유의 유조선에서 원유가 유출되는 사고가 발생하자 乙 주식회사(주원환경 주식회사)가 피해 방지를 위해 해양경찰의 직접적인 지휘를 받아 방제작업을 보조한 사안에서, 乙 회사는 사무관리에 근거하여 국가에 방제비용을 청구할 수 있다고 한 사례**
   甲 회사의 조치만으로는 원유 유출사고에 따른 해양오염을 방지하기 곤란할 정도로 긴급방제조치가 필요한 상황이었고, 위 방제작업은 乙 회사가 국가를 위해 처리할 수 있는 국가의 의무 영역과 이익 영역에 속하는 사무이며, 乙 회사가 방제작업을 하면서 해양경찰의 지시·통제를 받았던 점 등에 비추어 乙 회사는 국가의 사무를 처리한다는 의사로 방제작업을 한 것으로 볼 수 있으므로, 乙 회사는 사무관리에 근거하여 국가에 방제비용을 청구할 수 있다(대판 2014.12.11, 2012다15602).

---

2. 공법상 부당이득

(1) 의 의

공법상 부당이득이란 '법률상 원인 없이' 타인의 재산 또는 노무로 인하여 이익을 얻고 이로 인하여 타인에게 손해를 가하는 것을 말한다(민법 제741조).

부당이득의 성립요건으로서 '법률상 원인의 흠결' 여부에 관한 판단 방법
부당이득제도는 이득자의 재산상 이득이 법률상 원인을 결여하는 경우에 공평과 정의의 이념에 근거하여 이득자에게 그 반환의무를 부담시키는 것으로서, 특정한 당사자 사이에서 일정한 재산적 가치의 변동이 생기고 그것이 일반적·형식적으로는 정당한 것으로 보이지만 그들 사이의 재산적 가치의 변동이 상대적·실질적인 관점에서 법의 다른 이상인 공평의 이념에 반하는 모순이 생기는 경우에 재산적 가치의 취득자에게 가치의 반환을 명함으로써 그와 같은 모순을 해결하려는 제도이다. 따라서 부당이득의 성립 요건 중 '법률상 원인의 흠결' 여부는 공평의 이념을 기초로 한 규범적 판단의 영역에 속하므로, 급부행위의 성질이나 급부자(손실자)의 해당 급부행위에 관한 책임과 의무 등 여러 사정을 고려하여 합리적으로 판단하여야 한다 (대판 2016.1.14, 2015다219733).

(2) 사례(종류)

① 행정주체의 부당이득 : 행정행위는 공정력이 있으므로 행정행위가 당연무효이거나 하자를 이유로 권한 있는 기관에 의해 취소됨으로써 비로소 부당이득이 성립한다. 그러나 행정행위와 무관하게 부당이득이 성립할 수도 있다.

인정사례

1. 행정주체의 사인의 토지에 대한 무단점유·시청의 착오에 의한 사유지의 도로편입
2. 조세의 과오납·무효인 과세처분에 기해 이미 조세를 납부한 경우에 그 반환을 청구하는 것
3. 무효인 법령에 근거한 조세부과처분에 따라 납부한 세금
   - 학설에 따르면 무효사유라는 견해(부당이득 성립)와 취소사유라는 견해(부당이득 부정)가 대립
   - 판례에 의할 경우에는 취소사유로서 부당이득이 아님에 유의
4. 개발부담금 부과처분이 취소된 경우, 부당이득으로서의 과오납금 반환을 구하는 소송절차는 민사소송이다(대판 1995.12.22, 94다51253).
5. 조세환급금(대판 2009.9.10, 2009다11808)
   - 부가가치세 환급세액 지급청구는 공법상의 법률관계로서 당사자소송의 대상[대판(전합) 2013. 3.21. 2011다95564]
6. 새로 설치한 정비기반시설의 설치비용이 용도폐지되는 정비기반시설의 평가가액을 초과하는데도 사업시행 인가관청이 용도폐지 정비기반시설 가액에 미달한다고 보아 정산금을 부과한 경우(대판 2014.2.21. 2012다82466)
7. 국가의 재정 지원범위를 벗어나 지방자치단체가 국유재산을 학교부지로 임의 사용하는 경우(대판 2014.12.24, 2010다69704)
8. 농지개량사업 시행지역 내의 토지 등 소유자가 토지사용에 관한 승낙을 하였으나 농지개량사업 시행자가 토지 소유자 및 승계인에 대하여 보상 없이 타인의 토지를 점유·사용하는 것(대판 2016.6.23, 2016다206369)

부정사례

국립대학의 기성회가 기성회비를 납부받은 것[대판(전합) 2015.6.23, 2014다5531]

1. 조세의 과오납이 부당이득이 되려면 과세처분이 무효이거나 취소되어야 한다

조세의 과오납이 부당이득이 되기 위하여는 납세 또는 조세의 징수가 실제법적으로나 절차법적으로 전혀 법률상의 근거가 없거나 **과세처분의 하자가 중대하고 명백하여 당연무효이어야 하고, 과세처분의 하자가 단지 취소할 수 있는 정도에 불과할 때에는 과세관청이 이를 스스로 취소(직권취소)하거나 항고소송절차에 의하여 취소(쟁송취소)되지 않는 한 그로 인한 조세의 납부가 부당이득이 된다고 할 수 없다** (대판 1994.11.11, 94다28000).

2. 당연무효인 변상금부과처분에 의해 납부하거나 징수당한 오납금의 법적 성질은 부당이득이고 이 오납금에 대한 부당이득반환청구권의 소멸시효 기산점은 납부 또는 징수 시이다(대판 2005. 1.27, 2004다50143).

　　■ 취소할 수 있는 사유일 경우 취소 시 소멸시효 진행

3. 신고납부방식의 조세에 관한 신고행위에 하자가 있는 경우 이를 당연무효로 보기 위한 요건(=하자의 중대·명백)과 그 판단 방법

등록세와 같은 신고납부방식의 조세의 경우에는 원칙적으로 납세의무자가 스스로 과세표준과 세액을 정하여 신고하는 행위에 의하여 납세의무가 구체적으로 확정된다. 따라서 그와 같이 확정된 납세의무를 이행함에 따라 지방자치단체가 납부된 세액을 보유하는 것은 납세의무자의 신고행위가 중대하고 명백한 하자로 인하여 당연무효로 되지 아니하는 한 부당이득이 된다고 할 수 없다. 이때 신고행위의 하자가 중대하고 명백하여 당연무효에 해당하는지 여부는 신고행위의 근거가 되는 법규의 목적, 의미, 기능 및 하자 있는 신고행위에 대한 법적 구제수단 등을 목적론적으로 고찰함과 동시에 신고행위에 이르게 된 구체적 사정을 개별적으로 파악하여 합리적으로 판단하여야 한다(대판 2014.1.16, 2012다23382).

4. 과세관청의 잘못된 법령해석에 따른 납세의무자의 신고·납부행위의 효력

신고납부방식의 조세채무와 관련된 과세요건이나 조세감면 등에 관한 법령의 규정이 특정 법률관계나 사실관계에 적용되는지 여부가 법리적으로 명확하게 밝혀져 있지 아니한 상태에서 과세관청이 그 중 어느 하나의 견해를 취하여 해석·운영하여 왔고 납세의무자가 그 해석에 좇아 과세표준과 세액을 신고·납부하였는데, 나중에 과세관청의 해석이 잘못된 것으로 밝혀졌더라도 그 해석에 상당한 합리적 근거가 있다고 인정되는 한 그에 따른 납세의무자의 신고·납부행위는 하자가 명백하다고 할 수 없어 이를 당연무효라고 할 것은 아니다. 회사정리계획에 따른 유상증자로 인한 자본증가의 등기가 등록세 납부대상이라는 행정자치부의 유권해석과 대법원 등기예규에 따라 정리회사인 A회사가 등록세 등을 납부하였으나 이후 행정안전부가 위 유권해석을 변경하자, 위 회사를 흡수합병한 원고가 행정청의 잘못된 유권해석에 따른 등록세 신고행위는 당연무효라고 주장하며 부당이득금반환을 구한 사안에서, 원고의 청구를 인용한 원심판결을 파기한 사례(대판 2014.1.16, 2012다23382)

5. 조세환급금은 부당이득에 해당한다

조세환급금은 조세채무가 처음부터 존재하지 않거나 그 후 소멸하였음에도 불구하고 국가가 법률상 원인 없이 수령하거나 보유하고 있는 부당이득에 해당하고, 환급가산금은 그 부당이득에 대한 법정이자로서의 성질을 가진다. 이때 환급가산금의 내용에 대한 세법상의 규정은 부당이득의 반환범위에 관한 민법 제748조에 대하여 그 특칙으로서의 성질을 가진다고 할 것이므로, 환급가산금은 수익자인 국가의 선의·악의를 불문하고 그 가산금에 관한 각 규정에서 정한 기산일과 비율에 의하여 확정된다. 한편 **부당이득반환의무는 일반적으로 기한의 정함이 없는 채무로서, 수익자는 이행청구를 받은 다음 날부터 이행지체로 인한 지연손해금을 배상할 책임**이 있다. 그러므로 납세자가 조세환급금에 대하여 이행청구를 한 이후에는 법정이자의 성질을 가지는 환급가산금청구권 및 이행지체로 인한 지연손해금청구권이 경합적으로 발생하고, 납세자는 자신의 선택에 좇아 그 중 하나의 청구권을 행사할 수 있다(대판 2009.9.10, 2009다

11808).

6. 부당이득 인정사례

    토지의 일부 지분에 관한 대지권등기가 마쳐진 후 위 지분의 일부에 대하여 이루어진 소유권이전등기는 무효이고, 이를 과세대상인 증여로 보아 행해진 과세처분은 그 하자가 중대·명백하여 당연무효이므로, 이에 기하여 징수한 조세는 부당이득으로 반환하여야 한다(대판 2008.3.27, 2006다1633).

7. 소득금액변동통지를 처분으로 본 대법원 전합 판결 선고 이전에 이루어진 과세관청의 소득처분에 따른 소득금액변동통지에 의해 원천징수의무자가 근로소득세 원천징수분을 자진납부한 경우, 그 소득처분에 따른 소득금액변동통지가 잘못되었다는 이유로 부당이득반환청구권이 인정된다

    소득금액변동통지를 행정처분으로 본 대법원 2006. 4. 20. 선고 2002두1878 전합 판결이 선고되기 이전인 2000. 1. 26. 이루어진 위법한 이 사건 소득금액변동통지에 의하여 근로소득세 원천징수분을 자진납부한 원고에 대하여는 항고소송을 통한 권리구제수단이 봉쇄되어 있다는 점 등을 이유로, 원고가 자진납부한 근로소득세 원천징수분 가운데 이 사건 사외유출금에서 사외유출되지 않았거나 대표자 이외의 자에게 귀속된 것으로 밝혀진 금액에 대한 근로소득세 원천징수분은 원천징수대상이 되는 소득에 대한 것이 아니어서 국가가 ○○금고로부터 이를 납부받는 순간 법률상 원인 없이 보유하는 부당이득이 된다(대판 2009.12.24, 2007다25377).

8. 국가 또는 상위 지방자치단체 등이 위임조례 등에 의하여 그 권한의 일부를 하위 지방자치단체의 장 등에게 기관위임을 하여 수임관청이 그 사무처리를 위하여 공원 등의 부지가 된 토지를 점유하는 경우, 위임관청이 그 토지를 간접점유하는 것이므로 위임관청이 부당이득반환의무를 부담한다(대판 2010.3.25, 2007다22897).

9. 특정 토지가 통제보호구역으로 지정되어 토지소유자의 토지에 대한 출입과 사용·수익이 제한될 수 있다는 사정만으로 국가가 그 토지를 계속적으로 점유·사용하는 것이 허용되지는 않고, 국가가 통제보호구역으로 지정된 토지를 군사시설 부지 등으로 계속적, 배타적으로 점유·사용하는 경우, 원칙적으로 토지소유자에게 차임 상당을 부당이득으로 반환하여야 한다(대판 2012. 12.26, 2011다73144).

10. 「공유재산 및 물품 관리법」 제81조 제1항에 따른 변상금부과의 법적 성격은 행정처분이고 무단으로 공유재산 등을 사용·수익·점유하는 자가 변상금부과처분에 따라 변상금을 납부한 경우, 변상금부과처분이 당연무효이거나 행정소송을 통해 취소되기 전에 부당이득반환청구로써 납부액의 반환을 구할 수 없다(대판 2013.1.24, 2012다79828).

11. 甲 법인이 국유재산인 제1부동산에 관하여는 국가로부터, 공유재산인 제2부동산에 관하여는 乙 지방자치단체로부터 점용허가를 받은 후 골프장 사업승인을 받고 점유를 개시하여 골프장 조성공사를 한 다음 골프장을 운영하고 있었는데, 제1, 2부동산이 일반재산으로 되면서 해당 관리청이 甲 법인과 새로 대부계약을 체결하고 매년 갱신하며 甲 법인이 최초 점유를 개시할 당시의 이용상태가 아니라 골프장으로 이용하고 있는 대부계약 갱신 당시의 이용상태를 기준으로 대부료를 산정하여 지급받아 온 사안에서, 국유 일반재산인 제1부동산에 대한 현행 '국유재산법 시행령' 시행일인 2009. 7. 31. 이후 대부료에 관하여도 점유 개시 당시의 이용상태를 기준으로 산정한 대부료를 초과하는 부분에 부당이득을 인정한 원심판결에 법리오해의 위법이 있다고 한 사례

    2009. 7. 27. 대통령령 제21641호로 전부 개정되어 같은 달 31일부터 시행된 **현행 '국유재산법 시행령' 이 시행되기 전 대부료 부분에 관하여는, 甲 법인이 자신의 비용과 노력으로 제1, 2부동산의 가치를 증가시킨 부분에 상응하는 대부료, 즉 국가 등에 귀속된 대부료에서 제1, 2부동산에 대한 점유를 개시할 당시 각 부동산의 현실적 이용상태를 전제로 적정하게 산정된 대부료 상당액을 공제한 나머지 부분은**

법률상 원인이 없어 국가 등의 부당이득이 되지만, 2009년 개정 「국유재산법 시행령」이 시행된 2009. 7. 31. 이후의 국유 일반재산인 제1부동산에 관한 대부료는 특별한 사정이 없는 한 골프장으로 이용하고 있는 대부계약 갱신 당시의 현실적 이용상태를 기준으로 한 개별공시지가를 적용하여 산출한 가액에 일정한 사용료율을 곱하여 산정하여야 하며, 해당 관리청이 이에 따라 대부료를 산정하여 지급받은 이상 국가 등에 그와 같은 대부료가 귀속되었다고 하더라도 이는 甲 법인이 대부계약에 기한 의무를 이행한 것일 뿐 국가 등이 법률상 원인 없이 부당한 이득을 얻은 것으로 볼 수 없는데도, 제1부동산에 관한 2009. 7. 31. 이후 대부료에 관하여도 점유 개시 당시의 이용상태를 기준으로 산정한 대부료를 초과하는 부분에 대하여 부당이득을 인정한 원심판결에 법리오해의 위법이 있다. 공유 일반재산인 제2부동산의 대부료에 관하여는 「공유재산 및 물품관리법 시행령」이 2009. 7. 27. 「국유재산법 시행령」 개정 때 함께 개정되지 않은 채 당초 2005. 12. 30. 제정될 당시의 상태 그대로 유지되고 있으므로, 점유 개시 당시의 이용상태를 기준으로 산정한 대부료를 초과하는 부분은 부당이득이 된다[대판(전합) 2013.1.17, 2011다83431].

12. 새로 설치한 정비기반시설의 설치비용이 용도폐지되는 정비기반시설의 평가가액을 초과하는데도 사업시행 인가관청이 용도폐지 정비기반시설 가액에 미달한다고 보아 정산금을 부과한 경우 그 효력은 무효이므로 사업시행자가 위 부과처분에 따라 납부한 정산금 상당에 대하여 부당이득반환을 구할 수 있다
새로 설치한 정비기반시설의 설치비용이 용도폐지되는 정비기반시설의 평가가액을 초과하는데도 사업시행 인가관청이 새로이 설치한 정비기반시설의 설치비용을 산정하면서 그중 일부를 제외하는 등으로 사업시행자에게 양도한 용도폐지 정비기반시설의 가액에 미달한다고 보아 차액 상당의 정산금을 부과하였다면 이는 강행규정인 구 「도시 및 주거환경정비법」 제65조 제2항에 반하는 것으로서 무효이므로, 사업시행자는 부과처분에 따라 납부한 정산금 상당에 대하여 부당이득반환을 청구할 수 있다(대판 2014.2.21, 2012다82466).

13. 시장·군수·구청장으로부터 구 의료급여법 제23조 제1항에 근거한 징수처분을 받고 부과금을 징수당한 의료급여기관이 징수처분이 당연무효라고 주장하며 징수당한 부과금 상당의 부당이득반환을 청구하는 경우, 청구의 상대방은 의료급여기관에 징수처분을 하고 부과금을 징수한 시장·군수·구청장이 속한 시·군·구이다(대판 2014.3.27, 2013다87475).

14. 공익사업의 시행자가 자신이 부담하여야 하는 생활기본시설 설치비용을 이주대책대상자에게 전가한 경우, 이를 부당이득으로 반환할 의무가 있다(대판 2014.8.20, 2014다6572).

15. 국립대학의 기성회가 기성회비를 납부받은 것은 '법률상 원인 없이' 타인의 재산으로 이익을 얻은 경우에 해당한다고 볼 수 없다[대판(전합) 2015.6.23, 2014다5531].

16. 임용행위가 당연무효이거나 취소된 공무원의 임용 시부터 퇴직 시까지의 사실상의 근로에 대하여 국가 또는 지방자치단체는 부당이득반환의무를 진다(대판 2017.5.11, 2012다200486).

17. 국가 또는 지방자치단체의 이득액과 임용결격공무원 등이 입은 손해의 내용
국가 또는 지방자치단체는 공무원연금법이 적용될 수 있었던 임용결격공무원 등의 이 사건 근로 제공과 관련하여 매월 지급한 월 급여 외에 공무원연금법상 퇴직급여의 지급을 면하는 이익을 얻는데, 퇴직급여 가운데 임용결격공무원 등이 스스로 적립한 기여금 관련 금액은 임용기간 중의 이 사건 근로의 대가에 해당하고, 기여금을 제외한 나머지 금액 중 순수한 근로에 대한 대가로서 지급되는 부분(공무원의 지위에 대한 공로보상적, 사회보장적 차원에서 지급되는 부분을 제외하는 취지이다) 상당액이 퇴직에 따라 이 사건 근로의 대가로 지급되는 금액이라 할 수 있다(대판 2017.5.11, 2012다200486).

18. 임용결격공무원 등이 입은 손해가 국가 또는 지방자치단체의 이득액인 공무원연금법상 퇴직급여 상당액을 넘는 경우, 국가 또는 지방자치단체가 반환하여야 할 부당이득액은 공무원연금법상 퇴직급여 상당액으로 제한된다(대판 2017.5.11, 2012다200486).

19. 국가나 지방자치단체가 어느 단체에게 시설의 관리 등을 위탁하여 이를 사용·수익하게 하고, 그 단체가 자신의 명의와 계산으로 재화 또는 용역을 공급하고 부가가치세를 납부한 경우, 그러한 사정만으로 위탁자인 국가나 지방자치단체가 법률상 원인 없이 채무를 면하는 등의 이익을 얻어 부당이득을 한 것이라 할 수 없다(대판 2019.1.17, 2016두60287).

20. 납세자가 조세환급금에 대하여 이행청구를 한 이후에는 환급가산금청구권과 지연손해금청구권이 경합적으로 발생한다

조세환급금은 조세채무가 처음부터 존재하지 않거나 그 후 소멸하였음에도 불구하고 국가가 법률상 원인 없이 수령하거나 보유하고 있는 부당이득에 해당하고, 환급가산금은 그 부당이득에 대한 법정이자로서의 성질을 가진다. 부당이득반환의무는 일반적으로 기한의 정함이 없는 채무로서, 수익자는 이행청구를 받은 다음 날부터 이행지체로 인한 지연손해금을 배상할 책임이 있다. 그러므로 납세자가 조세환급금에 대하여 이행청구를 한 이후에는 법정이자의 성질을 가지는 환급가산금청구권 및 이행지체로 인한 지연손해금청구권이 경합적으로 발생하고, 납세자는 자신의 선택에 좇아 그중 하나의 청구권을 행사할 수 있다[대판(전합) 2018.7.19, 2017다242409].

② 사인의 부당이득 : 행정행위는 공정력이 있으므로 행정행위가 당연무효이거나 하자를 이유로 권한 있는 기관에 의해 취소됨으로써 비로소 부당이득을 구성한다. 그러나 행정행위와 무관하게 부당이득이 성립할 수도 있다.

1. 봉급과액수령
2. 무자격자의 연금수령·연금수령자격이 없는 자가 수령한 연금
   ■ 봉급은 부당이득이 아님.
3. 국유지의 무단 점용
4. 처분이 무효 또는 취소된 경우의 무자격자의 기초생활보장금의 수령
5. 장해보상연금을 받던 사람이 재요양 후에 장해등급이 변경되어 장해보상연금의 지급 대상에서 제외되었음에도 장해보상연금을 받은 경우(대판 2013.2.14, 2011두12054)

1. 재결에 대하여 불복절차를 취하지 아니함으로써 그 재결에 대하여 더 이상 다툴 수 없게 된 경우, 기업자(현 사업시행자)가 이미 보상금을 지급받은 자에 대하여 민사소송으로 부당이득의 반환을 구할 수 없다

재결에 대하여 불복절차를 취하지 아니함으로써 그 재결에 대하여 더 이상 다툴 수 없게 된 경우에는 기업자는 그 재결이 당연무효이거나 취소되지 않는 한, 이미 보상금을 지급받은 자에 대하여 민사소송으로 그 보상금을 부당이득이라 하여 반환을 구할 수 없다(대판 2001.4.27, 2000다50237).

2. 공무원연금법상의 퇴직연금 수급자가 구 사립학교교원연금법상의 교직원으로 임용되어 급여를 받게 된 경우, 그 재직기간 중에는 당연히 퇴직연금의 지급이 정지되고 그 퇴직연금 **지급정지 사유기간 중 퇴직연금 수급자에게 지급된 퇴직연금은 공무원연금법 제31조 제1항 제3호 소정의 '기타 급여가 과오급된 경우'에 해당한다**(대판 2000.11.28, 99두5443).

3. 「공익사업을 위한 토지 등의 취득 및 보상에 관한 법률」에 의해 토지가 수용됨에 따라 기존의 가압류 효력이 소멸된 경우 가압류 집행 이후 토지의 소유권을 취득한 제3자가 보상금을 전액 수령하는 것은 부당이득에 해당하지 않는다(대판 2009.9.10, 2006다61536).

4. 국민건강보험공단이 뺑소니 자동차 또는 무보험 자동차에 의한 교통사고 피해자에게 구 국민건강보험법에 따른 보험급여를 한 경우, 이로 인하여 정부 또는 「자동차손해배상 보장법」 제45조 제1항에 의하여 자동차손해배상 보장사업에 관한 업무를 국토해양부장관에게서 위탁받은 보장사업자가 부당이득을 얻은 것이 아니다

   국민건강보험공단이 뺑소니 자동차 또는 무보험 자동차에 의한 교통사고의 피해자에게 구 국민건강보험법에 따른 보험급여를 하였다고 하더라도 이는 자신의 보험급여의무를 이행한 것으로서, 이로 인하여 정부 또는 「자동차손해배상 보장법」 제45조 제1항에 의하여 보장사업에 관한 업무를 국토해양부장관으로부터 위탁받은 보장사업자가 법률상 원인 없이 피해자가 구 국민건강보험법에 따른 보험급여를 통하여 보상받은 금액의 범위에서 보장사업에 의한 보상 책임을 면하는 이익을 얻었다고 볼 수 없다(대판 2012.12.13, 2012다200394).

5. 구 산업재해보상보험법 제84조 제1항 제3호에 따라 보험급여를 받은 당사자로부터 잘못 지급된 보험급여액에 해당하는 금액을 징수하는 처분을 할 수 있는 경우

   구 산업재해보상보험법 제84조 제1항의 내용과 취지, 사회보장 행정영역에서의 수익적 행정처분 취소의 특수성 등을 종합하여 보면, 구 산업재해보상보험법 제84조 제1항 제3호에 따라 보험급여를 받은 당사자로부터 잘못 지급된 보험급여액에 해당하는 금액을 징수하는 처분을 할 때에는 보험급여의 수급에 관하여 당사자에게 고의 또는 중과실의 귀책사유가 있는지, 잘못 지급된 보험급여액을 쉽게 원상회복할 수 있는지, 잘못 지급된 보험급여액에 해당하는 금액을 징수하는 처분을 통하여 달성하고자 하는 **공익상 필요의 구체적 내용과 처분으로 말미암아 당사자가 입게 될 불이익의 내용 및 정도와 같은 여러 사정을 두루 살펴, 잘못 지급된 보험급여액에 해당하는 금액을 징수하는 처분을 해야 할 공익상 필요와 그로 말미암아 당사자가 입게 될 기득권과 신뢰의 보호 및 법률생활 안정의 침해 등의 불이익을 비교교량한 후, 공익상 필요가 당사자가 입게 될 불이익을 정당화할 만큼 강한 경우에 한하여 보험급여를 받은 당사자로부터 잘못 지급된 보험급여액에 해당하는 금액을 징수하는 처분을 해야 한다**(대판 2014.4.10, 2011두31697).

6. 국유재산의 무단점유자에 대하여 구 국유재산법 제51조 제1항, 제4항, 제5항에 의한 변상금 부과·징수권의 행사와 별도로 민사상 부당이득반환청구의 소를 제기할 수 있다[대판(전합) 2014.7.16, 2011다76402].

7. 잡종재산의 무단점유자가 반환하여야 할 부당이득의 범위는 구 국유재산법 제38조 제1항, 제25조 제1항에서 정한 방법에 따라 산출되는 대부료이다[대판(전합) 2014.7.16, 2011다76402].

8. 국유재산의 무단점유자에 대하여 한 변상금 부과·징수권과 민사상 부당이득반환청구권이 동일한 금액 범위 내에서 경합하여 병존하고 민사상 부당이득반환청구권이 만족을 얻어 소멸하면 그 범위 내에서 변상금 부과·징수권도 소멸한다(대판 2014.9.4, 2012두5688).

9. 「특수임무수행자 보상에 관한 법률」 제18조 제1항 제2호에 따라 보상금 등을 받은 당사자로부터 잘못 지급된 부분을 환수하는 처분을 할 수 있는 경우

   「특수임무수행자 보상에 관한 법률」 제18조 제1항 제2호의 내용과 취지, 사회보장 행정영역에서의 수익적 행정처분 취소의 특수성 등을 종합해 보면, 보상법 제18조 제1항 제2호에 따라 보상금 등을 받은 당사자로부터 **잘못 지급된 부분을 환수하는 처분을 함에 있어서는 그 보상금 등의 수급에 관하여 당사자에게 고의 또는 중과실의 귀책사유가 있는지 여부, 보상금의 액수·보상금 지급일과 환수처분일 사이의 시간적 간격·수급자의 보상금 소비 여부 등에 비추어 이를 다시 원상회복하는 것이 수급자에게 가혹한지 여부, 잘못 지급된 보상금 등에 해당하는 금액을 징수하는 처분을 통하여 달성하고자 하는 공익상 필요의 구체적 내용과 처분으로 말미암아 당사자가 입게 될 불이익의 내용 및 정도와 같은 여러 사정을 두루 살펴, 잘못 지급된 보상금 등에 해당하는 금액을 징수하는 처분을 해야 할 공익상 필요와 그로 인하**

여 당사자가 입게 될 기득권과 신뢰의 보호 및 법률생활 안정의 침해 등의 불이익을 비교·교량한 후, 공익상 필요가 당사자가 입게 될 불이익을 정당화할 만큼 강한 경우에 한하여 보상금 등을 받은 당사자로부터 잘못 지급된 보상금 등에 해당하는 금액을 환수하는 처분을 하여야 한다고 봄이 타당하다(대판 2014.10.27, 2012두17186).

10. 납세자가 납부하여야 할 지방세 등 지방자치단체의 징수금을 제3자가 납세자 명의로 납부한 경우, 지방자치단체에 대하여 부당이득반환을 청구할 수 없고, 이는 지방세 등을 징수하기 위한 체납처분압류가 무효인 경우에도 마찬가지이다(대판 2015.11.12, 2014다36221).

11. 국민건강보험법상 보험급여 수급권자에게 가해자 등 제3자가 보험급여 항목과 관련된 재산상 손해액을 모두 변제하였음에도 수급권자가 보험급여를 받았고 국민건강보험공단이 보험급여와 관련하여 부담금을 지급한 경우, 국민건강보험법 제57조에 따라 국민건강보험공단은 지급한 부담금 부분을 부당이득으로 징수할 수 있다(대판 2016.12.29, 2014두40340).

12. 국민건강보험공단이 요양급여비용 지급결정을 취소하지 않은 상태에서 요양기관을 상대로 위 결정에 따라 지급된 요양급여비용 상당의 부당이득반환을 구할 수 없다(대판 2020.9.3, 2015다230730).

(3) 부당이득반환청구권의 법적 성질

① **공권설(다수설)**: 공법상 부당이득반환청구권은 '공법상 원인'에 의해 발생한 것이므로 공권이고, 따라서 이에 관한 분쟁은 행정소송법상의 당사자소송에 의한다는 견해로서 다수설이다. 그러나 당사자소송은 관할법원 등 일부를 제외하고 민사소송과 큰 차이가 없으므로 논의의 실익은 크지 않다.

② **판례(사권설)**: 판례는 '결과'를 중시해서 사권설을 취하고 그에 대한 권리구제는 민사소송에 의한다는 입장이다.

관련 판례

1. 조세부과처분이 무효임을 전제로 하여 이미 납부한 세금의 반환을 청구하는 것은 민사상의 부당이득반환청구로서 민사소송절차에 따라야 한다(대판 1991.2.6, 90프2).

2. 납세자가 이미 존재와 범위가 확정되어 있는 과오납부액에 대하여 부당이득 반환을 구하는 민사소송으로 환급을 청구할 수 있다(대판 2015.8.27, 2013다212639).

● 제3절 행정법상의 행위

Ⅰ 공법행위

1. 의 의

공법행위란 일반적으로 공법관계에서의 행위로서 공법적 효과를 발생·변경 또는 소멸시키는 행위를 말한다. 공법행위는 실정법상의 용어가 아니라 학문상의 용어이다.

2. 종 류

공법행위는 그 주체에 따라 행정주체의 공법행위와 사인의 공법행위로 나눌 수 있다. ① 행정주체의 공법행위는 행정입법·행정행위 등과 같이 행정주체가 우월한 지위에서 행하는 것도 있고, 공법상 계약과 같이 상대방과 대등한 지위에서 행하는 것도 있다. 이에 대해 ② 사인의 공법행위는 행정법관계에서의 사인의 행위로서 공법적 효과를 발생하는 비권력적 작용을 말한다. 행정주체의 공법행위는 행정작용편에서 자세히 다루므로 여기서는 사인의 공법행위만을 보기로 한다.

Ⅱ 사인의 공법행위

1. 의 의

(1) 개 념

사인의 공법행위는 공법적 효과의 발생을 목적으로 하는 공법(公法)행위라는 점에서는 행정행위와 같지만, ① 주체가 사인이라는 점 및 공정력, 집행력 등이 인정되지 않는다는 점에서 행정청의 공권력발동작용으로서 공정력 등이 인정되는 행정행위와 구별되고, ② 법적 안정성 및 법률관계의 명확성 등의 요청에 따라 공공성·객관성·정형성(형식성)을 띠고 있으며, 그의 효과도 법규에 의해 정해지는 것이 보통인 점 및 공법적 효과를 발생한다는 점에서 사법(私法)행위와 구별된다. 또한 ③ 사인의 공법행위는 법적 행위인 점에서 공법상의 사실행위와 구별된다.

(2) 기 능

사인의 공법행위는 ① 행정이 국민의 의사에 바탕을 두도록 하고, 또한 ② 국민의 행정에의 참여의 길을 열어 주는 것이므로 국민의 법적 지위 향상, ③ 행정의 민주화에의 길을 열어주는 것이된다.

2. 사인의 공법행위의 종류

(1) 사인의 지위에 따른 분류

사인의 공법행위는 행정주체의 지위에서 하는 경우도 있고, 행정객체의 지위에서 하는 경우도 있기 때문에, 사인이 공법행위를 하는 경우에는 언제나 행정주체로서의 지위에 선다고 할 수는 없다.

행정주체의 기관의 지위	행정객체의 지위
1. 국가·공공단체의 기관구성원으로서 행하는 능동적 지위에서 행하는 행위 2. 선거(투표·서명)행위	1. 행정객체의 수동적 지위에서 행하는 행위 2. 각종 신고·신청·청약·협의·동의·의견서 제출, 통지, 행정심판의 제기

(2) 의사표시의 수

단순행위	합성행위
1. 하나의 의사표시로 법적 효과를 발생하는 행위 2. 출생신고 등 각종 신고·신청·등록	1. 다수인의 의사가 모여서 하나의 의사표시를 구성하는 행위 2. 선거(투표·서명)행위

(3) 주체의 수(성질)

단독행위	쌍방적 행위
1. 일방당사자의 의사표시만으로 하나의 법률효과를 발생시키는 것 2. 신고·통보·신청·이의신청, 행정심판·행정소송의 제기, 등록	1. 쌍방당사자의 의사의 합치에 의해 하나의 법률효과를 발생시키는 것 2. 공법상 계약, 합동행위

(4) 행위의 효과

사인의 공법행위는 행위의 효과를 기준으로 자기완결적(자체완성적) 공법행위와 행위요건적(행정요건적) 공법행위로 나눌 수 있다. 자족적 공법행위란 사인의 공법행위 자체로 법률효과를 완성하는 행위를 말한다. 행위요건적 공법행위란 행정주체의 공법행위가 행해지는 동기 또는 요건이 되거나 공법상 계약 등의 일방 당사자의 의사표시가 되는 데 그치고, 그 자체로서는 법률효과를 완성하지 못하는 행위를 말한다.

자족적 공법행위	행위요건적 공법행위

1. 합성행위(투표)
2. 합동행위(도시개발조합 등 공공조합 설립행위)
   ■ 행위요건적 공법행위라는 이견(홍정선)
3. 통지행위
4. 자기완결적 신고
	1. 신청 : ㉠ 허가신청, ㉡ 사직원, ㉢ 귀화신청, ㉣ 특허기업특허신청, ㉤ 군입대지원신청(지원입대), ㉥ 청원·소청, ㉦ 등록신청, ㉧ 여권신청, ㉨ 광업허가신청
	2. 청약 : ㉠ 공법상 계약에서의 청약·토지수용에 있어서의 협의, ㉡ 임의적 공용부담신청 ㉢ 국고보조신청
	3. 청구 : 행정심판청구·소송청구
	4. 동의·승낙 : ㉠ 쌍방적 행정행위의 동의 또는 승낙, ㉡ 공무원임용에 있어서의 사인의 동의, ㉢ 공법상 계약에 있어서의 승낙, ㉣ 다른 사인에 의한 신청행위의 요건으로서 동의 또는 승낙, ㉤ 토지소유자에 의한 정비사업시행인가신청요건으로서 일정 수 이상 토지소유자의 동의
	5. 제 출
	   ㉠ 국가고시 응시원서(입학원서) 제출, ㉡ 사직원의 제출
	6. 수리를 요하는 신고(행위요건적 신고)

(5) 구성요소

의사표시행위		사실(관념)의 통지행위
1. 국적이탈신고	2. 혼인신고·이혼신고	1. 출생신고 2. 납세신고

(6) 법적 효과

법적 행위	사실행위
1. 단독행위 : 허가신청, 이의신청, 신청, 신고 2. 공법상 계약, 합동행위	1. 행정감시행위 2. 쓰레기 분리배출행위

3. 사인의 공법행위에 대한 적용법리

(1) 문제의 소재

사인의 공법행위에 대한 적용법규에 대해서는 개별법 규정 외에 일반적·총칙적 규정은 없다. 그렇다고 규정이 전혀 없는 것은 아니다. 즉, 행정절차법(자기완결적이면서 의무적인 신고와 신청만 규정)과 「민원 처리에 관한 법률」에 일부규정(민원신청만 규정)이 있다. 따라서 사인의 공법행위에 관해 특별한 규정이 있는 경우에 그에 의하는 것은 당연하지만, 특별한 규정이 없는 경우에는 민법의 법률행위에 관한 규정 내지 법원칙이 적용될 것인지 아니면 특별한 취급을 할 것인지가 문제된다. 특별한 규정이 없는 경우에는 ① 비진의표시에 관한 법리와 ② 부관을 제외하고는 원칙적으로 민법상의 법률행위에 관한 규정이 적용된다. 다만, 민법이 그대로 적용되지는 않고 공법행위의 특수성상 수정·제한된다.

(2) 의사능력과 행위능력

사인의 공법행위에 있어서도 의사능력이 없는 자의 행위는 민법과 같이 무효이다. 행위무능력자에 의한 사인의 공법행위도 유효한 것이라고 보는 개별법이 있다(우편법 제10조, 우편환법 제17조).

1. 우편법 제10조 【제한능력자의 행위에 관한 의제】 우편물의 발송·수취나 그 밖에 우편 이용에 관하여 제한능력자가 우편관서에 대하여 행한 행위는 능력자가 행한 것으로 본다.
2. 우편환법 제17조 【제한능력자의 행위능력】 제한능력자가 우편환에 관하여 우체국에 대하여 한 행위는 능력자가 한 것으로 본다.

그러나 특별규정을 두고 있는 경우가 아니면 재산법상의 행위에 관해서는 민법규정이 유추적용되어 취소사유이다. 그러나 재산법상의 행위라도 미성년자가 단독으로 할 수 있는 경우가 있다. 예컨대, 납세신고는 재산법상의 행위이지만 상대방인 세무서장과의 관계에서는 단독으로 유효한 행위를 할 수 있다. 한편, 재산법상의 행위가 아닌 신분법상의 행위(예 운전면허나 여권의 발급신청, 각종 인허가의 신청)의 경우에는 행위능력을 반드시 요하는 것은 아니다.

(3) 의사의 흠결 및 하자 있는 의사표시

① 원칙 : 사인의 공법행위에 있어서 표의자(의사표시를 한 자)의 의사표시에 하자가 있는 경우(사기·강박)에는 공법행위의 성질에 반하지 않는 한 민법이 준용되어 취소사유가 된다. 그러나 투표와 같은 합성행위는 단체적 성질의 행위이므로 착오를 주장할 수 없다.

강박에 의한 의사표시는 단순강박(의사결정의 자유를 '제한'하는 정도)의 경우 취소사유, 저항할 수 없는 강박(의사결정의 자유를 '박탈'할 정도)의 경우 무효사유이다(강박 부정사례)
사직서의 제출이 감사기관이나 상급관청 등의 강박에 의한 경우에는 그 정도가 의사결정의 자유를 박탈할 정도에 이른 것이라면 그 의사표시가 무효로 될 것이고 그렇지 않고 의사결정의 자유를 제한하는 정도에 그친 경우라면 그 성질에 반하지 아니하는 한 의사표시에 관한 민법 제110조의 규정을 준용하여 그 효력을 따져보아야 할 것이나, 감사담당 직원이 당해 공무원에 대한 비리를 조사하는 과정에서 사직하지 아니하면 징계파면이 될 것이고 또한 그렇게 되면 퇴직금 지급상의 불이익을 당하게 될 것이라는 등의 강경한 태도를

취하였다고 할지라도 그 취지가 단지 비리에 따른 객관적 상황을 고지하면서 사직을 권고·종용한 것에 지나지 않고 위 공무원이 그 비리로 인하여 징계파면이 될 경우 퇴직금 지급상의 불이익을 당하게 될 것 등 여러 사정을 고려하여 사직서를 제출한 경우라면 그 의사결정이 이원면직처분의 효력에 영향을 미칠 미지기 있었다고는 볼 수 없다(대판 1997.12.12, 97누13962).

② 비진의표시(진의 아닌 의사표시) : 의사표시는 표의자(의사표시를 한 자)가 진의 아님을 알고 한 것이라도 그 효력이 있다. 그러나 상대방이 표의자의 진의 아님을 알았거나(악의) 이를 알 수 있었을 경우(과실)에는 무효로 한다(민법 제107조 제1항). 사인의 공법행위에는 비진의표시에 관한 민법 제107조 제1항 단서규정은 적용되지 않으므로 언제나 표시된 대로 유효이다.

관련판례

1. 민법의 법률행위에 관한 규정은 행위의 격식화를 특색으로 하는 공법행위에 당연히 타당하다고 말할 수 없으므로 공법행위인 영업재개업신고에 민법 제107조는 적용될 수 없다(대판 1978.7.25, 76누276).
2. 여군하사관 면역사건
   군인사정책상 필요에 의하여 복무연장지원서와 전역(여군의 경우 면역임)지원서를 동시에 제출하게 한 방침에 따라 위 양 지원서를 함께 제출한 이상, …… **전역지원의 의사표시가 진의 아닌 의사표시라 하더라도 그 무효에 관한 법리를 선언한 민법 제107조 제1항 단서의 규정은 그 성질상 사인의 공법행위에는 적용되지 않는다 할 것이므로 그 표시된 대로 유효**한 것으로 보아야 한다(대판 1994.1.11, 93누10057).
3. 공무원이 사직의 의사표시를 하여 의원면직된 경우, 그 사직의 의사표시에 민법 제107조가 준용되지 않는다(대판 1997.12.12, 97누13962).

(4) 대 리

사인의 공법행위에는 대리를 금하는 규정이 있는 경우도 있고(공직선거법 제157조 투표), 대리를 허용하는 규정을 두고 있는 경우도 있다(행정심판법 제18조 제1항). 특별규정이 없을 경우 행위의 인격적 개성과 직접 관련된 것(일신전속적 행위)이냐에 따라 판단한다. 즉, 행위의 성질상 대리가 금지되는 경우로는 ① 귀화신청, ② 사직원의 제출·철회, ③ 시험응시행위 등이 있다. 그 이외의 행위는 대리에 관한 민법규정이 유추적용될 수 있다.

(5) 형 식

사인의 공법행위는 특별한 규정이 없는 한 불요식(구술주의)이 원칙이라는 것이 학설이다. 그러나 행위의 존재와 내용을 명확히 하는 것이 필요한 경우에는 법령에 특별한 규정이 없더라도 서면주의를 원칙으로 하고, 실정법으로는 오히려 요식행위로서 문서주의(서면주의)에 의하는 경우가 대부분이다.

(6) 효력발생시기

도달주의가 원칙이나, 법률에서 예외적으로 발신주의를 규정하고 있는 경우도 있다(국세기본법 제5조의2).

(7) 부관(불가)

행정법관계의 명확성·신속한 확정의 필요상 특별한 규정이 없는 안 부관을 붙일 수 없다.

공무원이 일정시기까지 수리를 보류해 줄 것을 당부하면서 작성일자를 기재 않은 사직서를 제출한 경우 행정청이 바로 그 사직서를 수리하여 행한 면직처분은 적법하다(대판 1986.8.19, 86누81).

(8) 철회·보정

사인의 공법행위는 그에 근거한 법적 효과가 완성되기(처분 시)까지는 철회·보정(보완·정정)이 허용되는 게 원칙이다. 그러나 법률상 제한되는 경우(예 소장의 수정, 과세표준수정신고기한의 제한)가 있고, 합성행위 및 합동행위는 집단성(단체성)·형식성 때문에 이미 형성된 법질서를 존중하여야 하므로 성질상 제한된다.

1. 사직의 의사표시 후 의원면직처분 전에 이를 철회할 수 있지만, 처분 전이라도 신의칙에 반할 경우에는 철회할 수 없다(대판 1993.7.27, 92누16942).
2. 의원면직처분이 있은 후에는 철회나 취소할 수 없다
   공무원이 한 사직 의사표시의 철회나 취소는 그에 터잡은 의원면직처분이 있을 때까지 할 수 있는 것이고, 일단 면직처분이 있고 난 이후에는 철회나 취소 여지가 없다(대판 2001.8.24, 99두9971).
3. 구 도시재개발법상 재개발조합의 설립 및 사업시행에 대한 토지 또는 건축물 소유자의 동의나 동의 철회의 기한은 재개발조합의 설립 및 사업시행인가처분 시이다(대판 2001.6.15, 99두5566).

4. 사인의 공법행위(종된 행위)의 하자와 행정행위(주된 행위)의 효력(주종관계)

(1) 사인의 공법행위의 하자

납세신고의 경우 원칙상 중대명백설에 의하지만, 예외적으로 명백성 보충요건설을 취한 판례도 있다(대판 2009.2.12, 2008두11716).

1. 신고납부방식의 조세인 취득세 납세의무자의 신고행위의 하자가 중대하지만 명백하지는 않은 때 예외적으로 당연무효라고 할 수 있는 경우(납세신고의 경우 원칙상 중대명백설에 의하지만, 예외적으로 명백성 보충요건설을 취한 판례)

취득세 신고행위는 납세의무자와 과세관청 사이에 이루어지는 것으로서 **취득세 신고행위의 존재를 신뢰하는 제3자의 보호가 특별히 문제되지 않아 그 신고행위를 당연무효로 보더라도 법적 안정성이 크게 저해되지 않는 반면, 과세요건** 등에 관한 **중대한 하자**가 있고 그 법적 구제수단이 국세에 비하여 상대적으로 미비함에도 위법한 결과를 시정하지 않고 납세의무자에게 그 신고행위로 인한 불이익을 감수시키는 것이 과세행정의 안정과 그 원활한 운영의 요청을 참작하더라도 **납세의무자의 권익구제 등의 측면에서 현저하게 부당하다고 볼 만한 특별한 사정이 있는 때에는 예외적으로 이와 같은 하자 있는 신고행위가 당연무효라고 함이 타당**하다(대판 2009.2.12, 2008두11716).

2. 신고납세방식의 조세에서 납세사유가 없음에도 세관장의 형사고발 및 과세 전 통지를 받고 불이익을 피하기 위해 불가피하게 관세납부 신고행위(수정신고)를 하고 세금납부를 한 사안에서, 그 후 각종 구제절차에서 수정신고의 하자를 적극적으로 주장하였고 수정신고의 하자에 관하여 다른 구제수단이 없는 경우, 위 수정신고는 당연무효이다(대판 2009.9.10, 2009다11808).

(2) 사인의 공법행위의 하자가 행정행위에 미치는 요건

사인의 공법행위가 행정행위의 단순한 동기에 불과한 경우 행정행위는 유효이다. 그러나 사인의 공법행위가 행정행위의 전제요건인 경우(행정행위의 부관의 경우는 본질적 요소·중요요소)인 경우에도 사인의 공법행위의 하자가 취소사유인 경우 행정행위는 유효하고, 사인의 공법행위의 하자가 무효사유인 경우 비로소 행정행위도 무효가 된다는 것이 다수설이다.

1. 위임자명의의 서류를 위조하여 위임받지 아니한 허가신청에 기한 허가처분은 무효이다(대판 1974. 8.30, 74누168).

2. 변경처분에 대한 상대방의 동의가 피고의 기망과 강박에 의한 의사표시라는 이유로 취소되었다면 동의는 처음부터 무효이고 변경처분은 위법하다(대판 1990.2.23, 89누7061).

3. 과세관청이 취득세 납세의무자의 신고에 의하여 납세의무가 확정된 것으로 보고 그 이행을 명하는 징수처분으로 나아간 경우, 납세의무자의 신고행위의 하자가 당연무효가 아닌 한 후행처분인 징수처분에 그대로 승계되는 것은 아니다

신고납세방식을 채택하고 있는 취득세에 있어서 과세관청이 납세의무자의 신고에 의하여 취득세의 납세의무가 확정된 것으로 보고 그 이행을 명하는 징수처분으로 나아간 경우, 납세의무자의 신고행위에 하자가 존재하더라도 그 하자가 당연무효 사유에 해당하지 않는 한 그 하자가 후행처분인 징수처분에 그대로 승계되지는 않는 것이고, **납세의무자의 신고행위의 하자가 중대하고 명백하여 당연무효에 해당하는지 여부는 신고행위의 근거가 되는 법규의 목적, 의미, 기능 및 하자 있는 신고행위에 대한 법적 구제수단 등을 목적론적으로 고찰함과 동시에 신고행위에 이르게 된 구체적 사정을 개별적으로 파악하여 합리적으로 판단하여야 한다**(대판 2006.9.8, 2005두14394).

Ⅰ 개 설

1. 신고의 의의 및 배경(규제완화)

신고란 사인이 행정청에 대해 일정한 사실이나 관념을 일방적으로 통고하는 것을 말한다. 법적 효과와 무관한 신고는 사실행위로서의 신고일 뿐, 사인의 공법행위로서의 신고에 해당하지 아니한다. 신고는 다년 간에 걸쳐 진행되고 있는 규제완화의 추세에 따라 과거 허가, 특허의 대상이었던 행정작용이 신고제로 개편됨에 따라 신고의 법적 성질 및 효과에 대한 관심이 고조되고 있으며, 쟁송사건도 증가하는 추세에 있다.

2. 신청의 의의

신청이란 사인이 행정청에 대해 일정한 조치를 취해줄 것을 요구(청구)하는 의사표시로서 주로 수익적 행정행위에 대해 이용되지만, 제3자에 대한 행정권발동청구 시에도 이용된다.

Ⅱ 신고의 종류

1. 구별실익(수리·수리거부·수리취소의 처분성 인정 여부)

신고의 구별실익은 ① 신고의 효과, ② 신고필증의 의미, ③ 신고수리의 의미, ④ 신고수리의 처분성 인정 여부 등에 있다.

2. 구별기준

(1) 학 설

① 신고요건을 기준으로 하는 견해 : 일반적으로 신고요건의 내용을 구별기준으로 하여 원칙상 신고요건이 형식적 요건만인 경우에는 자기완결적 신고이고, 신고요건이 형식적 요건 이외에 실질적 요건도 포함되는 경우에는 수리를 요하는 신고로 보아야 한다는 견해(박균성)가 있다. 또한 신고의 수리로 구체적인 법적 효과가 발생하는 경우(영업허가자 지위승계신고)에는 수리를 요하는 신고로 보아야 한다(박균성). 형식적 요건이란 신고서, 첨부서류 등 신고서류

만으로 확인되는 요건을 말하고, 실질적 요건이란 안전 등 공익을 보장하기 위해 요구되는 인적·물적 요건을 말한다. 형식적 심사란 신고요건의 충족 여부를 신고서류만에 이해 행하는 것을 말하고, 실질적 심사란 신고요건의 충족 여부를 심사함에 있어 신고서류ㄹ 심사할 뿐만 아니라 필요한 경우 현장조사 등을 통해 실질적으로 행할 수 있는 심사를 말한다.

② 입법자의 객관적인 의사를 기준으로 하는 견해 : 개별법령이 신고와 등록을 구분하여 규정하고 있는 경우(체육시설의 설치·이용에 관한 법률)에는 등록신청은 수리를 요하는 신고와 같기 때문에 등록과 구별되는 신고는 자기완결적 신고일 수밖에 없고, 신고와 등록을 구별하지 않는 경우에는 당해 법령의 목적과 당해 법령에서 나타나고 있는 관련조문에 대한 합리적이고도 유기적인 해석을 통해 양자를 구분할 수밖에 없다. 실질적 요건을 신고요건의 한 부분으로 한다고 해도 입법자가 이를 수리를 요하지 않는 신고로 규정할 수도 있기 때문에, 양자의 구별은 신고요건의 성질이 아니라 입법자의 객관적인 의사를 기준으로 판단해야 한다(홍정선).

:: 「체육시설의 설치·이용에 관한 법률」상제10조 제1항 체육시설업의 구분

신고체육시설업	등록체육시설업
요트장업, 조정장업, 카누장업, 빙상장업, 승마장업, 종합 체육시설업, 수영장업, 체육도장업, 골프연습장업, 체력단련장업, 당구장업, 썰매장업, 무도학원업, 무도장업, 야구장업, 가상체험 체육시설업, 체육교습업, 인공암벽장업	1. 골프장업 2. 스키장업 3. 자동차경주장업

③ 신고의 근거가 된 근거 법령에서 기본적으로는 자기완결적 신고로 규정하고 있는 경우에도 관계 법령에서 허가나 예외적 승인 등 추가적인 적법요건을 요구하고 있는 경우 신고의 성질과 관련해서는 여전히 자기완결적 신고라는 견해(박균성, 홍정선)와 전체적으로 보아 신고가 적법한지에 대한 심사권이 행정청에 주어진 것이므로 수리를 요하는 신고라는 견해(판례)가 대립한다.

(2) 판례(적법요건의 존재 여부)

대법원은 신고대상인 행위와 그 시설에 대해 관계법이 적법요건을 두고 있지 않은 때에는 행정청에 의한 당해 신고의 수리행위는 필요하지 아니한 자기완결적 신고로 보고, 신고대상인 행위와 그 시설에 대해 근거법 기타 관계법이 적법요건을 두고 있는 때에는 행정청은 그 수리를 거부할 수 있는 것으로 보아 수리를 요하는 신고로 보고 있다.

3. 신고의 종류

(1) 효과에 의한 분류

① 자기완결적 신고

자기완결적 신고란 신고 자체만으로 일정한 법적 효과를 가져오는 신고를 말한다. 행정절차법에 의하면 법령등에서 행정청에 대해 일정한 사항을 통지(신고)함으로써 의무가 끝나는 신고(자기완결적 신고와 의무적 신고)를 말한다(같은 법 제40조 제1항).

자기완결적 신고는 신고 자체로서 법적 효과(예 경찰상 금지의 해제를 통한 기본권의 회복)를 가져온다는 점에서 법적 효과를 수반하지 아니하는 통보와 구별된다(홍정선).

자기완결적(수리를 요하지 않는) 신고

자기완결적(자체완성적, 자족적, 본래의 의미의, 통상적, 수리를 요하지 않는) 신고. 행정절차법에 명문규정

1. 의료법에 의한 의원·치과의원·한의원 또는 조산소의 개설신고(대판 1985.4.23, 84도2953)
2. 2륜 소형자동차의 사용신고(대판 1985.8.20, 85누329)
3. 「유선 및 도선업법」상 유선장의 경영신고와 변경신고(대판 1988.8.9, 86누889)
4. 「체육시설의 설치·이용에 관한 법률」 제18조에 의한 골프연습장 이용료 변경신고(대결 1993.7.6, 93마635)
5. 「공업배치 및 공장설립에 관한 법률」에 의한 공장설립신고(대판 1996.7.12, 95누11665)
6. 주택건설촉진법상의 건축물의 건축신고(대판 1999.4.27, 97누6780)
7. 건축법상 건축신고[대판(전합) 2011.1.20, 2010두14954](대판 1999.10.22, 98두18435)
   건축주 명의변경신고는 행위요건적 신고(대판 1992.3.31, 91누4911)
8. 수산업법상의 수산제조업신고(대판 1999.12.24, 98다57419·57426)
   어업신고는 수리를 요하는 신고(대판 2000.5.26, 99다37382)
9. 구 「체육시설의 설치·이용에 관한 법률」상 등록체육시설업에 대한 사업계획의 승인을 얻은 자가 제출한 사업시설의 착공계획서의 신고(대판 2001. 5.29, 99두10292)
10. 축산물판매업신고(대판 2010.4.29, 2009다97925)
11. 구 평생교육법 제22조 제1항, 제2항에 따라 정보통신매체를 이용하여 원격평생교육을 불특정 다수인에게 학습비를 받고 실시하는 경우의 신고(대판 2011.7.28, 2005두11784)
12. 화물자동차운송주선사업자가 화물자동차운수사업법 소정의 자본금 또는 자산평가액 등 허가기준에 관해서 하는 신고(대판 2011.9.8, 2010도7034)
13. 화물자동차 운송사업자 상호 간에 각자가 보유한 화물자동차 운송사업을 상호 이전하는 내용으로 체결된 교환계약의 이행을 위한 화물자동차 운송사업의 양도·양수 신고(대판 2014.5.16, 2013다52233)
    이혼신고, 출생신고, 사망신고, 국적이탈신고, 납세신고
14. 식품위생법에 의한 영업신고
15. 공중위생영업의 개설신고(공중위생관리법 제3조 제1항 제1호 ; 숙박업·목욕장업·이용업·미용업·세탁업·위생관리용역업)
16. 테니스장 영업신고
17. 가축전염병예방법상 죽거나 병든 가축의 신고

---

1. 「체육시설의 설치·이용에 관한 법률」 제18조에 의한 골프연습장 이용료 변경신고

행정청에 대한 신고는 일정한 법률사실 또는 법률관계에 관하여 관계행정청에 일방적으로 통고를 하는 것을 뜻하는 것으로서 법에 별도의 규정이 있거나 다른 특별한 사정이 없는 한 행정청에 대한 통고로서 그치는 것이고 그에 대한 행정청의 반사적 결정을 기다릴 필요가 없는 것이므로, 「체육시설의 설치·이용에 관한 법률」 제18조에 의한 변경신고서는 그 신고 자체가 위법하거나 그 신고에 무효사유가 없는 한 이것이 도지사에게 제출하여 접수된 때에 신고가 있었다고 볼 것이고, 도지사의 수리행위가 있어야만 신고가 있었다고 볼 것은 아니다(대결 1993.7.6, 93마635).

2. 「체육시설의 설치·이용에 관한 법률」상의 당구장업개설신고

「체육시설의 설치·이용에 관한 법률」 제10·11·22조, 같은 법 시행규칙 제8·25조의 각 규정에 의하면, 체육시설업은 등록체육시설업(골프장업, 스키장업, 자동차경주장업)과 신고체육시설업으로 나누어지고, **당구장업과 같은 신고체육시설업을 하고자 하는 자(개설신고)는 체육시설업의 종류별로 같은 법 시행규칙이 정하는 해당시설을 갖추어 소정의 양식에 따라 신고서를 제출하는 방식으로 시·도지사에 신고하도록 규정하고 있으므로, 소정의 시설을 갖추지 못한 체육시설업의 신고는 부적법한 것으로 그 수리가 거부될 수밖에 없고 그러한 상태에서 신고체육시설업의 영업행위를 계속하는 것은 무신고영업행위에 해당**할 것이지만, 이에 반하여 **적법한 요건을 갖춘 신고의 경우에는 행정청의 수리처분등 별단의 조처를 기다릴 필요 없이 그 접수 시에 신고로서의 효력이 발생하는 것이므로 그 수리가 거부되었다고 하여 무신고 영업이 되는 것은 아니다**(대판 1998.4.24, 97도3121).

- 개설신고도 자기완결적 신고라는 판시임.

3. 건축법상의 건축신고

건축법이 건축물의 건축 또는 대수선에 관하여 원칙적으로 허가제로 규율하면서도 일정 규모 이내의 건축물에 관하여는 신고제를 채택한 것은, 건축행위에 대한 규제를 완화하여 국민의 자유의 영역을 넓히는 한편, 행정목적상 필요한 정보를 파악·관리하기 위하여 국민으로 하여금 행정청에 미리 일정한 사항을 알리도록 하는 최소한의 규제를 가하고자 하는 데 그 취지가 있다. 따라서 **건축법 제14조 제1항의 건축신고 대상 건축물에 관하여는 원칙적으로 건축 또는 대수선을 하고자 하는 자가 적법한 요건을 갖춘 신고를 하면 행정청의 수리 등 별도의 조처를 기다릴 필요 없이 건축행위를 할 수 있다고 보아야 한다**[대판(전합) 2011.1.20, 2010두14954].

4. 화물자동차운송주선사업자가 화물자동차운수사업법 소정의 자본금 또는 자산평가액 등 허가기준에 관해서 하는 신고

① 관계 법령은 화물자동차운송주선사업에 관하여 허가사항과 신고사항을 명확히 구분하고 있고, 이사건 신고는 사업자에게 새로운 법적 지위나 권리가 부여되는 것이 아니어서 허가의 신청과는 그 성질이나 효력에 있어 다른 점, ② 관계 법령에서 **이 사건 신고에 관하여 신고사항의 진실 여부 등을 심사하여 그 수리를 거부할 수 있다거나 신고사항의 흠이 발견되는 경우에는 그 신고수리 자체를 취소할 수 있다는 등의 규정을 두고 있지 않은 점**, ③ 이 사건 신고는 이미 허가를 받은 사업자들이 허가기준에 부합하는 자본금 등의 요건을 유지하고 있는지 여부를 정기적으로 확인하여 일정한 경우에 허가를 취소하는 등의 제재를 하는 데에 필요한 정보를 얻기 위한 제도로 보이고, **이 사건 신고를 법정기간 내에 하지 아니하거나 허가기준에 미달하는 내용으로 신고를 하거나 허가기준을 충족하는 내용으로 거짓신고를 하였다는 이유로 공무원이 그 접수 혹은 수리를 거부하는 경우에도 그로 인하여 기존의 허가가 효력을 상실하는 등의 법적 효과가 발생하지 아니하고 행정청이 별도로 허가취소 또는 사업정지 등의 행정처분을 하는 경우에 비로소 사업자에게 불이익이 발생하는 점** 등에 비추어 보면, 이미 허가를 받아 적법하게 사업을 영위하는 피고인이 이 사건 신고를 하는 과정에서 신고서에 허위사실을 기재하고

그에 관한 허위의 서류를 첨부하여 제출하였다고 하더라도 그로써 곧 구체적이고 현실적인 직무집행이 방해받았다고 볼 수 없을뿐 아니라 행정청이 신고내용의 진실성이나 첨부자료의 진위 여부를 조사하지 아니하여 위 허위신고에 대한 적정한 행정권의 행사에 나아가지 못하였다고 하더라도 그러한 결과가 위 허위신고로 인한 것이라고 보기도 어렵다(대판 2011.9.8, 2010도7034).

② 수리를 요하는 신고

수리를 요하는 신고란 사인의 신고가 행정청의 특정한 행정행위의 전제요건을 구성하는 신고 또는 법령등에서 행정청에 대해 일정한 사항을 통지(신고)하고 행정청이 이를 수리함으로써 법적 효과가 발생하는 신고를 말한다. 수리란 사인이 알린 일정한 사실을 행정청이 유효한 행위로서 받아들이는 행정행위를 말한다. 수리를 요하는 신고의 성질에 대해서는 ㉠ 실질적으로 허가라고 보는 견해, ㉡ 등록으로 보는 견해(홍정선), ㉢ 실질적 요건을 요구하는 점에서는 허가와 같지만 신고요건이 허가요건보다 완화되어 있기 때문에 자기완결적 신고와 허가 또는 등록의 중간적인 규제수단으로 보는 견해(박균성)가 대립한다. 실정법은 등록이라는 용어를 사용하기도 한다. 등록제는 절차상 사인의 '신청'과 행정청의 '등록'행위로 구성된다.

수리를 요하는(행위요건적) 신고

행정절차법에 규정 없음. 수리(거부, 취소)의 처분성 인정
1. 신고에 관한 근거 법률 외에 관계 법률에 심사권에 관한 규정이 있는 경우(학설은 자기완결적 신고로서의 성질이 변하지 않는다는 견해)
   ① 학교보건법상 학교환경위생정화구역 내에서의 체육시설업(당구장업)신고(대판 1991.7.12, 90누8350)
   ② 건축법상 무허가건물에서의 볼링장업 설치신고(대판 1996.2.27, 94누6062)·골프연습장업신고(대판 1983.4.27, 93누1374)
   ③ 도시계획법상 개발제한구역 내 골프연습장신고(대판 1995.9.29, 95누7215)
   ④ 개발제한구역 내 건축신고(대판 2007.3.15, 2006 도9214)
   ⑤ 건축법상 무허가건물에서의 식품위생법상 영업신고(대판 2009.4.23, 2008도6829)
   ⑥ 인허가의제 효과를 수반하는 건축신고[대판(전합) 2011.1.20, 2010두14954]
2. 허가영업의 양도양수에 따른 지위승계신고
   ①「액화석유가스의 안전 및 사업관리법」에 의한 사업양수지위승계신고(대판 1993.6.8, 91누11544)
   ② 식품위생법에 의한 영업양도에 따른 지위승계신고(대판 1995.2.24, 94누9146)
   ■ 자기완결적 신고영업의 양도양수신고는 자기완결적 신고
   ③ 채석허가수허가자명의변경신고(대판 2005.12.23, 2005두3554)
   ④ 관광사업의 양도양수에 의한 지위승계신고(대판 2007.6.29, 2006두4097)·관광진흥법 제8조 제4항에 의한 지위승계신고
   ⑤「체육시설의 설치·이용에 관한 법률」제20조, 제27조에 의한 영업양수신고나 체육시설업의 시설 기준에 따른 필수시설 인수신고(대판 2012. 12.13, 2011두29144)

3. 중요행위의 신고

　① 광업출원인 주소변경계 신고(대판 1962.2.15, 4294행상16)

　② 건축주 명의변경신고(대판 1992.3.31. 91누4911)

　③ 농지법 제37조에 의한 농지전용신고·농어촌발전특별조치법 제47조 제1항의 농지전용신고(대판 1993.9.14, 93누6959)

　④ 토지거래신고(대판 1997.8.29, 96누6646)

　⑤ 수산업법 소정의 어업신고(대판 2000.5.26, 99다37382)

　■ 수산제조업의 신고는 자기완결적 신고임(대판 1999.12.24, 98다57419·57426).

　⑥ 납골탑설치신고(대판 2005.2.25, 2004두4031)·납골당설치신고(대판 2011.9.8, 2009두6766)

　■ 다만 유족편의시설, 산골시설 등 부대시설은 신고대상이 아니다.

　⑦ 구 노인복지법에 의한 유료노인복지주택의 설치신고(대판 2007.1.11. 2006두14537)

　⑧ 골재채취법상 골재선별·세척 또는 파쇄신고(대판 2009.6.11. 2008두18021)

　⑨ 주민등록법상 전입신고(대판 2009.1.30, 2006두17850)

　⑩ 체육시설의 회원을 모집하고자 하는 자의 회원모집계획서 제출(대판 2009.2.26, 2006두16243)

　⑪ 외국환거래법상의 외국환거래신고

　⑫ 노동조합 설립신고(대판 2014.4.10, 2011두6998)

　⑬ 의료기관 개설신고(대판 2018.10.25, 2018두44302)

　⑭ 유통산업발전법에 따른 대규모점포의 개설등록신청 및 구 「재래시장 및 상점가 육성을 위한 특별법」에 따른 시장관리자 지정신청(대판 2019.9.10, 2019다208953)

4. 등록신청

　① 「사회단체등록에 관한 법률」(폐지)에 의한 사회단체등록신청[대판(전합) 1989.12.26, 87누308]

　② 사설강습소 설립에 관한 등록신청(대판 1990.8.10, 90도1062)

5. 혼인신고

관련 판례

1. 학교환경위생정화구역 내의 체육시설업(당구장업)신고

　학교보건법과 「체육시설의 설치·이용에 관한 법률」은 그 입법목적, 규정사항, 적용범위 등을 서로 달리하고 있어서 당구장의 설치에 관하여 「체육시설의 설치·이용에 관한 법률」이 학교보건법에 우선하여 배타적으로 적용되는 관계(특별법)에 있다고는 해석되지 아니하므로 「체육시설의 설치·이용에 관한 법률」에 따른 당구장업의 신고요건을 갖춘 자라 할지라도 학교보건법 제5조 소정의 학교환경위생정화구역 내에서는 같은 법 제6조에 의한 별도요건을 충족하지 아니하는 한 적법한 신고를 할 수 없다고 보아야 한다(대판 1991.7.12, 90누8350).

2. 혼인신고를 하였으나 이중호적에 등재된 경우 유효하게 혼인관계가 성립된다[09 서울9급]

　혼인은 호적법(현 가족관계등록법)에 따라 호적공무원이 그 신고를 수리함으로써 유효하게 성립되는 것이며 호적부에의 기재는 그 유효요건이 아니어서 호적에 적법하게 기재되는 여부는 혼인성립의 효과에 영향을 미치는 것은 아니므로 부부가 일단 혼인신고를 하였다면 그 혼인관계는 성립된 것이고 그 호적의 기재가 무효한 이중호적에 의하였다 하여 그 효력이 좌우되는 것은 아니다(대판 1991.12.10, 91므344).

3. 개발제한구역 내에서의 건축신고

　개발제한구역 내에서 행하여지는 주택의 신축행위에 대해서는, 신고에 의해 허가에 갈음할 수 있도록 규정하고 있는 건축법 제9조 제1항이 적용될 여지가 없다(대판 2007.3.15, 2006도9214).

4. 주민등록법 제16조상 주민등록신고

주민등록은 단순히 주민의 거주관계를 파악하고 인구의 동태를 명확히 하는 것 외에도 주민등록에 따라서 공법관계상의 여러 가지 법률상 효과가 나타나게 되는 것으로서, 주민등록의 신고는 행정청에 도달하기만 하면 신고로서의 효력이 발생하는 것이 아니라 행정청이 수리한 경우에 비로소 신고의 효력이 발생한다. 따라서 주민등록신고서를 행정청에 제출하였다가 행정청이 이를 수리하기 전에 신고서의 내용을 수정하여 위와 같이 수정된 전입신고서가 수리되었다면 수정된 사항에 따라서 주민등록신고가 이루어진 것으로 보는 것이 타당하다(대판 2009.1.30, 2006다17850).

5. 체육시설이 회원을 모집하고자 하는 자의 시·도지사 등에 대한 회원모집계획서 제출

구 「체육시설의 설치·이용에 관한 법률」 제19조 제1항, 구 '체육시설의 설치·이용에 관한 법률 시행령' 제18조 제2항 제1호 (가)목, 제18조의2 제1항 등의 규정에 의하면, 위 법 제19조의 규정에 의하여 **체육시설의 회원을 모집하고자 하는 자는 시·도지사 등으로부터 회원모집계획서에 대한 검토결과 통보를 받은 후에 회원을 모집할 수 있다고 보아야 하고, 따라서 체육시설의 회원을 모집하고자 하는 자의 시·도지사 등에 대한 회원모집계획서 제출은 수리를 요하는 신고에서의 신고에 해당하며, 시·도지사 등의 검토결과 통보는 수리행위로서 행정처분에 해당한다**(대판 2009.2.26, 2006두16243).

6. 인허가의제 효과를 수반하는 건축신고

건축법 제11조 제5항에서는 제1항에 따른 건축허가를 받으면 각 호(인허가의제사항)에서 정한 허가 등을 받거나 신고를 한 것으로 본다고 규정하면서, 제14조 제2항에서는 위 인허가의제조항을 건축신고에 준용하고 있고, 나아가 '건축법 시행령' 제11조 제3항, 제9조 제1항, '건축법 시행규칙' 제12조 제1항 제2호에서는 건축신고를 하려는 자는 인허가의제조항에 따른 허가 등을 받거나 신고를 하기 위하여 해당 법령에서 제출하도록 의무화하고 있는 신청서와 구비서류를 제출하여야 한다고 규정하고 있다. **건축법에서 이러한 인허가의제 제도를 둔 취지는 인허가의제사항과 관련하여 건축허가 또는 건축신고의 관할 행정청으로 그 창구를 단일화하고 절차를 간소화하며 비용과 시간을 절감함으로써 국민의 권익을 보호하려는 것이지, 인허가의제사항 관련 법률에 따른 각각의 인허가 요건에 관한 일체의 심사를 배제하려는 것으로 보기는 어렵다.** 왜냐하면, 건축법과 인허가의제사항 관련 법률은 각기 고유한 목적이 있고, **건축신고와 인허가의제사항도 각각 별개의 제도적 취지가 있으며 그 요건 또한 달리하기** 때문이다. 나아가 인허가의제사항 관련 법률에 규정된 요건 중 상당수는 공익에 관한 것으로서 행정청의 전문적이고 종합적인 심사가 요구되는데, 만약 건축신고만으로 인허가의제사항에 관한 일체의 요건 심사가 배제된다고 한다면, **중대한 공익상의 침해나 이해관계인의 피해를 야기하고 관련 법률에서 인허가 제도를 통하여 사인의 행위를 사전에 감독하고자 하는 규율체계 전반을 무너뜨릴 우려가 있다.** 또한 무엇보다도 건축신고를 하려는 자는 인허가의제사항 관련 법령에서 제출하도록 의무화하고 있는 신청서와 구비서류를 제출하여야 하는데, 이는 건축신고를 수리하는 행정청으로 하여금 인허가의제사항 관련 법률에 규정된 요건에 관하여도 심사를 하도록 하기 위한 것으로 볼 수밖에 없다. 따라서 **인허가의제 효과를 수반하는 건축신고는 일반적인 건축신고와는 달리, 특별한 사정이 없는 한 행정청이 그 실체적 요건에 관한 심사를 한 후 수리하여야 하는 이른바 '수리를 요하는 신고'로 보는 것이 옳다**[대판(전합) 2011.1.20, 2010두14954].

7. 수산물품질관리법 제19조에 따라 수산물가공업 등록을 하고 해당 영업을 하는 경우, 식품제조·가공업 신고를 하지 않아도 된다(대판 2015.1.29, 2014도8448).

8. 구 유통산업발전법에 따른 대규모점포의 개설등록 및 구 「재래시장 및 상점가 육성을 위한 특별법」에 따른 시장관리자 지정은 '수리를 요하는 신고'로서 행정처분에 해당하고 이에 따른 대규모점포개설자의 지위 및 시장관리자의 지위는 위 행정처분이 당연무효이거나 적법하게 취소되지 않는 한 유효하게 유지된다(대판 2019.9.10, 2019다208953).

한편, 영업양도양수의 신고는 양도대상인 영업의 종류에 따라 성질이 다르다. 즉, 허가영업의 양도양수신고[영업자의 지위를 승계한 자는 1개월 이내에 보건복지부령으로 정하는 바에 따라 그 사실을 식품의약품안전처장 또는 특별자치도지사·시장·군수·구청장에게 신고하여야 한다(식품위생법 제39조 제3항)]는 허가신청 내지 수리를 요하는 신고의 일종으로 보아야 한다. 왜냐하면 양수인의 신고를 자기완결적 신고로 본다면, 허가요건을 구비하지 않은 자도 양수인이 될 수 있는데, 이것은 허가제를 회피하는 탈법행위로 악용될 소지가 있기 때문이다. 한편, 등록영업의 양도양수신고는 등록신청의 일종이고, 수리를 요하는 신고영업의 양도양수신고는 수리를 요하는 신고이며, 자기완결적 신고대상인 영업의 양도양수신고는 자기완결적 신고에 해당한다.

관련 관례

1. 「액화석유가스의 안전 및 사업관리법」 제7조 제2항에 의한 사업양수에 의한 지위승계신고
「액화석유가스의 안전 및 사업관리법」 제7조 제2항에 의한 사업양수에 의한 지위승계신고를 수리하는 허가관청의 행위는 단순히 양도양수자 사이에 발생한 사법상의 사업양도의 법률효과에 의하여 양수자가 사업을 승계하였다는 사실의 신고를 접수하는 행위에 그치는 것이 아니라 실질에 있어서 양도자의 사업허가를 취소함과 아울러 양수자에게 적법히 사업을 할 수 있는 법규상 권리를 설정하여 주는 행위로서 사업허가자의 변경이라는 법률효과를 발생시키는 행위이므로 허가관청이 법 제7조 제2항에 의한 사업양수에 의한 지위승계신고를 수리하는 행위는 행정처분에 해당한다(대판 1993.6.8, 91누11544).

2. 식품위생법 제25조 제3항에 의한 영업양도에 따른 지위승계신고
식품위생법 제25조 제3항에 의한 영업양도에 따른 지위승계신고를 수리하는 허가관청의 행위는 단순히 양도양수인 사이에 이미 발생한 사법상의 사업양도의 법률효과에 의하여 양수인이 그 영업을 승계하였다는 사실의 신고를 접수하는 행위에 그치는 것이 아니라, 영업허가자의 변경이라는 법률효과를 발생시키는 행위라고 할 것이다(대판 1995.2.24, 94누9146).

3. 화물자동차 운송사업자 상호 간에 각자가 보유한 화물자동차 운송사업을 상호 이전하는 내용으로 체결된 교환계약의 이행을 위한 화물자동차 운송사업의 양도·양수 신고는 구 「화물자동차 운수사업법」 등 관련 법령상 허용된다
구 「화물자동차 운수사업법」 제16조는 화물자동차 운송사업의 양도·양수에 관하여, **화물자동차 운송사업을 양도·양수하려는 경우에 국토해양부령으로 정하는 바에 따라 양수인이 국토해양부장관에게 신고한다고 규정하면서(제1항) 이에 따른 신고가 있으면 화물자동차 운송사업을 양수한 자가 화물자동차 운송사업을 양도한 자의 운송사업자로서 지위를 승계한다고 규정하고 있다**(제3항). 그리고 구 「화물자동차 운수사업법」 제16조 제1항의 위임에 따른 구 '화물자동차 운수사업법 시행규칙' 제23조는 화물자동차 운송사업의 전부 또는 일부에 관한 양도·양수 신고서의 제출, 양도·양수계약서 사본 등 그 신고서에 첨부할 서류 등 화물자동차 운송사업의 양도·양수 신고에 관한 세부 사항을 규정함과 아울러(제1항 전단, 제2항, 제3항) 양도·양수 신고서를 받은 관할관청이 양도인의 관할관청과 양도인 및 양수인의 관할 협회에 그 사실을 통지하여야 한다고 규정하고 있다(제1항 후단). 이와 같이 **화물자동차 운송사업자는 관할관청에 대한 신고만으로 화물자동차 운송사업의 전부 또는 일부를 특별한 제한 없이 양도·양수할 수 있는 점**, 양도·양수 신고서를 받은 양수인의 관할관청이 양도인의 관할관청 등에 양도·양수 사실을 통지함으로써 양도·양수 신고서 수리에 따른 업무가 관련 기관의 유기적 협조를 통하여 처리될 수 있는 점 등

을 종합하면, 화물자동차 운송사업자 상호 간에 각자가 보유하고 있는 화물자동차 운송사업을 상호 이전하기로 하는 내용으로 체결된 교환계약의 이행을 위한 양도·양수 신고가 위와 같은 관련 법령에서 허용되지 않는다고 볼 것은 아니다(대판 2014.5.16, 2013다52233).

4. 구 식품위생법 제39조 제1항, 제3항에 따라 영업자 지위 승계신고를 하여야 하는 '영업양도'가 있다고 볼 수 있는지에 관한 기준

영업양도가 있다고 볼 수 있는지 여부는 영업양도로 인하여 구법상의 영업자의 지위가 양수인에게 승계되어 양도인에 대한 사업허가 등이 취소되는 효과가 발생함을 염두에 두고, 양수인이 유기적으로 조직화된 수익의 원천으로서의 기능적 재산을 이전받아 양도인이 하던 것과 같은 영업적 활동을 계속하고 있다고 볼 수 있는지에 따라 판단되어야 한다(대판 2012.1.12, 2011도6561).

5. 피고인이 영업시설을 전부 인수하여 영업하면서도 1개월 이내에 영업자 지위 승계신고를 하지 아니하였다고 하며 구 식품위생법 위반으로 기소된 사안에서, 피고인이 영업자가 아닌 자에게서 영업을 양수한 이상 같은 법 제39조 제1항의 영업자의 지위를 승계한 경우에 해당하지 않는다고 한 사례

건물주에게서 점포를 임차하여 영업신고를 마치고 영업을 시작한 甲과, 甲을 기망하여 영업양도계약을 체결한 乙 사이의 영업양도계약이 그 이행이 완료되기 전에 기망을 이유로 취소되어 소급적으로 효력을 상실하였다고 보아야 하는 점에 비추어 乙은 甲에게서 영업을 양수하여 영업자의 지위를 승계한 자라고 할 수 없고, 달리 乙이나 乙한테서 영업 일체를 양도받아 피고인에게 영업을 양도한 丙이 영업신고 등을 하여 영업자의 지위에 있다고 볼 만한 사정도 보이지 아니하므로, 피고인이 영업자가 아닌 丙에게서 영업을 양수한 이상 같은 법 제39조 제1항의 영업자의 지위를 승계한 경우에 해당하지 않는다(대판 2012.1.12, 2011도6561).

6. 식품위생법 제39조 제1항, 제3항에 의한 영업양도에 따른 지위승계 신고를 할 때 양수인은 영업자 지위 승계 신고서를 제출할 때 해당 영업장에서 적법하게 영업할 수 있는 요건을 갖추었다는 점에 관한 소명자료를 첨부해야 한다(대판 2020.3.26, 2019두38830).

양도인과 양수인 간에 사업양도양수에 관한 계약이 체결됐다 하더라도 지위승계신고수리가 되기 전에는 법적 허가권자는 양도인이다. 그러나 대물적 허가의 경우 양수인의 입장에서도 양도인의 허가가 취소되면 양도인의 지위승계를 받지 못하기 때문에 영업을 할 수 없고 자유권적 기본권인 직업의 자유를 침해받게 되므로 법률상 이익이 인정된다.

1. 채석허가를 받은 자에 대한 관할행정청의 채석허가 취소처분에 대하여 수허가자의 지위를 양수한 양수인의 취소처분의 취소를 구할 법률상 이익 인정

산림법령이 수허가자의 명의변경제도를 두고 있는 취지는, **채석허가가 일반적·상대적 금지를 해제하여 줌으로써 채석행위를 자유롭게 할 수 있는 자유를 회복시켜 주는 것(허가)일 뿐 권리를 설정하는 것(특허)이 아니어서 관할행정청과의 관계에서 수허가자의 지위의 승계를 직접 주장할 수는 없다 하더라도, 채석허가가 대물적 허가의 성질을 아울러 가지고 있고 수허가자의 지위가 사실상 양도양수되는 점을 고려하여 수허가자의 지위를 사실상 양수한 양수인의 이익을 보호하고자 하는데 있는 것으로 해석되므로, 수허가자의 지위를 양수받아 명의변경신고를 할 수 있는 양수인의 지위는 단순한 반사적 이익이나 사실상의 이익이 아니라 산림법령에 의하여 보호되는 직접적이고 구체적인 이익으로서 법률상 이익이라고** 할 것이고, 채석허가가 유효하게 존속하고 있다는 것이 양수인의 명의변경신고의 전제가 된다는 의미에

서 관할행정청이 양도인에 대하여 채석허가를 취소하는 처분을 하였다면 이는 양수인의 지위에 대한 직접적 침해가 된다고 할 것이므로 양수인은 채석허가를 취소하는 처분의 취소를 구할 법률상 이익을 가진다(대판 2003.7.11, 2001두6289)

2. 주택건설사업이 양도되었으나 그 변경승인을 받기 이전에 행정청이 양수인에 대하여 양도인에 대한 사업계획승인을 취소하였다는 사실을 통지한 경우, 위 통지는 항고소송의 대상이 되는 행정처분이 아니다
주택건설촉진법 제33조 제1항, 구 같은법시행규칙 제20조의 각 규정에 의한 주택건설사업계획에 있어서 사업주체변경의 승인은 그로 인하여 사업주체의 변경이라는 공법상의 효과가 발생하는 것이므로, 사실상 내지 사법상으로 주택건설사업 등이 양도·양수되었을지라도 아직 변경승인을 받기 이전에는 그 사업계획의 피승인자는 여전히 종전의 사업주체인 양도인이고 양수인이 아니라 할 것이어서, 사업계획승인취소처분 등의 사유가 있는지의 여부와 취소사유가 있다고 하여 행하는 취소처분은 피승인자인 양도인을 기준으로 판단하여 그 양도인에 대하여 행하여져야 할 것이므로 행정청이 주택건설사업의 양수인에 대하여 양,도인에 대한 사업계획승인을 취소하였다는 사실을 통지한 것만으로는 양수인의 법률상 지위에 어떠한 변동을 일으키는 것은 아니므로 위 통지는 항고소송의 대상이 되는 행정처분이라고 할 수는 없다(대판 2000.9.26, 99두646).

3. 주택건설사업의 양수인이 사업주체의 변경승인신청을 한 이후에 행정청이 양도인에 대하여 그 사업계획변경승인의 전제로 되는 사업계획승인을 취소하는 처분을 한 경우, 양수인은 위 처분의 취소를 구할 법률상의 이익을 가진다
주택건설촉진법 제33조 제1항, 구 같은법시행규칙 제20조의 각 규정에 의하면 주택건설 사업주체의 변경승인신청은 양수인이 단독으로 할 수 있고 위 변경승인은 실질적으로 양수인에 대하여 종전에 승인된 사업계획과 동일한 사업계획을 새로이 승인해 주는 행위라 할 것이므로, 사업주체의 변경승인신청이 된 이후에 행정청이 양도인에 대하여 그 사업계획변경승인의 전제로 되는 사업계획승인을 취소하는 처분을 하였다면 양수인은 그 처분 이전에 양도인으로부터 토지와 사업승인권을 사실상 양수받아 사업주체의 변경승인신청을 한 자로서 그 취소를 구할 법률상의 이익을 가진다(대판 2000.9.26, 99두646).

한편, 판례는 인가의 경우 기본행위에 하자가 있더라도 원칙적으로 기본행위의 하자가 민사판결에 의해 확정돼야만 비로소 보충행위인 인가처분의 무효확인을 구할 소익이 있다고 보고 있는데(대판 2001.12.11, 2001두7541), 지위승계신고의 경우에는 이와 달리 기본행위의 무효를 이유로 제기한 신고수리처분무효확인소송의 소익을 인정하고 있다.

관련판례

1. 액화석유가스충전사업양도의 무효를 주장하는 양도자는 민사쟁송으로 양도행위의 무효를 구함이 없이 허가관청을 상대로 신고수리처분의 무효확인을 구할 법률상 이익이 있다(대판 1993.6.8, 91누11544).

2. 사업양수양수에 따른 허가관청의 지위승계신고의 수리는 적법한 사업의 양도양수가 있었음을 전제로 하는 것이므로 그 수리대상인 사업양도양수가 존재하지 아니하거나 무효인 때에는 수리를 하였다 하더라도 그 수리는 유효한 대상이 없는 것으로서 당연히 무효라 할 것이고, 사업의 양도행위가 무효라고 주장하는 양도자는 민사쟁송으로 양도양수행위의 무효를 구함이 없이 막바로 허가관청을 상대로 하여 행정소송으로 위 신고수리처분의 무효확인을 구할 법률상 이익이 있다(대판 2005.12.23, 2005두3554).

(2) 기능에 의한 분류

사실파악형(정보제공적) 신고	규제적 신고
1. 행정청에게 행정의 대상이 되는 사실에 관한 정보를 제공하는 신고(예소방기본법상의 화재신고, 식품위생법상의 폐업신고)로서 자기완결적 신고이다. 2. 신고 없이 행위를 한 경우 처벌(논리상 형벌이 아니라 과태료 부과)은 받지만, 신고 없이 한 행위 자세가 위법하지는 않다.	1. 영업활동 또는 건축활동 등 사적 활동을 규제하는 기능을 갖는 신고(허가적 신고, 신고유보부 금지). 식품위생법상의 영업신고, 건축법상의 건축신고로서 자기완결적 신고도 있고, 수리를 요하는 신고도 있다. 2. 신고 없이 행위를 한 경우 행정벌의 대상이 될 뿐만 아니라 법률상 금지된 행위로서 위법한 행위가 되며 시정조치의 대상이 된다.

(3) 의무 여부에 의한 분류

의무적 신고	임의적 신고
출생신고	혼인신고

Ⅲ 신고와 신청의 요건

1. 자기완결적 신고의 요건

자기완결적 신고가 효력을 발생하기 위해서는 행정절차법 제40조 제2항의 요건을 갖추어야 한다. 법령등에서 행정청에 일정한 사항을 통지(신고)함으로써 의무가 끝나는 신고(자기완결적 신고이면서 의무적 신고만 규정)를 규정하고 있는 경우 신고를 관장하는 행정청은 신고에 필요한 구비서류, 접수기관, 그 밖에 법령등에 따른 신고에 필요한 사항을 게시(인터넷 등을 통한 게시를 포함한다)하거나 이에 대한 편람을 갖추어 두고 누구나 열람할 수 있도록 하여야 한다(행정절차법 제40조 제1항). 자기완결적 신고의 요건은 원칙상 형식적 요건이다.

신고가 ① 신고서의 기재사항에 흠이 없을 것, ② 필요한 구비서류가 첨부되어 있을 것, ③ 기타 법령등에 규정된 형식상의 요건에 적합할 것 등의 요건을 갖춘 경우에는 신고서가 접수기관에 도달된 때에 신고 의무가 이행된 것으로 본다(같은 조 제2항. 도달주의).

1. 유선장의 경영신고와 변경신고에 대해서는 형식적 심사만 가능하다(대판 1988.8.9, 86누889).
2. 구 「공업배치 및 공장설립에 관한 법률」 제20조 제2항에 의한 공장설립 허가신청서가 공장설립 신고서의 형식요건을 갖추고 있는 경우에도 허가신청서의 수리 자체를 거부할 수 있다(대판 1999.7.23, 97누6261).

2. 수리를 요하는 신고의 요건

수리를 요하는 신고의 요건은 형식적인 요건 이외에 일정한 실질적 요건을 신고의 요건으로 하고 있는 경우가 있다.

판례

1. 구 노인복지법에 의한 유료노인복지주택의 설치신고를 받은 행정관청은 유료노인복지주택의 시설 및 운영기준이 위 법령에 부합하는지와 아울러 그 유료노인복지주택이 적법한 입소대상자에게 분양되었는지와 설치신고 당시 부적격자들이 입소하고 있지는 않은지 여부까지 심사하여 그 신고의 수리 여부를 결정할 수 있다

   구 노인복지법의 목적과 노인주거복지시설의 설치에 관한 법령의 각 규정들 및 **노인복지시설에 대하여 각종 보조와 혜택이 주어지는 점** 등을 종합하여 보면, **노인복지시설을 건축한다는 이유로 건축부지 취득에 관한 조세를 감면받고 일반 공동주택에 비하여 완화된 부대시설 설치기준을 적용**받아 건축허가를 받은 자로서는 당연히 그 노인복지시설에 관한 설치신고 당시에도 당해 시설이 노인복지시설로 운영될 수 있도록 조치하여야 할 의무가 있고, 따라서 같은 법 제33조 제2항에 의한 유료노인복지주택의 설치신고를 받은 **행정관청으로서는 그 유료노인복지주택의 시설 및 운영기준이 위 법령에 부합하는지와 아울러 그 유료노인복지주택이 적법한 입소대상자에게 분양되었는지와 설치신고 당시 부적격자들이 입소하고 있지는 않은지 여부까지 심사하여 그 신고의 수리 여부를 결정할 수 있다**(대판 2007.1.11, 2006두14537).

2. 골재채취법 제32조 제1항에 의한 골재의 선별·세척·파쇄 신고에 대해 행정기관이 실질적인 심사를 할 수 있다(대판 2009.6.11, 2008두18021).

3. 행정기관이 실질적인 심사를 할 때 골재채취법 외의 다른 법령의 제한까지도 심사할 수 있다

   골재채취법 제32조 제3항은 '제30조의 규정은 골재의 선별·세척 또는 파쇄의 신고를 한 자에 대하여 이를 준용한다.'고 규정하고 있는바, 위 법 제32조 제3항에서 준용하는 제30조 각 호의 요건에 관하여는 **골재채취법령에서 따로 정한 바 없어 결국 다른 법령의 내용 및 관계에서 판단하여야 하므로**, 시장·군수 또는 구청장으로서는 **다른 법령에서 정한 사유도 심사의 대상으로 삼을 수 있다**(대판 2009.6.11, 2008두18021).

4. 시장 등의 주민등록전입신고 수리 여부에 대한 심사는 주민등록법의 입법목적의 범위 내에서 제한적으로 이루어져야 하므로 부동산투기나 이주대책 요구 등을 방지할 목적으로 주민등록전입신고를 거부할 수 없다[대판(전합) 2009.6.18, 2008두10997]

5. 행정관청은 노동조합으로 설립신고를 한 단체가 「노동조합 및 노동관계조정법」 제2조 제4호 각 목에 해당하는지 여부를 실질적으로 심사할 수 있다(대판 2014.4.10, 2011두6998).

6. 행정관청이 노동조합으로 설립신고를 한 단체가 「노동조합 및 노동관계조정법」 제2조 제4호 각 목에 해당하는지 여부를 실질적으로 심사할 경우의 기준

   다만 행정관청에 광범위한 심사권한을 인정할 경우 행정관청의 심사가 자의적으로 이루어져 신고제가 사실상 허가제로 변질될 우려가 있는 점, 노동조합법은 설립신고 당시 제출하여야 할 서류로 설립신고서와 규약만을 정하고 있고(제10조 제1항), 행정관청으로 하여금 보완사유나 반려사유가 있는 경우를 제외하고는 설립신고서를 접수받은 때로부터 3일 이내에 신고증을 교부하도록 정한 점(제12조 제1항) 등을 고려하면, **행정관청은 일단 제출된 설립신고서와 규약의 내용을 기준으로 노동조합법 제2조 제4호 각 목의 해당 여부를 심사하되, 설립신고서를 접수할 당시 그 해당 여부가 문제된다고 볼 만한 객관적인 사정이 있는 경우에 한하여 설립신고서와 규약 내용 외의 사항에 대하여 실질적인 심사를 거쳐 반려 여부**

를 결정할 수 있다(대판 2014.4.10, 2011두6998).
7. 허가권자가 양수인에게 '건축할 대지의 소유 또는 사용에 관한 권리를 증명하는 서류'의 제출을 요구하거나, 양수인에게 이러한 권리가 없다는 실체적인 이유를 들어 신고 수리를 거부할 수 없다(대판 2015.10.29, 2013두11475).

3. 신청의 요건

(1) 의 의

신청요건은 신청이 적법하기 위해 갖추어야 할 요건으로서 신청에 대한 행위인 처분요건과는 다르다.

(2) 신청권의 존재

신청이 적법하려면 신청인에게 법규상 또는 조리상의 신청권이 있어야 하고, 법령상 요구되는 구비서류 등의 형식적 요건을 갖추어야 한다. 신청권은 행정청의 응답을 구하는 권리이며 신청된 대로의 처분을 구하는 권리는 아니다. 신청권은 실체법상의 적극적 청구권과는 구별되는 절차적 권리이다.

(3) 법령상 요건

행정청에 처분을 구하는 신청은 문서로 하여야 한다. 다만, 다른 법령등에 특별한 규정이 있는 경우와 행정청이 미리 다른 방법을 정하여 공시한 경우에는 그러하지 아니하다(행정절차법 제17조 제1항).

민원의 신청은 문서(전자정부법 제2조 제7호에 따른 전자문서를 포함)로 하여야 한다. 다만, 기타민원은 구술(口述) 또는 전화로 할 수 있다(「민원 처리에 관한 법률」 제8조).

관련판례
행정청에 대하여 어떠한 처분을 구하는 사인의 문서상 의사표시가 신청행위에 해당하는지 여부의 판단 방법
행정청에 대한 신청의 의사표시는 명시적이고 확정적인 것이어야 하고 문서로 이루어짐이 원칙이라 할 것인데(행정절차법 제17조 제1항), 사인(私人)이 행정청에 대하여 어떠한 처분을 구하는 문서상의 의사표시가 이러한 **신청행위에 해당하는지 여부는 그 문서의 내용과 작성 및 제출의 경위와 시점, 취지 등 여러 사정을 종합하여 판단해야 할 것이다**(대판 2008.10.23, 2007두6212, 6229).

행정청은 신청에 필요한 구비서류, 접수기관, 처리기간, 그 밖에 필요한 사항을 게시(인터넷 등을 통한 게시를 포함한다)하거나 이에 대한 편람을 갖추어 두고 누구나 열람할 수 있도록 하여야 한

IV 신고와 신청의 효과

1. 적법한 신고와 신청의 효과

(1) 자기완결적 신고

적법한 요건을 갖춘 신고가 있으면 접수기관은 최소한 수리할 의무가 있다. 그러나 적법한 요건을 갖추지 못한 신고에 대해서는 수리를 거부할 수 있다. 이때 수리의 의미는 자기완결적 신고의 경우 단순한 접수행위로서 비권력적 사실행위에 불과하다.

1. 의료법에 의한 의원·치과의원·한의원 또는 조산소의 개설신고

   의료법 제30조 제3항에 의하면 의원, 치과의원, 한의원 또는 조산소의 개설은 단순한 신고사항으로만 규정하고 있고 또 그 **신고의 수리 여부를 심사·결정할 수 있게 하는 별다른 규정도 두고 있지 아니하므로 의원의 개설신고를 받은 행정관청으로서는 별다른 심사·결정 없이 그 신고를 당연히 수리하여야 한다**(대판 1985.4.23, 84도2953).

2. 구 축산물가공처리법령에서 규정하는 시설기준을 갖추어 축산물판매업 신고를 한 경우, 행정관청은 당연히 그 신고를 수리하여야 하고 담당 공무원이 위 법령상의 시설기준이 아닌 사유로 그 신고 수리를 할 수 없다는 통보를 하고 미신고 영업으로 고발할 수 있다는 통지를 한 것은 위법한 직무집행이다(대판 2010.4.29, 2009다97925).

3. 행정청이 당초 신고된 용도대로 사용되지 아니한다는 사정을 이유로 가설건축물 존치기간 연장신고를 수리하지 아니할 수 있다(대판 2010.9.9, 2010두9334).

4. 구 평생교육법 제22조 제2항에 따른 원격평생교육에 관한 신고가 형식적 요건을 모두 갖추었는데도 신고대상이 된 교육이나 학습이 공익적 기준에 적합하지 않는다는 등의 실체적 사유를 들어 그 신고의 수리를 거부할 수 없다(대판 2011.7.28, 2005두11784).

5. 허가대상 건축물의 양수인이 구 '건축법 시행규칙'에 규정되어 있는 형식적 요건을 갖추어 시장·군수 등 행정관청에 적법하게 건축주의 명의변경을 신고한 경우, 행정관청이 실체적인 이유를 내세워 신고 수리를 거부할 수 없다(대판 2014.10.15, 2014두37658).

(2) 수리를 요하는 신고

수리를 요하는 신고의 경우 수리의 의미는 행정행위로서의 수리에 해당한다. 판례는 적법한 요건을 갖춘 신고서가 제출된 경우에는 수리의무를 인정하지만, 적법한 요건을 갖추지 못한 신고서가 제출되거나 '중대한 공익상의 필요'가 있는 경우에는 수리의무를 부정한다.

1. 건축주명의변경신고에 관한 행정관청의 수리의무 인정

건축주명의변경신고에 관한 '건축법 시행규칙' 제3조의2의 규정은 단순히 행정관청의 사무집행의 편의를 위한 것에 지나지 않는 것이 아니라, **허가대상건축물의 양수인에게 건축주의 명의변경을 신고할 수 있는 공법상의 권리를 인정함과 아울러 행정관청에게는 그 신고를 수리할 의무를 지게 한 것으로 봄이 상당하므로**, 허가대상건축물의 양수인이 위 규칙에 규정되어 있는 **형식적 요건을 갖추어 시장·군수에게 적법하게 건축주의 명의변경을 신고한 때에는 시장·군수는 그 신고를 수리하여야지** 실체적인 이유를 내세워 그 신고의 수리를 거부할 수는 없다(대판 1992.3.31, 91누4911).

2. 토지거래신고를 받은 행정청이 그 신고에 형식적·절차적 하자가 없는데도 신고된 토지의 이용계획이 도시계획에 부적합하다는 등의 실체적 이유를 들어 신고의 수리를 거부할 수 없다(대판 1997. 8.29, 96누6646).

3. 주유소등록신청을 관계 법령 소정의 제한사유 이외의 사유를 들어 거부할 수 있는지 여부(한정 적극)

주유소등록신청을 받은 행정청은 주유소설치등록신청이 석유사업법, 같은 법 시행령, 혹은 위 시행령의 위임을 받은 시·도지사의 고시 등 관계 법규에 정하는 제한에 배치되지 않고, 그 신청이 법정등록 요건에 합치되는 경우에는 특별한 사정이 없는 한 이를 수리하여야 하고, **관계 법령에서 정하는 제한사유 이외의 사유를 들어 등록을 거부할 수는 없는 것이나, 심사결과 관계 법령상의 제한 이외의 '중대한 공익상 필요'가 있는 경우에는 그 수리를 거부할 수 있다**(대판 1998.9.25, 98두7503).

4. 건축기준에 적합한 상가건물 구분소유자의 전유부분 용도변경신고에 대한 반려처분은 위법하다(대판 2007.6.1, 2005두17201).

5. 구「장사 등에 관한 법률」 제14조 제1항에 의한 사설납골시설의 설치신고 수리 여부의 판단기준

구「장사 등에 관한 법률」의 관계규정들에 비추어 보면, 같은 법 제14조 제1항에 의한 사설납골시설의 설치신고는, 같은 법 제15조 각 호에 정한 사설납골시설설치 금지지역에 해당하지 않고 같은 법 제14조 제3항 및 같은 법 시행령 제13조 제1항의 [별표 3]에 정한 **설치기준에 부합하는 한, 수리하여야 하나, 보건위생상의 위해를 방지하거나 국토의 효율적 이용 및 공공복리의 증진 등 '중대한 공익상 필요'가 있는 경우에는 그 수리를 거부할 수 있다**고 보는 것이 타당하다(대판 2010. 9.9, 2008두22631).

6. 입법목적 등을 달리하는 법률들이 일정한 행위에 관한 요건을 각기 정하고 있는 경우, 그 행위에 관하여 각 법률의 규정에 따른 인허가를 받아야 하는지 여부(원칙적 적극)

입법목적 등을 달리하는 법률들이 일정한 행위에 관한 요건을 각기 정하고 있는 경우 어느 법률이 다른 법률에 우선하여 배타적으로 적용된다고 풀이되지 아니하는 한 그 행위에 관하여 각 법률의 규정에 따른 인허가를 받아야 한다. 다만 이러한 경우 그 중 하나의 인허가에 관한 관계 법령등에서 다른 법령상의 인허가에 관한 규정을 원용하고 있는 경우나 그 행위가 다른 법령에 의하여 절대적으로 금지되고 있어 그것이 객관적으로 불가능한 것이 명백한 경우 등에는 그러한 요건을 고려하여 인허가 여부를 결정할 수 있다. 장사법 제14조 제1항에 의한 사설납골시설 설치신고의 수리와「국토의 계획 및 이용에 관한 법률」(국토계획법) 제56조 제1항 제2호에 의한 토지형질변경의 개발행위허가는 그 입법목적, 수리권자 또는 허가권자, 요건 등을 서로 달리하고 있어 어느 법률이 다른 법률에 우선하여 배타적으로 **적용된다고 풀이되지 아니한다.** 나아가 기록에 비추어 살펴보면, 이 사건 신청지에 대한 개발행위허가가 국토계획법 제58조 제1항 각 호의 기준에 의하여 절대적으로 금지되고 있어 그것이 객관적으로 불가능한 것이 명백하다고 볼 자료도 없음을 알 수 있다. 그러므로 앞서 본 법리에 따라, 피고는 이 사건 납골당 설치신고에 관하여 장사법에 규정된 신고요건에 의하여 심사함으로써 그 수리 여부를 결정하여야 하고, 이 사건 신청지의 개발행위허가가 국토계획법 등 관계 법률에 의하여 가능한지 여부에 따라 그 수리 여부를 결정하는 것은 허용되지 아니한다(대판 2010.9.9, 2008두22631).

7. 「국토의 계획 및 이용에 관한 법률」상의 개발행위허가로 의제되는 건축신고가 개발행위허가의 기준을 갖추지 못한 경우, 행정청이 수리를 거부할 수 있다[대판(전합) 2011.1.20, 2010두14954].

   숙박업을 하고자 하는 자가 법령이 정하는 시설과 설비를 갖추고 행정청에 신고를 한 경우, 원칙적으로 행정청은 수리해야 한다(대판 2017.5.30, 2017두34087).

8. 이러한 법리는 이미 다른 사람 명의로 숙박업 신고가 되어 있는 시설 등의 전부 또는 일부에서 새로 숙박업을 하려는 자가 신고한 경우에도 마찬가지이다

   이러한 법리는 이미 다른 사람 명의로 숙박업 신고가 되어 있는 시설 등의 전부 또는 일부에서 새로 숙박업을 하고자 하는 자가 신고를 한 경우에도 마찬가지이다. 기존에 다른 사람이 숙박업 신고를 한 적이 있더라도 새로 숙박업을 하려는 자가 그 시설 등의 소유권 등 정당한 사용권한을 취득하여 법령에서 정한 요건을 갖추어 신고하였다면, 행정청으로서는 특별한 사정이 없는 한 이를 수리하여야 하고, 단지 해당 시설 등에 관한 기존의 숙박업 신고가 외관상 남아있다는 이유만으로 이를 거부할 수 없다(대판 2017.5.30, 2017두34087).

9. 관광숙박업 영업신고가 이루어진 숙박시설의 객실 일부를 매수한 원고가 별도의 숙박업 영업신고를 한 경우, 행정청이 중복신고를 이유로 그 수리를 거부할 수는 없으나, 객실·접객대·로비시설 등을 다른 용도의 시설 등과 분리되도록 갖추어 해당 시설의 영업주체를 분명히 인식할 수 있도록 하지 못하였다는 이유로 그 수리를 거부한 것은 적법하다고 판단한 사례(대판 2017.5.30, 2017두34087).

10. 가설건축물 존치기간을 연장하려는 건축주 등이 법령에 규정되어 있는 제반 서류와 요건을 갖추어 행정청에 연장신고를 한 경우, 행정청이 법령에서 요구하지 않은 '대지사용승낙서' 등의 서류가 제출되지 아니하였거나, 대지소유권자의 사용승낙이 없다는 등의 사유를 들어 연장신고의 수리를 거부할 수 없다(대판 2018.1.25, 2015두35116).

11. 의료법이 의료기관의 종류에 따라 허가제와 신고제를 구분하여 규정하고 있는 취지

    의료법은 의료기관의 개설 주체가 의원·치과의원·한의원 또는 조산원을 개설하려고 하는 경우에는 시장·군수·구청장에게 신고하도록 규정하고 있지만(제33조 제3항), 종합병원·병원·치과병원·한방병원 또는 요양병원을 개설하려고 하는 경우에는 시·도지사의 허가를 받도록 규정하고 있다(제33조 제4항). 이와 같이 의료법이 의료기관의 종류에 따라 허가제와 신고제를 구분하여 규정하고 있는 취지는, 신고 대상인 의원급 의료기관 개설의 경우 행정청이 법령에서 정하고 있는 요건 이외의 사유를 들어 신고 수리를 반려하는 것을 원칙적으로 배제함으로써 개설 주체가 신속하게 해당 의료기관을 개설할 수 있도록 하기 위함이다(대판 2018.10.25, 2018두44302).

12. 정신과의원을 개설하려는 자가 법령에 규정되어 있는 요건을 갖추어 개설신고를 한 경우, 행정청이 법령에서 정한 요건 이외의 사유를 들어 의원급 의료기관 개설신고의 수리를 거부할 수 없다(대판 2018.10.25, 2018두44302).

13. 행정청이 「국토의 계획 및 이용에 관한 법률」에 따른 개발행위허가 기준에 부합하지 않는다는 점을 이유로 구 건축법상 가설건축물 축조신고의 수리를 거부할 수 없다(대판 2019.1.10, 2017두75606).

(3) 신 청

① 접수의무 : 행정청은 신청을 받았을 때에는 다른 법령등에 특별한 규정이 있는 경우를 제외하고는 그 접수를 보류 또는 거부하거나 부당하게 되돌려 보내서는 아니 되며, 신청을 접수한 경우에는 신청인에게 접수증을 주어야 한다. 다만, 대통령령으로 정하는 경우에는 접수증을 주지 아니할 수 있다(행정절차법 제17조 제4항).

행정기관의 장은 민원의 신청을 받았을 때에는 다른 법령에 특별한 규정이 있는 경우를 제외하고는 그 접수를 보류하거나 거부할 수 없으며, 접수된 민원문서를 부당하게 되돌려 보내서는 아니 된다(민원 처리에 관한 법률 제9조 제1항).

② 처리의무(응답의무) : 적법한 신청(법규상 또는 조리상 신청권이 있는 경우)이 있으면 행정청은 상당한 기간 내에 신청에 대한 처리의무를 진다. 법규상 또는 조리상 신청권이 없는 경우에는 처리의무가 없다. 한편, 응답의무는 신청된 내용대로 처분할 의무(인용의무)와는 다르다.

신청에 따른 행정청의 처분이 기속행위일 때 뿐만 아니라 재량행위인 경우에도 행정청은 신청에 대한 응답의무를 진다. 요건을 갖춘 신청의 경우라도 인용의무는 신청에 대한 행정행위가 재량행위냐 기속행위냐에 따라 다르다. 즉, 당해 행정행위가 기속행위인 경우에는 행정청은 신청이 된 특정한 행정행위를 발급할 의무가 있으나, 재량행위의 경우에는 행정청은 재량의 한계 내에서 행정행위를 거부 또는 발급할 수 있다.

신청을 받아들이는 처분에는 신청을 전부 받아들이는 처분과 일부 받아들이는 처분이 있는데, 경우에 따라서는 신청을 일부 받아들이는 처분을 하여야 하는 경우도 있다.

국가보훈처장이 국가유공자 등록신청에 대하여 단지 본인의 과실이 경합되어 있다는 등의 사유만이 문제가 됨에도 등록신청을 전부 배척하는 단순 거부처분을 한 경우, 그 처분은 전부 취소되어야 한다

국가보훈처장은 국가유공자 및 그 유족 등의 등록신청을 받으면 국가유공자 또는 지원대상자 및 그 유족 등으로 인정할 수 있는 요건을 확인한 후 그 지위를 정하는 결정을 하여야 한다. 따라서 **처분청으로서는 국가유공자 등록신청에 대하여 단지 본인의 과실이 경합되어 있다는 등의 사유만이 문제가 된다면 등록신청 전체를 단순 배척할 것이 아니라 그 신청을 일부 받아들여 지원대상자로 등록하는 처분을 하여야 한다.** 그럼에도 행정청이 등록신청을 전부 배척하는 단순 거부처분을 하였다면 이는 위법한 것이니 그 처분은 전부 취소될 수밖에 없다(대판 2013.7.11, 2013두2402).

③ 신청과 권리구제 : 신청에 따른 처분의 요건에 해당되지 않고 접수 당시 그 하자를 치유할 방법이 없다는 등의 실체적인 사유를 들어 신청을 접수하지 않거나 보완명령을 내리는 것은 거부처분이고 신청인의 절차적 신청권을 침해한 것으로 위법이다. 따라서 신청에 대한 거부처분에 대해서는 의무이행심판이나 취소심판 또는 취소소송으로, 부작위에 대해서는 의무이행심판 또는 부작위위법확인소송으로 다툴 수 있다. 신청기간이나 신청에 대한 처리기간이 정해진 경우 당해 기간의 성질은 강행규정이 아니라 훈시규정이라는 견해가 다수설·판례이다. 처리기간을 넘긴 경우 당연히 부작위가 되는 것은 아니고 부작위의 요소인 '상당한 기간의 경과'의 판단에 있어 하나의 고려사유가 된다.

구「경제자유구역의 지정 및 운영에 관한 법률」제9조 제1항 본문의 실시계획 승인 시기에 관한 규정의 법적 성질은 훈시규정이다(대판 2011.2.24, 2010두21464).

(4) 신고와 신청의 효과와 효력발생시기

① 자기완결적 신고(신고 시, 신고서 접수 시·도달 시·제출 시 ⇔ 신고서 발송 시): 행정절차법 제40조 제2항은 "신고가 일정한 요건을 갖춘 경우에는 신고서가 접수기관에 도달된 때에 신고 의무가 이행된 것으로 본다."라고 규정함으로써 도달주의를 취하고 있다. 따라서 행정청이 신고서를 접수하지 않고 반려해도 신고의무는 이행된 것으로 보기 때문에, 행정청이 신고서를 수리하지 않은 경우에도 행정벌의 대상이 되지 않고, 적법하게 건축행위나 영업행위를 할 수 있다. 다만, 어떠한 이유로든 신고가 되지 않은 경우나 적법한 요건을 갖추지 못한 신고는 신고로서의 효력이 발생하지 않는다.

1. 담당 공무원이 법령에 규정되지 아니한 다른 사유를 들어 그 신고를 반려한 경우 신고의 효력발생 시기는 신고서 제출 시이다(대판 1999.12.24, 98다57419·57426).
2. 담당 공무원이 관계 법령에 규정되지 아니한 서류를 요구하여 **신고서를 제출하지 못하였다는 사정만으로는 신고가 있었던 것으로 볼 수 없다**(대판 2002.3.12, 2000다73612).

② 수리를 요하는 신고(수리 시): 수리를 요하는 신고의 경우에는 행정청이 수리함으로써 신고의 효과가 발생한다. 수리를 요하는 신고는 수리되지 않은 경우 그 신고에 따른 법적 효과가 발생하지 않고, 이때 신고의 대상이 되는 행위를 할 경우 행정벌의 대상이 된다.

사실상 영업이 양도양수되었지만 아직 승계신고 및 수리처분이 있기 이전의 경우 행정제재처분사유 유무의 판단기준이 되는 대상자 및 위반행위에 대한 행정책임이 귀속되는 자는 양도인이다
사실상 영업이 양도양수되었지만 아직 승계신고 및 그 수리처분이 있기 이전에는 여전히 종전의 영업자인 양도인이 영업허가자이고, 양수인은 영업허가자가 되지 못한다 할 것이어서 행정제재처분의 사유가 있는지 여부 및 그 사유가 있다고 하여 행하는 행정제재처분은 영업허가자인 양도인을 기준으로 판단하여 그 양도인에 대하여 행하여야 할 것이고, 한편 양도인이 그의 의사에 따라 양수인에게 영업을 양도하면서 양수인으로 하여금 영업을 하도록 허락하였다면 그 양수인의 영업 중 발생한 **위반행위에 대한 행정적인 책임은 영업허가자인 양도인에게 귀속된다고 보아야 할 것이다**(대판 1995.2.24, 94누9146).

③ 신청 : 처분을 신청할 때 전자문서로 하는 경우에는 행정청의 컴퓨터 등에 입력된 때[내용을 확인한 때(X)]에 신청한 것으로 본다(행정절차법 제17조 제2항). 행정청은 신청인의 편의를 위하여 다른 행정청에 신청을 접수하게 할 수 있다. 이 경우 행정청은 다른 행정청에 접수할 수 있는 신청의 종류를 미리 정하여 공시하여야 한다(같은 조 제7항).

(5) 신고필증

① 자기완결적 신고(신고한 사실이 있다는 증명)

행정실무상으로는 신고를 필한(마친) 경우에 신고인에게 신고필증을 교부한다. 자기완결적 신고에 있어서의 신고필증은 다만, 사인이 일정한 사실을 행정기관에 알렸다는 사실(신고가 있었다는 사실)을 확인해 주는 사실적인 의미만을 가질 뿐이다. 따라서 신고필증의 교부거부행위는 행정처분이 아니다.

1. '의료법 시행규칙' 제22조 제3항 소정의 신고필증 교부의 효력은 신고사실의 확인행위이다(대판 1985.4.23, 84도2953).
2. 부가가치세법상 과세관청의 사업자등록 직권말소행위는 행정처분이 아니다(대판 2000.12.22, 99두6903).

② 수리를 요하는 신고(수리가 있었다는 증명)

수리를 요하는 신고의 경우 신고필증은 적법한 신고에 대한 수리가 있었다는 증명으로 사인들에게 새로운 일정한 행위를 할 수 있는 법적 효과를 발생시킨다. 따라서 신고필증의 교부는 행정행위로서의 공증에 해당한다.

납골당설치 신고는 '수리를 요하는 신고'이고 수리행위에 신고필증 교부 등 행위가 필요하지 않다
구 「장사 등에 관한 법률」(장사법) 제14조 제1항, 구 '장사 등에 관한 법률 시행규칙' 제7조 제1항 [별지 제7호 서식] 을 종합하면, 납골당설치 신고는 이른바 '수리를 요하는 신고'라 할 것이므로, 납골당설치 신고가 구 장사법 관련 규정의 모든 요건에 맞는 신고라 하더라도 신고인은 곧바로 납골당을 설치할 수는 없고, 이에 대한 행정청의 수리처분이 있어야만 신고한 대로 납골당을 설치할 수 있다. 한편 수리란 신고를 유효한 것으로 판단하고 법령에 의하여 처리할 의사로 이를 수령하는 수동적 행위이므로 수리행위에 신고필증 교부 등 행위가 꼭 필요한 것은 아니다(대판 2011.9.8, 2009두6766).

2. 부적법한 신고와 신청의 효과

(1) 자기완결적 신고

자기완결적 신고의 경우 부적법한 신고가 있었다면 행정청이 수리한 경우에도 신고의 효과가 발생하지 아니한다. 따라서 요건미비의 부적법한 신고를 하고 신고영업을 영위한다면 무신고영업으로서 불법영업에 해당하게 된다. 이러한 불법영업에 대해서는 취소처분이 아니라 영업장 폐쇄조치(직접강제)로 위법상태를 제거할 수 있다. 또한 무신고 불법영업에 대해서는 벌금 등 처벌규정을 두고 있다. 행정청은 요건을 갖추지 못한 신고서가 제출된 경우 지체 없이 상당한 기간을 정하여 신고인에게 보완을 요구하여야 한다(행정절차법 제40조 제3항). 행정청은 신고인이 위 기간 내에 보완을 하지 아니한 때에는 그 이유를 명시하여 당해 신고서를 되돌려 보내야 한다(같은 조 제4항).

1. 요건을 갖추지 못한 체육시설업신고는 부적법한 것으로 무신고영업행위에 해당한다(대판 1998.4.24, 97도3121).

2. 공중위생영업의 신고의무자인 '영업을 하는 자'의 의미
   공중위생영업의 신고의무는 '공중위생영업을 하고자 하는 자'에게 부여되어 있고, 여기서 '영업을 하는 자'란 **영업으로 인한 권리의무의 귀속주체가 되는 자를 의미**하므로, 영업자의 **직원이나 보조자의 경우에는 영업을 하는 자에 포함되지 않는다**(대판 2008.3.27, 2008도89).

3. 영업장 면적 변경에 관한 신고의무가 이행되지 않은 영업을 양수한 자가 그 신고의무를 이행하지 않은 채 영업을 계속하는 행위는 처벌대상이다(대판 2010.7.15, 2010도4869).

4. 도시계획시설도로 건설공사를 진행하는 과정에서 행정청의 착오로 철거되었다가 다시 건축된 주택의 소유자가 이를 철거한 후 '재축'하는 내용의 건축신고를 하였으나 행정청이 재축으로 볼 수 없다며 위 신고를 불수리하는 처분을 한 사안에서, 행정청의 착오 등 귀책사유가 개입하여 위 주택이 철거되었다고 하더라도 이를 '건축법 시행령'에서 정한 '천재지변이나 그 밖의 재해로 멸실된 경우'로 볼 수 없다는 이유로 위 처분은 적법하다고 본 원심판단을 수긍한 사례(대판 2011.2.10, 2010두20829)

5. 배출시설 설치 당시 신고대상이 아니었다가 그 후 법령 개정에 따라 신고대상에 해당하게 된 배출시설을 이용하여 가축을 사육한 자는 포함되지 않는다(대판 2015.7.23, 2014도15510).

6. 건축물의 건축이 허용되기 위한 요건인 '부지 확보'의 의미
   건축물의 건축은 건축주가 그 부지를 적법하게 확보한 경우에만 허용될 수 있다. 여기에서 '부지 확보'란 건축주가 건축물을 건축할 토지의 소유권이나 그 밖의 사용권원을 확보하여야 한다는 점 외에도 해당 토지가 관계 법령상 건축물의 건축이 허용되는 법적 성질을 지니고 있어야 한다는 점을 포함한다(대판 2020.7.23, 2019두31839).

7. 어떤 토지를 그 토지의 용도(지목)와 달리 이용하려는 경우, 해당 토지의 용도를 적법하게 변경하기 위하여 「국토의 계획 및 이용에 관한 법」률 제56조 제1항에 따른 개발행위(토지형질변경) 허가를 받아야 하고, 이는 그 토지의 실제 현황이 어느 시점에 공부상의 지목과 달라졌거나 또는 토지의 물리적인 형상을 변경하기 위한 공사가 필요하지 않은 경우에도 마찬가지이다(대판 2020.7.23, 2019두31839).

(2) 수리를 요하는 신고

수리를 요하는 신고의 경우에 있어 요건미비의 부적법한 신고가 있었음에도 불구하고 행정청이 이를 수리하였다면, 수리행위는 하자 있는 위법한 수리행위가 된다. 수리행위가 무효인 경우에는 수리의 효과가 발생하지 아니하지만, 취소할 수 있는 행위의 경우에는 수리의 효과가 발생하므로 행정청은 수리 후에도 하자를 이유로 취소할 수 있다. 따라서 수리행위가 무효인 경우 신고업의 영업행위는 무신고영업으로서 불법영업에 해당하지만, 수리행위가 취소할 수 있는 행위인 경우 영업행위는 수리가 취소되기까지는 불법영업이 아니다(공정력). 후자의 경우에는 수리행위를 취소한 후 강제폐쇄를 함으로써 신고인의 영업을 막을 수 있다.

1. 사설강습소 설립에 관한 등록을 사실상 수리하지 않고 있다 하여 등록 없이 사설강습소를 운영한 행위는 위법이다(대판 1990.8.10, 90도1062).
2. 수산업법 제44조 소정의 어업신고는 수리를 요하는 신고이므로 행정청이 어업신고를 수리하면서 공유수면매립구역을 조업구역에서 제외한 것이 위법한 경우 적법한 신고가 있는 것으로 볼 수 없다(대판 2000.5.26, 99다37382).
3. 이미 고시된 실시계획에 포함된 상세계획으로 관리되는 토지 위의 건물의 용도를 상세계획 승인권자의 변경승인 없이 임의로 판매시설에서 상세계획에 반하는 일반목욕장으로 변경신고한 것을 수리하지 않고 영업소를 폐쇄한 처분은 적법이다(대판 2008.3.27, 2006두3742·3759).
4. 배출시설 설치 당시 신고대상이 아니었으나 그 후 법령 개정에 따라 신고대상에 해당하게 된 배출시설을 운영하면서 업무상 과실로 가축분뇨를 공공수역에 유입시킨 자는 적용대상에 포함되지 않는다(대판 2016.6.23, 2014도7170).
5. 식품위생법 제37조 제4항, 「식품위생법 시행령」 제26조 제4호에 따른 영업장 면적 변경에 관한 신고의무가 이행되지 않은 영업을 양수한 자가 그 신고의무를 이행하지 않은 채 영업을 계속하는 경우, 시정명령 또는 영업정지 등 제재처분의 대상이 된다(대판 2020.3.26, 2019두38830).

(3) 신 청

① 보완요구의무

행정청은 신청에 구비서류의 미비 등 흠이 있는 경우에는 보완에 필요한 상당한 기간을 정하여 지체 없이 신청인에게 보완을 요구하여야 한다(행정절차법 제17조 제5항). 실무상으로는 신청서 보정명령이라고 표현하는데 이는 하명이 아니라 의사의 통지에 해당한다. 행정청은 신청인이 위 기간 내에 보완을 하지 아니하였을 때에는 그 이유를 구체적으로 밝혀 접수된 신청을 되돌려 보낼 수 있다(같은 조 제6항).

행정절차법 제17조 제5항은 행정청으로 하여금 신청에 대하여 거부처분을 하기 전에 반드시 신청인에게 신청의 내용이나 처분의 실체적 발급요건에 관한 사항까지 보완할 기회를 부여하여야 할 의무를 정한 것이 아니다(대판 2020.7.23, 2020두36007).

행정기관의 장은 접수한 민원문서에 보완이 필요한 경우에는 상당한 기간을 정하여 지체 없이 민원인에게 보완을 요구하여야 한다(민원 처리에 관한 법률 제22조 제1항).

② 신청내용의 보완등

신청인은 처분이 있기 전에는 그 신청의 내용을 보완하거나 변경 또는 취하할 수 있다. 다만, 다른 법령등에 특별한 규정이 있거나 당해 신청의 성질상 보완·변경 또는 취하할 수 없는 경우에는 그러하지 아니하다(행정절차법 제17조 제8항).

민원인은 해당 민원의 처리가 종결되기 전에는 그 신청의 내용을 보완하거나 변경 또는 취하할 수 있다. 다만, 다른 법률에 특별한 규정이 있거나 그 민원의 성질상 보완·변경 또는 취하할 수 없는 경우에는 그러하지 아니하다(민원 처리에 관한 법률 제22조 제2항).

실질적인 요건에 관한 흠이 있는 경우라도 민원인의 단순한 착오나 일시적인 사정 등에 기한 경우에는 보완이 가능하다

보완의 대상이 되는 흠은 보완이 가능한 경우이어야 함은 물론이고, 그 내용 또한 형식적·절차적인 요건이거나, 실질적인 요건에 관한 흠이 있는 경우라도 그것이 민원인의 단순한 착오나 일시적인 사정 등에 기한 경우 등이라야 한다. 건축불허가처분을 하면서 그 사유의 하나로 소방시설과 관련된 소방서장의 건축부동의 의견을 들고 있으나 그 보완이 가능한 경우, 보완을 요구하지 아니한 채 곧바로 건축허가신청을 거부한 것은 재량권의 범위를 벗어난 것이다(대판 2004.10.15, 2003두6573).

신고·신청 등 사인의 공법행위가 거부된 경우 당해 사인은 당초의 공법행위를 보완하거나 사정변경을 이유로 다시 같은 내용의 신고나 신청을 해도 무방하다. 사인의 공법행위에 보완할 수 있는 흠이 있는 때에는 당연히 그것을 보완할 기회를 주어야 하며, 거부처분이 불가쟁력이 발생되었다 하더라도 사정변경이 있는 경우에는 새로운 처분을 할 수 있기 때문이다.

수익적 행정처분을 구하는 신청에 대한 거부처분이 있은 후 당사자가 새로운 신청을 하는 취지로 다시 신청을 하였으나 행정청이 이를 다시 거절한 경우, 새로운 거부처분이다

수익적 행정처분을 구하는 신청에 대한 거부처분은 당사자의 신청에 대하여 관할 행정청이 이를 거절하는 의사를 대외적으로 명백히 표시함으로써 성립된다. 거부처분이 있은 후 당사자가 다시 신청을 한 경우에는 신청의 제목 여하에 불구하고 그 내용이 새로운 신청을 하는 취지라면 관할 행정청이 이를 다시 거절하는 것은 새로운 거부처분이라고 보아야 한다. 관계 법령이나 행정청이 사전에 공표한 처분기준에 신청기간을 제한하는 특별한 규정이 없는 이상 재신청을 불허할 법적 근거가 없으며, 설령 신청기간을 제한하는 특별한

규정이 있더라도 **재신청이 신청기간을 도과하였는지는 본안에서 재신청에 대한 거부처분이 적법한가를 판단하는 단계에서 고려할 요소이지, 소송요건 심사단계에서 고려할 요소가 아니다**(대판 2021.1.14, 2020두 50324).

3. 신고의무위반과 사법상의 효력

신고의무위반이 사법적 효력의 부인까지 의미하는가는 신고의무를 규정하는 법조항이 단속규정인가, 효력규정인가의 여부에 따라 다르다.

토지거래신고위반의 거래계약은 유효이다
국토이용관리법 제21조의2, 제21조의7, 제21조의3 제7항, 제33조 제4호의 각 규정을 종합하면 위 법 제21조의7 이하의 신고구역에 관한 규정은 **단속법규에 속하고 신고의무에 위반한 거래계약의 사법적 효력까지 부인되는 것은 아니다**(대판 1988.11.22, 87다카2777).

Ⅴ 수리(거부·취소)의 처분성 인정 여부

1. 처분성 부정사례

(1) 자족적 신고의 수리·수리거부·수리취소(원칙)

자기완결적 신고의 경우에는 신고 자체로 법적 효과(신고의무의 해제)가 발생하므로, 이에 대한 행정청의 수리나 수리거부·수리취소는 권리의무와 무관한 사실행위에 불과하므로 처분성이 부정된다. 판례도 같은 입장이다.

1. 2륜 소형자동차의 사용신고를 수리하고 그 신고필증을 교부하는 행위(대판 1985.8.20, 85누329)
2. 「체육시설의 설치·이용에 관한 법률」에 의한 골프연습장 이용료 변경신고수리(대결 1993.7.6, 93마635)
3. 신고를 요하지 않는 행위의 신고에 대한 수리(수리거부·수리취소)
   ① 공동주택(안산시 상록수현대2차아파트) 입주민의 옥외운동시설인 테니스장을 배드민턴장으로 변경한 사실의 신고수리 (대판 2000.12.22, 99두455)
   ② 납골탑설치 신고는 수리를 요하는 신고로서 이에 대한 반려행위는 행정처분이지만, 관리사무실·유족편의시설 등과 같은 부대시설에 관한 사항은 신고사항이 아니므로 이에 대한 반려행위는 처분이 아니다(대판 2005.2.25, 2004두 4031).

구 「체육시설의 설치·이용에 관한 법률」상 등록체육시설업에 대한 사업계획의 승인을 얻은 자가 제출한 사업시설이 차금계획서를 행정청이 수리하고 이를 통보하는 행위는 항고소송이나 행정심판의 대상이 되는 행정처분이 아니다(대판 2001.5.29, 99두10292).

(2) 신고를 요하지 않는 행위의 신고에 대한 수리(수리거부·수리취소)

신고를 요하지 않는 사실행위로서의 신고에 대한 수리나 수리거부는 처분에 해당하지 않는다.

---

1. 공동주택(안산시 상록수현대2차아파트) 입주민의 옥외운동시설인 테니스장을 배드민턴장으로 변경한 사실의 신고수리(대판 2000.12.22, 99두455)
2. 납골탑설치 신고는 수리를 요하는 신고로서 이에 대한 반려행위는 행정처분이지만, 관리사무실·유족편의시설 등과 같은 부대시설에 관한 사항은 신고사항이 아니므로 이에 대한 반려행위는 처분이 아니다(대판 2005.2.25, 2004두4031).

---

1. 공동주택(안산시 상록수현대2차아파트) 입주민의 옥외운동시설인 테니스장을 배드민턴장으로 변경한 사실의 신고수리는 처분이 아니다(대판 2000.12.22, 99두455).
2. 납골탑설치 신고는 수리를 요하는 신고로서 이에 대한 반려행위는 행정처분이지만, 관리사무실·유족편의시설 등과 같은 부대시설에 관한 사항은 신고사항이 아니므로 이에 대한 반려행위는 처분이 아니다(대판 2005.2.25, 2004두4031).

2. 처분성 인정사례

(1) 수리를 요하는 신고의 수리(수리거부, 수리취소)

수리를 요하는 신고의 경우에는 수리를 해야 법적 효과(신고의무의 해제)가 발생하므로, 수리나 수리거부는 권리의무와 직접적 관련이 있는 처분에 해당한다. 즉, 행위요건적 공법행위로서의 신고에 있어서 수리는 신고한 사인들에게 새로운 법적 효과를 발생시키는 직접적 원인행위가 된다. 따라서 위법한 거부처분에 대해서 의무이행심판이나 항고소송으로 다툴 수 있다. 한편, 수리를 요하는 신고에 있어서도 신고행위 자체가 처분이 아님은 당연하다.

1. 광업출원인 주소변경계 수리(대판 1962.2.15, 4294행상16)
2. '건축법 시행규칙'에 의한 건축주명의변경신고(대판 1992.3.31, 91누4911)
3. 「액화석유가스의 안전 및 사업관리법」에 의한 사업양수지위승계신고(대판 1993.6.8, 91누11544)
4. 「사회단체등록에 관한 법률」(폐지)에 의한 사회단체등록[대판(전합) 1989. 12.26, 87누308]
5. 체육시설의 회원을 모집하고자 하는 자의 회원모집계획서 제출에 대한 시·도지사 등의 검토결과 통보(대판 2009.2.26, 2006두16243)
6. 납골당설치신고(대판 2011.9.8, 2009두6766)

관련판례

1. **광업출원인 주소변경계 수리는 행정처분이다**
   사실증명서의 첨부 없는 광업출원인 주소변경계 수리는 일종의 독립적인 행정처분으로서 취소사유 있는 처분에 속한다(대판 1962.2.15, 4294행상16).
2. 건축주명의변경신고수리거부행위는 자신의 명의로 소유권보존등기를 하기 위해 가지는 구체적인 법적 이익을 침해하는 결과가 되므로 처분에 해당한다(대판 1992.3.31, 91누4911).
3. 파주시장이 종교단체 납골당설치 신고를 한 甲 교회에, "구 「장사 등에 관한 법률」에 따라 필요한 시설을 설치하고 유골을 안전하게 보관할 수 있는 설비를 갖추어야 하며 관계 법령에 따른 허가 및 준수 사항을 이행하여야 한다."는 취지의 납골당설치 신고사항 이행통지를 한 사안에서, 파주시장이 甲 교회에 이행통지를 함으로써 납골당설치 신고수리를 하였다고 보는 것이 타당하고, 이를 수리처분과 별도로 항고소송 대상이 되는 다른 처분으로 볼 수 없다(대판 2011.9.8, 2009두6766).
4. 구 관광진흥법 제8조 제4항에 의한 지위승계신고를 수리하는 허가관청의 행위 및 구 「체육시설의 설치·이용에 관한 법률」 제20조, 제27조에 의한 영업양수신고나 문화체육관광부령으로 정하는 체육시설업의 시설 기준에 따른 필수시설인수신고를 수리하는 관계 행정청의 행위는 항고소송의 대상이다(대판 2012.12.13, 2011두29144).

(2) 자기완결적 신고의 수리(수리거부, 수리취소)임에도 처분성 인정

건축법상의 신고의 수리나 수리거부·수리취소에 대해 대법원은 최근에 전원합의체판결로 처분성을 인정하는 입장으로 변경한 바 있다.

1. 건축법상의 건축신고수리(수리거부, 수리취소)[대판(전합) 2010. 11.18, 2008두167]
2. 건축법상 착공신고 반려행위(대판 2011.6.10, 2010두7321)
3. 구 평생교육법 제22조 제1항, 제2항에 따라 정보통신매체를 이용하여 원격평생교육을 불특정 다수인에게 학습비를 받고 실시하는 경우의 신고에 대한 반려처분(대판 2011.7.28, 2005두11784)

1. 행정청의 건축신고 반려행위 또는 수리거부행위는 항고소송의 대상이다

구 건축법 관련 규정의 내용 및 취지에 의하면, **건축주 등으로서는 신고제하에서도 건축신고가 반려될 경우 당해 건축물의 건축을 개시하면 시정명령, 이행강제금, 벌금의 대상이 되거나 당해 건축물을 사용하여 행할 행위의 허가가 거부될 우려가 있어 불안정한 지위에 놓이게 된다.** 따라서 건축신고 반려행위가 이루어진 단계에서 당사자로 하여금 반려행위의 적법성을 다투어 그 법적 불안을 해소한 다음 건축행위에 나아가도록 함으로써 장차 있을지도 모르는 위험에서 미리 벗어날 수 있도록 길을 열어 주고, 위법한 건축물의 양산과 그 철거를 둘러싼 분쟁을 조기에 근본적으로 해결할 수 있게 하는 것이 법치행정의 원리에 부합한다. 그러므로 이 사건 **건축신고 반려행위는 항고소송의 대상**이 된다고 보는 것이 옳다[대판(전합) 2010.11.18, 2008두167].

■ 건축신고의 수리(수리거부, 수리취소)의 처분성만 인정하고 기타 자족적 신고의 수리의 처분성을 인정한 것은 아니다. 또한 건축신고의 성질이 자족적 신고에서 수리를 요하는 신고로 변경된 것도 아니라는 점에 유의해야 한다.

2. 건축법상의 건축신고반려

건축법상 착공신고 반려행위는 항고소송의 대상이 되는 행정처분에 해당된다(대판 2011.6.10, 2010두7321).

제 2 편

행정작용법

제1장 행정입법

제1장　행정입법

　개 설

I 행정입법의 의의

행정기관이 일반적·추상적인 규범을 정립하는 작용 및 그에 의해 정립된 규범을 말한다. 행정입법에는 법규성을 가지는 법규명령과 법규성이 없는 행정규칙(행정명령)이 있다. 또한 지방자치단체가 제정하는 자치입법(조례·규칙·교육규칙)도 행정입법(법규명령의 일종)에 포함된다.

:: **규율의 분류**

	수범자(人)		사안(사례·사건·경우)
일반적	불특정 다수인(예 모든 국민, 서울특별시민 등)	추상적	불특정 다수의 사례·경우(반복적으로 되풀이 적용)
개별적	특정인(예 김유환)	구체적	특정한 사례·경우

:: **행정작용의 분류**

구 분	추상적	구체적
일반적	헌법, 법률, 행정입법(예 법규명령, 행정규칙, 조례, 규칙, 교육규칙)	일반처분. 행정행위의 일종으로 분류(법규명령도 아니고 법규명령과 행정행위의 중간적 성질도 아님)
개별적	이형적 대인처분(예 특정한 공장주에게 공장으로부터 나오는 수증기로 도로가 결빙될 때마다 제거하라는 규율). 행정행위의 일종으로 분류(법규명령도 아니고 법규명령과 행정행위의 중간적 성질도 아님)	행정행위(행정법상 가장 중요한 행정작용)

Ⅱ 행정입법의 필요성과 문제점

1. 행정입법의 필요성

> 1. 행정기능의 확대와 다양화
> 2. 행정의 복잡성·전문성·기술성
> 3. 지방별(조례·규칙)·분야별 특수사정(부령)의 고려 필요성
> 4. 사정의 변화에 따른 탄력성 있는 입법의 필요성
> 5. 국가위기상황에의 신속한 대처의 필요성
> 6. 정치적으로 중립적 입장에서 객관적 규율의 필요성

2. 행정입법의 문제점

행정입법은 의회입법의 원칙과 권력분립의 원칙에 대한 예외이다. 따라서 영·미에서는 복위임 금지의 원칙(국민으로부터 위임받은 입법권을 행정에 다시 위임하는 것은 금지된다는 원칙)에 따라 행정입법을 부정하는 견해가 있었다. 그러나 위에서 본 바와 같이 행정입법의 인정은 불가피하다. 따라서 오늘날은 행정입법을 인정할 것인가의 문제가 아니라 행정입법을 인정하되 어떻게 남용을 통제할 것인가, 즉 행정입법의 한계와 통제에 논의의 중점이 모아지게 되었다.

● 제2절 법규명령

Ⅰ 의의 및 성질

1. 의 의

(1) 개 념

행정기관이 정립하는 일반적·추상적 규율 중에서 법규성을 가지는 것을 말한다. 법규란 일반적으로 '행정주체와 국민에 대하여 직접 효력(구속력)을 가지며 재판규범이 되는 법규범'을 말한다.

(2) 유사개념과의 구별

법규명령은 '일반적·추상적'인 규범인 점에서 '개별적·구체적'인 규율인 행정행위와 구별되며, '대
외적 구속력'이 인정된다는 점에서 행정기관 내부에서 '대내적 효력'만을 갖는 행정규칙과 구별
된다.

2. 성질(형식적 행정, 실질적 입법)

법규명령은 행정권에 의해 정립된 법형식이기 때문에 형식적 의미에서는 행정이지만, 일반적·
추상적 규율인 규범정립작용이므로 실질적 의미에서는 입법이다.

Ⅱ 법규명령의 종류

1. 개 관

(1) 효 력

법률대위명령	법률종속명령
• 법률적 효력 • 헌법상 근거 필요 • 현행 헌법상 긴급재정·경제명령, 긴급명령(제76조)	• 법률보다 하위의 효력 • 위임명령과 집행명령 • 통상의 법규명령

(2) 내 용

위임명령	집행명령
법률 또는 상위명령에 의해 위임된 사항에 관하여 발하는 명령으로서, 위임의 범위 내에서는 법규사항(입법사항), 즉 국민의 권리의무에 관한 사항을 새로이 설정할 수 있다.	법률의 범위 내에서 세부적 집행에 관한 구체적·기술적 사항을 규율하기 위해 직권으로 발하는 명령으로서, 법률의 명시적 규정이 없더라도 발할 수 있는 대신 새로운 입법사항에 대해서는 규율할 수 없다.

1. 건설교통부장관 고시인 「주택건설공사 감리비지급기준」은 '집행명령'이 아니라 위임명령이다

「주택건설공사 감리비지급기준」은 구 주택법 제24조 제6항의 위임한계를 벗어난 것일 뿐만 아니라, **경쟁
입찰을 통한 감리비의 결정방식, 총 공사비 및 감리 대상 공사비의 산정방식, 감리대가 이외 비용의 산정
방식 등 사업주체가 감리자에게 지급하여야 하는 감리비의 지급기준에 관하여 규정함으로써 일반국민
의 계약자유 등을 제한하는 내용**을 담고 있으므로, 이를 가리켜 행정관청이 일반적 직권에 의하여 구 주
택법이 규정한 범위 내에서 법률을 현실적으로 집행하는 데 필요한 세부적인 사항을 정한 '집행명령'에

해당한다고 볼 수 없다(대판 2012.7.5, 2010다72076).

2. 「공익사업을 위한 토지 등의 취득 및 보상에 관한 법률」 제68조 제3항의 위임에 따라 협의취득의 보상액 산정에 관한 구체적 기준을 정하고 있는 「공익사업을 위한 토지 등의 취득 및 보상에 관한 법률 시행규칙」 제22조는 대외적인 구속력을 가진다(대판 2012.3.29, 2011다104253).

(3) 주체(형식)

구 분		내 용
대통령령		1. 대통령이 제정권자 2. 통상 시행령으로 표현. 헌법 제75조
총리령		1. 국무총리가 제정권자 2. 통상 시행규칙으로 표현. 헌법 제95조
부 령		각부장관이 제정권자 1. 통상 시행규칙으로 표현. 헌법 제95조 2. 국토교통부령인 「건축법 시행규칙」
중앙선거관리 위원회규칙		법령의 범위 안에서 선거관리·국민투표관리·정당사무 등에 관한 규칙을 제정할 수 있다(헌법 제114조 제6항).
감사원규칙		헌법에는 명시적 규정이 없고 감사원법에 의해 규정되었기 때문에 법적 성질이 논란이 되고 있는데, 법규명령설이 다수설(헌법에서는 행정규칙설이 다수설)이다. **법규명령설(다수설):** 헌법이 규정하고 있는 행정입법의 법형식은 제한적·열거적인 것이 아니고 예시적인 것이고, 법률이 위임한 범위 내의 사항을 정하는 것은 국회입법의 원칙에 어긋나지 않으므로 법률에 근거한 법규명령도 가능하다는 견해로서 다수설이다. **행정규칙설:** 국회입법원칙에 대한 예외로서의 입법형식은 헌법 스스로 명문으로 인정하는 경우에 한정. 헌법에 근거가 없는 감사원규칙은 행정규칙의 성질에 불과하다는 견해이다.
자치 입법	조 례	지방의회에서 제정. 규칙(교육규칙)보다 상위의 효력
	규 칙	지방자치단체장이 제정하는 규칙, 교육감이 제정하는 교육규칙

관련판례 경찰공무원임용령은 법규명령에 해당한다(대판 2008.5.29, 2007두18321).

(4) 법률에 근거 없는 법규명령

대통령령 중에 법률의 근거가 없는 명령이 제정되고 있다. 통상 규정이라는 명칭을 가진 명령이 이에 해당하는데, 보안업무규정,「행정 효율과 협업 촉진에 관한 규정」(구 정부공문서규정) 등이 그 사례이다. 이의 법규성 인정 여부가 문제된다.

① 행정규칙설:법규명령의 형식이지만 행정규칙의 성질을 가지는 것으로 보아야 하므로 법률의 수권 없이도 가능하다는 견해(김남진)이다.
② 위헌무효설:현행 헌법상 법령의 근거가 없는 법규명령은 집행명령을 제외하고는 일체 인정될 수 없기 때문에 위헌무효라는 견해(박균성, 장태주)이다.

2. 총리령과 부령의 관계

(1) 총리령 우위설(다수설)

국무총리는 대통령을 보좌하여 행정에 관해 대통령의 명을 받아 행정각부를 통할(헌법 제86조 제2항)하는 것을 주된 내용으로 하므로 부령에 비하여 우월한 효력이라는 견해(김남진·김연태, 김도창, 석종현, 정하중, 홍준형)이다.

(2) 동위설

헌법에 양자 간의 효력상의 차이에 관해 아무런 규정이 없고, 총리령은 행정각부의 장과 동일한 지위에서 소관사무에 관하여 발하는 것이므로 동위적 효력이라는 견해(박윤흔, 서원우, 이상규)이다.

(3) 절충설

국무총리가 행정각부를 통할하는 지위에서 발하는 총리령은 부령에 대해 우월하지만, 국무총리 직속기관(예 법제처, 국가보훈처, 식품의약품안전처, 국민안전처, 인사혁신처)의 소관사무를 규율하는 내용의 총리령은 부령과 동일한 효력을 갖는다는 견해(김동희, 박균성, 변재옥, 홍정선)이다.

3. 국무총리 직속기관의 입법(총리령)

① 법제처, ② 국가보훈처, ③ 식품의약품안전처 등의 국무총리 직속기관은 행정각부가 아니기 때문에 독자적으로 부령을 발하지 못하고 총리령에 의해야 한다.

4. 위임명령과 집행명령, 행정규칙의 비교

구분	법규명령	행정규칙
법형식	대통령령, 총리령, 부령, 중앙선거관리위원회규칙(이상은 헌법에서 직접 규정), 감사원규칙(헌법에 규정이 없고 감사원법에서 규정)	훈령·지시·예규·일일명령(「행정 효율과 협업 촉진에 관한 규정」에 의한 분류), 고시, 통첩, 각서, 지침, 시달, 규정, 원칙, 기본통칙, 계획, 요령, 편람(훈령·고시가 대표적)
권력의 기초	일반통치권(일반권력)	특별권력
법적 근거	위임명령 ○, 집행명령 ×	×(행정권의 고유한 권능)
새로운 입법 (법규)사항 규율	위임명령 ○, 집행명령 ×	×(행정조직 또는 특별권력관계 내부의 사항)
성 격	타율적 행정입법	자율적 행정입법
법규성	○	×
효 력	대외적(국민·법원) 구속력, 양면적(쌍면적) 구속력(= 대내적+대외적 구속력)[1. 서울9급]	대내적(일면적·편면적) 구속력
제정절차	1. 대통령령 : 법제처의 사전심사와 국무회의의 심의 2. 총리령·부령 : 법제처의 사전심사 ■ 법제업무운영규정(대통령령)에 규정이 있을 뿐 행정절차법에 규정 없음.	특별한 절차규정 없음.
형 식	조문형식의 문서	행정규칙에 고유한 형식이 있는 것은 아니므로 반드시 문서로 할 필요는 없고 이론상 구두로도 가능하지만, 행정실무는 조문형식의 문서로 하고 있음.
공 포	○(효력 발생을 위한 필수적 요건으로서의 성립요건, 공포 후 일정기간이 경과하면 효력 발생)	×(수명기관에 도달 시 효력 발생)

Ⅲ 법적 근거

1. 위임명령(필요)

법규명령의 제정에도 법률유보원칙이 적용되므로 헌법 또는 법률 기타 상위명령의 근거가 필요한 바, 대통령의 긴급명령, 긴급재정·경제명령은 헌법 제76조에 근거를 두고 있으며, 위임명령은 제75조, 제95조에 따라 법률에서 개별적 수권의 규정이 있는 경우에 한하여 위임된 범위 안에서 발할 수 있다.

2. 집행명령(불요)

그러나 단순히 집행사항만을 규정하는 집행명령은 명시적인 수권규정이 없는 경우에도 직권으로 발할 수 있다.

관련
판례

법률의 위임이 없어도 집행명령을 제정할 수 있다(대판 2006.10.27, 2004두12261).

Ⅳ 한 계

1. 위임명령

(1) 위임형식과 수임기관의 특정

보통 "…은 행정안전부령으로 정한다."고 하여 위임형식과 수임기관을 명시하고 있지만, "…에 관하여는 행정안전부장관이 정한다."고 하여, 수임기관만 특정하고 위임형식을 특정하지 않는 경우가 있다. 이처럼 위임형식을 특정하지 않는 경우 수임기관은 절차가 까다로운 부령으로 제정하지 않고 훈령 등 행정규칙의 형식으로 제정할 우려가 있기 때문에 반드시 법규명령의 형식을 명시할 필요가 있다.

관련
판례

1. 법률이나 대통령령으로 규정할 사항을 부령으로 규정한 경우 그 부령은 무효이다(대판 1962.1.25, 4294 민상9).
2. 시행규칙에서 시행령의 위임에 의한 것임을 명시하지 않은 경우에도 시행령과의 위임관계를 인정할 수 있다(대판 1999.12.24, 99두5658).
3. 입법자는 법률에서 구체적으로 범위를 정하기만 한다면 대통령령뿐만 아니라 부령에 입법사항을 위임할 수도 있다(헌재결 1998.2.27, 97헌마64).
4. 상위법령에서 세부사항 등을 시행규칙으로 정하도록 위임하였음에도 이를 고시 등 행정규칙으로 정한 경우, 대외적 구속력을 가지는 법규명령으로서의 효력을 인정할 수 없다
   행정규칙이나 규정이 상위법령의 위임범위를 벗어난 경우에는 법규명령으로서 대외적 구속력을 인정할 여지는 없다. 이는 행정규칙이나 규정 '내용'이 위임범위를 벗어난 경우뿐 아니라 상위법령의 위임규정에서 특정하여 정한 권한행사의 '절차'나 '방식'에 위배되는 경우도 마찬가지이므로, 상위법령에서 세부사항 등을 시행규칙으로 정하도록 위임하였음에도 이를 고시 등 행정규칙으로 정하였다면 그 역시 대외적 구속력을 가지는 법규명령으로서 효력이 인정될 수 없다(대판 2012.7.5, 2010다72076).
5. 구 주택건설촉진법 제33조의6 제6항의 위임에 의하여 건설교통부장관의 '고시' 형식으로 되어 있는 「주택건설공사 감리비지급기준」은 이를 건설교통부령으로 정하도록 한 구 주택법이 시행된 이후에는 대외적인 구속력이 있는 법규명령으로서 효력이 없다(대판 2012.7.5, 2010다72076).

(2) 위임의 범위

① **헌법규정**: 헌법 제75조는 "대통령은 법률에서 구체적으로 범위를 정하여(총리령, 부령과 달리 명시적 규정) 위임받은 사항(위임명령)과 법률을 집행하기 위하여 필요한 사항(집행명령)에 관하여 대통령령을 발할 수 있다."라고 규정하고 있고, 제95조에서는 "국무총리 또는 행정각부의 장(처장, 청장은 제외)은 소관사무에 관하여 법률이나 대통령령의 위임(위임명령. 대통령령이 총리령·부령보다 상위) 또는 직권으로(집행명령) 총리령 또는 부령을 발할 수 있다."라고 규정하고 있다.

1. 헌법 제75조의 의의는 위임입법의 근거를 마련함과 동시에 그 한계를 제시하고 있는 것이다

헌법은 제75조에서 "대통령은 법률에서 구체적으로 범위를 정하여 위임받은 사항 …… 에 관하여 대통령령을 발할 수 있다."고 규정함으로써 **위임입법의 근거를 마련함과 동시에**, 입법상 위임은 '구체적으로 범위를 정하여' 하도록 함으로써 **그 한계를 제시하고 있다**(헌재결 2013.10.24, 2012헌바368).

2. 시행령의 위헌 여부와 위임규정의 위헌 여부의 관계

위임입법의 법리는 헌법의 근본원리인 권력분립주의와 의회주의 내지 법치주의에 바탕을 두는 것이기 때문에 행정부에서 제정된 대통령령에서 규정한 내용이 정당한 것인지 여부와 위임의 적법성에는 직접적인 관계가 없다. 따라서 대통령령으로 규정한 내용이 헌법에 위반될 경우라도 그 대통령령의 규정이 위헌으로 되는 것은 별론으로 하고 그로 인하여 정당하고 적법하게 입법권을 위임한 수권법률 조항까지도 위헌으로 되는 것은 아니다(헌재결 1996.6.26, 93헌바2).

3. 특정 사안과 관련하여 법률에서 하위 법령에 위임을 한 경우, 모법의 위임범위를 확정하거나 하위 법령이 위임의 한계를 준수하고 있는지 판단하는 방법

특정 사안과 관련하여 법률에서 하위 법령에 위임을 한 경우에 모법의 위임범위를 확정하거나 하위 법령이 위임의 한계를 준수하고 있는지를 판단할 때에는, **하위 법령이 규정한 내용이 입법자가 형식적 법률로 스스로 규율하여야 하는 본질적 사항으로서 의회유보의 원칙이 지켜져야 할 영역인지와 함께, 당해 법률 규정의 입법 목적과 규정 내용, 규정의 체계, 다른 규정과의 관계 등을 종합적으로 고려하여야 하고, 위임 규정 자체에서 의미 내용을 정확하게 알 수 있는 용어를 사용하여 위임의 한계를 분명히 하고 있는데도 문언적 의미의 한계를 벗어났는지 여부나 하위 법령의 내용이 모법 자체로부터 위임된 내용의 대강을 예측할 수 있는 범위 내에 속한 것인지, 수권 규정에서 사용하고 있는 용어의 의미를 넘어 범위를 확장하거나 축소하여서 위임 내용을 구체화하는 단계를 벗어나 새로운 입법을 한 것으로 평가할 수 있는지 등을 구체적으로 따져 보아야** 한다(대판 2020.2.27, 2017두37215).

4. 법률의 시행령이 형사처벌에 관한 사항을 규정하면서 법률의 명시적인 위임 범위를 벗어나 처벌 대상을 확장하는 경우, 위임입법의 한계를 벗어나 무효이다

법률의 시행령은 모법인 법률의 위임 없이 법률이 규정한 개인의 권리·의무에 관한 내용을 변경·보충하거나 법률에서 규정하지 아니한 새로운 내용을 규정할 수 없고, 특히 법률의 시행령이 형사처벌에 관한 사항을 규정하면서 법률의 명시적인 위임 범위를 벗어나 처벌의 대상을 확장하는 것은 죄형법정주의의 원칙에도 어긋나는 것이므로, 그러한 시행령은 위임입법의 한계를 벗어난 것으로서 무효이다[대판(전합) 2017.2.16, 2015도16014].

5. 의료법의 위임 없이 당직의료인의 수와 자격을 정하고 있는 「의료법 시행령」 제18조 제1항은 위임입법의 한계를 벗어나 무효이다[대판(전합) 2017.2.16, 2015도16014].

② '구체적으로 범위를 정하여'의 의미

　　㉠ 구체적·개별적 위임

1. 구체적·개별적 위임만 허용(대법원) ↔ 일반적·추상적(포괄적·전면적·백지) 위임, 백지수권·골격입법은 금지
헌법 제75조는 "대통령은 법률에서 구체적 범위를 정하여 위임받은 사항 …… 에 관하여 대통령령을 발할 수 있다."고 규정하고 있으므로, **법률의 위임은 반드시 구체적이고 개별적으로 한정된 사항에 관하여 행해져야** 할 것이고, 여기서 **구체적이라는 것은 일반적·추상적이어서는 안 된다는 것을, 범위를 정한다는 것은 포괄적·전면적이어서는 아니 된다는 것을 각 의미한다**(대결 1995.12.8, 95카기16).

2. 구체적·개별적 위임만 허용(헌법재판소)
법률의 위임은 반드시 구체적이고 개별적으로 한정된 사항에 대하여 행하여져야 한다. 그렇지 아니하고 **일반적이고 포괄적인 위임을 한다면 이는 사실상 입법권을 백지위임하는 것이나 다름없어 의회입법의 원칙이나 법치주의를 부인하는 것이** 되고 행정권의 부당한 자의와 기본권행사에 대한 무제한적 침해를 초래할 위험이 있기 때문이다(헌재결 2013.6.27, 2011헌바386).

3. 총리령·부령도 명시적 규정은 없지만 구체적 위임만 가능하다
헌법 제95조에는 동 제75조와 같이 '구체적으로 범위를 정하여'라는 문구가 없지만 역시 마찬가지로 위임의 구체성과 명확성을 요구한다. 다만, 이러한 기준은 기본권의 성질 및 행정 분야에 따라서, 국민에 대한 영향력의 정도에 따라서, 현실적·입법기술적 곤란성에 따라서, 그리고 수임자의 민주적 정당성, 조직형태에 따라서 달리 적용된다(헌재결 1997.12.24, 95헌마390).

　　㉡ 실질적 예측가능성

1. 실질적 예측(예견)가능성(유기적·체계적으로 종합판단, 규제대상의 성질에 따라 구체적·개별적 검토)
위임명령은 법률이나 상위명령에서 구체적으로 범위를 정한 개별적인 위임이 있을 때에 가능하고, 구체적인 위임의 범위는 규제하고자 하는 대상의 종류와 성격에 따라 달라지는 것이어서 일률적 기준을 정할 수는 없지만, 적어도 위임명령에 규정될 내용 및 범위의 기본사항이 구체적으로 규정되어 있어서 누구라도 당해 법률이나 상위명령으로부터 위임명령에 규정될 내용의 대강을 예측할 수 있어야 하나, 이 경우 그 예측가능성의 유무는 당해 위임조항 하나만을 가지고 판단할 것이 아니라 그 위임조항이 속한 법률이나 상위명령의 전반적인 체계와 취지·목적, 당해 위임조항의 규정형식과 내용 및 관련 법규를 유기적·체계적으로 종합판단하여야 하고, 나아가 각 규제대상의 성질에 따라 구체적·개별적으로 검토함을 요한다(대판 2006.4.14, 2004두14793).

2. 실질적 예측(예견)가능성(헌법재판소)
헌법 제75조는 위임입법의 근거조문임과 동시에 그 범위와 한계를 제시하고 있는바, 여기서 '법률에서 구체적인 범위를 정하여 위임받은 사항'이란 법률에 이미 대통령령으로 규정될 내용 및 범위의 기본사항이 구체적으로 규정되어 있어서 누구라도 당해 법률로부터 대통령령에 규정될 내용의 대강을 예측할 수 있어야 함을 의미한다(헌재결 2013.6.27, 2011헌바386).

3. 법률이 특정 사안과 관련하여 시행령에 위임을 한 경우 시행령이 위임의 한계를 준수하고 있는지 판단하는 기준

법률이 특정 사안과 관련하여 시행령에 위임을 한 경우 시행령이 위임의 한계를 준수하고 있는지를 판단할 때는 당해 법률 규정의 입법 목적과 규정 내용, 규정의 체계, 다른 규정과의 관계 등을 종합적으로 살펴야 한다. 법률의 위임 규정 자체가 그 의미 내용을 정확하게 알 수 있는 용어를 사용하여 위임의 한계를 분명히 하고 있는데도 시행령이 그 문언적 의미의 한계를 벗어났다든지, 위임 규정에서 사용하고 있는 용어의 의미를 넘어 그 범위를 확장하거나 축소함으로써 위임 내용을 구체화하는 단계를 벗어나 새로운 입법을 한 것으로 평가할 수 있다면, 이는 위임의 한계를 일탈한 것으로서 허용되지 않는다[대판(전합) 2012.12.20, 2011두30878].

4. 외형에 의해서가 아니라 객관적으로 판단한다[대판(전합) 1996.3.21, 95누3640].

5. 일반적·추상적·개괄적인 규정이라도 법관의 법보충작용으로서의 해석을 통해 구체화·명확화될 수 있다면 합헌이다

일반적·추상적·개괄적인 규정이라 할지라도 법관의 법보충작용으로서의 해석을 통하여 그 의미가 구체화·명확화될 수 있다면 그 규정이 명확성을 결여하여 과세요건명확주의에 반하는 것으로 볼 수는 없다 (대판 2001.4.27, 2000두9076).

6. 특정 사안과 관련하여 법률에서 하위 법령에 위임을 한 경우, 모법의 위임범위를 확정하거나 하위 법령이 위임의 한계를 준수하고 있는지 판단하는 방법

위임 규정 자체에서 의미 내용을 정확하게 알 수 있는 용어를 사용하여 위임의 한계를 분명히 하고 있는데도 문언적 의미의 한계를 벗어났는지나, 하위 법령의 내용이 모법 자체로부터 위임된 내용의 대강을 예측할 수 있는 범위 내에 속한 것인지, 수권 규정에서 사용하고 있는 용어의 의미를 넘어 범위를 확장하거나 축소하여서 위임 내용을 구체화하는 단계를 벗어나 새로운 입법을 한 것으로 평가할 수 있는지 등을 구체적으로 따져 보아야 한다[대판(전합) 2015.8.20, 2012두23808].

7. 법률의 시행령이나 시행규칙의 내용이 모법의 입법 취지와 관련 조항 전체를 유기적·체계적으로 살펴보아 모법의 해석상 가능한 것을 명시한 것에 지나지 않거나 모법 조항의 취지에 근거하여 이를 구체화하기 위한 것인 경우, 모법에 직접 위임하는 규정을 두지 않았다고 하여 무효라고 볼 수 없다(대판 2020.4.9, 2015다34444).

③ 위임의 구체성과 명확성의 정도 : 위임의 구체성·명확성의 정도는 획일적인 것이 아니라 규제대상의 종류와 성격에 따라 다르다.

관련판례

위임의 구체성·명확성의 요구 정도는 그 규율대상의 종류와 성격에 따라 달라진다

위임의 구체성·명확성의 요구 정도는 그 규율대상의 종류와 성격에 따라 달라질 것이지만 특히 **처벌법규나 조세법규와 같이 국민의 기본권을 직접적으로 제한하거나 침해할 소지가 있는 법규에서는 구체성·명확성의 요구가 강화되어 그 위임의 요건과 범위가 일반적인 급부행정의 경우보다 더 엄격하게 제한적으로 규정되어야 하는 반면에, 규율대상이 지극히 다양하거나 수시로 변화하는 성질의 것일 때에는 위임의 구체성· 명확성의 요건이 완화될 수도 있을 것이며, 그 밖에 이 사건과 같은 조세감면규정의 경우에는 법률의 구체적인 근거 없이 대통령령에서 감면대상·감면비율 등 국민의 납세의무에 직접 영향을 미치는 감면요건 등을 규정하였는가 여부도 중요한 판단기준으로 삼을 수 있을 것이다**(헌재결 1997.2.20, 95헌바27).

ⓒ 구체성·명확성이 엄격하게 요구되는 영역(침익적 행정) : 형벌이나 과세요건, 국민의 기본권을 침해할 소지가 있는 사항에 관한 위임, 국회전속입법사항의 경우는 구체성·명확성이 엄격하게 요구된다. 헌법에서 의회의 전속적 입법사항으로 규정한 경우에 그에 관한 입법권은 원칙적으로 위임할 수 없지만 세부사항에 대해서는 위임할 수 있다는 것이 행정법과 헌법의 다수설이다.

---

1. 형벌법규의 해석

사회현상의 복잡다기화와 국회의 전문적·기술적 능력의 한계 및 시간적 적응능력의 한계로 인하여 형사처벌에 관련된 모든 법규를 예외 없이 형식적 의미의 법률에 의하여 규정한다는 것은 사실상 불가능할 뿐만 아니라 실제에 적합하지도 아니하기 때문에, 특히 긴급한 필요가 있거나 미리 법률로써 자세히 정할 수 없는 부득이한 사정이 있는 경우에 한하여(보충성) 위임법률이 구성요건의 점에서는 처벌대상인 행위가 어떠한 것인지 이를 예측할 수 있을 정도로 구체적으로 정하고, 형벌의 점에서는 형벌의 종류 및 그 상한과 폭을 명확히 규정하는 것을 전제로 위임입법이 허용되며, 이러한 위임입법은 죄형법정주의에 반하지 않는다(대판 2013.3.28, 2012도16383).

2. 과세요건의 해석

조세법률주의의 원칙상 과세요건은 엄격히 해석되어야 하고 일반적·포괄적인 위임입법은 금지된다[대판(전합) 1996.3.21, 95누3640].

3. 국민의 기본권을 제한하거나 침해할 소지가 있는 사항

국민의 기본권을 제한하거나 침해할 소지가 있는 사항에 관한 위임에 있어서는 위와 같은 구체성 내지 명확성이 보다 엄격하게 요구된다[대판(전합) 2000.10.19, 98두6265].

ⓒ 구체성·명확성이 완화되는 영역(급부행정) : 다양한 사실관계를 규율하거나 사실관계가 수시로 변화될 것이 예상될 때, 보건위생 등 급부행정영역, 조례, 정관, 특별행정법관계 등의 경우에는 구체성·명확성의 요구 정도가 완화된다.

ⓐ 다양한 사실관계를 규율하거나 사실관계가 수시로 변화될 것이 예상될 때

중학교 의무교육

다양한 사실관계를 규율하거나 사실관계가 수시로 변화될 것이 예상될 때에는 위임의 명확성의 요건이 완화되어야 한다. 따라서 **중학교 의무교육의 구체적인 실시시기와 절차** 등을 하위법령에 위임하여 정하도록 함에 있어서는 **막대한 재정지출을 수반하는 무상교육의 수익적 성격과 규율대상의 복잡다양성**을 고려하여 위임의 명확성의 요구 정도를 완화하여 해석할 수 있는 것이다(헌재결 1991.2.11, 90헌가27).

ⓑ 보건위생 등 급부행정영역

보건위생 등 급부행정영역에서는 기본권침해 영역보다는 구체성의 요구가 다소 약화되어도 무방하다고 해석된다. 법 제31조 제1항에서 분만급여를 실시할 것을 규정한 이상 그 범위·상한기준까지 반드시 법률로써 정하여야 하는 사항은 아니다. 따라서 의료보험법의 전반적 체계와 위와 같은 규정을 종합해 보면 내재적인 위임의 범위나 한계를 예측할 수 있으므로 이 사건 법률조항이 분만급여의 범위나 상한기준을 더 구체적으로 정하지 아니하였다고 하여 포괄위임에 해당한다고 할 수는 없다고 할 것이다(헌재결 1997.12.24, 95헌마390).

ⓒ 조례

1. 법률이 주민의 권리의무에 관한 사항에 관하여 구체적으로 아무런 범위도 정하지 아니한 채 조례로 정하도록 포괄적으로 위임하였다고 하더라도 행정관청의 명령과는 달리, **조례도 주민의 대표기관인 지방의회의 의결로 제정되는 지방자치단체의 자주법인 만큼**, 지방자치단체가 **법령에 위반되지 않는 범위 내에서 주민의 권리의무에 관한 사항을 조례로 제정할 수 있는 것이다**(대판 1991.8.27, 90누6613).
2. 자치사무와 단체위임사무에 관한 자치조례에 대하여는 위임입법의 한계가 적용되지 않는다(대판 2000.11.24, 2000추29).
3. 조례의 제정권자인 **지방의회는 선거를 통해서 그 지역적인 민주적 정당성을 지니고 있는 주민의 대표기관**이고 헌법이 지방자치단체에 **포괄적인 자치권**을 보장하고 있는 취지로 볼 때, **조례에 대한 법률의 위임은 법규명령에 대한 법률의 위임과 같이 반드시 구체적으로 범위를 정하여 할 필요가 없으며 포괄적인 것으로 족하다**(헌재결 1995.4.20, 92헌마264·279).
4. 법률이 주민의 권리의무에 관한 사항에 관하여 구체적으로 범위를 정하지 않은 채 조례로 정하도록 포괄적으로 위임한 경우, 주민의 권리의무에 관한 사항을 조례로 제정할 수 있다
   헌법 제117조 제1항은 지방자치단체에 포괄적인 자치권을 보장하고 있으므로, 자치사무와 관련한 조례에 대한 법률의 위임은 법규명령에 대한 법률의 위임과 같이 구체적으로 범위를 정하여서 할 엄격성이 반드시 요구되지는 않는다. 법률이 주민의 권리의무에 관한 사항에 관하여 구체적으로 범위를 정하지 않은 채 조례로 정하도록 포괄적으로 위임한 경우에도 지방자치단체는 법령에 위반되지 않는 범위 내에서 각 지역의 실정에 맞게 주민의 권리의무에 관한 사항을 조례로 제정할 수 있다(대판 2019.10.17, 2018두40744).
5. 법률의 위임 없이 주민의 권리를 제한하거나 의무를 부과하는 사항을 정한 조례의 효력은 무효이고, 법률이 주민의 권리의무에 관한 사항에 관하여 구체적으로 범위를 정하지 않은 채 조례로 정하도록 포괄적으로 위임한 경우, 지방자치단체가 주민의 권리의무에 관한 사항을 조례로 제정할 수 있다(대판 2017.12.5, 2016추5162).
6. 교육부장관이 전자파 취약계층의 보호를 위해 경기도 내 유치원 및 초등학교 등을 전자파 안심지대로 지정하고 그곳에서는 누구든지 기지국을 설치할 수 없도록 하는 내용의 「경기도교육청 전자파 취약계층보호 조례안」에 대하여 법령에 반한다는 이유로 재의결을 요구하였으나 경기도의회가 원안대로 재의결한 사안에서, 위 조례안이 법률의 위임 없이 주민의 권리 제한에

관한 사항을 규정하였다는 이유로 효력을 인정할 수 없다고 한 사례(대판 2017.12.5, 2016추5162)

7. 특정 사안과 관련하여 법령에서 조례에 위임을 한 경우, 조례가 위임의 한계를 준수하였는지 판단하는 방법

특정 사안과 관련하여 법령에서 조례에 위임을 한 경우 조례가 위임의 한계를 준수하였는지를 판단할 때는 당해 법령 규정의 입법 목적과 규정 내용, 규정의 체계, 다른 규정과의 관계 등을 종합적으로 살펴야 하고, 수권 규정에서 사용하고 있는 용어의 의미를 넘어 그 범위를 확장하거나 축소하여 위임 내용을 구체화하는 단계를 벗어나 새로운 입법을 하였는지 등도 아울러 고려하여야 한다(대판 2019.7.10, 2016두61051).

8. 전주시장이 구 「폐기물처리시설 설치촉진 및 주변지역지원 등에 관한 법률」 제6조 등에 따라 폐기물처리시설 설치비용에 해당하는 금액을 납부하기로 한 혁신도시 개발사업 시행자에게 「전주시 폐기물처리시설 설치비용 징수와 기금설치 및 운용에 관한 조례」 규정에 따라 폐기물처리시설 설치비용 산정의 기준이 되는 부지면적에 '관리동'과 '세차동 등 기타시설'의 면적을 포함시켜 부지매입비용을 산정한 폐기물처리시설 설치비용 부담금을 부과한 사안에서, 위 조례 규정 중 '관리동', '세차동 등 기타시설'의 부지면적 산정에 관한 부분은 상위법령을 구체화한 것에 불과하고 상위법령의 위임의 한계를 벗어나 무효라고 볼 수 없음에도, 이와 달리 본 원심 판단에 법리를 오해한 잘못이 있다고 한 사례(대판 2019.7.10, 2016두61051)

ⓓ 공법인의 정관

법률이 공법적 단체의 정관에 자치법적 사항을 위임한 경우 포괄위임금지 원칙이 적용되지 않는다(헌재결 2001.4.26, 2000헌마122).

④ 내용적 한계: 위임명령의 내용은 수권법률에서 위임한 규율대상과 목적의 범위 안에서 정해져야 하고, 그 내용은 헌법이나 법률에 적합한 것이어야 한다. 대법원이나 헌법재판소 모두 합헌적 법률해석방법을 인정하고 있고, 더 나아가 대법원은 합법적 명령해석도 인정하고 있다.

1. 합법적 명령해석(합헌적 법률해석을 유추하여 필자가 붙인 이름)

어느 시행령이나 조례의 규정이 모법에 저촉되는지가 명백하지 않은 경우에는 모법과 시행령 또는 조례의 다른 규정들과 그 입법 취지, 연혁 등을 종합적으로 살펴 모법에 합치된다는 해석도 가능한 경우라면 그 규정을 모법위반으로 무효라고 선언해서는 안 된다. 이러한 법리는, **국가의 법체계는 그 자체 통일체를 이루고 있는 것이므로 상·하규범 사이의 충돌은 최대한 배제되어야 한다는 원칙**과 더불어, **민주법치국가에서 규범은 일반적으로 상위규범에 합치할 것이라는 추정원칙**에 근거하고 있을 뿐만 아니라, 실제적으로도 하위규범이 상위규범에 저촉되어 **무효라고 선언되는 경우**에는 그로 인한 **법적 혼란과 법적 불안정**은 물론, 그에 대체되는 새로운 규범이 제정될 때까지의 **법적 공백과 법적 방황은 상당히 심각할 것이므로 이러한 폐해를 회피하기 위해서도 필요하다**(대판 2014.1.16, 2011두6264).

2. 하위법령의 규정이 상위법령의 규정에 저촉되는지가 명백하지 않으나 하위법령의 의미를 상위법령에 합

치되는 것으로 해석하는 것이 가능한 경우, 하위법령이 상위법령에 위반된다는 이유로 무효를 선언할 수 없다(대판 2019.7.10, 2016두61051).

⑤ 재위임 : 법령에 의해 위임받은 사항을 재위임하는 것은 실질적으로 수권법의 내용을 변경하는 것이므로 허용되지 않는다. 그러나 위임받은 사항에 관한 일반적 기준을 정한 다음, 세부적인 사항만 재위임하는 것은 가능하다는 것이 일반적 견해이다.

1. 재위임의 한계(헌법재판소)

법률에서 위임받은 사항을 전혀 규정하지 않고 모두 재위임하는 것은 "위임받은 권한을 그대로 다시 위임할 수 없다."는 복위임금지의 법리에 반할 뿐 아니라 수권법의 내용변경을 초래하는 것이 되고, 대통령령 이외의 법규명령의 제정·개정절차가 대통령령에 비하여 보다 용이한 점을 고려할 때 하위의 법규명령에 대한 재위임의 경우에도 대통령령에의 위임에 가하여지는 헌법상의 제한이 마땅히 적용되어야 할 것이다. 따라서 법률에서 위임받은 사항을 전혀 규정하지 아니하고 그대로 하위의 법규명령에 재위임하는 것은 허용되지 않으며 위임받은 사항에 관하여 대강을 정하고 그 중의 특정사항을 범위를 정하여 하위의 법규명령에 다시 위임하는 경우에만 재위임이 허용된다(헌재결 2002.10.31, 2001헌라1부).

2. 재위임의 한계(대법원)

법률에서 위임받은 사항을 전혀 규정하지 않고 재위임하는 것은 백지재위임금지의 법리에 반할 뿐 아니라 수권법의 내용변경을 초래하는 것이 되므로 허용되지 아니한다 할 것이나 위임받은 사항에 관하여 대강을 정하고 그 중의 특정사항을 범위를 정하여 하위법령에 다시 위임하는 경우에는 재위임이 허용된다 할 것이다(대판 2013.3.28, 2012도16383).

3. 위임과 재위임의 한계에 관한 법리는 조례가 지방자치법 제22조 단서에 따라 주민의 권리제한 또는 의무부과에 관한 사항을 법률로부터 위임받은 후 다시 지방자치단체장이 정하는 규칙이나 고시 등에 재위임하는 경우에도 마찬가지 법리가 적용된다

법률에서 위임받은 사항을 전혀 규정하지 않고 재위임하는 것은 복위임금지 원칙에 반할 뿐 아니라 위임명령의 제정 형식에 관한 수권법의 내용을 변경하는 것이 되므로 허용되지 않으나 위임받은 사항에 관하여 대강을 정하고 그 중의 특정사항을 범위를 정하여 하위법령에 다시 위임하는 경우에는 재위임이 허용된다. 이러한 법리는 조례가 지방자치법 제22조 단서에 따라 주민의 권리제한 또는 의무부과에 관한 사항을 법률로부터 위임받은 후, 이를 다시 지방자치단체장이 정하는 '규칙'이나 '고시' 등에 재위임하는 경우에도 마찬가지이다(대판 2015.1.15, 2013두14238).

2. 집행명령

법률 또는 상위명령을 집행하기 위하여 필요한 세부적·구체적 사항만을 규정할 수 있으므로 상위법령을 집행하기 위해 필요한 구체적인 절차·형식 등을 규정할 수 있을 뿐 새로운 입법사항(권리의무에 관한 사항)을 규정할 수 없다.

Ⅴ 법규명령의 성립요건·효력발생요건

1. 성립요건(적법요건)

(1) 주 체(권한)

법규명령은 정당한 권한을 가진 기관이 권한의 범위 내에서 제정한 것이어야 한다.

(2) 내 용

법규명령은 법령에 근거하고 수권의 범위 내에서 발해져야 하고, 상위법령에 저촉될 수 없으며, 명확하고 실현가능해야 한다. 다만, 집행명령은 법률의 근거를 요하지 않는다.

(3) 절 차

대외적 절차로는 행정절차법 제4장에서 행정상 입법예고와 공청회를 규정하고 있다. 내부적인 절차에 대해서는 행정절차법에 규정이 없고 법제업무운영규정에 따라 대통령령은 법제처의 심사와 국무회의의 심의를, 총리령과 부령은 법제처의 심사를 거쳐야 한다.

(4) 형 식

조문형식에 의한다.

(5) 공 포

법규명령은 그 내용을 외부(국민)에 표시함으로써 유효하게 성립한다. 공포는 관보에 게재하는 방법에 의하고, 공포일은 법규명령을 게재한 관보 또는 신문이 발행된 날이다(법령등 공포에 관한 법률 제12조).

2. 효력발생(발효)요건

대통령령, 총리령 및 부령은 특별한 규정이 없으면 공포한 날부터 20일이 경과함으로써 효력을 발생한다(법령등 공포에 관한 법률 제13조). 다만, 국민의 권리 제한 또는 의무 부과와 직접 관련되는 법률, 대통령령·총리령 및 부령은 긴급히 시행하여야 할 특별한 사유가 있는 경우를 제외하고는 공포일부터 적어도 30일이 경과한 날부터 시행되도록 하여야 한다(같은 법 제13조의2).

Ⅵ 법규명령의 하자

법규명령이 성립·발효요건 중 어느 하나라도 갖추지 못한 경우 흠(하자) 있는 법규명령이 된다. 흠 있는 명령에 대한 효력에 관하여는 흠이 중대하고 명백한 경우는 물론 중대하고 명백하지 않더라도 흠이 있으면 무효라는 견해가 통설이다. 현행 행정소송법은 프랑스와는 달리 명령에 대한 취소소송을 인정하고 있지 않으므로 '취소할 수 있는 명령'은 존재하지 않기 때문이라는 것을 논거로 든다.

판례 또한 흠 있는 법규명령에 대하여 흠의 정도에 따라 무효 내지 취소할 수 있는 명령 등의 구별을 행하지 않고 무효라고 하는 입장이다.

관련 판례

1. **위법한 법규명령은 무효이다**

   물품세법 제3조에는 과세물품 반입자에 대하여는 물품세를 부과한다는 규정이 없음에도 불구하고 일정한 경우에 물품의 반입자를 물품세 납세의무자로 규정한 「물품세법 시행령」 제17조 제6항, 동시행규칙 제7조의5 제3항 각 호 및 제4항의 규정은 **모법의 위임 없이 실질적으로 새로운 납세의무자를 규정한 것으로 무효이며 이를 근거로 한 과세처분은 위법이다**(대판 1979.2.27, 77누86).

2. **처분적 법규명령의 경우 취소사유도 가능하다**

   법령의 효력을 가진 명령이라도 그 효력이 다른 행정행위를 기다릴 것 없이 직접적으로 또 현실이 그 자체로서 국민의 권리훼손 기타 이익침해의 효과를 발생케 하는 성질의 것이라면 행정소송법상 처분이라 보아야 할 것이고 따라서 그에 관한 이해관계자는 그 구체적 관계사실과 이유를 주장하여 그 **명령의 취소를 법원에 구할 수 있을 것**이다. …… 본건 소송은 결국 행정소송의 목적이 될 수 없는 원고 주장의 대통령령을 그의 목적으로 삼아 제기된 것으로서 불법한 것임을 면치 못할 뿐 아니라 **그의 흠결은 그 성질상 보정할 수 없는 것임이 그 자체로서 명백하므로 반드시 각하되어야 할 것이다**(대판 1954.8.19, 4286행상37).

3. **법규명령이 위법무효라고 선언한 대법원판결이 선고되기 전에는 취소사유, 선고 후에는 무효사유(주류적 판례)**

   구 「개발이익환수에 관한 법률 시행령」 제9조 제5항 및 제8조 제1항 제2호의 규정은 구 「개발이익환수에 관한 법률」 제10조 제3항 단서 및 제9조 제3항 제2호의 규정에 위반되어 무효이고, 그 구법 시행령의 규정들을 적용한 개발부담금부과처분은 사안의 특수성을 고려하여 볼 때 그 중요한 부분에 하자가 있는 것으로 귀착되어 그 하자가 중대하지만, 개발부담금부과처분 당시에는 아직 그 구법 시행령의 규정들이 위법·무효라고 선언한 대법원의 판결들이 선고되지 아니하였고 또한 그 구법 시행령의 규정들이 그 구법

의 규정들에 위반되는 것인지 여부가 해석상 다툼의 여지가 없을 정도로 객관적으로 명백하였다고 보여
지지는 아니하는 경우, 그 구법 시행령의 규정들에 따른 개발부담금부과처분의 하자가 객관적으로 명백
하다고 볼 수는 없으므로 그 개발부담금부과처분은 그 하자가 중대·명백한 당연무효의 처분이라고 할 수
없다(대판 1997.5.28, 95다15735).

4. 시행령의 본칙 규정이 무효인 경우 이를 소급적용하도록 한 부칙 규정 역시 무효이다[대판(전합)
2009.3.19, 2006두19693].

Ⅶ 법규명령의 소멸

1. 폐 지

법규명령은 법규명령의 효력을 장래에 향하여 소멸시키려는 행정권의 명시적·직접적 의사표시
에 의해 소멸된다. 대상명령과 동위 또는 상위의 법령에 의하여서만 가능하고, 하위법령으로는
불가능하다.

2. 실 효

(1) 간접적 폐지

법규명령은 내용상 그와 충돌되는 동위 또는 상위의 법령의 제정으로 소멸된다. 이 경우도 대
상명령과 동위 또는 상위의 법령에 의해서만 가능하고, 하위법령으로는 불가능하다.

(2) 법정부관의 성취

법규명령은 그 시행기한이 붙은 경우에는 그 기한(종기)의 도래로, 해제조건이 붙은 경우에는
조건의 성취로 당연히 효력을 상실한다.

(3) 근거 법령의 소멸·개정

관련판례

1. 위임명령
일반적으로 법률의 위임에 의하여 효력을 갖는 법규명령(위임명령)의 경우, **구법에 위임의 근거가 없어 무
효였더라도 사후에 법개정으로 위임의 근거가 부여되면 그때부터는 유효한 법규명령**이 되나, 반대로 구
법의 위임에 의한 유효한 법규명령이 법개정으로 위임의 근거가 없어지게 되면 그때부터 무효인 법규명
령이 되므로, 어떤 법령의 위임근거 유무에 따른 유효 여부를 심사하려면 법개정의 전·후에 걸쳐 모두 심
사하여야만 그 법규명령의 시기에 따른 유효·무효를 판단할 수 있다(대판 1995.6.30, 93추83).

법률의 위임의 근거가 없어 무효였던 법규명령이 법 개정으로 위임의 근거가 부여되면 그때부터 유효한 법규명령으로 볼 수 있고, 법규명령이 개정된 법률에 규정된 내용을 함부로 유추·확장하는 내용의 해석규정이어서 위임의 한계를 벗어난 것으로 인정될 경우, 법규명령은 여전히 무효이다[대판(전합) 2017.4.20, 2015두45700].

2. 집행명령

상위법령의 시행에 필요한 세부적 사항을 정하기 위하여 행정관청이 일반적 직권에 의하여 제정하는 이른바 집행명령은 근거 법령인 **상위법령이 폐지되면 특별한 규정이 없는 이상 실효되는 것이나, 상위법령이 개정됨에 그친 경우에는** 개정법령과 성질상 모순, 저촉되지 아니하고 개정된 상위법령의 시행에 필요한 사항을 규정하고 있는 이상 그 집행명령은 상위법령의 개정에도 불구하고 당연히 실효되지 아니하고 개정법령의 시행을 위한 집행명령이 제정, 발효될 때까지는 여전히 그 **효력을 유지한다**(대판 1989.9.12, 88누6962).

3. 법규명령의 위임근거가 되는 법률에 대하여 위헌결정이 선고되면 그 위임에 근거하여 제정된 법규명령도 원칙적으로 효력을 상실한다(대판 2001.6.12, 2000다18547).

Ⅷ 법규명령에 대한 통제

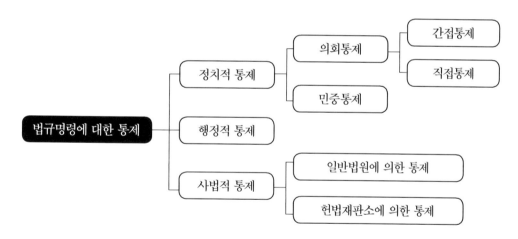

1. 정치적 통제

(1) 의회통제

① 간접통제

㉠ 의의 : 간접통제는 법규명령의 성립이나 효력발생에 대한 직접적인 통제가 아니라, 의회가 행정부에 대하여 가지는 국정감사권의 발동 등으로 간접적으로 위법·부당한 법규명령을 건

제·교정하는 것을 말한다.

ⓒ 통제수단 : 국정감사·조사(헌법 제61조), 국무총리 등에 대한 질문(같은 법 제62조)·감시·비판, 국무위원 해임건의(같은 법 제63조)·탄핵소추(같은 법 제65조), 예산안 심의, 수권의 제한·철회 등이 이에 해당한다.

ⓒ 의회제출제도

ⓐ 의회제출 : 중앙행정기관의 장(예 각부장관, 처장, 청장)은 법률에서 위임한 사항이나 법률을 집행하기 위하여 필요한 사항을 규정한 대통령령·총리령·부령(법규명령)·훈령·예규·고시(행정규칙) 등이 제정·개정 또는 폐지된 때에는 10일[7일(×)] 이내에 이를 국회 소관상임위원회[본회의(×)]에 제출하여야 한다(의회송부대상은 행정규칙도 포함). 다만, 대통령령의 경우에는 입법예고를 할 때에도(입법예고를 생략하는 경우에는 법제처장에게 심사를 요청할 때를 말한다) 그 입법예고안을 10일 이내에 제출하여야 한다(국회법 제98조의2 제1항). 중앙행정기관의 장은 제1항의 기간 이내에 제출하지 못한 경우에는 그 이유를 소관 상임위원회에 통지하여야 한다(같은 조 제2항).

ⓑ 국회의 의견통보 : 상임위원회는 위원회 또는 상설소위원회를 정기적으로 개회하여 그 소관 중앙행정기관이 제출한 대통령령·총리령 및 부령(대통령령등)의 법률 위반 여부 등을 검토하여야 한다(같은 조 제3항). 상임위원회는 제3항에 따른 검토 결과 대통령령 또는 총리령이 법률의 취지 또는 내용에 합치되지 아니한다고 판단되는 경우에는 검토의 경과와 처리 의견 등을 기재한 검토결과보고서를 의장에게 제출하여야 한다(같은 조 제4항). 의장은 제4항에 따라 제출된 검토결과보고서를 본회의에 보고하고, 국회는 본회의 의결로 이를 처리하고 정부에 송부한다(같은 조 제5항). 상임위원회는 제3항에 따른 검토 결과 부령이 법률의 취지 또는 내용에 합치되지 아니한다고 판단되는 경우에는 소관 중앙행정기관의 장(행정안전부장관이 아님)에게 그 내용을 통보할 수 있다(같은 조 제7항). 전문위원은 제3항에 따른 대통령령등을 검토하여 그 결과를 해당 위원회 위원에게 제공한다(같은 조 제9항).

ⓒ 행정부의 조치 : 정부는 제5항에 따라 송부받은 검토결과에 대한 처리 여부를 검토하고 그 처리결과(송부받은 검토결과에 따르지 못하는 경우 그 사유를 포함한다)를 국회(소관상임위원회가 아님)에 제출하여야 한다(같은 조 제6항). 제7항에 따라 검토내용을 통보받은 중앙행정기관의 장은 통보받은 내용에 대한 처리 계획과 그 결과를 지체 없이 소관 상임위원회에 보고하여야 한다(같은 조 제8항).

의회제출제도에 대해서는 직접통제수단으로 분류하는 견해(김남진, 김동희, 박균성, 장태주, 홍정선)와 간접통제수단으로 분류하는 견해(김민호, 김성수, 류지태, 박윤흔, 유상현, 이광윤)가 대립한다.

② 직접통제

　㉠ 의의 : 법규명령의 성립·발효에 대한 동의 또는 승인권을 유보하거나(동의권유보) 일단 유효하게 성립된 법규명령의 효력을 소멸시키는 권한을 유보하는 방법(폐기권유보)에 의한 통제를 말한다.

　㉡ 입법례

　　ⓐ 독일의 동의권유보(일정한 사항에 해당하는 법규명령에 대해서 의회의 동의를 받도록 하는 제도)·수정유보(의회가 동의를 거부하는 대신 스스로 그 명령 제정에 참가하여 명령안을 수정하는 제도)·의회의 명령안 제출권

　　ⓑ 영국의 의회제출절차(laying process) : 의회제출절차는 행정입법 시행 전이나 시행 후 일정한 기간 내에 의회에 제출하게 하는 의회의 소극적 결의(행정입법은 완전히 효력을 발생하되 일정한 기간 안에 행하는 취소의 결의. 그 기간 안에 결의가 없으면 확정적으로 효력이 발생한다)와 적극적 결의(일정한 기간 안에 행하는 동의의 결의. 기간 안에 결의가 없으면 실효된다)에 의한 최종적인 확인권을 유보하는 제도이다.

　　ⓒ 미국의 입법적 거부 : 법규명령이나 처분에 대하여 의회가 결의로서 무효화시키는 제도를 말하는데, 1983년 대법원에 의한 위헌판결로 현재는 존재하지 않는다.

　　ⓓ 우리나라 : 현재 우리의 경우 입법부에 의한 직접적 통제(동의권유보)는 원칙적으로 부정된다. 그러나 예외적으로 대통령의 긴급재정경제명령과 긴급명령에 대하여 직접통제방식을 인정한다. 즉, "대통령은 재정경제처분·명령과 긴급명령을 한 때에는 지체 없이 국회에 보고하여 그 승인을 얻어야 한다. 국회의 승인을 얻지 못한 때에는 그 처분 또는 명령은 그때부터 효력을 상실한다."(헌법 제76조 제3항·제4항)라는 규정이 있는데, 이 규정에 대해서는 의회제출절차(김남진, 석종현) 내지 동의권 내지 승인권유보(김동희, 김철용, 박균성, 장태주, 한견우, 홍정선)로서 직접통제방식으로 해석하는 견해가 일반적이다.

(2) 민중통제(국민에 의한 통제)

　청문·공청회, 여론(언론의 감시·청원·압력단체)에 의한 통제와 현행법상으로는 청원과 입법예고제가 이에 해당한다. 효과가 간접적이라는 한계가 있다.

2. 행정적 통제

(1) 감독권

　① 상급행정청의 하급행정청에 대한 감독권 행사, ② 훈령을 통한 행정입법의 기준과 방향 지시, ③ 법규명령에 대한 사전허가·사전승인, ④ 위법한 행정입법 폐지명령 등이 이에 해당한다.

(2) 특정한 심사기관의 심사

① **우리나라(법제처·국민권익위원회)**: 법제처는 국무총리 직속기관으로 각부·처에서 국무회의에 상정할 '모든 법령안'을 심사한다(정부조직법 제23조). 국민권익위원회는 다음 각 호에 따른 법령 등의 부패유발요인을 분석·검토하여 그 법령 등의 소관 기관의 장에게 그 개선을 위하여 필요한 사항을 권고할 수 있다(「부패방지 및 국민권익위원회의 설치와 운영에 관한 법률」 제28조 제1항).

> 1. 법률·대통령령·총리령 및 부령
> 2. 법령의 위임에 따른 훈령·예규·고시 및 공고 등 행정규칙
> 3. 지방자치단체의 조례·규칙
> 4. 「공공기관의 운영에 관한 법률」 제4조에 따라 지정된 공공기관 및 「지방공기업법」 제49조·제76조에 따라 설립된 지방공사·지방공단의 내부규정

② **프랑스(국사원)**: 국무총리를 의례상의 원장으로 하는 독립기관으로서 행정부의 입법 및 행정에 관한 최고자문기관임과 동시에 최고행정법원이다. 국사원은 입법 및 행정에 관한 최고자문기관의 지위에서 모든 법령안을 심사한다.

(3) 절차적 통제

미국은 행정입법절차에 관해 규정하고 있지만, 우리나라 행정절차법은 ① 행정상 입법예고제(제41조), ② 입법안에 대한 공청회(제45조 제1항)에 대해서만 규정하고 있다. 그 밖에 행정입법에 대한 절차적 규제로는 ① 대통령령에 대한 법제처심사와 국무회의 심의, ② 총리령·부령에 대한 법제처심사, ③ 관계기관과의 협의 등이 있다.

(4) 행정심판

중앙행정심판위원회는 심판청구를 심리·재결할 때에 처분 또는 부작위의 근거가 되는 명령 등(대통령령·총리령·부령·훈령·예규·고시·조례·규칙 등을 말한다)이 법령에 근거가 없거나 상위 법령에 위배되거나(위법) 국민에게 과도한 부담을 주는 등 크게 불합리(현저한 부당)하면 관계 행정기관에 그 명령 등의 개정·폐지 등 적절한 시정조치를 요청할 수 있다. 이 경우 중앙행정심판위원회는 시정조치를 요청한 사실을 법제처장에게 통보하여야 한다(행정심판법 제59조 제1항).

3. 사법적 통제

(1) 일반법원에 의한 통제
① 구체적 규범통제(간접통제)

㉠ 의의 : 행정입법에 대한 통제제도로는 추상적 규범인 행정입법의 위헌·위법을 직접 소송대상으로 다툴 수 있는 추상적 규범통제제도와 구체적 규율인 처분을 직접 소송대상으로 하는 재판에서 행정입법의 위헌·위법 여부가 '재판의 전제'가 된 경우에 행정입법을 간접적으로 심사하는 구체적 규범통제제도가 있다. 추상적 규범통제와 구체적 규범통제는 배타적 제도는 아니다. 추상적 규범통제가 인정되는 경우에는 대체로 구체적 규범통제도 함께 인정된다. 우리나라 헌법은 "명령·규칙 또는 처분이 헌법이나 법률에 위반되는 여부가 '재판의 전제'가 된 경우에는 대법원(헌법재판소가 아님)은 이를 최종적으로 심사할 권한을 가진다."(제107조 제2항)고 함으로써 구체적 규범통제(추상적 규범통제가 아님)를 취하고 있다. 구체적 규범통제에서 심사기준은 상위법인 헌법·법률이며, 형식적 의미의 헌법과 법률 이외에 실질적 의미의 헌법과 법률도 포함한다. 재판의 전제가 된다는 의미는 명령에 근거한 처분의 위법성에 대한 재판이 제기되었을 때 명령이 위헌·위법이면 그에 근거한 처분도 위법이 되고, 명령이 합헌·합법이면 그에 근거한 처분도 적법이 되기 때문에, 처분의 위법성 여부에 대한 판단을 위해서는 근거 규정인 명령·규칙이 위헌·위법이나 합헌·합법이냐가 먼저 결정(선결문제)되어야 한다는 의미이다. 따라서 법령을 소송의 대상으로 하여 항고소송으로 다툴 수 없는 것이 원칙이다.

처분성 부정

1. 원칙상 처분성 부인(대판 1987.3.24, 86누656)
2. 대통령령
3. 법령에 대한 해석
4. 국토이용관리법에 근거한 건설부장관의 기준지가고시(대판 1979.4.24, 78누242)
    - 표준지(개별)공시지가의 처분성은 인정
5. 행정규칙(대판 1985.11.26, 85누394)
6. 서울특별시 자치구의 「철거민에 대한 국민주택특별공급지침」(대판 1997.3.14, 96누19079) : 행정규칙
7. 행정입법부작위(대판 1992.5.8, 91누11261)
8. 의료기관의 명칭표시판에 진료과목을 함께 표시하는 경우 글자 크기를 제한하고 있는 구 「의료법 시행규칙」(대판 2007.4.12, 2005두15168)

1. 법규명령에 대한 처분성 부정

그 자체로서 국민의 구체적인 권리의무에 직접적인 변동을 초래하는 것이 아닌 것은 그 대상이 될 수 없으므로 구체적인 권리의무에 관한 분쟁을 떠나서 **재무부령 자체의 무효확인을 구하는 청구는 행정소송의 대상이 아닌 사항에 대한 것으로서 부적법하다**(대판 1987.3.24, 86누656).

2. 법원이 법률 하위의 법규명령, 규칙, 조례, 행정규칙 등이 위헌·위법인지를 심사하기 위한 요건으로서 '재판의 선세싱'의 의미

법원이 법률 하위의 법규명령, 규칙, 조례, 행정규칙 등(규정)이 위헌·위법인지를 심사하려면 그것이 '재판의 전제'가 되어야 한다. 여기에서 '재판의 전제'란 **구체적 사건이 법원에 계속 중**이어야 하고, **위헌·위법인지가 문제 된 경우에는 규정의 특정 조항이 해당 소송사건의 재판에 적용되는 것이어야** 하며, 그 **조항이 위헌·위법인지에 따라 그 사건을 담당하는 법원이 다른 판단을 하게 되는 경우**를 말한다(대판 2019.6.13, 2017두33985).

3. 법원이 구체적 규범통제를 통해 위헌·위법으로 선언할 심판대상은 원칙적으로 해당 규정 중 재판의 전제성이 인정되는 조항에 한정된다

법원이 구체적 규범통제를 통해 위헌·위법으로 선언할 심판대상은, 해당 규정의 전부가 불가분적으로 결합되어 있어 일부를 무효로 하는 경우 나머지 부분이 유지될 수 없는 결과를 가져오는 특별한 사정이 없는 한, 원칙적으로 해당 규정 중 재판의 전제성이 인정되는 조항에 한정된다(대판 2019.6.13, 2017두33985).

그러나 처분법령(처분조례)과 법규명령의 효력이 있는 행정규칙의 경우는 예외적으로 그 자체가 취소소송의 대상이 된다.

처분성 인정

1. 처분적 법규명령(대판 1954.8.19, 4286행상37)
2. 처분적 조례(두밀분교폐지에 관한 경기도 교육조례)(대판 1996.9.20, 95누8003)
   - ■ 피고는 경기도 교육감
3. 「법무사법 시행규칙」(대법원규칙)에 대한 헌법소원(헌재결 1990.10.15, 89헌마178)
4. 부천시담배자동판매기설치금지조례에 대한 헌법소원(헌재결 1995.4.20, 92헌마264·279)
5. 진정입법부작위에 대하여는 권리구제형 헌법소원(헌재결 1998.7.16, 96헌마246), 부진정입법부작위에 대하여는 위헌소원(헌재결 1996. 6.13, 94헌마118·95헌바39)
6. 재개발사업 시행자가 분양신청을 하지 아니한 토지의 소유자에 대하여 대지 및 건축시설을 분양하지도 아니하고 청산금도 지급하지 아니하기로 하는 분양처분고시(대판 2002. 10.11, 2002다33502)
7. 항정신병 치료제의 요양급여 인정기준에 관한 보건복지부 고시(대결 2003.10.9, 2003무23)
8. 보건복지부 고시인 「약제급여·비급여목록 및 급여상한금액표(대판 2006.9.22, 2005두2506): 다른 집행행위의 매개 없이 그 자체로서 국민건강보험가입자, 국민건강보험공단, 요양기관 등의 법률관계를 직접 규율
9. 청소년보호법에 따른 청소년유해매체물 결정·고시(대판 2007.6.14, 2004두619): 청소년유해표시의무, 포장의무, 청소년에 대한 판매·대여·이용제공 등의 금지의무, 구분·격리의무 등 각종 의무를 발생하는 일반처분
10. 국립공주대학교 학칙의 별표2 모집단위별 입학정원을 개정한 학칙개정행위(대판 2009.1.30, 2008두19550)

1. 처분적 법규명령에 대한 처분성 인정

법령이 효력은 가진 명령이라도 그 효력이 다른 행정행위를 기나릴 것 없이 식섭적으로 또 현실이 그 자체로서 국민의 권리훼손 기타 이익침해의 효과를 발생케 하는 성질의 것이라면 행정소송법상 처분이라 보아야 할 것이다(대판 1954.8.19, 4286행상37).

2. 처분적 조례에 대한 처분성 인정(경기도의 두밀분교폐교조례 ; 정식명칭은 경기도립학교설치조례)

조례가 집행행위의 개입 없이도 그 자체로서 직접 국민의 구체적인 권리의무나 법적 이익에 영향을 미치는 등의 법률상 효과를 발생하는 경우 그 조례는 항고소송의 대상이 되는 행정처분에 해당한다(대판 1996.9.20, 95누8003).

3. 학교폐지 조례 공포 후 교육감이 한 분교장의 폐쇄, 직원의 인사이동, 급식학교의 변경은 처분성 부정

공립초등학교 분교의 폐지는 지방의회가 이를 폐지하는 내용의 개정조례를 의결하고 교육감이 이를 공포하여 그 효력이 발생함으로써 완결되고, **그 조례 공포 후 교육감이 하는 분교장의 폐쇄, 직원에 대한 인사이동 및 급식학교의 변경지정 등 일련의 행위는 분교의 폐지에 따르는 사후적인 사무처리에 불과할 뿐**이므로, 이를 독립하여 항고소송의 대상이 되는 행정처분으로서의 폐교처분이라고 할 수 없다(대판 1996.9.20, 95누7994).

ⓒ **주체(각급법원)**: 구체적 규범통제의 주체는 각급법원이다. 대법원은 최종적 심사권을 가질 뿐, 대법원만 심사권을 갖는 것은 아니다.

ⓒ **대상(법규명령)**: 구체적 규범통제의 대상은 명령과 규칙이다. 명령이란 법규명령을 의미한다. 규칙이란 국회규칙·대법원규칙·헌법재판소규칙·중앙선거관리위원회규칙 등 법규명령만을 말한다. 조례와 규칙도 법규명령에 해당하므로 구체적 규범통제의 대상이 될 수 있다. 그러나 행정규칙은 이에 해당하지 않는다.

1. 전원합의체 심판대상인 명령 또는 규칙이란 법규명령만을 의미하고 행정규칙은 제외된다

명령 또는 규칙이 법률에 위반한 경우에는 대법관 전원의 2/3 이상의 합의체에서 심판하도록 규정한 법원조직법 제7조 제1항 제2호에서 말하는 명령 또는 규칙이라 함은 국가와 국민에 대하여 일반적 구속력을 가지는 이른바 법규로서의 성질을 가지는 명령 또는 규칙을 의미한다(대판 1990.2.27, 88재누55).

2. 헌법 제107조 제2항의 '규칙'에는 지방자치단체의 조례와 규칙이 모두 포함된다[대판(전합) 1995.8.22, 94누5694].

ⓔ **위헌·위법명령의 효력(유효)**: 위법한 법규명령은 이론적으로는 무효사유일 뿐 취소사유가 아니다. 판례도 위헌·위법명령을 무효라고 선언하고 있다[에 피고가 1995. 12. 27에 한 「청주시 공유재산관리 조례」 중 개정조례안에 대한 재의결은 효력이 없다. 소송비용은 피고의 부담으로 한다(대판 1996.5.14, 96추15)]. 그러나 제도적으로는 "위헌으로 결정된 법률 또는 법률의 조항은 그 결정이 있는 날로부터 효력을 상실한다."(헌법재판소법 제47조 제2항)라는 규정이

존재하는 것과는 달리, 대법원판결의 경우 실효규정이 존재하지 않는다. 따라서 제도적으로 는 구체적 규범통제의 결과 위헌·위법으로 판정된 명령의 효력에 대하여는 ⓐ 실효되는 것이 아니고 오직 당해 사건에 대하여서만 적용이 거부될 뿐이라는 견해(통설), ⓑ 일반적으로 무효가 된다는 견해가 대립된다.

한편, 행정소송에 대한 대법원판결에 의하여 명령·규칙이 헌법 또는 법률에 위반된다는 것이 확정된 경우에는 대법원은 지체없이 그 사유를 행정안전부장관[법무부장관(×), 법제처장(×), 국무총리(×), 소관 사무의 관할권이 있는 장관(×)]에게 통보하여야 한다(행정소송법 제6조 제1항). 통보를 받은 행정안전부장관은 지체없이 이를 관보에 게재하여야 한다(같은 조 제2항).

② 행정입법부작위

㉠ 문제의 소재: 행정입법부작위가 되기 위해서는 행정기관에게 행정입법을 제정할 법적 의무가 있어야 한다. 미국과 프랑스에선 일정한 요건하에 행정권에게 행정입법제정의무를 부과하고 있다. 우리나라의 경우 행정권의 시행명령제정의무를 정하는 명시적인 법률규정은 없다. 그러나 권력분립의 원칙, 법치행정의 원칙을 규정한 헌법에 비추어 볼 때 법률을 시행하기 위한 행정권의 시행명령제정의무는 법적 의무이다.

따라서 이 경우 시행명령의 제정을 거부하거나 보류하는 행위는 위법한 처분으로 보고 취소소송 또는 부작위위법확인소송을 제기할 수 있을 것인지 문제된다. 다만, 집행명령이 없어도 법령이 시행될 수 있는 경우에는 특별한 규정이 없는 한 행정권에게 집행명령을 제정할 의무가 없다.

㉡ 항고소송(부정): 부작위위법확인소송은 항고소송의 일종이므로 처분등의 부작위를 다투는 소송이지 처분이 아닌 행정입법의 부작위를 다투는 소송은 아니다. 따라서 위법한 행정입법부작위를 행정소송으로 다툴 수는 없다. 대법원도 안동댐 건설로 인한 주민들의 손실보상에 대한 행정입법부작위에 대한 부작위위법확인소송을 각하한 바 있다(대판 1992.5.8, 91누11261). 그러나 명령의 제정거부나 부작위가 이해관계인의 구체적인 권익과 관계되는 경우(처분적 법규명령의 입법부작위)에는 부작위위법확인소송의 제기가 가능하다.

1. 안동댐 건설로 인한 주민들의 손실보상에 관한 행정입법부작위에 대해 제기한 부작위위법확인소송은 부적법하다

행정소송은 구체적 사건에 대한 법률상 분쟁을 법에 의하여 해결함으로써 법적 안정을 기하자는 것이므로 **부작위위법확인소송의 대상이 될 수 있는 것은 구체적 권리의무에 관한 분쟁이어야** 하고 추상적인 법령에 관하여 제정의 여부 등은 그 자체로서 국민의 구체적인 권리의무에 직접적 변동을 초래하는 것(처분)이 아니어서 행정소송의 대상이 될 수 없으므로 이 사건 소는 부적법하다(대판 1992.5.8, 91누11261).

2. 구 사법시험령 제15조 제8항이 행정자치부장관에게 제2차시험 성적을 포함하는 종합성적의 세부산출 방법 기타 최종합격에 필요한 사항을 정하도록 위임하더라도 행정자치부장관에게 그런 규정을 제정할 작위의무가 있는 것은 아니라고 한 사례

행정입법의 부작위가 위헌·위법이라고 하기 위하여는 행정청에게 행정입법을 하여야 할 작위의무를 전 제로 하는 것이고, 그 작위의무가 인정되기 위하여는 행정입법의 제정이 법률의 집행에 필수불가결한 것 이어야 하는바, 만일 하위 행정입법의 제정 없이 상위 법령의 규정만으로도 집행이 이루어질 수 있는 경 우라면 하위 행정입법을 제정하여야 할 작위의무는 인정되지 아니한다 할 것이다. …… 행정자치부장 관이 별도의 규정을 제정하지 아니하더라도 사법시험령은 그 시험의 성적을 산출하여 합격자를 결정하 는 데 지장이 없을 정도로 충분한 규정을 두고 있고 또한 실제로 그간 제2차시험 성적의 세부산출방법 등에 관한 하위규정 없이도 사법시험이 차질 없이 실시되어 왔다. 따라서 사법시험령 제15조 제8항이 행 정자치부장관에게 제2차시험 성적을 포함하는 종합성적의 세부산출방법 기타 최종합격에 필요한 사항 을 정하는 것을 위임하고 있을지라도 행정자치부장관에게 그와 같은 규정을 제정할 작위의무가 있다고 **보기 어렵다** 할 것이므로, 행정자치부장관이 이를 정하지 아니하고 원고에게 불합격처분을 하였다 하 라도, 그 처분이 행정입법부작위로 인하여 위헌 또는 위법하다고 할 수 없다. 또한, 사법시험령 제15조 제 8항에 의하여 행정자치부장관이 제2차 시험 성적의 세부산출방법 등을 정하더라도 그 내용이 반드시 원 고의 주장과 같은 방식의 채점방침이나 채점격차조정제도가 입법화될 것이라고 보기 어렵고, 그와 같은 제도가 형성되더라도 원고가 과락을 면하여 합격할 수 있었으리라고 단정할 수도 없다(대판 2007.1.11, 2004두10432).

ⓒ **헌법소원(긍정)** : 헌법재판소는 입법부작위에 대한 헌법소원을 인정하는 입장이다.

1. **진정입법부작위에 대한 권리구제형 헌법소원 인정**
   삼권분립의 원칙, 법치행정의 원칙을 당연한 전제로 하고 있는 우리 헌법하에서 행정권의 행정입법 등 법집행의무는 헌법적 의무라고 보아야 한다. 왜냐하면 행정입법이나 처분의 개입 없이도 법률이 집행될 수 있거나 법률의 시행 여부나 시행시기까지 행정권에 위임된 경우는 별론으로 하고, 이 사건과 같이 치 과전문의제도의 실시를 법률 및 대통령령이 규정하고 있고 그 실시를 위하여 시행규칙의 개정 등이 행해 져야 함에도 불구하고 행정권이 법률의 시행에 필요한 행정입법을 하지 아니하는 경우에는 행정권에 의 하여 입법권이 침해되는 결과가 되기 때문이다(헌재결 1998.7.16, 96헌마246).
2. **부진정 입법부작위에 대한 위헌소원(실질은 위헌법률심사) 인정**
   입법부작위의 형태 중 기본권보장을 위한 **법규정을 두고 있지만 불완전하게 규정**하여 그 보충을 요하는 경우에는 그 **불완전한 법규 자체를 대상으로 하여 그것이 헌법위반이라는 적극적인 헌법소원(위헌소원) 이 가능**함은 별론으로 하고, **입법부작위로서 헌법소원(권리구제소원)의 대상으로 삼을 수는 없다**(헌재 결 1996.6.13, 94헌마118·95헌바39).
3. 구 군법무관임용법 제5조 제3항 및 「군법무관임용 등에 관한 법률」 제6조가 군법무관의 봉급과 그 밖의 보수를 법관 및 검사의 예에 준하여 지급하도록 하는 대통령령을 제정할 것을 규정하였는데, 대통령이 지금까지 해당 대통령령을 제정하지 않는 것은 청구인들(군법무관들)의 재산권을 침해하는 것이다(헌재 결 2004.2.26, 2001헌마718).

ⓔ 손해배상 : 시행명령의 부당한 지체로 인해 손해를 입은 국민은 국가배상청구소송을 제기할 수 있다.

구 군법무관임용법 제5조 제3항과 「군법무관임용 등에 관한 법률」 제6조가 군법무관의 보수의 구체적 내용을 시행령에 위임했음에도 불구하고 행정부가 정당한 이유 없이 시행령을 제정하지 않은 것은 불법행위에 해당한다(대판 2007.11.29, 2006다3561).

(2) 헌법재판소에 의한 통제

① 문제의 소재 : 명령·규칙 또는 처분이 헌법이나 법률에 위반되는 여부가 '재판의 전제'가 된 경우에는 대법원은 이를 최종적으로 심사할 권한을 가진다(헌법 제107조 제2항). 따라서 법규명령의 위헌성 여부에 대한 헌법소원이 제기된 경우에 헌법재판소가 그에 대한 심사권을 가지는지가 문제된다.

② 학 설

소극설	적극설(통설)
1. 헌법은 명문으로 명령의 최종적 심사권을 '대법원'에 부여하고 있고, 2. 처분적 법규명령에 대해서는 행정소송으로 다툴 수 있으므로 보충성의 요건을 충족하지 못하므로 부적법 각하하여야 하고, 3. 헌법재판소와 대법원이 동시에 명령·규칙에 대한 위헌심사권을 가진다면 두 기관의 판단이 다른 경우에 혼란을 야기할 수 있다는 점 등을 논거로 헌법재판소는 명령의 위헌성에 대한 심사권을 갖지 못한다는 견해이다.	1. 헌법이 명령·규칙의 위헌심사권을 법원에 부여한 것은 명령·규칙의 위헌 여부가 '재판의 전제'가 된 경우에 한하므로, 명령 자체가 별도의 집행행위를 기다리지 않고 직접 국민의 기본권을 침해하는 경우에는 헌법재판소가 명령의 위헌성에 대한 심사를 한다 하더라도 헌법 제107조에 위반되는 것은 아니고, 2. 종래 법원은 처분적 법규명령에 대한 처분성의 인정에 대하여 매우 소극적인 입장을 취하고 있기 때문에 보충성의 요건을 충족하고, 3. 명령도 헌법재판소법 제68조 제1항의 '공권력의 행사 또는 불행사'에 포함된다는 점 등을 논거로 헌법재판소가 심사권을 가진다는 견해로서 통설이다.

법규명령이 헌법이나 법률에 위반되는지 여부에 관한 심사권은 헌법상 헌법재판소의 배타적 권한이다. (×)

③ 헌법재판소(적극설) : 헌법재판소는 「법무사법 시행규칙」(대법원규칙)에 대한 헌법소원을 인정(헌재결 1990.10.15, 89헌마178)한 이래 법규명령에 대한 헌법소원을 제한적으로 인정하는 입장이다.

1. 「법무사법 시행규칙」(대법원규칙)에 대한 헌법소원 예외적으로 인정

   입법부에서 제정한 법률, 행정부에서 제정한 시행령이나 시행규칙 및 사법부에서 제정한 규칙 등은 그것들이 별도의 집행행위를 기다리지 않고 직접 기본권을 침해하는 것일 때에는 모두 헌법소원심판의 대상이 될 수 있는 것이다(헌재결 1990.10.15, 89헌마178).

2. 조례에 대한 헌법소원(담배자동판매기 설치장소 제한에 관한 부천시·강남구조례 위헌확인) 예외적으로 인정

   조례는 지방자치단체가 그 자치입법권에 근거하여 자주적으로 지방의회의 의결을 거쳐 제정한 법규이기 때문에 **조례 자체로 인하여 직접 그리고 현재 자기의 기본권을 침해받은 자는 그 권리구제의 수단으로서 조례에 대한 헌법소원을 제기할 수 있다**(헌재결 1995.4.20, 92헌마264·279).

3. 조례에 대한 헌법소원

   헌법재판소법 제68조 제1항에서 말하는 '공권력'에는 입법작용이 포함되며, 지방자치단체에서 제정하는 조례도 불특정다수인에 대해 구속력을 가지는 법규이므로 조례제정행위도 입법작용의 일종으로서 헌법소원의 대상이 된다(헌재결 1994.12.29, 92헌마216).

4. 공무원임용령(대통령령)과 예규

   청구인이 위 법령과 예규의 관계규정으로 말미암아 직접 기본권을 침해받았다면, 이에 대하여 바로 헌법소원심판을 청구할 수 있다고 보아야 할 것이다(헌재결 1992.6.26, 91헌마25).

5. 당구장 경영자인 청구인에게 당구장 출입문에 18세 미만자에 대한 출입금지 표시를 하게 하는 「체육시설의 설치·이용에 관한 법률 시행규칙」 제5조는 직업선택의 자유와 평등권을 침해하고 위임입법의 한계를 일탈한 것이어서 위헌이다(헌재결 1993.5.13, 92헌마80).

 제3절 행정규칙

제1항 일반론

I 행정규칙의 의의와 기능

1. 의의

행정규칙이란 '행정기관이 정립하는 일반적·추상적인 규율로서 법규의 성질을 가지지 않는 것'을 말한다. 행정명령이라고도 한다. 행정청이 정립하는 일반적·추상적 규율인 점은 법규명령과

같다. 그러나 원칙적으로 행정조직 내부에서만 구속력을 가지며 법률의 수권 없이 발할 수 있다는 점에서 법규명령과 구별된다.

2. 기능(필요성)

행정규칙은 ① 법률의 해석과 집행에 있어서 행정청에 공통적·통일적 기준을 제시하여 해석자·장소·시간 등의 차이로 인해 생기기 쉬운 불공정을 방지하고, ② 통일적인 기준을 제시함으로써 실무상의 혼란을 방지하고 행정의 효율성을 제고시키는 기능을 한다.

Ⅱ 행정규칙의 법적 성질과 효력

1. 법규의 개념

구 분		내 용
규 율	의 의	법적 효과(권리의무의 발생·변경·소멸) 발생 ⇔ 사실행위(권리의무와 무관한 행위)
	범 례	1. 개별적·구체적 규율(행정행위) 2. 일반적·추상적 규율(규범) 3. 일반적·구체적 규율(일반처분) 4. 개별적·추상적 규율(이형적 대인처분)
규 범	의 의	일반적·추상적 규율
	범 례	법률+법규명령(조례·규칙 포함)+행정규칙
법 규	의 의	1. 인습적·습속적 법규개념 : 인격주체 상호 간의 의사범위를 규율. 특별권력관계의 이론적 기초인 불침투성설과 관련된 것으로 오늘날은 인정되지 않는 개념정의임. 2. 내용 중시 : 국민의 권리의무관련사항. 종래의 전통적 법규개념 3. 구속력 중시 : 대외적(국민·법원) 구속력(양면적 구속력=대내적 구속력+대외적 구속력)이 인정되는 규범. 오늘날 선호하는 개념
	범 례	법률, 법규명령(대통령령·총리령·부령·조례·규칙)-행정규칙

2. 법규성 부정의 의미

대외적 구속력이 부정될 때에는 행정규칙은 행정기관 내부에서만 구속력을 갖기 때문에 국민은 행정규칙 위반의 행정행위에 대해 행정규칙이 아닌 다른 실정법령 위반사유로 인해 위법성을 주장할 수 있게 된다. 또한 법원으로서도 행정규칙의 구속력을 받지 않으므로 행정규칙을 위반한 처분이라고 하더라도 바로 위법성을 인정할 수는 없고, 다른 실정법령 위반 여부를 검토하여 위법성을 심사하게 된다.

(1) 법률이나 법규명령에 위반하면 바로 위법이라고 판단해야 하지만, 행정규칙을 위반해도 바로 위법한 것이라고 할 수 없다.

(2) 법률이나 법규명령에 규정된 청문절차를 결여하면 위법이지만, 행정규칙에 규정된 청문절차를 결여하면 적법이다(대판 1994.8.9, 94누3414).

(3) 부령형식의 행정규칙에 적합하다 하여 바로 적법성을 인정할 수 없고 적법성 판단은 근거 법률의 규정 및 취지에 적합한가 여부에 따라 판단한다[대판(전합) 1995.10.17, 94누14148].

3. 법규성 인정 여부

(1) 대내적 효력

행정규칙은 행정 내부의 조직과 활동에 관한 사항을 규율하는 것이기 때문에 원칙적으로 내부적으로는 법적 효력을 가진다는 데 이견이 없다. 따라서 공무원이 근무규칙에 위반하거나 학생이 학칙에 위반하는 경우 징계책임이라는 법적 책임이 가해진다.

검찰청의 장이 출장 등의 사유로 근무지를 떠날 때에는 검찰총장의 승인을 얻어야 한다고 규정한 검찰근무규칙 제13조 제1항의 법적 성격은 행정규칙이고 그 위반행위는 직무상의 의무위반으로 징계사유에 해당한다(심재륜 고검장 항명사건)(대판 2001.8.24, 2000두7704).

(2) 대외적 효력

행정규칙의 대외적(국민이나 법원에 대한) 구속력을 인정할 것인가에 대하여는 견해가 대립한다.

① **비법규설**: 행정규칙은 행정조직 내부 또는 특별행정법관계 내부에서 그 조직·작용에 대해 규율하기 위해 제정되는 것이므로 국민에 대하여는 법적 효력이 없고, 법원을 구속하거나 재판기준이 되지 않는다는 견해이다.

② **준법규설(다수설)**: 행정규칙이 직접적으로 대외적 효력을 갖는 것은 아니고(비법규설의 일종), 헌법상의 평등원칙·자기구속의 원칙을 매개로 하여 '간접적'으로 대외적 효력을 갖는다는 견해로서 다수설이다. 이 경우 평등원칙이나 자기구속의 원칙은 행정규칙을 대외적 효력을 갖는 법규로 전환시키는 '전환규범(매개규범)'으로서의 기능을 담당한다.

③ **법규설**: 행정규칙이 '직접적'으로 대외적 효력을 갖는다는 견해이다. 행정부도 민주적 정당성을

2

2022 삼봉행정법총론

부여받은 기관으로 시원적(始源的)인 입법권을 갖기 때문에 입법권은 의회입법권과 행정입법권으로 이원화되어 있다는 이원적 법권론(二元的 法圈論)을 논거로 한다(Ossenbühl).

④ 유형설 : 이질성을 띠고 있는 행정규칙을 개별화·유형화해서 행정규칙의 법규성을 논하는 견해이다.

⑤ 대법원판례

　　㉠ 비법규설(주류적 판례) : 대법원은 원칙적으로 법규성을 부정하고 예외적으로만 인정하고 있다

1. **법규성 부인(원칙)**

   상급행정기관이 하급행정기관에 대하여 업무처리지침이나 법령의 해석적용에 관한 기준을 정하여 발하는 이른바 **'행정규칙이나 내부지침'은 일반적으로 행정조직 내부에서만 효력을 가질 뿐 대외적인 구속력을 갖는 것은 아니므로 행정처분이 그에 위반하였다고 하여 그러한 사정만으로 곧바로 위법하게 되는 것은 아니다**(대판 2009.12.24, 2009두7967).

2. 상급행정기관이 소속 공무원이나 하급행정기관에 대하여 업무처리지침이나 법령의 해석·적용 기준을 정해 주는 '행정규칙'은 대외적으로 구속력이 없고, 처분이 행정규칙에 적합한지 여부에 따라 처분의 적법 여부를 판단할 수 없으며, 상급행정기관이 소속 공무원이나 하급행정기관에 하는 개별·구체적인 지시에 관하여도 마찬가지 법리가 적용된다

   상급행정기관이 소속 공무원이나 하급행정기관에 대하여 업무처리지침이나 법령의 해석·적용 기준을 정해 주는 **'행정규칙'은 일반적으로 행정조직 내부에서만 효력을 가질 뿐 대외적으로 국민이나 법원을 구속하는 효력이 없다. 처분이 행정규칙을 위반하였다고 해서 그러한 사정만으로 곧바로 위법하게 되는 것은 아니고, 처분이 행정규칙을 따른 것이라고 해서 적법성이 보장되는 것도 아니다. 처분이 적법한지는 행정규칙에 적합한지 여부가 아니라 상위법령의 규정과 입법 목적 등에 적합한지 여부에 따라 판단해야 한다. 상급행정기관이 소속 공무원이나 하급행정기관에 하는 개별·구체적인 지시도 마찬가지이다.** 상급행정기관의 지시는 일반적으로 행정조직 내부에서만 효력을 가질 뿐 대외적으로 국민이나 법원을 구속하는 효력이 없다. 대외적으로 처분 권한이 있는 처분청이 상급행정기관의 지시를 위반하는 처분을 하였다고 해서 그러한 사정만으로 처분이 곧바로 위법하게 되는 것은 아니고, 처분이 상급행정기관의 지시를 따른 것이라고 해서 적법성이 보장되는 것도 아니다. 처분이 적법한지는 상급행정기관의 지시를 따른 것인지 여부가 아니라, 헌법과 법률, 대외적으로 구속력 있는 법령의 규정과 입법 목적, 비례·평등원칙과 같은 법의 일반원칙에 적합한지 여부에 따라 판단해야 한다(대판 2019.7.11, 2017두38874).

　㉡ **준법규설** : 판례 중에는 설정된 기준이 객관적으로 합리적이 아니라거나 타당하지 않다고 볼만한 다른 특별한 사정이 없음에도 재량준칙을 따르지 않은 처분을 재량권을 남용한 처분으로 보고, 재량준칙에 따른 처분을 적법한 처분으로 본 판결이 다수 있다. 이러한 판례의 태도는 평등원칙을 매개로 재량준칙의 간접적인 대외적 구속력을 인정하는 다수설의 태도와 유사하다고 평가하는 견해가 있다(박균성).

ⓒ 예외적으로 법규성을 인정한 판례

1. 「건축사사무소의 등록취소 및 폐쇄처분에 관한 규정」

　「건축사사무소의 등록취소 및 폐쇄처분에 관한 규정」 제9조에는 건축사사무소의 등록을 취소하고자 할 때에는 미리 당해 건축사에 대하여 청문을 하거나 필요한 경우에 참고인의 의견을 들어야 한다. …… 관계행정청이 위와 같은 처분을 하려면 반드시 사전에 청문절차를 거쳐야 하고 설사 위와 같은 법 제28조 **소정의 사유(취소사유)가 분명히 존재하는 경우라 하더라도 당해 건축사가 정당한 이유 없이 청문에 응하지 아니하는 경우가 아닌 한 청문절차를 거치지 아니하고 한 건축사사무소등록취소처분은 청문절차를 거치지 아니한 위법한 처분이다**(대판 1984.9.11, 82누166).

2. 법령보충적 행정규칙(법령보충규칙)

　상급행정기관이 하급행정기관에 대하여 업무처리지침이나 법령의 해석적용에 관한 기준을 정하여서 발하는 이른바 행정규칙은 일반적으로 행정조직 내부에서만 효력을 가질 뿐 대외적인 구속력을 갖는 것은 아니지만, **법령의 규정이 특정 행정기관에게 그 법령내용의 구체적 사항을 정할 수 있는 권한을 부여하면서 그 권한행사의 절차나 방법을 특정하고 있지 아니한 관계로 수임행정기관이 행정규칙의 형식으로 그 법령의 내용이 될 사항을 구체적으로 정하고 있다면 그와 같은 행정규칙, 규정은 행정규칙이 갖는 일반적 효력으로서가 아니라, 행정기관에 법령의 구체적 내용을 보충할 권한을 부여한 법규규정의 효력에 의하여 그 내용을 보충하는 기능을 갖게 된다** 할 것이므로 이와 같은 행정규칙, 규정은 당해 법령의 위임 **한계를 벗어나지 아니하는 한 그것들과 결합하여 대외적인 구속력이 있는 법규명령으로서의 효력을 갖게 된다**(대판 1987.9.29, 86누484).

ⓑ 헌법재판소(준법규설) : 헌법재판소도 다수설과 마찬가지로 준법규설을 취하고 있다. 한편, 법령보충규칙에 대해서는 통설·대법원 판례와 마찬가지로 법규성을 인정하고 있다.

4. 행정규칙과 처분의 우열문제(동위설)

　행정규칙과 처분의 효력의 우열에 관해서는 ① 동위설(다수설)과 ② 공무원이 행정규칙을 위반하는 경우 징계원인이 되고 행정규칙위반의 행정처분이 위법하게 되는 경우도 있으므로, 행정규칙이 처분보다 원칙적으로 상위라는 견해가 대립하고 있다.

Ⅲ 행정규칙의 종류

1. 형식에 의한 분류

대통령령인 「행정 효율과 협업 촉진에 관한 규정」 제4조 제2호에 의한 '지시문서'에는 ① 협의의 훈령, ② 지시, ③ 예규, ④ 일일명령이 있다.

구 분	내 용
훈 령	상급기관이 하급기관에 대하여 상당히 장기간에 걸쳐 권한의 행사를 일반적으로 지휘·감독하기 위하여 발하는 명령으로 가장 대표적임.
지 시	상급기관이 직권 또는 하급기관의 문의나 신청에 의하여 개별적·구체적으로 발하는 명령
예 규	법규문서 이외의 문서로서 반복적 행정사무의 기준을 제시하는 명령
일일명령	당직·출장·시간외근무·휴가 등의 일일업무에 관한 명령

관련판례 행정청 내부의 사무처리지침에 따랐다는 이유만으로 행정처분이 위법하게 되는 것은 아니다
행정청 내부에서의 사무처리지침이 행정부가 독자적으로 제정한 행정규칙으로서 상위법규의 규정내용을 벗어나 국민에게 새로운 제한을 가한 것이라면 그 효력을 인정할 수 없겠으나, 단순히 행정규칙 중 하급행정기관을 지도하고 통일적 법해석을 기하기 위하여 상위법규 해석의 준거기준을 제시하는 규범해석규칙의 성격을 가지는 것에 불과하다면 그러한 해석기준이 상위법규의 해석상 타당하다고 보여지는 한 그에 따랐다는 이유만으로 행정처분이 위법하게 되는 것은 아니라 할 것이다(대판 1992.5.12, 91누8128).

2. 내용에 의한 분류

구 분	내 용
조직규칙	행정기관의 설치, 내부적 권한분배 등에 관한 규칙. 직제나 위임전결규정
근무규칙	1. 상급기관이 하급기관 및 그 구성원의 근무에 관해 규율하는 행정규칙으로서 행위통제(지도)규칙이 주요내용이다. 2. 행위통제규칙은 행정기관의 행위를 통제·지도하는 내용의 규칙으로서 재량준칙**[98 행시]**, 법령해석규칙 등이 특히 중요. 행정규칙의 법규성문제는 주로 이들 행정규칙과 관련하여 논의
영조물규칙	1. 국·공립학교(병원·도서관) 등 영조물의 이용에 관한 규칙 2. 국립대학교학칙, 국립도서관이용규칙

관련판례 행정관청 내부의 사무처리규정에 불과한 전결규정에 위반하여 원래의 전결권자가 아닌 보조기관 등이 처분권자인 행정관청의 이름으로 행정처분을 한 경우, 그 처분은 무효가 아니다(대판 1998.2.27, 97누1105).

3. 기타 분류

구 분	내 용
재량준칙	하급행정기관이 재량처분을 함에 있어서 재량권 행사의 일반적 기준을 제시하는 규칙
법령(규범) 해석규칙	불확정개념을 해석하고 적용함에 있어서의 기준을 제시하여 하급행정기관의 법해석·적용의 통일을 도모하기 위하여 제정된 규칙으로서 계쟁처분의 판단에 있어 법원을 구속하지는 않는다.
간소화규칙	대량적 행정행위(과세처분)를 발하는 경우의 획일적 처분기준을 설정하는 규칙으로서 행위통제규칙의 일종(간소화 지침)
법률대위 규칙	1. 법적 규율이 필요함에도 불구하고 흠결되어 있는 행정영역(특히, 급부행정분야)에서 발하여지는 것 법률이 전혀 없거나 지나치게 일반조항적 규정이기 때문에 구체화가 필요한 경우에 발령 2. 재량준칙과는 달리 이미 법률상 설정되어 있는 결정기준을 구체화하는 것이 아니라 원초적으로 설정하는 것이라는 점에서 차이
규범구체화 행정규칙	고도의 전문성과 기술성을 가진 행정영역에 있어서 입법기관이 규율내용을 구체화하지 못하고 사실상 행정기관에 맡긴 경우에 행정기관이 법령의 내용을 구체화하는 행정규칙으로서 법률대위규칙의 일종

구 「부당한 공동행위 자진신고자 등에 대한 시정조치 등 감면제도 운영고시」의 법적 성질(=재량준칙) 및 이를 위반한 행정처분이 위법하게 되는 경우

구 「부당한 공동행위 자진신고자 등에 대한 시정조치 등 감면제도 운영고시」 제16조 제1항, 제2항은 그 형식 및 내용에 비추어 재량 권 행사의 기준으로 마련된 행정청 내부의 사무처리준칙 즉 재량준칙이라 할 것이고, 구 「독점규제 및 공정거래에 관한 법률 시행령」 제35조 제1항 제4호에 의한 추가감면 신청 시 그에 필요한 기준을 정하는 것은 행정청의 재량에 속하므로 그 기준이 객관적으로 보아 합리적이 아니라든가 타당하지 아니하여 재량권을 남용한 것이라고 인정되지 않는 이상 행정청의 의사는 가능한 한 존중되어야 한다. 이러한 재량준칙은 일반적으로 행정조직 내부에서만 효력을 가질 뿐 대외적인 구속력을 갖는 것은 아니므로 행정처분이 이를 위반하였다고 하여 그러한 사정만으로 곧바로 위법하게 되는 것은 아니고, 다만 그 재량준칙이 정한 바에 따라 되풀이 시행되어 행정관행이 이루어지게 되면 평등의 원칙이나 신뢰보호의 원칙에 따라 행정기관은 상대방에 대한 관계에서 그 규칙에 따라야 할 자기구속을 받게 되므로, 이러한 경우에는 특별한 사정이 없는 한 그에 반하는 처분은 평등의 원칙이나 신뢰보호의 원칙에 어긋나 재량권을 일탈·남용한 위법한 처분이 된다(대판 2013.11.14, 2011두28783).

4. 고시(복수성질설)

일반적·추상적 규율일 경우는 '명령'(법규명령 또는 행정규칙), 일반적·구체적 규율일 경우는 '일반처분', 고시의 내용이 어떤 물건의 성질이나 상태를 규율하는 내용일 경우에는 '물적 행정행위', 법령의 수권에 의하여 법령을 보충하는 사항을 정하는 경우에는 근거 법령과 결합하여 '법규명령(법령보충규칙)'에 해당한다는 견해가 다수설이다. 판례(대법원, 헌법재판소)도 복수성질설을 취하고 있다.

1. 어떠한 고시가 일반적·추상적 성격을 가질 때에는 법규명령 또는 행정규칙에 해당할 것이지만, 다른 집행행위의 매개 없이 그 자체로서 직접 국민의 구체적인 권리의무나 법률관계를 규율하는 성격을 가질 때에는 항고소송의 대상이 되는 행정처분에 해당한다(대판 2006.9.22, 2005두2506).

2. 고시가 법규명령으로서 구속력을 갖기 위한 요건

   일반적으로 **행정 각부의 장이 정하는 고시라 하더라도 그것이 특히 법령의 규정에서 특정 행정기관에게 법령 내용의 구체적 사항을 정할 수 있는 권한을 부여함**으로써 **그 법령 내용을 보충하는 기능을 가질 경우에는 그 형식과 상관없이 근거 법령 규정과 결합하여 대외적으로 구속력이 있는 법규명령으로서의 효력을 가지는 것이나 이는 어디까지나 법령의 위임에 따라 그 법령 규정을 보충하는 기능을 가지는 점에 근거하여 예외적으로 인정되는 효력이므로 특정 고시가 비록 법령에 근거를 둔 것이라고 하더라도 그 규정 내용이 법령의 위임 범위를 벗어난 것일 경우에는 위와 같은 법규명령으로서의 대외적 구속력을 인정할 여지는 없다**(대판 1999.11.26, 97누13474).

3. 구 전통사찰보존법시행령의 위임에 의한 문화부 고시 제9호 중 전통사찰의 부동산양도허가 신청서의 구비서류로 '종파단체 대표자 승인서'를 규정하고 있는 부분은 법규명령으로서 구속력을 갖는 것이 아니다

   구 전통사찰보존법 제6조 제1항 제2호와 같은법시행령 제7조 제1항, 제2항은 전통사찰의 경내지 안에 있는 당해 사찰 소유의 부동산을 양도하고자 할 때에는 문화체육부장관의 허가를 받아야 하는 것으로 규정하고 이에 이어 같은법시행령 제11조에서 그 허가신청서의 서식은 문화체육부장관이 정하여 고시하도록 위임하고 있으나, 이는 그 허가신청에 따른 절차가 효율적으로 진행될 수 있도록 하기 위하여 신청 대상이 된 부동산 양도의 내용을 명료하게 특정할 수 있는 신청서의 양식을 허가관청인 문화체육부장관이 직접 정하도록 위임한 것으로 해석될 뿐, 허가신청사항의 특정과는 상관없는 서면까지 그 허가 신청서의 구비서류로 정할 수 있도록 위임하고 있는 것은 아니라고 할 것이므로, 문화부 고시 제9호(1990. 6. 29.)에서 전통사찰의 부동산양도허가 신청서에 대한 구비서류로 '종파단체 대표자 승인서'를 규정하고 있더라도, 이러한 **승인서를 구비서류로 하는 것은 실질적으로 개별 전통사찰의 부동산양도에 소속종파단체의 승인을 요구하는 것으로서 단순히 허가신청사항을 특정하는 범위를 벗어난다**고 할 것이므로, 이를 들어 같은법시행령에서 고시로써 정하도록 위임하고 있는 위와 같은 서식에 해당한다고 할 수는 없고, **따라서 위 고시에서 위 승인서를 구비서류로 첨부하도록 규정하고 있는 부분은 결국 법규명령으로서의 대외적인 구속력을 가질 수 없다**(대판 1999. 11.26, 97누13474).

4. 고시가 위임의 한계를 준수하고 있는지 판단하는 방법

   특정 고시가 위임의 한계를 준수하고 있는지를 판단할 때에는, **법률 규정의 입법 목적과 규정 내용, 규정의 체계, 다른 규정과의 관계 등을 종합적으로 살펴야** 하고, 법률의 위임 규정 자체가 의미 내용을 정확하게 알 수 있는 용어를 사용하여 위임의 한계를 분명히 하고 있는데도 고시에서 문언적 의미의 한계를 벗어났다든지, 위임 규정에서 사용하고 있는 용어의 의미를 넘어 범위를 확장하거나 축소함으로써 위임 내용을 구체화하는 단계를 벗어나 새로운 입법을 한 것으로 평가할 수 있다면, 이는 위임의 한계를 일탈한 것으로서 허용되지 아니한다(대판 2016.8.17, 2015두51132).

5. 특별행정법관계의 종류에 따른 분류

특별행정법관계의 종류에 따라 ① 근무규칙, ② 영조물이용규칙, ③ 감독규칙, ④ 사원(사단)규칙으로 나눌 수 있다.

6. 판례상의 행정규칙

구 분	내 용
훈 령	「국민의 권익보호를 위한 행정절차에 관한 훈령」(대판 1994.8.9, 94누3414)
지 침	1. 서울특별시 「상수도손괴원인자부담 처리지침」(대판 1993.4.23, 92누7535) 2. 서울특별시가 정한 「개인택시운송사업 면허지침」(대판 1997.1.21. 95누12941. 3. 경기도교육청의 1999. 6. 2.자 「학교장·교사 초빙제 실시」(헌재결 2001.5.31. 99헌마413) 4. 한국감정평가업협회가 제정한 토지보상평가지침(대판 2002.6.14, 2000두3450) 5. 공정거래위원회가 제정한 「과징금산정방법 및 부과지침」 중 「과징금 부과기준」(대판 2005. 4.29, 2004두3281) 6. 공정거래위원회의 「부당한 지원행위의 심사지침」(대판 2005.6.9, 2004두7153) 7. 건강보험심사평가원 원장이 보건복지부장관의 고시(요양급여비용 심사·지급업무 처리기준)에 따라 진료심사평가위원회 심의를 거쳐 정한 「요양급여비용의 심사기준 또는 심사지침」(대판 2012.11.29, 2008두21669) 8. 한국수력원자력 주식회사의 「공급자관리지침」 중 등록취소 및 그에 따른 일정 기간의 거래제한조치에 관한 규정」(대판 2020.5.28, 2017두66541)
기 준	건강보험심사평가원이 「요양급여비용 심사·지급업무 처리기준」 제4조 제1. 제4호에 근거하여 제정한 심사지침인 「방광내압 및 요누출압 측정 시 검사방법」(대판 2017.7.11. 2015두2864)
요 령	1. 「자동차운수사업법 제31. 등에 관한 처분요령」(교통부훈령 제680호)(대판 1983. 2.22, 82누352) 2. 공직선거관리규칙과 중앙선거관리위원회의 개표관리요령(대판 1996.7.12, 96우16) 3. 건설부가 관계 행정기관에 시달한 94개별공시지가조사요령(대판 1998.2.27, 96누13972) 4. 구 「법인세법 시행규칙」 제45조 제3항 제6호에 따른 「소득금액조정합계표 작성요령」(대판 2003.9.5, 2001두403)
시 달	개인택시면허 우선순위에 관한 교통부장관의 시달(대판 1985.11.26, 85누394)
규 정	1. 건설교통부 훈령인 개발제한구역관리규정(건설교통부 훈령 제203호)(대판 2002.10.11. 2000 도6067) 2. 「대규모내부거래에 대한 이사회 의결 및 공시에 관한 규정」(공정거래위원회 고시 제2002 –05호)(대결 2007.4.13, 2005마226) 3. 「국립묘지안장대상심의위원회 운영규정」(대판 2013.12.26, 2012두19571)
원 칙	교육위원회의 인사관리원칙(헌재결 1990.9.3, 90헌마13)
기본통칙	1. 「소득세법 기본통칙」(대판 1987.5.26, 86누96) 2. 국세청의 기본통칙(대판 1989.9.12, 87누564)
기본계획	교육부장관이 매년 발표하는 대학입시기본계획(헌재결 1997.7.16, 97헌마70)
편 람	환경부에서 발행한 폐기물처리시설설치업무편람(대판 2002.6.14, 2000두8523)
예 규	1. 경찰청 예규인 「총포·도검·화약류 등에 관한 사무취급규칙」(대판 1996.6.28, 96누3036) 2. 「공직선거에 관한 사무처리예규」(헌재결 2000.6.29, 00헌마325)
규 칙	1. 지방자치단체가 제정한 개인택시운송사업면허사무처리규칙(대판 2002.1.22, 2001두8414) 2. 검찰보존사무규칙(대판 2004.9.23, 2003두1370) 3. 서울특별시 「철거민 등에 대한 국민주택 특별공급규칙」(대판 2007.11.29, 2006두8495)
고 시	'위반사업자 또는 그 소속 임원·종업원이 위반행위 조사를 거부·방해 또는 기피한 경우' 과징금을 가중할 수 있도록 규정한 구 「과징금부과 세부기준 등에 관한 고시」는 재량준칙(대판 2020.11.12, 2017두36212)

7. 규범구체화행정규칙

(1) 의의 및 성격

독일의 규범구체화행정규칙이란 고도의 전문성과 기술성을 가진 행정영역에 있어서 입법기관이 규율내용을 구체화하지 못하고 사실상 행정기관에 맡긴 경우에 행정기관이 법령의 내용을 구체화하는 행정규칙을 말한다.

(2) 연 혁

독일연방행정법원이 1985. 12. 19.의 뷜(Wyhl)판결에서 원자력법의 영역에서 적용되는 「배출공기나 지표수를 통한 방사능의 유출에 있어서의 방사선노출에 관한 일반적 산정기준」(연방내무장관의 지침)에 대해 이를 인정한 데서 비롯되는 개념이다. 독일판례는 기술적인 안전법이나 환경법 영역에서 주로 인정하고 있다.

(3) 우리나라에서의 인정 여부

① 부정설(통설) : ㉠ 규범구체화행정규칙의 규율사항은 전문적·기술적 사항에 한정되는데, 법령보충규칙은 그에 국한되지 않는다는 점, ㉡ 규범구체화행정규칙은 그 자체로 법규성이 인정되는데, 법령보충규칙은 상위법령의 효력으로 상위법령과 결합해서만 법규성이 인정된다는 점, ㉢ 규범구체화행정규칙은 법령의 명시적인 위임이 없이도 제정될 수 있고(견해 대립) 법률을 구체화하는 것에 그치는데, 법령보충적 행정규칙은 명문의 위임에 근거하여 법령을 보충하는 새로운 사항을 정한다는 점에서 차이가 있다는 견해로서 통설이다. 한편, 통설은 규범구체화행정규칙을 부정하는 입장이다.

② 긍정설 : 규범구체화행정규칙을 법률보충규칙의 하나로 보는 견해이다.

Ⅳ 행정규칙의 근거와 한계

1. 법적 근거

행정규칙제정권은 집행권에 내재하는 것이므로 행정규칙의 제정에 법령의 구체적·개별적 수권(작용법적 근거)은 필요 없고 조직법적 근거만 있으면 된다.

관련 판례 행정규칙인 주세사무처리규정에는 법률유보원칙이 적용되지 않는다(대판 1984.11.13, 84누269).

2. 한 계

행정규칙은 법령과 상급기관의 행정규칙에 위반되지 않는 한도 내에서, 특정의 행정목적을 달성하기 위하여 필요한 범위 내에서만 제정할 수 있고, 국민의 권리의무에 관한 사항을 새로이 규정할 수 없다.

Ⅴ 행정규칙의 적법요건과 소멸

1. 성립요건

(1) 주 체

행정규칙을 발할 수 있는 정당한 권한이 있는 행정기관이 발해야 한다.

(2) 내 용

행정규칙은 법률의 근거를 요하지는 않지만 법률우위의 원칙에 의해 상위법령에 반하지 않는 한 가능하고 명백한 내용으로 제정해야 한다.

(3) 절 차

일반적으로 따라야 할 법정절차는 존재하지 않는다. 다만, 근래 행정규칙이 실제 행정운용과 국민생활에 미치는 영향의 중대성이 인식됨에 따라 절차적 통제에 관심을 두고 있다. 또한 행정절차법에 의하면 행정청이 필요한 처분기준을 설정·변경하는 경우 해당 처분의 성질에 비추어 되도록 구체적으로 정하여 공표(처분기준설정·공표)하여야 하고(제20조 제1항), 국민의 일상생활과 밀접한 관련이 있는 경우에는 행정상 입법예고절차를 거쳐야 한다(제41조 제1항).

(4) 형 식

행정규칙은 보통 고시·훈령·예규·통첩·지시 등의 형식으로 행해지나, 고유한 형식이 있는 것은 아니므로 반드시 문서로 할 필요는 없고 이론상 구두로도 가능하다. 그러나 행정실무 조문형식의 문서로 하고 있다.

2. 효력발생요건

성립요건을 갖추어 유효하게 성립한 행정규칙은 특별한 효력발생요건(국민에 공포)을 요하지 아니하며, 적당한 방법(예) 관보게재·게시·사본배부·전문 등)으로 수명기관에 도달한 때로부터 효력을 발생한다(김남진, 김동희, 김철용, 박윤흔, 박종국, 유상현, 장태주, 정하중, 한견우, 홍정선, 홍준형). 다만, 재량준칙과 같이 사실상 국민의 권리의무에 영향을 미칠 수 있는 행정규칙은 대외적으로 공포될 필요가 있다.

관련 판례

1. 국세청훈령은 행정규칙이므로 공포를 요하지 않는다(대판 1990.5.22, 90누639).
2. 서울특별시 95년 「개인택시운송사업면허업무처리요령」은 행정규칙에 불과하므로 법규명령의 경우와는 달리 공고 등의 방법으로 외부에 고지되어야만 효력이 발생한다고 볼 수 없다(대판 1997.9.26, 97누8878).

3. 하자의 효과

행정규칙은 일반적·추상적 규율로서 이에 대하여는 취소소송의 제기가 불가능하기 때문에(행정소송법 제2조 제1항 제1호 처분개념 참조), 행정규칙에 하자가 있을 경우 행정행위와 달리 무효가 될 뿐 취소할 수 있는 행정규칙의 개념은 인정되지 않는다.

관련 판례

1. 상위법령을 위반한 행정규칙의 효력은 당연무효이고, 행정내부적 효력도 인정될 수 없다
   행정규칙의 내용이 상위법령에 반하는 것이라면 법치국가원리에서 파생되는 법질서의 통일성과 모순금지 원칙에 따라 그것은 법질서상 당연무효이고, 행정내부적 효력도 인정될 수 없다. 이러한 경우 법원은 해당 행정규칙이 법질서상 부존재하는 것으로 취급하여 행정기관이 한 조치의 당부를 상위법령의 규정과 입법 목적 등에 따라서 판단하여야 한다(대판 2019.10.31, 2013두20011).
2. 행정규칙의 내용이 상위법령에 반하는 경우, 당연무효이다
   '행정규칙'은 상위법령의 구체적 위임이 있지 않는 한 행정조직 내부에서만 효력을 가질 뿐 대외적으로 국민이나 법원을 구속하는 효력이 없다. 다만 행정규칙이 이를 정한 행정기관의 재량에 속하는 사항에 관한 것인 때에는 그 규정 내용이 객관적 합리성을 결여하였다는 등의 특별한 사정이 없는 한 법원은 이를 존중하는 것이 바람직하다. 그러나 행정규칙의 내용이 상위법령에 반하는 것이라면 법치국가원리에서 파생되는 법질서의 통일성과 모순금지 원칙에 따라 그것은 법질서상 당연무효이고, 행정내부적 효력도 인정될 수 없다. 이러한 경우 법원은 해당 행정규칙이 법질서상 부존재하는 것으로 취급하여 행정기관이 한 조치의 당부를 상위법령의 규정과 입법 목적 등에 따라서 판단하여야 한다(대판 2020.11.26, 2020두42262).
3. '대부업자 등'이 금전대부계약과 관련하여 쌍방대리 형태의 촉탁행위를 할 경우 공증인에게 촉탁을 거절할 의무를 부과하고 있는 「집행증서 작성사무 지침」 제4조는 무효이다
   「집행증서 작성사무 지침」 제4조는 법률에 의하여 허용되는 쌍방대리 형태의 촉탁행위에 대하여 '대부업자 등'의 금전대부계약에 따른 채권·채무에 관한 경우에는 행정규칙의 형식으로 일반적으로 공증인에게 촉탁을 거절하여야 할 의무를 부과하는 것이어서 '법률우위원칙'에 위배되어 무효라고 보아야 한다(대판 2020.11.26, 2020두42262).

4. 공무원의 심사권

행정규칙에 하자가 있는 경우에 공무원은 이의 적용을 거부할 수 있는가의 문제이다. 형식적 요건에 대해서는 심사가 가능하지만, 실질적 요건의 경우에는 하자가 중대하고 명백한 경우에만 심사권이 있다는 것이 다수설이다. 따라서 단지 명백히 부당한 경우 복종을 거부할 수 없고, 거부하면 징계책임을 진다.

5. 소 멸

행정규칙은 ① 명시적·묵시적 폐지, ② 종기의 도래, ③ 해제조건의 성취 등에 의해 효력을 상실한다.

법규명령의 소멸사유	행정규칙의 소멸사유
1. 폐지 2. 실효 　① 간접적 폐지 　② 법정부관의 성취(종기의 도래, 해제조건의 성취) 　③ 근거 법령의 소멸·개정 　④ 수권법률에 대한 위헌결정	1. 명시적 폐지 2. 실효 　① 간접적·묵시적 폐지 　② 법정부관의 성취(종기의 도래, 해제조건의 성취)

Ⅵ 행정규칙에 대한 통제

1. 입법적 통제

법규명령의 경우와는 달리 직접적 통제수단은 없고, 국정조사와 국정감사 등에 의한 간접적 통제수단만 인정된다. 한편, 중앙행정기관의 장은 법률에서 위임한 사항이나 법률을 집행하기 위하여 필요한 사항을 규정한 훈령·예규·고시 등이 제정·개정 또는 폐지된 때에는 10일 이내에 이를 국회 소관상임위원회에 제출하여야 한다(국회법 제98조의2 제1항).

2. 행정적 통제

(1) 감독권

상급행정기관은 지휘·감독권에 의해 하급행정기관의 행정규칙을 통제할 수 있다.

(2) 절차적 통제

법제처의 사전·사후심사를 통한 통제도 인정된다(법제업무운영규정 제25조). 또한, 행정절차법이 처분기준설정·공표에 관해 규정하고 있다. 즉, 행정청은 필요한 처분기준을 해당 처분의 성질에 비추어 되도록 구체적으로 정하여 공표하여야 한다. 처분기준을 변경하는 경우에도 또한 같다(제20조 제1항).

(3) 행정심판

중앙행정심판위원회는 심판청구를 심리·재결할 때에 처분 또는 부작위의 근거가 되는 명령 등(대통령령·총리령·부령·훈령·예규·고시·조례·규칙 등을 말한다)이 법령에 근거가 없거나 상위법령에 위배되거나 국민에게 과도한 부담을 주는 등 크게 불합리하면 관계 행정기관에 그 명령 등의 개정·폐지 등 적절한 시정조치를 요청할 수 있다(행정심판법 제59조 제1항).

3. 사법적 통제

(1) 법원에 의한 통제

① **구체적 규범통제**: 법원은 명령·규칙이 상위법령에 위반되는지의 여부가 재판의 전제가 되는 경우에는 이를 심사할 권한을 갖는데(헌법 제107조 제2항), 여기에서의 규칙은 법규명령으로서의 규칙만을 의미하고 행정규칙은 제외된다는 것이 다수설이다.

② **항고소송**: 행정규칙은 일반적·추상적 규율(규범)로서 국민의 권리의무에 직접적 변동을 초래하는 것이 아니므로 원칙적으로 처분성이 부정된다는 것이 일반적 견해이다.

 「개인택시면허 우선순위에 관한 교통부장관의 시달」은 처분이 아니다(대판 1985.11.26, 85누394).

그러나 행정규칙 자체에 의한 국민의 권익침해가 인정되고, 국민이 행정규칙 자체를 직접 다투지 않고는 구제받을 수 없는 특별한 사정이 있는 경우에는 당해 행정규칙을 행정쟁송법상의 처분으로 보아 행정쟁송을 제기할 수 있다.

(2) 헌법재판소에 의한 통제(헌법소원)

행정규칙은 행정조직 내부의 행위로서 외부적 구속력이 없으므로, 행정규칙은 헌법소원의 대상이 되는 국민의 기본권에 영향을 미치는 공권력의 행사로 볼 수 없기 때문에 헌법소원의 대상이 될 수 없다. 그러나 예외적으로 국민의 기본권에 직접적으로 영향을 끼칠 경우에는 헌법소원의 대상이 될 수 있다는 것이 헌법재판소의 입장이다.

4. 민중통제(국민에 의한 통제)

여론, 자문, 청원, 압력단체의 활동에 의한 통제인데, 효과가 간접적이라는 점에서 한계를 갖는다.

제2항 | **특수한 행정규칙(형식과 내용의 불일치)**

제1목 | **법규명령형식의 행정규칙내용의 법적 성질**

 문제의 소재

행정사무처리기준 등과 같은 행정내부적 사항은 고시·훈령 등 행정규칙형식으로 규정되는 것이 정당하다. 그러나 행정규칙으로 정해질 내용이 법규명령의 형식을 취하고 있을 때 그러한 규정의 성질이 법규명령인가 아니면 행정규칙인가의 문제가 발생한다. 행정의 실무상, 특히 영업허가의 취소 또는 정지처분에 관한 기준, 과징금부과처분기준과 같은 '제재적 행정처분기준'의 성질이 문제되고 있다.

구 분	법규명령형식, 행정규칙 내용	행정규칙형식, 법규명령 내용(법령보충규칙)
형 식	1. 시행규칙 : 부령 2. 시행령 : 대통령령	훈령·지침·고시 등
내 용	1. 【별표】: 입법기술상 본문 내용이 복잡하고 많을 때 편의상 본문에서 규정하지 아니하고 별표로 처리하는데, 이들 내용은 대부분 행정처분기준에 관한 사항임. 2. 제재적 행정처분기준, 사무처리준칙	상위법령의 위임·수권(권한부여)·보충+법규사항

1. 다수설은 형식 중시 법규명령설
2. 판례는 세분
   ① 전체적 평가 : 내용 중시, 행정규칙설
   ② 부령·지방자치단체규칙형식 : 내용 중시. 행정규칙설
   (부령형식이 대부분의 판례임)
   ㉠ 「유기장업법 시행규칙」에 의한 처분기준(대판 1990.7.13, 90누2284)
   ㉡ 준공인기 등을 받은 날로부터 15일 이내에 매입가격에 관한 거래신고서를 제출하도록 규정한 「개발이익 환수에 관한 법률 시행규칙」 제4조[대판(전합) 1993.5.11, 92누13677]
   ㉢ 「식품위생법 시행규칙」 제53조 [별표 15]의 영업정지 등 행정처분기준(대판 1995. 3.28, 94누6925)
   ㉣ 자동차운수사업법 제31조 제2항의 규정에 따라 제정된 「자동차운수사업법 제31조 등의 규정에 의한 사업면허의 취소 등의 처분에 관한 규칙」[대판(전합) 1995.10.17, 94누14148]
   ㉤ 「도로교통법 시행규칙」 제53조 제1항이 정한 [별표 16]의 운전면허행정처분기준(대판 1997.10.24, 96누17288)
   ㉥ 「약사법 시행규칙」 제89조 [별표 6] 「행정처분의 기준」(대판 2007.9.20, 2007두6946)
   ㉦ 「공공기관의 운영에 관한 법률」 제39조 제3항의 위임에 따라 제정된 기획재정부령인 「공기업·준정부기관 계약사무규칙(대판 2013.9.12, 2011두10584)
   ㉧ 「국가를 당사자로 하는 계약에 관한 법률 시행규칙」 제76조 제1항 [별표 2](대판 2014.11.27, 2013두18964)
   ■ 제재적 처분기준이 아닌 계획기준(특허의 인가기준)인 시외버스운송사업의 사업계획변경 기준 등에 관한 구 「여객자동차 운수사업법 시행규칙」(대판 2006. 6.27, 2003두4355)은 법규명령이고, 「도시계획시설기준에 관한 규칙」(대판 2006.10.26, 2003두14840)은 법규로서의 성질
   ㉨ 「종합부동산세법 시행규칙」 제5조 제2항, 별지 제3호 서식 부표(2) 중 작성방법(대판 2015.6.24, 2012두7073)
   ㉩ 노동조합의 설립을 신고하려는 자가 설립신고서에 첨부하여 제출할 서류에 관한 구 「노동조합 및 노동관계조정법 시행규칙」 제2조 제4호[대판(전합) 2015.6.24, 2007두4995]
3. 대통령령 형식 : 형식 중시, 법규명령설
   ① 「주택건설촉진법 시행령」 제10조의3 제1항 [별표 1]은 법규명령이므로 영업정지처분은 기속행위(대판 1997.12.26, 97누15418)

내용 중시 법규명령설(통설·대법원·헌재)
1. 국세청장훈령인 재산제세사무처리규정(대판 1988.5.10, 87누1028)
2. 「액화석유가스의 안전 및 사업관리법 시행령」 제3조 제2항에 의해 제정된 「액화석유가스판매사업 허가기준에 관한 구리시 고시」(대판 1991.4.23, 90누6460)
3. 「액화석유가스의 안전 및 사업관리법」 제1조, 제2조 제4호, 제3조 제2·4항, 법 시행령의 위임에 따라 광주광역시 남구가 제정한 「가스사업 등의 허가 또는 신고기준 및 절차에 관한 고시」(대판 2002.9.27, 2000두7933)
4. 「수입선다변화품목의 지정 등에 관한 상공부 고시(대판 1993.11.23, 93도662)
5. 국무총리훈령인 개별토지가격합동조사지침(대판 1994.2.8, 93누111) : 집행명령으로서 법률보충적인 구실을 하는 법규적 성질
6. 식품위생법에 따라 보건사회부장관이 발한 보존음료수의 국내판매를 금지하는 내용의 식품제조영업허가기준 고시[대판(전합) 1994.3.8, 92누1728]
7. 주세법에 의해 국세청장이 제정한 주류도매면허제도개선업무지침(대판 1994.4.26, 93누21668)
8. 노령수당의 지급대상자의 선정기준 및 지급수준 등에 관한 권한을 부여한 노인복지법에 따라 보건사회부장관이 발한 노인복지사업지침(대판 1996.4.12, 95누7727)
9. 석유사업법 제9조 제1·3항, 「석유사업법 시행령」 제15조 [별표 2]의 규정에 따라 제정한 「전라남도 주유소등록요건에 관한 고시」(대판 1998.9.25, 98두7503)
10. 보건복지부장관이 고시의 형식으로 정한 의료보험진료수가기준(대판 1999.6.22, 98두17807)
11. 「식품접객업소 영업행위제한기준」(보건복지부 고시)(헌재결 2000.7.20, 99헌마455)
12. 「독점규제 및 공정거래에 관한 법률」에 따른 「표시·광고에 관한 공정거래지침」(대판 2000.9.29, 98두12772)
13. 「독점규제 및 공정거래에 관한 법률」에 따른 「시장지배적 지위남용행위의 유형 및 기준」(공정거래위원회 고시 제1997-12호)(대판 2001. 12.24, 99두11141)
14. 「지방공무원 수당 등에 관한 규정」 제15조 제4항의 위임을 받아 만들어진 행정자치부장관의 지방공무원수당업무처리지침(헌재결 2002.10.31, 2002헌라2)
15. 「건강보험요양급여행위 및 그 상대가치점수개정고시」(헌재결 2003.12.18, 2001헌마543)
16. 「청소년유해매체물의 표시방법에 관한 정보통신부 고시」(헌재결 2004.1.29, 2001헌마894)
17. 관세율표상 품목분류의 기준을 정한 관세청고시(대판 2004.4.9, 2003두1592)

② 구 「청소년보호법 시행령」 제40조 [별표 6]의 위반행위의 종별에 따른 과징금처분기준은 법규명령이고 과징금의 금액의 의미는 최고한도액(대판 2001.3.9, 99두5207)

③ 「국민건강보험법 시행령」 제61조 제1항 [별표 5]의 업무정지처분 및 과징금부과의 기준의 법적 성질은 법규명령이고 업무정지의 기간 내지 과징금의 금액의 의미는 최고한도(대판 2006.2.9, 2005두11982)

18. 「공업배치 및 공장설립에 관한 법률」에 따라 산업자원부장관이 정한 공장입지기준고시(대판 2004.5.28, 2002두4716)

19. 「주유소 비상표제품 등의 표시기준 및 표시방법」(산업자원부 고시 제2003-53호)(대판 2006. 4.27, 2004도1078)

20. 관광진흥법의 위임에 의해 제정된 문화관광부공고인 「외국인전용 신규카지노업 허가계획」(헌재결 2006.7.27, 2004헌마924)

21. 구 택지개발촉진법 제3조 제4항, 제31조, 같은 법 시행령 제7조 제1항 및 제5항에 따라 건설교통부장관이 정한 택지개발업무처리지침 제11조(대판 2008.3.27, 2006두3742·3759)

22. 산지관리법 제18조 제1항, 제4항, 같은 법 시행령 제20조 제4항에 따라 산림청장이 정한 「산지전용허가기준의 세부검토기준에 관한 규정」(대판 2008.4.10, 2007두4841)

23. 문화관광부고시인 「게임제공업소의 경품취급기준」(헌재결 2008.11.27, 2005헌마161·189)

24. 「산업입지의 개발에 관한 통합지침」(대판 2011. 9.8, 2009두23822)

25. 「석유 및 석유대체연료의 수입·판매부과금의 징수, 징수유예 및 환급에 관한 고시」(산업자원부 고시)와 구 「소요량의 산정 및 관리와 심사」(관세청 고시)(대판 2016.10.27, 2014두12017)

26. 건축법 제80조 제1항 제2호, 지방세법 제4조 제2항, 「지방세법 시행령」 제4조 제1항 제1호의 위임에 따라 행정자치부장관이 정한 「2014년도 건물 및 기타물건 시가표준액 조정기준」(대판 2017.5.31, 2017두30764)

27. 국민건강보험법 제41조 제2항, 구 「국민건강보험 요양급여의 기준에 관한 규칙」 제5조 제1항 [별표 1] 제1호(마)목, 제2항의 위임에 따라 보건복지부장관이 정하여 고시한 「요양급여의 적용기준 및 방법에 관한 세부사항」 Ⅰ.'일반사항' 중 '요양기관의 시설·인력 및 장비 등의 공동이용 시 요양급여비용 청구에 관한 사항'(대판 2021.1.14, 2020두38171)

Ⅱ 법규명령형식의 행정규칙의 법적 성질

1. 학 설

(1) 법규명령설(형식설=형식적 기준설=형식 중시: 다수설)

규범의 형식을 중시하여 법규명령의 형식으로 제정된 이상 문제된 규범의 상위법령의 수권 여부와 대통령령형식인지 부령형식인지를 구별하지 않고, 일반적으로 법규명령으로서의 성질을 인정하는 견해로서 다수설(김도창, 김남진·김연태, 김동희, 김성수, 박균성, 박윤흔, 변재옥, 유상현, 이상규, 정하중, 홍준형)이다.

논거로는 내용보다는 형식이 중요하다는 측면에서 ① 그 내용이 국민의 자유와 권리에 관계없는 사항이라도 법령에 규정됨으로써 일반국민을 구속하게 된다는 점, ② 행정규칙으로만 정립해야 할 고유한 사항은 없으므로 행정권은 동일한 사항을 행정규칙으로 규율할 수도 있고 법규명령으로 규율할 수도 있다는 점, 즉 법규사항과 비법규사항이 본질적으로 구별되는 것은 아니라는 점, ③ 오늘날 법규개념은 내용이 무엇인지에 관계없이 대외적 구속력을 가진 규범으로 보아야 한다는 점, ④ 형식을 기준으로 하므로 법적 안정성(예측가능성)을 도모할 수 있다는 점, ⑤ 법규범의 내용이나 실질적인 기능도 중요하지만 법규범의 형식 자체도 법치주의의 근간을 이루는 법규범의 위계질서의 유지를 위하여 본질적인 의미를 갖는다는 점, ⑥ 법규형식은 매우 중요하고 엄숙한 행위형식이기 때문에 법규형식이 존중되어야 한다는 점, ⑦ 법률에서 법규명령의 형식에 의한 기준설정의 근거를 부여하고 있는 경우에 이에 근거한 기준설정은 위임입법에 해당하므로 법규명령으로 보아야 한다는 점, ⑧ 재량준칙을 행정규칙의 형식으로 제정할 것인지 또는 법규명령의 형식으로 제정할 것인지는 입법정책의 문제인데 법적용기관인 법원이 그것을 이유로 하여 재량준칙의 법규성을 부인하는 것은 타당하지 않다는 점, ⑨ 법규명령은 법제처의 심사 혹은 국무회의의 심의(대통령령), 입법예고, 공포 등 절차적 정당성이 부여된다는 점을 들 수 있고, 그 밖에 ⑩ 구체적 타당성에 대해서는 법원의 명령규칙심사권(구체적 규범통제)을 적극적으로 행사하여 도모할 수 있다는 점, ⑪ 부령에서 규정된 제재적 행정처분의 기준은 단순한 사무처리기준이 아니라 오히려 기본권 제한에 관련하는 사항으로 보는 것이 합당하다는 점, ⑫ 법률에서 재량행위로 규정하고 있으면 재량권행사에 관한 규율을 어떻게 할 것인지는 행정부의 권한이기 때문에 법규명령에서 기속행위로 규정하더라도 문제가 없다는 점 등을 든다.

(2) 행정규칙설(실질설=실질적 기준설=비법규설=내용 중시)

당해 규범의 실질을 중시하여 당해 규범이 일반국민을 구속한다고 보여지지 않고 행정기관 내부에서의 사무처리기준만을 정한 것이라면 법규명령형식으로 규정되어 있다고 하더라도 여전히 행정규칙에 불과하다는 견해(류지태, 석종현, 한건우)이다.

논거로는 ① 법규명령이 반드시 법규만을 내용으로 하여야 할 필요는 없기 때문에 그 내용이 의진히 행정사무의 처리순직임이 명백한 경우에는 행정규칙으로서의 성질에 변함이 없다는 점, ② 행정규칙으로 파악해야 구체적 타당성을 기할 수 있다는 점, ③ 형식설을 취하면 법률에서 재량행위로 정한 것을 명령으로 기속행위로 바꾸게 되어 법률의 취지에 반한다는 점 등을 든다.

(3) 수권여부기준설(절충설)

법률의 위임이 없이 제정된 것은 부령형식을 취했다 하더라도 행정규칙의 효력밖에 인정할 수 없고, 법률의 수권에 의해 제정된 경우에는 비록 행정권 내부에만 구속력을 갖는 것이라 하더라도 재판규범으로서의 효력을 갖는다는 견해(홍정선)이다.

이에 대해서는 위임의 근거 유무는 행정조직 내부의 사정으로서 일반국민이 알 수 없는 것이 보통이므로, 이를 이유로 하여 당사자의 권리보호에 영향을 받게 되는 결과를 초래하게 된다는 비판이 있다.

(4) 재량준칙 독자성설

재량준칙은 법규명령과 같은 강행규범도 아니며, 그렇다고 행정의 내부관계에 불과한 행정규칙도 아닌 독자적 법형식으로서의 재량권 행사의 기준인 재량준칙일 뿐이라는 견해(강현호, 김민호, 이광윤)이다.

준칙은 행정청이 개별적 처분을 할 수 있는 재량권을 향유하고 있거나 미약한 조건적 제약밖에 존재하지 않는 경우 사전에 정한 권한행사의 기준을 말한다. 따라서 준칙이란 법령집행자를 일정방향으로 유도하는 것으로서 명령과 권고의 중간적 성질을 가질 뿐 행정객체의 지위를 직접적으로 수정하지는 않으므로 직접적인 대외적 구속력은 없다.

2. 판 례

주류적 판례는 규정 내용을 중시하여 행정규칙설을 취하고 있지만, 구체적으로 보면 법규의 형식이 '부령이나 지방자치단체규칙의 형식'인 경우에는 행정규칙설을 취하고, '대통령령형식'인 경우에는 법규명령설을 취한다.

(1) 부령·지방자치단체규칙형식

① 행정규칙설

판례는 부령형식인 시행규칙 또는 지방자치단체의 규칙으로 정한 행정처분기준은 행정규칙에 불과하다고 판시하고 있다. 다만, 대법원 최신판례는 제재적 행정처분의 기준이 부령의 형식으로 규정되어 있는 경우 여전히 행정규칙으로 보면서도 법원은 당해 제재처분기준을 존중해야 한다고 판시하고 있다.

1 부령이 시행규칙 또는 지방자치단체의 규칙으로 정한 행정처분기준은 행정명령의 성질
규정형식상 부령인 시행규칙 또는 지방자치단체의 규칙으로 정한 행정처분의 기준은 행정처분능에 관한 사무처리기준과 처분절차 등 행정청 내의 사무처리준칙(행정규칙의 내용)을 규정한 것에 불과하므로 행정조직 내부에 있어서의 행정명령의 성격을 지닐 뿐 대외적으로 국민이나 법원을 구속하는 힘이 없고, 그 처분이 위 규칙에 위배되는 것이라 하더라도 위법의 문제는 생기지 아니하고, 또 위 규칙에서 정한 기준에 적합하다 하여 바로 그 처분이 적법한 것이라고도 할 수 없으며, 그 처분의 적법 여부는 위 규칙에 적합한지의 여부에 따라 판단할 것이 아니고 관계 법령의 규정 및 그 취지에 적합한 것인지 여부에 따라 개별적·구체적으로 판단하여야 한다[대판(전합) 1995.10.17, 94누14148].

2. 「도로교통법 시행규칙」 제53조 제1항 [별표 16]상의 운전면허행정처분기준의 대외적 기속력 유무(소극) 및 그 기준 중 하나인 벌점의 법적 성질
운전면허행정처분기준의 하나로 삼고 있는 벌점이란 자동차운전면허의 취소·정지처분의 기초자료로 활용하기 위하여 법규 위반 또는 사고야기에 대하여 그 위반의 경중, 피해의 정도 등에 따라 배점되는 점수를 말하는 것으로서, 이러한 **벌점의 누산에 따른 처분기준 역시 행정청 내의 사무처리에 관한 재량준칙에 지나지 아니할 뿐 법규적 효력을 가지는 것은 아니다**(대판 1998.3.27, 97누20236).

② 법령의 위임이 없으면 행정규칙

1. 법률상 위임근거가 없는 검찰보존사무규칙은 법무부령이긴 하지만 행정규칙에 불과하다
검찰보존사무규칙이 검찰청법 제11조에 기하여 제정된 법무부령이기는 하지만, 그 사실만으로 같은 규칙 내의 모든 규정이 법규적 효력을 가지는 것은 아니다. **기록의 열람·등사의 제한을 정하고 있는 같은 규칙 제22조는 법률상의 위임근거가 없어 행정기관 내부의 사무처리준칙으로서 행정규칙에 불과하다** (대판 2006.5.25, 2006두3049).

2. 법령의 위임이 없음에도 법령에 규정된 처분 요건에 해당하는 사항을 부령에서 변경하여 규정한 경우, 부령 규정의 법적 성격 및 처분의 적법 여부를 판단하는 기준
법령에서 행정처분의 요건 중 일부 사항을 부령으로 정할 것을 위임한 데 따라 시행규칙 등 부령에서 이를 정한 경우에 그 부령의 규정은 국민에 대해서도 구속이 있는 법규명령에 해당한다고 할 것이지만, 법령의 위임이 없음에도 법령에 규정된 처분 요건에 해당하는 사항을 부령에서 변경하여 규정한 경우에는 그 부령의 규정은 행정청 내부의 사무처리 기준 등을 정한 것으로서 행정조직 내에서 적용되는 행정명령의 성격을 지닐 뿐 국민에 대한 대외적 구속력은 없다고 보아야 한다. 따라서 어떤 행정처분이 그와 같이 법규성이 없는 시행규칙 등의 규정에 위배된다고 하더라도 그 이유만으로 처분이 위법하게 되는 것은 아니라 할 것이고, 또 그 규칙 등에서 정한 요건에 부합한다고 하여 반드시 그 처분이 적법한 것이라고 할 수도 없다. 이 경우 처분의 적법 여부는 그러한 규칙 등에서 정한 요건에 합치하는지 여부가 아니라 일반국민에 대하여 구속력을 가지는 법률 등 법규성이 있는 관계 법령의 규정을 기준으로 판단하여야 한

다(대판 2013.9.12, 2011두10584).

3. 「공공기관의 운영에 관한 법률」 제39조 제3항의 위임에 따라 제정된 기획재정부령인 「공기업·준정부기관 계약사무규칙」 제15조 제1항의 법적 성격은 행정기관 내부의 사무처리준칙을 정한 것에 지나지 않는다
「공공기관의 운영에 관한 법률」(공공기관법) 제39조 제2항, 제3항 및 그 위임에 따라 기획재정부령으로 제정된 「공기업·준정부기관 계약사무규칙」 제15조 제1항의 내용을 대비해 보면, 입찰참가자격 제한의 요건을 공공기관법에서는 '공정한 경쟁이나 계약의 적정한 이행을 해칠 것이 명백할 것'을 규정하고 있는 반면, 이 사건 규칙 조항에서는 '경쟁의 공정한 집행이나 계약의 적정한 이행을 해칠 우려가 있거나 입찰에 참가시키는 것이 부적합하다고 인정되는 자'라고 규정함으로써, 이 사건 규칙 조항이 법률에 규정된 것보다 한층 완화된 처분요건을 규정하여 그 처분대상을 확대하고 있다. 그러나 **공공기관법 제39조 제3항에서 부령에 위임한 것은 '입찰참가자격의 제한기준 등에 관하여 필요한 사항'일 뿐이고, 이는 그 규정의 문언상 입찰참가자격을 제한하면서 그 기간의 정도와 가중·감경 등에 관한 사항을 의미하는 것이지 처분의 요건까지를 위임한 것이라고 볼 수는 없다. 따라서 이 사건 규칙 조항에서 위와 같이 처분의 요건을 완화하여 정한 것은 상위법령의 위임 없이 규정한 것이므로 이는 행정기관 내부의 사무처리준칙을 정한 것에 지나지 않는다**(대판 2013.9.12, 2011두10584).

4. 노동조합의 설립을 신고하려는 자가 설립신고서에 첨부하여 제출할 서류에 관한 구 「노동조합 및 노동관계조정법 시행규칙」 제2조 제4호가 법규명령으로서의 효력이 없으므로 구 「노동조합 및 노동관계조정법 시행규칙」 제2조 제4호가 정한 사항에 관한 보완이 이루어지지 않았다는 사유를 들어 설립신고서를 반려할 수 없다[대판(전합) 2015.6.24, 2007두4995].

③ 제재적 처분기준이 아닌 사업계획변경기준(특허의 인가기준)을 법령의 위임에 의해 부령으로 정한 경우에는 법규명령

시외버스운송사업의 사업계획변경 기준 등에 관한 구 「여객자동차 운수사업법 시행규칙」 제31조 제2항 제1호, 제2호, 제6호의 법적 성질은 법규명령
구 「여객자동차 운수사업법 시행규칙」 제31조 제2항 제1호, 제2호, 제6호는 구 「여객자동차 운수사업법」 제11조 제4항의 **위임에 따라 시외버스운송사업의 사업계획변경에 관한 절차, 인가기준 등을 구체적으로 규정한 것으로서, 대외적인 구속력이 있는 법규명령**이라고 할 것이고, 그것을 행정청 내부의 사무처리준칙을 규정한 행정규칙에 불과하다고 할 수는 없다(대판 2006.6.27, 2003두4355).

④ 구 「도시계획시설기준에 관한 규칙」 제13조 제1항은 법규로서의 성질을 가진다(대판 2006.10.26, 2003두14840).

⑤ 구 「지방공무원보수업무 등 처리지침」은 법규명령으로서의 효력을 갖는다(대판 2016.1.28, 2015두53121).

구 「지방공무원보수업무 등 처리지침」(지침) [별표 1] 「직종별 경력환산율표 해설」이 정한 민간근무경력의

호봉 산정에 관한 부분은 지방공무원법 제45조 제1항과 구 「지방공무원 보수규정」 제8조 제2항, 제9조의2 제2항, [별표 3]의 단계적 위임에 따라 행정자치부장관이 행정규칙의 형식으로 법령의 내용이 될 사항을 구체적으로 정한 것이고, 달리 지침이 위 법령의 내용 및 취지에 저촉된다거나 위임 한계를 벗어났다고 보기 어려우므로, 지침은 상위법령과 결합하여 대외적인 구속력이 있는 법규명령으로서의 효력을 갖게 된다(대판 2016.1.28, 2015두53121).

⑥ 제재적 행정처분의 기준이 부령형식으로 규정된 경우 행정규칙이지만 법원은 당해 처분기준을 존중해야 한다

1. 제재적 행정처분의 기준이 부령의 형식으로 규정되어 있는 경우, 그 기준에 따른 처분의 적법성에 관한 판단 방법
제재적 행정처분의 기준이 부령의 형식으로 규정되어 있더라도 그것은 행정청 내부의 사무처리준칙을 정한 것에 지나지 아니하여 대외적으로 국민이나 법원을 기속하는 효력이 없고, 당해 처분의 적법 여부는 위 처분기준만이 아니라 관계 법령의 규정 내용과 취지에 따라 판단되어야 하므로, 위 처분기준에 적합하다 하여 곧바로 당해 처분이 적법한 것이라고 할 수는 없지만, 위 **처분기준이 그 자체로 헌법 또는 법률에 합치되지 아니하거나 위 처분기준에 따른 제재적 행정처분이 그 처분사유가 된 위반행위의 내용 및 관계 법령의 규정 내용과 취지에 비추어 현저히 부당하다고 인정할 만한 합리적인 이유가 없는 한 섣불리 그 처분이 재량권의 범위를 일탈하였거나 재량권을 남용한 것이라고 판단해서는 안 된다**(대판 2007.9.20, 2007두6946).

2. 지방식품의약품안전청이 유해화학물질인 말라카이트그린이 사용된 냉동새우를 수입하면서 수입신고서에 그 사실을 누락한 회사에 대하여 영업정지 1월의 처분을 한 사안에서, 구 「식품위생법 시행규칙」 제53조 [별표 15] 행정처분기준 Ⅰ. 일반기준을 준수한 위 처분에 재량권을 일탈하거나 남용한 위법이 없다
원심이 들고 있는 위 (다)와 같은 사정은 구 법 시행규칙 제53조 [별표 15] 행정처분기준 Ⅰ. 일반기준에서 정하고 있는 처분경감사유에 해당하고, 나머지 사정은 처분경감의 범위를 좌우하는 사유로 볼 수 있는바, 피고로서는 원심이 들고 있는 모든 사정을 고려하여 위 기준에서 허용하고 있는 가장 가벼운 처분을 한 것으로 평가할 수 있으므로, **이 사건 처분은 위 기준에 적합하다고 판단된다. 구 법 시행규칙 제53조 [별표 15] 행정처분기준이 비록 행정청 내부의 사무처리 준칙을 정한 것에 지나지 아니하여 대외적으로 법원이나 국민을 기속하는 효력은 없지만**, 위 행정처분기준이 수입업자들 및 행정청 사이에 처분의 수위를 가늠할 수 있는 유력한 잣대로 인식되고 있는 현실에 수입식품으로 인하여 생기는 위생상의 위해를 방지하기 위한 단속의 필요성과 그 일관성 제고라는 측면까지 아울러 참작하면, 위 **행정처분기준에서 정하고 있는 범위를 벗어나는 처분을 하기 위해서는 그 기준을 준수한 행정처분을 할 경우 공익상 필요와 상대방이 받게 되는 불이익 등과 사이에 현저한 불균형이 발생한다는 등의 특별한 사정이 있어야 한다**(대판 2010.4.8, 2009두22997).

3. 공기업·준정부기관이 행하는 입찰참가자격 제한처분이 적법한지 판단하는 방법 및 입찰참가자격 제한처분에 관한 공기업·준정부기관 내부의 재량준칙에 반하는 행정처분이 위법하게 되는 경우
「공공기관의 운영에 관한 법률」 제39조 제2항, 제3항에 따라 입찰참가자격 제한기준을 정하고 있는 구 「공기업·준정부기관 계약사무규칙」 제15조 제2항, 「국가를 당사자로 하는 계약에 관한 법률 시행규칙」 제76조 제1항 [별표 2], 제3항 등은 비록 부령의 형식으로 되어 있으나 규정의 성질과 내용이 공기업·준정부기관(행정청)이 행하는 입찰참가자격 제한처분에 관한 행정청 내부의 재량준칙을 정한 것에 지나지

아니하여 대외적으로 국민이나 법원을 기속하는 효력이 없으므로, 입찰참가자격 제한처분이 적법한지 여부는 이러한 규칙에서 정한 기준에 적합한지 여부만에 따라 판단할 것이 아니라 「공공기관의 운영에 관한 법률」상 입찰참가자격 제한처분에 관한 규정과 그 취지에 적합한지 여부에 따라 판단하여야 한다. 다만 그 재량준칙이 정한 바에 따라 되풀이 시행되어 행정관행이 이루어지게 되면 평등의 원칙이나 신뢰보호의 원칙에 따라 행정청은 상대방에 대한 관계에서 그 규칙에 따라야 할 자기구속을 받게 되므로, 이러한 경우에는 특별한 사정이 없는 한 그에 반하는 처분은 평등의 원칙이나 신뢰보호의 원칙에 어긋나 재량권을 일탈·남용한 위법한 처분이 된다(대판 2014.11.27, 2013두18964).

4. 제재적 행정처분의 기준이 부령의 형식으로 되어 있는 경우, 그 기준에 따른 처분이 적법한지 판단하는 방법

제재적 행정처분의 기준이 부령 형식으로 규정되어 있더라도 그것은 행정청 내부의 사무처리준칙을 규정한 것에 지나지 않아 대외적으로 국민이나 법원을 기속하는 효력이 없다. 따라서 그 처분의 적법 여부는 처분기준만이 아니라 관계 법령의 규정 내용과 취지에 따라 판단하여야 한다. 그러므로 처분기준에 부합한다고 하여 곧바로 처분이 적법한 것이라고 할 수는 없지만, 처분기준이 그 자체로 헌법 또는 법률에 합치되지 않거나 그 기준을 적용한 결과가 처분사유인 위반행위의 내용 및 관계 법령의 규정과 취지에 비추어 현저히 부당하다고 인정할 만한 합리적인 이유가 없는 한, 섣불리 그 기준에 따른 처분이 재량권의 범위를 일탈하였다거나 재량권을 남용한 것으로 판단해서는 안 된다(대판 2018.5.15, 2016두 57984).

(2) 대통령령 형식(법규명령설)

대통령령 형식의 경우에는 법규명령설을 취하고 있다. 최근 판례에서 「주택건설촉진법 시행령」 제10조의3 제1항 [별표 1]에 대해서 부령과 달리 법규명령으로 판시한 바 있다(대판 1997.12.26, 97누15418).

1. 「주택건설촉진법 시행령」은 법규명령이므로 재량행위인지 여부를 결정하는 근거가 된다

당해 처분의 기준이 된 「주택건설촉진법 시행령」 제10조의3 제1항 [별표 1]은 주택건설촉진법 제7조 제2항의 위임규정에 터 잡은 규정형식상 대통령령이므로 그 성질이 부령인 시행규칙이나 또는 지방자치단체의 규칙과 같이 통상적으로 행정조직 내부에 있어서의 행정명령에 지나지 않는 것이 아니라 대외적으로 국민이나 법원을 구속하는 힘이 있는 법규명령에 해당한다. 따라서 이 사건 처분이 재량행위인지 여부를 결정함에 있어서는, 먼저 그 근거가 된 시행령 제10조의3의 규정과 같은 조 제1항 [별표 1]의 규정형식이나 체재 또는 문언을 살펴야 하는바, 이들 규정들은 영업의 정지처분에 관한 기준을 개개의 사유별로 그에 따른 영업정지기간을 일률적으로 확정하여 규정하는 형식을 취하고 있고 다만 영업정지 사유가 경합되거나(시행령 제10조의3 제2항 제2호) 사업실적미달로 인하여 영업정지처분사유에 해당하게 된 경우(같은 조 제3항)에 한하여 예외적으로 그 정지기간 결정에 재량의 여지를 두고 있을 뿐이므로, 이 사건의 경우와 같이 등록을 마친 주택건설사업자가 '법 제38조 제14항의 규정에 의한 하자보수를 정당한 사유 없이 사용검사권자가 지정한 날까지 이행하지 아니하거나 지체한 때'에는 관할관청으로서는 위 [별표 1]의 제2호 (타)목 (1)의 규정에 의하여 3개월간의 영업정지처분을 하여야 할 뿐 달리 그 정지기간에 관하여 재량의 여지가 없다고 할 것이다(대판 1997.12.26, 97누15418).

2. 「청소년보호법 시행령」에 따른 「위반행위의 종별에 따른 과징금처분기준」은 법규명령이기는 하나 그 수

액은 정액이 아니라 최고한도액이다(군산시 조촌동의 불법유흥주점 안개하우스 사건)

구 청소년보호법 제49조 제1·2항에 따른 같은 법 시행령 제40조 [별표 6]의「위반행위의 종별에 따른 과징금처분기준」은 법규명령이기는 하나 모법의 위임규정의 내용과 취지 및 헌법상의 과잉금지의 원칙과 평등의 원칙 등에 비추어 같은 유형의 위반행위라 하더라도 그 규모나 기간·사회적 비난 정도·위반행위로 인하여 다른 법률에 의하여 처벌받은 다른 사정·행위자의 개인적 사정 및 위반행위로 얻은 불법이익의 규모 등 여러 요소를 종합적으로 고려하여 사안에 따라 적정한 과징금의 액수를 정하여야 할 것이므로 그 수액은 정액이 아니라 최고한도액이다(대판 2001.3.9, 99두5207).

3. 「국민건강보험법 시행령」 제61조 제1항 [별표 5]의 업무정지처분 및 과징금부과의 기준의 법적 성질은 법규명령이고 업무정지의 기간 내지 과징금의 금액의 의미는 최고한도이다(대판 2006.2.9, 2005두11982).

Ⅲ 법규명령형식의 행정규칙에 근거한 처분의 법적 성질

1. 문제의 소재

모법인 상위법령에서는 재량행위로 규정하고 있는데, 하위법규인 법규명령에서 모법에 규정된 처분의 기준에 관해 일의적으로 규정하고 있는 경우에, 그에 근거한 처분의 법적 성질이 재량행위인가 기속행위인가가 문제된다.

2. 학 설

(1) 기속행위설(다수설)

법규명령설에 의할 경우에는 국민이나 법원에 대한 구속력이 인정되므로 법규명령에 따라 당연히 기속행위가 된다. 다만, 모법이 재량을 인정한 취지에 위반하여 구체적 사안의 차이를 고려하지 않고 과잉금지원칙이나 평등원칙에 위반한 법규명령에 대하여는 구체적 규범통제로 구제가 가능하다.

(2) 재량행위설(소수설)

행정규칙설에 의하면 국민이나 법원에 대한 구속력이 부정되므로 모법인 상위법령에 따라 판단하므로 재량행위라고 한다.

제2목 법령보충적 행정규칙(법령보충규칙)

I 의 의

법령보충규칙이란 법령의 위임에 의해 당해 법령을 보충하는 법규사항을 정하는 내용의 행정규칙을 말한다.

II 법령보충규칙의 법적 성질(법규명령)

1. 학설(법규명령설)

(1) 법규명령설(다수설)

당해 규칙이 법규와 같은 효력을 가지므로 법규명령으로 보아야 한다는 견해로서 다수설(김동희, 김철용, 류지태, 박윤흔, 이상규, 홍준형)이다. 논거로는 ① 법령의 위임을 받아 위임을 한 명령을 보충하는 구체적 사항을 정하는 것이므로 국회입법의 원칙에 반하지 않고, ② 매우 전문적이거나 기술적인 사항 또는 빈번하게 개정되어야 하는 구체적인 사항에 대해서는 법규명령보다 탄력성이 있는 행정규칙 형식으로 제정할 현실적인 필요가 있고, ③ 법규명령제정권이 없는 청장 등 행정기관의 장에게 제한적인 범위에서 그 업무에 관해 법규를 제정할 권한을 부여할 필요가 있다는 점 등을 들고 있다.

(2) 행정규칙법규설

법령보충규칙은 행정규칙이지만 예외적으로 법규적 성질과 효력을 갖는다는 견해(박균성)이다. 법치주의의 원칙상 법규명령제정권자는 헌법 또는 최소한 법률에서 정해지지 않는 한 인정될 수 없고, 법규명령의 형식을 취하지 않고 법규명령의 제정절차를 거치지 않은 규범을 법규명령으로 볼 수는 없다는 것을 논거로 한다.

(3) 행정규칙비법규설

행정조직의 내부관계에 대해서만 효력이 있는 것으로 법규성이 없다고 보는 견해(김도창, 유상현)이다. 행정입법은 국회입법의 원칙에 대한 예외이기 때문에 법규성 있는 행정입법의 형식은 헌법에 근거가 있어야 함에도 불구하고 훈령은 헌법적 근거가 없다는 점을 든다.

(4) 규범구체화행정규칙설

대외적인 법적 구속력이 인정되지만 행정규칙의 형식을 취하고 있으므로 법적 성질이 행정규칙이라는 견해(김남진)이다.

(5) 수권 여부에 따른 구별설

법률보충규칙이 법률의 위임에 근거한 경우에는 법규명령이 되고, 법률의 위임에 근거하지 않은 경우에는 법규성 있는 행정규칙이 된다는 견해(한견우, 홍정선)이다. 한편, 법령에 근거한 것이 아니라 행정권의 고유한 권능에 근거한 법률보충규칙은 법규성을 갖는다고 한다.

(6) 위헌무효설

실질적 의미의 법규명령을 행정규칙으로 발하는 것은 위헌·무효가 된다는 견해(강구철, 석종현)이다.

2. 판례(법규명령설)

판례는 보충권을 위임한 상위법령의 효력에 의하여 상위법령과 결합하여 법령보충규칙의 법규적 효력을 인정하지만, 근거 법령의 위임 범위를 벗어난 경우 대외적 구속력을 부정하는 입장이다.

---

1. 대법원판례

상급행정기관이 하급행정기관에 대하여 업무처리지침이나 법령의 해석적용에 관한 기준을 정하여 발하는 이른바 행정규칙은 일반적으로 행정조직 내부에서만 효력을 가질 뿐 대외적인 구속력을 갖지 않지만(원칙적으로 법규성 부정), **법령의 규정이 특정 행정기관에게 그 법령 내용의 구체적 사항을 정할 수 있는 권한을 부여하면서 그 권한행사의 절차나 방법을 특정하고 있지 않아 수임행정기관이 행정규칙의 형식으로 그 법령의 내용이 될 사항을 구체적으로 정하고 있다면, 그와 같은 행정규칙은 행정규칙이 갖는 일반적 효력으로서가 아니라 행정기관에 법령의 구체적 내용을 보충할 권한을 부여한 법령 규정의 효력에 의하여 그 내용을 보충하는 기능을 갖게 되고, 따라서 이와 같은 행정규칙은 당해 법령의 위임 한계를 벗어나지 않는 한 그것들과 결합하여**(행정규칙 자체의 독자적 효력으로서가 아니라 상위법령과 결합하여서만 법규적 효력을 가진다는 점에서, 행정규칙 자체로서 예외적으로 법규성이 인정되는 독일의 규범구체화행정규칙과 다름 ; 필자 주) **대외적인 구속력이 있는 법규명령으로서의 효력을 가진다**(대판 2008.3.27, 2006두3742·3759).

2. 헌법재판소

법령의 직접적인 위임에 따라 수임행정기관이 그 법령을 시행하는데 필요한 구체적인 사항을 정한 것이면, 그 제정형식은 비록 법규명령이 아닌 고시, 훈령, 예규 등과 같은 행정규칙이더라도, 그것이 상위법령의 위임한계를 벗어나지 않는 한 상위법령과 결합하여 대외적 구속력을 갖는 법규명령으로서 기능하게 된다고 보아야 한다(헌재결 2006.7.27, 2004헌마924).

3. 훈령의 형식(국세청 훈령인 재산제세조사사무처리규정)

「소득세법 시행령」 제170조 제4항 제2호에 의하여 투기거래를 규정한 재산제세조사사무처리규정(국세청훈령 제980호)은 그 형식은 행정규칙으로 되어 있으나 위 시행령의 규정은 보충하는 기능을 가지면서 그와 결합하여 법규명령과 같은 효력(대외적인 구속력)을 가지는 것이므로 과세관청이 위 규정에 정하는 바에 따라 양도소득세 공정과세위원회의 자문을 거치지 아니하고 위 규정 제72조 제3항 제8호 소정의 투기거래로 인정하여 양도소득세를 과세하는 것은 위법이다(대판 1989.11.14, 89누5676).

4. 법률이 입법사항을 고시와 같은 행정규칙의 형식으로 위임하는 것이 허용되는지 여부(한정적극)

사회적 변화에 대응한 입법수요의 급증과 종래의 형식적 권력분립주의로는 현대사회에 대응할 수 없다는 기능적 권력분립론을 감안하여 헌법 제40조·제75조·제95조의 의미를 살펴보면, 국회가 입법으로 행정기관에게 구체적인 범위를 정하여 위임한 사항에 관하여는 당해 행정기관이 법 정립의 권한을 갖게 되고, 입법자가 그 규율의 형식도 선택할 수 있다고 보아야 하므로, 헌법이 인정하고 있는 위임입법의 형식은 예시적인 것으로 보아야 한다. 법률이 일정한 사항을 행정규칙에 위임하더라도 그 행정규칙은 위임된 사항만을 규율할 수 있으므로, 국회입법의 원칙과 상치되지 않는다. 다만, 행정규칙은 법규명령과 같은 엄격한 제정 및 개정절차를 필요로 하지 아니하므로, 기본권을 제한하는 내용의 입법을 위임할 때에는 법규명령에 위임하는 것이 원칙이고, 고시와 같은 형식으로 입법위임을 할 때에는 법령이 전문적·기술적 사항이나 경미한 사항으로서 업무의 성질상 위임이 불가피한 사항에 한정된다(헌재결 2014.7.24, 2013헌바183·202).

그러나 법령의 위임을 받은 경우에도 그 내용이 법령을 보충하는 것이 아니라 행정적 편의를 도모하기 위한 절차적 규정인 경우에는 행정규칙의 성질을 가진다.

1. 정부투자기관관리기본법의 위임에 의해 제정된 정부투자기관회계규정의 법규성 부정

한국전력공사가 입찰참가자격을 제한하는 내용의 부정당업자제재처분의 근거로 삼은 정부투자기관회계규정 제245조가 정부투자기관의 회계처리의 기준과 절차에 관한 사항을 재무부장관(현 기획재정부장관)이 정하도록 규정한 구 정부투자기관관리기본법 제20조에 의하여 제정된 것임은 분명하나 그 점만으로 위 규정이 구 정부투자기관관리기본법 제20조와 결합하여 대외적인 구속력이 있는 법규명령으로서의 효력을 가진다고 할 수도 없다(대결 1999.11.26, 99부3).

2. 구 「법인세법 시행규칙」 제45조 제3항 제6호에 따른 「소득금액조정합계표 작성요령」은 행정규칙이다

「소득금액조정합계표 작성요령」 제4호 단서는 법률의 위임을 받은 것이기는 하나 법인세의 부과징수라는 행정적 편의를 도모하기 위한 절차적 규정으로서 단순히 행정규칙의 성질을 가지는 데 불과하여 과세관청이나 일반국민을 기속하는 것이 아니다(대판 2003.9.5, 2001두403).

Ⅲ 법령보충규칙의 실정법적 근거(행정규제기본법)

법령보충규칙의 실정법적 근거로는 행정규제기본법 제4조 제2항 단서를 들 수 있다.

Ⅳ 법령보충규칙과 공포

법령보충규칙의 경우 다수설은 고시·훈령 등을 공포하도록 하여야 한다는 견해이다. 그러나 판례
는 공포를 요하지 않는다는 입장이다.

법령보충규칙은 그 자체가 법령은 아니고 행정규칙에 지나지 않으므로 공포를 요하지 않는다(대판
1993.11.23, 93도662).

Ⅴ 법령보충규칙의 한계

1. 사항적 한계

판례에 의하면 법령보충규칙으로 입법사항이나 처벌규정의 위임도 가능하다. 또한 반드시 법
적 근거를 요하고, 법적 근거가 있는 경우에도 위임의 한계를 벗어난 법령보충규칙은 무효이다.

1. 법률이 입법사항을 대통령령이나 부령이 아닌 고시와 같은 행정규칙 형식으로 위임하는 것도 가능하다
   (금융산업의 구조개선에 관한 법률 제2조 제3호 가목 등 위헌소원사건)
   오늘날 의회의 입법독점주의에서 입법중심주의로 전환하여 일정한 범위 내에서 행정입법을 허용하게 된
   동기가 사회적 변화에 대응한 입법수요의 급증과 종래의 형식적 권력분립주의로는 현대사회에 대응할
   수 없다는 기능적 권력분립론에 있다는 점 등을 감안하여 헌법 제40조와 헌법 제75조, 제95조의 의미
   를 살펴보면, 국회입법에 의한 수권이 입법기관이 아닌 행정기관에게 법률 등으로 구체적인 범위를 정하
   여 위임한 사항에 관하여는 당해 행정기관에게 법정립의 권한을 갖게 되고, 입법자가 규율의 형식도 선
   택할 수도 있다 할 것이므로, 헌법이 인정하고 있는 위임입법의 형식은 예시적인 것으로 보아야 할 것이
   고, 그것은 법률이 행정규칙에 위임하더라도 그 행정규칙은 위임된 사항만을 규율할 수 있으므로, 국회
   입법의 원칙과 상치되지도 않는다. 다만, 형식의 선택에 있어서 규율의 밀도와 규율영역의 특성이 개별

적으로 고찰되어야 할 것이고, 그에 따라 입법자에게 상세한 규율이 불가능한 것으로 보이는 영역이라면 행정부에게 필요한 보충을 할 책임이 인정되고 **극히 전문적인 식견에 좌우되는 영역에서는 행정기관에 의한 구체화의 우위가 불가피하게 있을 수 있다. 그러한 영역에서 행정규칙에 대한 위임입법이 제한적으로 인정될 수 있다**(헌재결 2004.10.28, 99헌바91).

2. 법령보충규칙으로 처벌규정에 대한 위임이 가능하다(대판 2006.4.27, 2004도1078).

3. 농림부 고시인 「농산물원산지 표시요령」 제4조 제2항의 규정 내용은 근거 법령인 구 「농수산물품질관리법 시행규칙」에 의해 고시로써 정하도록 위임된 사항에 해당한다고 할 수 없어 법규명령으로서 대외적 구속력을 가질 수 없다(대결 2006.4.28, 2003마715).

4. 노령수당의 지급대상자를 '70세 이상'으로 규정한 [1]항의 지침은 노인복지법 제13조, 같은 법 시행령 제17조의 위임한계를 벗어나 무효이다

법령보충적인 행정규칙, 규정은 당해 법령의 위임한계를 벗어나지 아니하는 범위 내에서만 그것들과 결합하여 법규적 효력을 가지고, **노인복지법 제13조 제2항의 규정에 따른 「노인복지법 시행령」 제17조, 제20조 제1항은 노령수당의 지급대상자의 연령범위에 관하여 위 법 조항과 동일하게 '65세 이상의 자'로 반복하여 규정**한 다음, 소득수준 등을 참작한 일정소득 이하의 자라고 하는 지급대상자의 선정기준과 그 지급대상자에 대한 구체적인 지급수준(지급액) 등의 결정을 보건사회부장관(현 보건복지부장관)에게 위임하고 있으므로, 보건사회부장관이 노령수당의 지급대상자에 관하여 정할 수 있는 것은 65세 이상의 노령자 중에서 그 선정기준이 될 소득수준 등을 참작한 일정소득 이하의 자인 지급대상자의 범위와 그 지급대상자에 대하여 매년 예산확보상황 등을 고려한 구체적인 지급수준과 지급시기, 지급방법 등일 뿐이지, 나아가 지급대상자의 최저연령을 법령상의 규정보다 높게 정하는 등 노령수당의 지급대상자의 범위를 법령의 규정보다 축소·조정하여 정할 수는 없다고 할 것임에도, **보건사회부장관이 정한 1994년도 노인복지사업지침은 노령수당의 지급대상자를 '70세 이상'의 생활보호대상자로 규정함으로써 당초 법령이 예정한 노령수당의 지급대상자를 부당하게 축소·조정하였고, 따라서 위 지침 가운데 노령수당의 지급대상자를 '70세 이상'으로 규정한 부분은 법령의 위임한계를 벗어난 것이어서 그 효력이 없다**(대판 1996.4.12, 95누7727).

5. 법령의 위임이 없이 제정된 「제주도 학원의 설립·운영에 관한 조례」나 그에 근거한 「제주도학원업무처리지침」은 법령보충규칙이 아니므로 행정규칙에 불과하다(대판 1995.5.23, 94도2502).

6. 게임제공업자에 대하여 금지되는 경품제공행위와 관련하여 경품의 종류 및 제공방식을 문화관광부장관의 고시에 위임한 법 제32조 제3호의 위임형식은 헌법에 반하지 않는다(헌재결 2009.2.26, 2005헌바94·2006헌바30).

7. 구 주택건설촉진법하에서 상위법령의 위임을 받아 제정된 행정규칙 등이 2003. 5. 29. 법률 제6916호로 전부 개정된 주택법 상위법령의 위임한계를 벗어난 경우 주택법 부칙(2003. 5. 29.) 제2조에 따라 법규명령으로서 대외적 구속력이 있다고 할 수 없다(대판 2012.7.5, 2010다72076).

2. 개별적·구체적 위임만 가능

행정규칙형식의 법규명령도 법규명령에 해당하므로 헌법 제75조와 제95조 및 행정규제기본법 제4조 제2항에 의한 위임입법의 제한원리를 준수해야 한다.

법률이 국민의 권리의무와 관련된 사항을 고시와 같은 행정규칙에 위임하는 경우 구체적·개별적으로 한정된 사항만 가능하다(금융산업의 구조개선에 관한 법률 제2조 제3호 가목 등 위헌소원사건)

행정규칙은 법규명령과 같은 엄격한 제정 및 개정절차를 요하지 아니하므로, 재산권 등과 같은 기본권을 제한하는 작용을 하는 법률이 입법위임을 할 때에는 '대통령령', '총리령', '부령' 등 법규명령에 위임함이 바람직하고, 금융감독위원회의 고시(행정규칙)와 같은 형식으로 입법위임을 할 때에는 적어도 행정규제기본법 제4조 제2항 단시에서 정한 비와 같이 법령이 전문저·기술적 사항이나 경미한 사항으로서 업무의 성질상 위임이 불가피한 사항에 한정된다 할 것이고, 그러한 사항이라 하더라도 포괄위임금지의 원칙상 법률의 위임은 반드시 구체적·개별적으로 한정된 사항에 대하여 행하여져야 한다(헌재결 2004.10.28, 99헌바91).

3. 재위임

판례는 법령보충규칙에 의한 재위임도 가능하다는 입장이다.

산업자원부장관이 「공업배치 및 공장설립에 관한 법률」 제8조의 규정에 따라 공장입지의 기준을 구체적으로 정한 「산업자원부 고시 공장입지기준」 제5조의 법적 성질은 법규명령이고 「산업자원부 고시 공장입지기준」 제5조 제2호의 위임에 따라 공장입지의 보다 세부적인 기준을 정한 「김포시 고시 공장입지제한처리기준」 제5조 제1항의 법적 성질도 법규명령으로서의 효력을 가진다(대판 2004.5.28, 2002두4716).